名师名校新形态
通识教育系列教材

经济数学

——微积分

学习指导与习题全解

张天德 孙钦福 主编

胡哲 张歆秋 张川 副主编

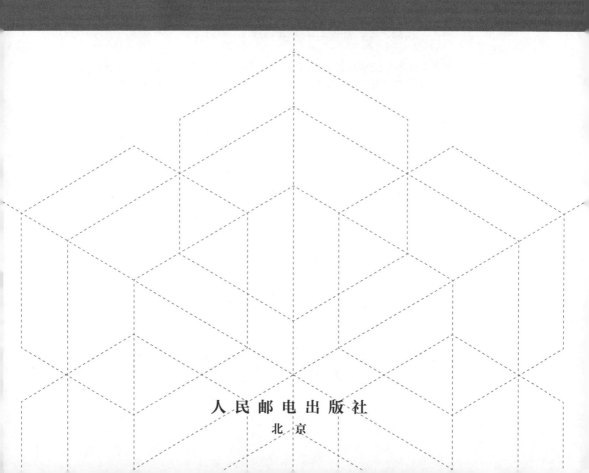

人 民 邮 电 出 版 社

北 京

图书在版编目（ＣＩＰ）数据

经济数学. 微积分学习指导与习题全解 / 张天德,
孙钦福主编. -- 北京 : 人民邮电出版社，2022.7（2024.7重印）
名师名校新形态通识教育系列教材
ISBN 978-7-115-58646-9

Ⅰ. ①经… Ⅱ. ①张… ②孙… Ⅲ. ①经济数学－高
等学校－教材②微积分－高等学校－教材 Ⅳ. ①F224.0
②O172

中国版本图书馆CIP数据核字(2022)第017805号

内 容 提 要

本书是与《经济数学——微积分（慕课版）》配套的学习指导书，是根据经济和管理
类本科数学基础课程教学基本要求,结合山东大学数学团队多年的教学经验编写而成的. 全
书共9章, 主要包括以下内容：函数、极限与连续, 导数与微分, 微分中值定理与导数的应
用, 不定积分, 定积分及其应用, 常微分方程与差分方程, 无穷级数, 多元函数微分学及
其应用, 二重积分. 每章包含知识结构、重点与考点分析、典型例题与方法归纳、习题全
解4个部分. 本书除了提供配套教材课后习题的解题过程和答案，还对新版考研大纲进行了
解读.

本书可作为高等学校经济和管理类专业数学课程的参考用书，也可作为研究生入学考
试的辅导用书，书中典型例题与方法归纳部分还可供任课教师用于习题课教学

◆ 主　　编　张天德　孙钦福
　　副主编　胡　哲　张歆秋　张　川
　　责任编辑　刘　定
　　责任印制　王　郁　陈　犇
◆ 人民邮电出版社出版发行　　北京市丰台区成寿寺路 11 号
　　邮编　100164　　电子邮件　315@ptpress.com.cn
　　网址　https://www.ptpress.com.cn
　　三河市祥达印刷包装有限公司印刷
◆ 开本：700×1000　1/16
　　印张：17　　　　　　　　　　　2022 年 7 月第 1 版
　　字数：354 千字　　　　　　　　2024 年 7 月河北第 2 次印刷

定价：49.80 元
读者服务热线：(010)81055256　印装质量热线：(010)81055316
反盗版热线：(010)81055315
广告经营许可证：京东市监广登字 20170147 号

前　言

微积分不但是经济和管理类专业的必修基础课程，还是相关专业研究生入学考试的重要科目，在大学课程中占有十分重要的地位. 本书意在帮助广大学生巩固课堂所学知识，掌握微积分知识的宏观脉络与基本解题方法，使学生真正做到学以致用，并为考研打好扎实的数学基础.

本书与《经济数学——微积分(慕课版)》完全匹配. 本书给出了各章的知识结构，归纳了重点知识与常见考点，每章的例题选取的都是具有代表性的经典题目，并给出了解答同类题目的方法，每章还给出了配套教材《经济数学——微积分(慕课版)》课后习题的详细解题过程，方便学生对照学习，也为任课教师的教学工作提供参考.

1. 知识结构

每章章首给出本章的知识结构图，帮助学生建立宏观认识，全面了解知识点之间的关联，方便学生合理安排学习规划.

2. 重点与考点分析

每章的第 2 部分都分 3 个层次进行分析：首先对本章重点内容进行概述，学生可以以此为纲要全面复习理论知识；其次将考研大纲的要求与本章内容进行对照，为学生考研备考起到了非常清晰的指引作用；最后通过"本章知识小结"传授学习心得或对重要概念进行深入解读，帮助学生深刻理解知识点，掌握其应用技巧.

3. 典型例题与方法归纳

这一部分选录了编者精心挑选出来的经典例题，其中不乏考研经典题目，并给出了解题过程和方法归纳. 典型例题与配套教材的例题形成互补，既能帮助学生系统地归纳方法、掌握解题技巧，又能对每章知识点进行有效补充和拓展.

4. 习题全解

习题全解部分覆盖了配套教材的所有同步习题(基础题、提高题)和总复习题，以详尽的解题过程和错项分析，帮助学生全面掌握配套教材的知识内容与解题方法，让学生通过高效的解题练习，加强对知识点的巩固和拓展，为期末考试、考研等打好基础.

　　为更好地发挥学习指导书的作用，充分体现上述价值，编者还对重难点知识和题目配录了微课，以二维码形式提供给读者参考，以期帮助广大读者更好地掌握微积分知识，提高综合素养，打好数学基础.

　　本书是教育部新文科研究与改革实践项目"基于数学思维培养视域下新文科课程体系和教材体系建设实践研究"（项目编号：2021070051）的重要成果.

编者

2021 年 10 月

目 录

04

第 4 章 不定积分

05

第 5 章 定积分及其应用

06

第 6 章 常微分方程与差分方程

07

第 7 章 无穷级数

08

第 8 章　多元函数微分学及其应用

09

第 9 章　二重积分

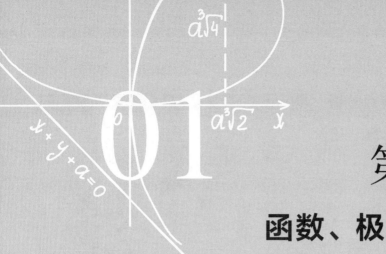

第 1 章
函数、极限与连续

一、知识结构

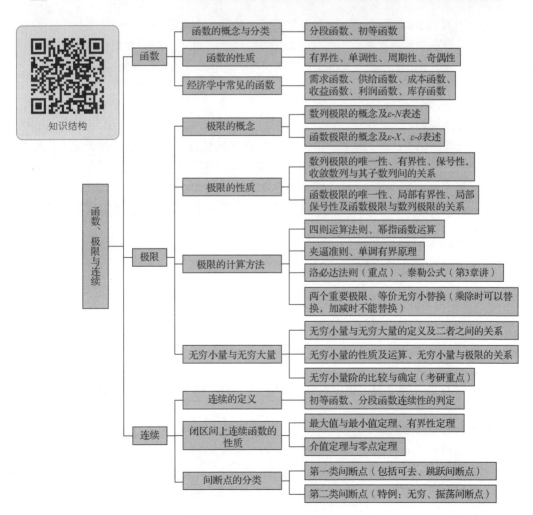

知识结构		

函数、极限与连续	函数	函数的概念与分类	分段函数、初等函数
		函数的性质	有界性、单调性、周期性、奇偶性
		经济学中常见的函数	需求函数、供给函数、成本函数、收益函数、利润函数、库存函数
	极限	极限的概念	数列极限的概念及 $\varepsilon\text{-}N$ 表述
			函数极限的概念及 $\varepsilon\text{-}X$、$\varepsilon\text{-}\delta$ 表述
		极限的性质	数列极限的唯一性、有界性、保号性,收敛数列与其子数列间的关系
			函数极限的唯一性、局部有界性、局部保号性及函数极限与数列极限的关系
		极限的计算方法	四则运算法则、幂指函数运算
			夹逼准则、单调有界原理
			洛必达法则(重点)、泰勒公式(第3章讲)
			两个重要极限、等价无穷小替换(乘除时可以替换,加减时不能替换)
		无穷小量与无穷大量	无穷小量与无穷大量的定义及二者之间的关系
			无穷小量的性质及运算、无穷小量与极限的关系
			无穷小量阶的比较与确定(考研重点)
	连续	连续的定义	初等函数、分段函数连续性的判定
		闭区间上连续函数的性质	最大值与最小值定理、有界性定理
			介值定理与零点定理
		间断点的分类	第一类间断点(包括可去、跳跃间断点)
			第二类间断点(特例:无穷、振荡间断点)

二、重点与考点分析

（一）本章重点内容介绍

1. 函数

（1）函数奇偶性的运算：两个奇函数的和或差仍是奇函数；两个偶函数的和、差、积、商（除数不为 0）仍是偶函数；两个奇函数的积或商（除数不为 0）为偶函数；一个奇函数与一个偶函数的积、商（除数不为 0）为奇函数.

（2）复合函数：复合函数由两个或多个函数进行有限次复合而成.

本章重点内容介绍

（3）函数有反函数的条件：严格单调函数必有反函数，且严格递增（减）函数的反函数也必严格递增（减）.

（4）分段函数：分段函数是大家特别要注意的一类函数，分段函数用几个不同的解析式分段表示一个函数，所有解析式对应的自变量定义域的并集是该函数的定义域. 考研中常出现的题型是求复合函数，特别是求分段函数的复合函数.

（5）经济学中常见的函数：经济学中常见的函数有需求函数、供给函数、成本函数、收益函数、利润函数和库存函数.

①需求函数

在一定时期内产品的**需求** Q_d 主要依赖于产品的**价格** P，因此，产品的需求是价格的函数，称为**需求函数**，记为 $Q_d = Q_d(P)$. 有时把需求作为自变量，把价格作为因变量，取 $Q_d = Q_d(P)$ 的反函数，称为**价格函数**，记作 $P = P(Q_d)$. 一般情况下，产品的需求函数 $Q_d = Q_d(P)$ 是关于产品价格的单调减少函数，即随着产品价格的上涨需求会减少.

常用的需求函数如下.

线性函数：$Q_d = a - bP$，其中 $a>0, b>0$ 且均为常数.

幂函数：$Q_d = \dfrac{a}{P^b}$，其中 $a>0, b>0$ 且均为常数.

二次函数：$Q_d = a - bP - cP^2$，其中 $a \geq 0, b \geq 0, c>0$ 且均为常数.

指数函数：$Q_d = ae^{-bP}$，其中 $a>0, b>0$ 且均为常数.

②供给函数

供给 Q_s 在一定条件下也可以看成价格 P 的一元函数，称为**供给函数**，记为 $Q_s = Q_s(P)$.

常用的供给函数如下.

线性函数：$Q_s = a + bP$，其中 $a>0, b>0$ 且均为常数.

幂函数：$Q_s = aP^b$，其中 $a>0, b>0$ 且均为常数.

指数函数：$Q_s = ae^{bP}$，其中 $a>0, b>0$ 且均为常数.

③成本函数

生产某产品时为消耗的生产要素所支付的费用称为**成本**. 一段时期内，生产特定产量的产品所需要的成本总额称为**总成本**，记为 C，它由固定成本 C_0 和可变成本 $C_1(Q)$ 组成，即 $C = C_0 + C_1(Q)$，它为产量 Q 的函数. **固定成本**是在一定时期内不随产量变动的成本，**可变成本**是随着产量变动而变动的成本，总成本函数 $C(Q)$ 是 Q 的单调增加函数.

常用的总成本函数如下.

线性函数：$C(Q) = a + bQ$，其中 $a > 0, b > 0$ 且均为常数.

二次函数：$C(Q) = a + bQ + cQ^2$，其中 $a = C(0)$ 是固定成本，$bQ + cQ^2$ 是可变成本，$a > 0, b \geq 0, c > 0$ 且均为常数.

三次函数：$C(Q) = a + bQ + cQ^2 + dQ^3$，其中 $a = C(0)$ 是固定成本，$bQ + cQ^2 + dQ^3$ 是可变成本，$a > 0, b \geq 0, c \geq 0, d > 0$ 且均为常数.

④收益函数

总收益是指生产者出售一定数量的产品后所得的全部收入，记为 R. 它是产品价格与销售量的乘积，因此，设某种产品的价格为 P，销售量(等于需求)为 Q_d，则出售这些产品可获得的总收益为 $R = PQ_d(P)$. 总收益也可写为 $R = Q_d P(Q_d)$.

⑤利润函数

产量(等于销售量)为 Q 时，总收益 $R(Q)$ 与总成本 $C(Q)$ 的差称为**利润** L，即
$$L = L(Q) = R(Q) - C(Q).$$

使利润等于零的产量 Q_0 称为**保本产量**，即 Q_0 满足 $R(Q_0) = C(Q_0)$. 使总成本等于总收益的供给(等于销售量)称为**保本点**或**无盈亏点**；总收益大于总成本的情况称为**盈利**；总成本大于总收益的情况称为**亏本**.

⑥库存函数

设某企业在计划期 T 内，对某种物品的总需求量为 Q，由于存储费及资金占用等因素，该企业计划均匀地分 n 次进货，每次进货量为 $q = \dfrac{Q}{n}$，则进货周期为 $t = \dfrac{T}{n}$. 假定单位物品单位时间的存储费为 C_1，每次进货费为 C_2. 该企业每次进货量相同，进货时间间隔不变，且匀速地消耗存储的物品，则平均库存量为 $\dfrac{q}{2}$，在时间 T 内的总费用 E 为
$$E = \frac{q}{2}C_1 T + C_2 \frac{Q}{q}.$$

其中，$\dfrac{q}{2}C_1 T$ 是总存储费用，$C_2 \dfrac{Q}{q}$ 是总进货费用. 库存函数是周期函数.

2. 数列极限

(1)正确理解数列极限的 ε-N 定义.

①$\varepsilon > 0$ 的任意给定性：ε 是任意给定的正数，它是任意的，但一经给出，又可视

为固定的. 由于 $\varepsilon>0$ 的任意性, 定义中的不等式 $|x_n-a|<\varepsilon$ 可改为 $|x_n-a|<k\varepsilon$(k 为大于 0 的常数), 也可改为 $|x_n-a|<\varepsilon^2$, $|x_n-a|\leqslant\varepsilon$ 等, 其含义与 $|x_n-a|<\varepsilon$ 等价.

② N 的存在性: N 依赖于 ε 通常记作 $N(\varepsilon)$. 但 N 并不是唯一的. $N(\varepsilon)$ 是强调其依赖性的一个符号, 并不是单值函数关系. 这里, N 的存在性是重要的, 一般不计较其大小, 所以定义中的 $n>N$ 可改为 $n\geqslant N$.

③定义中"当 $n>N$ 时, 有 $|x_n-a|<\varepsilon$"是指下标 $n>N$ 的所有项 x_n 都进入 a 的 ε 邻域: $x_n\in(a-\varepsilon,a+\varepsilon)$, 即在 a 的 ε 邻域外最多只有 $\{x_n\}$ 的有限项. 由此可知: 改变或增减数列 $\{x_n\}$ 的有限项, 并不影响数列 $\{x_n\}$ 的收敛性.

(2)若数列 $\{x_n\}$ 收敛, 则 $\{x_n\}$ 必为有界数列; 反之, 有界数列未必收敛. 例如, $\{\sin n\}$ 与 $\{(-1)^n\}$ 都是有界数列, 但 $\lim\limits_{n\to\infty}\sin n$ 与 $\lim\limits_{n\to\infty}(-1)^n$ 都不存在.

(3)数列 $\{x_n\}$ 收敛的充要条件是 $\{x_n\}$ 的任意子数列都收敛, 且有相同的极限[这个定理主要用于证明数列 $\{x_n\}$ 不收敛].

(4)单调有界原理: 若数列 $\{x_n\}$ 单调且有界, 则 $\{x_n\}$ 必收敛. 它是证明数列极限存在常用的准则. 证明数列单调性的方法有归纳法、放缩法, 也可证明 $x_{n+1}-x_n\geqslant 0$（或 $x_{n+1}-x_n\leqslant 0$）或 $x_{n+1}-x_n$ 与 x_n-x_{n-1} 同号等.

3. 函数极限

(1)正确理解函数极限的定义, 并用其证明简单极限问题. 由函数极限的定义可以直接得到以下两个结论.

①$\lim\limits_{x\to\infty}f(x)=A\Leftrightarrow\lim\limits_{x\to+\infty}f(x)=\lim\limits_{x\to-\infty}f(x)=A$.

②$\lim\limits_{x\to x_0}f(x)=A\Leftrightarrow\lim\limits_{x\to x_0^+}f(x)=\lim\limits_{x\to x_0^-}f(x)=A$.

这两个结论可分别用来证明 $\lim\limits_{x\to\infty}f(x)=A$ 和 $\lim\limits_{x\to x_0}f(x)=A$, 还可以用来证明 $\lim\limits_{x\to\infty}f(x)$ 和 $\lim\limits_{x\to x_0}f(x)$ 不存在.

(2)函数极限的性质与数列极限的性质类似: 唯一性、(局部)有界性、局部保号性.

(3)无穷小量与无穷大量的定义及性质.

①有限个无穷小量的和、差、积仍是无穷小量; 无穷小量与有界函数的乘积仍是无穷小量.

②无穷大量必无界, 而无界变量未必是无穷大量.

③无穷大量和无穷小量的关系: 在自变量的同一变化过程中, 若 $f(x)$ 为无穷大量, 则 $\dfrac{1}{f(x)}$ 为无穷小量; 若 $f(x)$ 为无穷小量, 且 $f(x)\neq 0$, 则 $\dfrac{1}{f(x)}$ 为无穷大量.

(4)"有界变量与无穷小量的乘积仍是无穷小量"这一性质是求解极限问题的一个很好的方法, 也是考研中重点考查的内容. 利用极限和无穷小量的关系, 我们可把极限问题转化为含有无穷小量的等式运算. 在求极限时, 我们经常会碰到各种障碍, 这些障碍导致四则运算法则不能直接应用, 例如"$\dfrac{0}{0}$""$\dfrac{\infty}{\infty}$""$\infty-\infty$"等类型的未定式，此时我们要运用各种方法对函数做恒等变换，如分解因式、约分或通分、分子或分母有理化、三角恒等变形等，从而使四则运算法则能够被顺利应用.

对于"$\dfrac{0}{0}$"型未定式，我们通常可通过因式分解、分子或分母有理化、三角恒等变形等手段，约去使分母极限为零的因子，从而消除障碍.

对于"$\dfrac{\infty}{\infty}$"型未定式，我们可将分子、分母同除以它们的代数和中的最高阶无穷大因子.

对于"$\infty-\infty$"型未定式，经通分或分子有理化等可化为"$\dfrac{0}{0}$"型或"$\dfrac{\infty}{\infty}$"型未定式.

对于"$\dfrac{0}{0}$""$\dfrac{\infty}{\infty}$""$\infty-\infty$"等类型的未定式，我们也可用第 3 章所讲方法来求解.

（5）对于形如 $\lim\limits_{x\to x_0}\dfrac{f(x)}{g(x)}$ 的极限，$f(x)$ 与 $g(x)$ 为多项式，我们可将分子、分母同除以 $f(x)$ 与 $g(x)$ 中 x 的最高次幂，再利用 $\lim\limits_{x\to\infty}\dfrac{1}{x^k}=0(k>0)$ 可求得结果（x 趋于有限值时不能运用该方法）.

（6）夹逼准则是证明极限存在及求极限的重要方法之一.

（7）在应用**两个重要极限** $\lim\limits_{x\to 0}\dfrac{\sin x}{x}=1$ 与 $\lim\limits_{x\to\infty}\left(1+\dfrac{1}{x}\right)^x=e$ 时，我们要对函数或数列做适当变形，使形式一致，或采用变量替换法使形式一致.

4. 连续

（1）连续、左连续、右连续的定义及间断点的类型.

（2）函数的间断点及类型：第一类间断点的特点是函数在该点左、右极限都存在，第二类间断点的特点是函数在该点至少有一个单侧极限不存在（包含 ∞，$+\infty$，$-\infty$）. 第一类间断点又分为两类：一类是左、右极限都存在且相等，即极限 $\lim\limits_{x\to x_0}f(x)$ 存在，但不等于 $f(x_0)$ 或 $f(x)$ 在 x_0 处无定义，这类间断点称为可去间断点；另一类是左、右极限都存在但不相等，这类间断点称为跳跃间断点.

（3）连续函数的极限：根据函数 $f(x)$ 在点 x_0 处连续的定义可知，求连续函数 $f(x)$ 在 $x\to x_0$ 时的极限，只需求 $x=x_0$ 时的函数值. 因此，对于初等函数 $f(x)$ 的定义区间的一点 x_0，有 $\lim\limits_{x\to x_0}f(x)=f(x_0)$.

（4）闭区间上连续函数的性质：最值性、有界性、介值性、根的存在性都是函数的整体性质. 介值定理、最大值与最小值定理是闭区间上连续函数的两个重要定理，用这两个定理证明一些命题是考研中常出现的题型.

（二）考研大纲要求

（1）理解函数的概念，掌握函数的表示方法，会建立应用问题的函数关系.

（2）了解函数的奇偶性、单调性、周期性和有界性.

（3）理解复合函数及分段函数的概念，了解反函数及隐函数的概念.

考研大纲要求

（4）掌握基本初等函数的性质及其图形，了解初等函数的概念.

（5）理解极限的概念，理解函数左极限与右极限的概念，理解函数极限存在与左极限、右极限之间的关系.

（6）了解极限的性质与极限存在的两个准则，掌握极限的四则运算法则，掌握利用两个重要极限求极限的方法.

（7）理解无穷小量、无穷大量的概念，掌握无穷小量的比较方法，会用等价无穷小量求极限.

（8）理解函数连续性的概念（含左连续与右连续），会判别函数间断点的类型.

（9）了解连续函数的性质和初等函数的连续性，理解闭区间上连续函数的性质（有界性、最大值和最小值定理、介值定理），并会应用这些性质.

（三）本章知识小结

1. 函数的定义域及复合函数分解

函数的定义域，在实际问题中，根据问题的实际背景确定函数的定义域. 不考虑函数的实际背景，而抽象地研究用代数式表达的函数时，函数的定义域就是自变量所能取到的使代数式有意义的一切实数的集合. 把复合函数分解成一些基本初等函数是一项基本技能，在后面几章中将介绍的复合函数求导、换元积分法、分部积分法都基于复合函数的分解.

2. 极限问题

（1）若 $f(x)$ 是基本初等函数，则它在定义域内的每个点 x_0 处均有

$$\lim_{x \to x_0} f(x) = f(x_0).$$

（2）讨论分段函数在分段点的极限时，运用结论

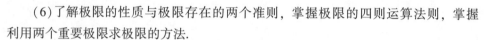
$$\lim_{x \to x_0} f(x) = A \Leftrightarrow \lim_{x \to x_0^-} f(x) = \lim_{x \to x_0^+} f(x) = A.$$

（3）考虑 $x \to \infty$ 时的函数极限，运用结论

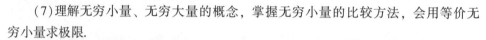
$$\lim_{x \to x_0} f(x) = A \Leftrightarrow \lim_{x \to -\infty} f(x) = \lim_{x \to +\infty} f(x) = A.$$

（4）当分子、分母的极限均为零时，我们要注意两点：首先，观察所讨论的函数，看其是否可以做恒等变换、是否可以消去公因子，以及是否在分子、分母同乘一个因子时可使分母的极限不为零；其次，注意是否可利用等价无穷小替换，当然，我们要结合第3章将要讲的洛必达法则及泰勒公式等，这些方法不是孤立的，在做题时，我们经常在一个问题中会用到多种方法.

3. 函数连续性的判断

（1）函数在某一点连续的充要条件是左、右极限存在且相等，且等于该点的函数值. 应用此结论是判断某一点是否为间断点及间断点类型的最有效的方法. 对于分段函数在分段点处的连续性，我们要分别讨论其左、右连续性.

（2）可去间断点及跳跃间断点的共同特点是函数在间断点处的左、右极限均存在，它们是第一类间断点；无穷间断点属于第二类间断点.

（3）我们可用闭区间上连续函数的性质来证明某些命题. 用零点定理判别方程有根时，我们应仔细选择合适的端点 a 和 b，以便于满足 $f(a) \cdot f(b) < 0$.

4. 无穷小量

有界变量与无穷小量的乘积仍是无穷小量这一性质及等价无穷小替换定理，它们在求极限方面是两个有力的工具. 比较无穷小量的阶时，我们可先对复杂的问题进行化简，然后根据已知的等价无穷小量的关系初步估计可能的阶，最后求极限验证估计. 当 $x \to 0$ 时，常见的等价无穷小量有

$$x \sim \sin x \sim \tan x \sim \arcsin x \sim \arctan x \sim \ln(1+x) \sim e^x - 1, \sqrt[n]{1+x} - 1 \sim \frac{1}{n}x, a^x - 1 \sim x \ln a, 1 - \cos x \sim \frac{x^2}{2}.$$

■ 三、 典型例题与方法归纳

例 1 求函数 $f(x) = 4\sqrt{3x+2} + 2\arcsin\dfrac{x-1}{2}$ 的定义域.

解 $\begin{cases} 3x+2 \geqslant 0, \\ -1 \leqslant \dfrac{x-1}{2} \leqslant 1, \end{cases}$ 即 $\begin{cases} x \geqslant -\dfrac{2}{3}, \\ -1 \leqslant x \leqslant 3, \end{cases}$ 所求定义域为 $\left[-\dfrac{2}{3}, 3\right]$.

例 2 试求常数 a 与 b 的值，使 $\lim\limits_{x \to +\infty}(\sqrt{3x^2+4x+1} - ax - b) = 0$.

解 由题意可知，必有 $a > 0$，分子有理化得

$$\lim_{x \to +\infty}(\sqrt{3x^2+4x+1} - ax - b) = \lim_{x \to +\infty}\frac{3x^2+4x+1-(ax+b)^2}{\sqrt{3x^2+4x+1}+ax+b}$$

$$= \lim_{x \to +\infty}\frac{(3-a^2)x^2+(4-2ab)x+1-b^2}{\sqrt{3x^2+4x+1}+ax+b} = 0,$$

因为极限存在且为 0，所以必有 $\begin{cases} 3-a^2 = 0, \\ 4-2ab = 0, \end{cases}$ 解得 $a = \sqrt{3}$，$b = \dfrac{2\sqrt{3}}{3}$.

例 3 讨论极限 $\lim\limits_{n \to \infty}\dfrac{1}{1+a^n}(a > 0)$.

解 当 $0 < a < 1$ 时，$\lim\limits_{n \to \infty}a^n = 0$，故 $\lim\limits_{n \to \infty}\dfrac{1}{1+a^n} = 1$；

当 $a = 1$ 时，$\lim\limits_{n \to \infty}\dfrac{1}{1+a^n} = \lim\limits_{n \to \infty}\dfrac{1}{1+1} = \dfrac{1}{2}$；

当 $a>1$ 时，$\lim\limits_{n\to\infty}a^n=+\infty$，故 $\lim\limits_{n\to\infty}\dfrac{1}{1+a^n}=0$.

所以，$\lim\limits_{n\to\infty}\dfrac{1}{1+a^n}=\begin{cases}1, & 0<a<1, \\ \dfrac{1}{2}, & a=1, \\ 0, & a>1.\end{cases}$

例4（2007304） 设函数 $f(x)$ 在 $x=0$ 处连续，下列命题错误的是（　　）.

A. 若 $\lim\limits_{x\to0}\dfrac{f(x)}{x}$ 存在，则 $f(0)=0$

B. 若 $\lim\limits_{x\to0}\dfrac{f(x)+f(-x)}{x}$ 存在，则 $f(0)=0$

C. 若 $\lim\limits_{x\to0}\dfrac{f(x)}{x}$ 存在，则 $f'(0)$ 存在

D. 若 $\lim\limits_{x\to0}\dfrac{f(x)-f(-x)}{x}$ 存在，则 $f'(0)$ 存在

解 由 A 项的条件得 $\lim\limits_{x\to0}f(x)=0$，又 $\lim\limits_{x\to0}f(x)=f(0)$，从而 $f(0)=0$.

由 B 项的条件得 $\lim\limits_{x\to0}[f(x)+f(-x)]=f(0)+f(0)=0$，从而 $f(0)=0$.

由 C 项的条件得 $\lim\limits_{x\to0}\dfrac{f(x)}{x}=\lim\limits_{x\to0}\dfrac{f(x)-f(0)}{x}=f'(0)$ 存在.

因此，A、B、C 3 项正确，故应选 D.

【方法归纳】 事实上，若设 $f(x)=|x|$，则 $\lim\limits_{x\to0}\dfrac{f(x)-f(-x)}{x}=\lim\limits_{x\to0}\dfrac{|x|-|-x|}{x}=0$ 存在，但 $f'(0)$ 不存在，因此，D 项是错误的.

例5（2004210） 求极限 $\lim\limits_{x\to0}\dfrac{\left(\dfrac{2+\cos x}{3}\right)^x-1}{x^3}$.

解 $\lim\limits_{x\to0}\dfrac{\left(\dfrac{2+\cos x}{3}\right)^x-1}{x^3}=\lim\limits_{x\to0}\dfrac{e^{x\ln\frac{2+\cos x}{3}}-1}{x^3}=\lim\limits_{x\to0}\dfrac{\ln\dfrac{2+\cos x}{3}}{x^2}=\lim\limits_{x\to0}\dfrac{\ln\left(1+\dfrac{\cos x-1}{3}\right)}{x^2}=\lim\limits_{x\to0}\dfrac{\cos x-1}{3x^2}$

$=\lim\limits_{x\to0}\dfrac{-\dfrac{x^2}{2}}{3x^2}=-\dfrac{1}{6}$.

例6（2000203） 若 $\lim\limits_{x\to0}\dfrac{\sin 6x+xf(x)}{x^3}=0$，则 $\lim\limits_{x\to0}\dfrac{6+f(x)}{x^2}$ 为（　　）.

A. 0 　　　　 B. 6 　　　　 C. 36 　　　　 D. ∞

解 由 $\lim\limits_{x\to0}\dfrac{\sin 6x+xf(x)}{x^3}=0$，根据极限与无穷小量的关系知 $\dfrac{\sin 6x+xf(x)}{x^3}=\alpha(x)$，

其中 $\alpha(x)$ 为 $x\to 0$ 时的无穷小量，故 $f(x)=x^2\alpha(x)-\dfrac{\sin 6x}{x}$.

$$\lim_{x\to 0}\frac{6+f(x)}{x^2}=\lim_{x\to 0}\frac{6+x^2\alpha(x)-\dfrac{\sin 6x}{x}}{x^2}=\lim_{x\to 0}\alpha(x)+\lim_{x\to 0}\frac{6x-\sin 6x}{x^3}=0+\lim_{x\to 0}\frac{6-6\cos 6x}{3x^2}$$

$$=2\lim_{x\to 0}\frac{1-\cos 6x}{x^2}=2\lim_{x\to 0}\frac{\dfrac{(6x)^2}{2}}{x^2}=36.$$

故应选 C.

【方法归纳】 解此题最易犯的错误，是不考虑 $f(x)$ 是否满足条件而使用洛必达法则(第 3 章将介绍)，结果花费了不少时间还没能得到正确的结论. 也有不少

人选 A，他们认为 $0=\lim\limits_{x\to 0}\dfrac{\sin 6x+xf(x)}{x^3}=\lim\limits_{x\to 0}\dfrac{\dfrac{\sin 6x}{x}+f(x)}{x^2}=\lim\limits_{x\to 0}\dfrac{6+f(x)}{x^2}$，在这里，用 6

替换 $\dfrac{\sin 6x}{x}$ 是错误的!

例 7 (2008309) 求极限 $\lim\limits_{x\to 0}\dfrac{1}{x^2}\ln\dfrac{\sin x}{x}$.

解 $\lim\limits_{x\to 0}\dfrac{1}{x^2}\ln\dfrac{\sin x}{x}=\lim\limits_{x\to 0}\dfrac{1}{x^2}\ln\left[1+\left(\dfrac{\sin x}{x}-1\right)\right]=\lim\limits_{x\to 0}\dfrac{\dfrac{\sin x}{x}-1}{x^2}=\lim\limits_{x\to 0}\dfrac{\sin x-x}{x^3}=\lim\limits_{x\to 0}\dfrac{\cos x-1}{3x^2}$

$=-\dfrac{1}{6}$.

例 8 (2003104) $\lim\limits_{x\to 0}(\cos x)^{\frac{1}{\ln(1+x^2)}}=$ _____.

解 $\lim\limits_{x\to 0}(\cos x)^{\frac{1}{\ln(1+x^2)}}=\mathrm{e}^{\lim\limits_{x\to 0}\frac{\ln\cos x}{\ln(1+x^2)}}=\mathrm{e}^{\lim\limits_{x\to 0}\frac{\ln\cos x}{x^2}}=\mathrm{e}^{\lim\limits_{x\to 0}\frac{\cos x-1}{x^2}}=\mathrm{e}^{-\frac{1}{2}}$，故应填 $\mathrm{e}^{-\frac{1}{2}}$.

例 9 (2012210) 已知函数 $f(x)=\dfrac{1+x}{\sin x}-\dfrac{1}{x}$，记 $a=\lim\limits_{x\to 0}f(x)$.

(1)求 a 的值.

(2)若当 $x\to 0$ 时，$f(x)-a$ 与 x^k 是同阶无穷小，求常数 k 的值.

解 (1) $a=\lim\limits_{x\to 0}f(x)=\lim\limits_{x\to 0}\left(\dfrac{1+x}{\sin x}-\dfrac{1}{x}\right)=\lim\limits_{x\to 0}\dfrac{x+x^2-\sin x}{x\sin x}=\lim\limits_{x\to 0}\dfrac{x^2+x-\sin x}{x^2}$

$=\lim\limits_{x\to 0}\left(1+\dfrac{x-\sin x}{x^2}\right)=1+\lim\limits_{x\to 0}\dfrac{1-\cos x}{2x}=1+\lim\limits_{x\to 0}\dfrac{\sin x}{2}=1+0=1.$

故 $a=1$.

(2)由(1)可知 $a=1$，则 $f(x)-a=\dfrac{x+x^2-\sin x}{x\sin x}-1=\dfrac{x^2+x-\sin x-x\sin x}{x\sin x}$.

由于 $f(x)-a \sim \dfrac{x^2+x-\sin x-x\sin x}{x^2}(x \to 0)$，

所以 $\lim\limits_{x \to 0}\dfrac{f(x)-a}{x^k}=\lim\limits_{x \to 0}\dfrac{x^2+x-\sin x-x\sin x}{x^{k+2}}=\lim\limits_{x \to 0}\dfrac{(x+1)(x-\sin x)}{x^{k+2}}=\lim\limits_{x \to 0}\dfrac{x-\sin x}{x^{k+2}}$

$$=\lim\limits_{x \to 0}\dfrac{1-\cos x}{(k+2)x^{k+1}}=\lim\limits_{x \to 0}\dfrac{\dfrac{1}{2}x^2}{(k+2)x^{k+1}}=\dfrac{1}{2(k+2)}\lim\limits_{x \to 0}\dfrac{x^2}{x^{k+1}}=C,$$

其中 C 为常数，且 $C \neq 0$，故 $k+1=2$，即 $k=1$ 时，$f(x)-a$ 与 x^k 是同阶无穷小.

【方法归纳】　无穷小量阶的比较是考研数学中的热点题型，本题属于已知极限反求参数的计算题型，一般情况下，这类问题可应用洛必达法则（第3章将详细介绍）直接求解，但当极限式中的函数比较复杂时，也可利用泰勒展开式进行化简，然后再求解.

例 10（2015204）　函数 $f(x)=\lim\limits_{t \to 0}\left(1+\dfrac{\sin t}{x}\right)^{\frac{x^2}{t}}$ 在 $(-\infty,+\infty)$ 内（　　）.

A. 连续　　B. 有可去间断点　　C. 有跳跃间断点　　D. 有无穷间断点

解　因为 $f(x)=\lim\limits_{t \to 0}\left(1+\dfrac{\sin t}{x}\right)^{\frac{x^2}{t}}=\lim\limits_{t \to 0}\left(1+\dfrac{\sin t}{x}\right)^{\frac{x}{\sin t}\cdot\frac{\sin t}{t}\cdot x}=\mathrm{e}^x(x \neq 0)$，$f(x)$ 在 $x=0$ 处无定义，但 $\lim\limits_{x \to 0}f(x)=1$，所以 $x=0$ 是 $f(x)$ 的可去间断点，故应选 B.

例 11（2010204）　函数 $f(x)=\dfrac{x^2-x}{x^2-1}\sqrt{1+\dfrac{1}{x^2}}$ 的无穷间断点的个

数为（　　）.

A. 0　　　　B. 1　　　　C. 2　　　　D. 3

例 11 及方法归纳

解　显然 $f(x)=\dfrac{x^2-x}{x^2-1}\sqrt{1+\dfrac{1}{x^2}}$ 的间断点为 $x=0,\pm1$.

$\lim\limits_{x \to 0}f(x)=\lim\limits_{x \to 0}\dfrac{x(x-1)}{(x+1)(x-1)}\sqrt{1+\dfrac{1}{x^2}}=\lim\limits_{x \to 0}x\sqrt{1+\dfrac{1}{x^2}}$，但 $\lim\limits_{x \to 0^+}x\sqrt{1+\dfrac{1}{x^2}}=1$，$\lim\limits_{x \to 0^-}x\sqrt{1+\dfrac{1}{x^2}}$

$=-1$，所以 $x=0$ 为第一类间断点.

又 $\lim\limits_{x \to 1}f(x)=\lim\limits_{x \to 1}\dfrac{1}{2}\sqrt{1+1}=\dfrac{\sqrt{2}}{2}$，所以 $x=1$ 也为第一类间断点.

又由于 $\lim\limits_{x \to -1}f(x)=\lim\limits_{x \to -1}\dfrac{x(x-1)}{(x+1)(x-1)}\sqrt{1+\dfrac{1}{x^2}}=\infty$，所以 $x=-1$ 为无穷间断点.

故应选 B.

【方法归纳】　（1）读者应熟练掌握求间断点的方法. 一般地，$f(x)$ 无定义的点（但在其左、右邻域有定义）；$f(x)$ 在 x_0 处虽有定义，但无极限的点；$f(x)$ 在 x_0 处虽有定义，也有极限，但是 $\lim\limits_{x \to x_0}f(x) \neq f(x_0)$ 的点，这些点都为间断点.

（2）间断点类型由 $\lim\limits_{x\to x_0}f(x)$ 来决定.

①若 $\lim\limits_{x\to x_0}f(x)=C$（常数），则 x_0 为可去间断点.

②若 $\lim\limits_{x\to x_0^+}f(x)$ 与 $\lim\limits_{x\to x_0^-}f(x)$ 均存在但不相等，则 x_0 为跳跃间断点.

③若 $\lim\limits_{x\to x_0}f(x)=\infty$，则 x_0 为无穷间断点.

例 12（2011310） ①证明：对任意的正整数 n，都有

$$\frac{1}{n+1}<\ln\left(1+\frac{1}{n}\right)<\frac{1}{n}$$

成立.

②设 $a_n=1+\dfrac{1}{2}+\cdots+\dfrac{1}{n}-\ln n\,(n=1,2,\cdots)$，证明：数列 $\{a_n\}$ 收敛.

证明 ①对于任意的正整数 n，对函数 $f(x)=\ln x$ 在区间 $[n,n+1]$ 上应用拉格朗日中值定理，得

$$\ln\left(1+\frac{1}{n}\right)=\ln(n+1)-\ln n=\frac{1}{\xi},\xi\in(n,n+1),$$

则

$$\frac{1}{n+1}<\ln\left(1+\frac{1}{n}\right)=\frac{1}{\xi}<\frac{1}{n}.$$

②对于数列 $\{a_n\}$，当 $n\geqslant 1$ 时，有

$$a_{n+1}-a_n=\frac{1}{n+1}-\ln(n+1)+\ln n=\frac{1}{n+1}-\ln\left(1+\frac{1}{n}\right)<0,$$

即 $\{a_n\}$ 单调减少. 又

$$a_n=1+\frac{1}{2}+\cdots+\frac{1}{n}-\ln n>\ln(1+1)+\ln\left(1+\frac{1}{2}\right)+\cdots+\ln\left(1+\frac{1}{n}\right)-\ln n$$

$$>\ln 2+(\ln 3-\ln 2)+\cdots+[\ln(1+n)-\ln n]-\ln n=\ln(1+n)-\ln n>0,$$

从而数列 $\{a_n\}$ 有下界，根据单调有界原理知，数列 $\{a_n\}$ 收敛.

例 13（2018310） 设数列 $\{x_n\}$ 满足 $x_1>0$，$x_n\mathrm{e}^{x_{n+1}}=\mathrm{e}^{x_n}-1\,(n=1,$ $2,\cdots)$. 证明：数列 $\{x_n\}$ 收敛，并求 $\lim\limits_{n\to\infty}x_n$.

例 13

证明 （1）有界性. 易知当 $x>0$ 时，$\mathrm{e}^x-1>x$，从而由 $x_1>0$ 知，$\mathrm{e}^{x_2}=\dfrac{\mathrm{e}^{x_1}-1}{x_1}>1$，故 $x_2>0$. 不妨设 $x_k>0$，则 $\mathrm{e}^{x_{k+1}}=\dfrac{\mathrm{e}^{x_k}-1}{x_k}>1$，$x_{k+1}>0$. 由数学归纳法知，数列 $\{x_n\}$ 有下界.

（2）单调性.

方法 1：由 $x_n\mathrm{e}^{x_{n+1}}=\mathrm{e}^{x_n}-1$ 知，$x_{n+1}=\ln\dfrac{\mathrm{e}^{x_n}-1}{x_n}$，则

$$x_{n+1}-x_n=\ln\frac{\mathrm{e}^{x_n}-1}{x_n}-x_n=\ln\frac{\mathrm{e}^{x_n}-1}{x_n\mathrm{e}^{x_n}}.$$

设 $f(x)=x\mathrm{e}^x-(\mathrm{e}^x-1),x\in[0,+\infty)$，则 $f(0)=0$，且 $f'(x)=x\mathrm{e}^x>0,x\in(0,+\infty)$，从而 $f(x)$ 在 $(0,+\infty)$ 上单调递增，$f(x)>f(0)=0$，进而可得 $x\mathrm{e}^x>\mathrm{e}^x-1.$ $x_{n+1}-x_n$ $=\ln\dfrac{\mathrm{e}^{x_n}-1}{x_n\mathrm{e}^{x_n}}<\ln1=0$，故数列 $\{x_n\}$ 单调减少.

方法2：由 $x_n\mathrm{e}^{x_{n+1}}=\mathrm{e}^{x_n}-1$ 知，$\mathrm{e}^{x_{n+1}}=\dfrac{\mathrm{e}^{x_n}-1}{x_n}=\dfrac{\mathrm{e}^{x_n}-\mathrm{e}^0}{x_n-0}$，由拉格朗日中值定理知

$$\mathrm{e}^{x_{n+1}}=\dfrac{\mathrm{e}^{x_n}-\mathrm{e}^0}{x_n-0}=(\mathrm{e}^x)'\Big|_{x=\xi_n}=\mathrm{e}^{\xi_n},\xi_n\in(0,x_n),$$

所以 $\mathrm{e}^{x_{n+1}}=\mathrm{e}^{\xi_n}<\mathrm{e}^{x_n}$，即 $x_{n+1}<x_n.$ 故数列 $\{x_n\}$ 单调减少有下界.

由单调有界原理知，数列 $\{x_n\}$ 收敛.

(3) 令 $\lim\limits_{n\to\infty}x_n=l$，在等式 $x_n\mathrm{e}^{x_{n+1}}=\mathrm{e}^{x_n}-1$ 两端取极限得 $l\mathrm{e}^l=\mathrm{e}^l-1$，解得 $l=0.$

四、习题全解

同步习题 1.1

1. 求下列函数的定义域.

(1) $y=\sqrt{2x+4}$.　　　　　(2) $y=\dfrac{1}{x-3}+\sqrt{16-x^2}$.

(3) $y=\ln(x^2-2x-3)$.　　　(4) $y=\dfrac{\sqrt{-x}}{2x^2-3x-2}$.

解　(1) $2x+4\geqslant0\Rightarrow x\geqslant-2$，即定义域为 $[-2,+\infty)$.

(2) $x-3\neq0$ 且 $16-x^2\geqslant0$，所以 $x\neq3$ 且 $|x|\leqslant4$，即定义域为 $[-4,3)\cup(3,4]$.

(3) $x^2-2x-3>0\Rightarrow x<-1$ 或 $x>3$，即定义域为 $(-\infty,-1)\cup(3,+\infty)$.

(4) $-x\geqslant0$ 且 $2x^2-3x-2\neq0\Rightarrow x\leqslant0$ 且 $x\neq-\dfrac{1}{2}$，即定义域为 $\left(-\infty,-\dfrac{1}{2}\right)\cup\left(-\dfrac{1}{2},0\right]$.

2. 单选题.

(1) 下列集合 A 到集合 B 的对应关系 f 是函数的是(　　).

A. $A=\{-1,0,1\}$，$B=\{0,1\}$，f:A 中的数平方

B. $A=\{0,1\}$，$B=\{-1,0,1\}$，f:A 中的数开方

C. $A=\mathbf{Z}$，$B=\mathbf{Q}$，f:A 中的数取倒数

D. $A=\mathbf{R}$，$B=\{$正实数$\}$，f:A 中的数取绝对值

解　选项B，集合 B 中的元素-1在集合 A 中没有与其对应的元素，故不符合题

意；选项 C，集合 A 中的元素 0 的倒数不存在，故不符合题意；选项 D，集合 A 中的元素 0 的绝对值不在集合 B 中，故不符合题意. 因此，本题选 A.

（2）对于一元函数，下列说法正确的是（   ）.

A. 函数值域中每一个数在定义域中一定只有一个数与之对应

B. 函数的定义域和值域可以是空集

C. 函数的定义域和值域一定是数集

D. 函数的定义域和值域确定后，函数的对应关系也就确定了

解 函数要求一个自变量对应唯一的因变量，不要求一个因变量对应唯一的自变量，故 A 项错误；函数是两个非空数集之间的对应关系，故 B 项错误；定义域和值域无法决定对应关系，故 D 项错误. 因此，本题选 C.

（3）下列说法中正确的是（   ）.

A. 定义域和值域都相同的两个函数是同一个函数

B. $f(x)=1$ 与 $f(x)=x^0$ 表示同一个函数

C. $y=f(x)$ 与 $y=f(x+1)$ 不可能是同一个函数

D. $y=f(x)$ 与 $y=f(t)$ 表示同一个函数

解 定义域和值域相同，对应关系未必相同，故 A 项错误；选项 B 中的两个函数定义域不同，所以不是同一个函数；选项 C 中可令后者的 $x=t-1$，则二者表示同一个函数；选项 D 正确，因为确定函数的是对应关系和定义域，而不是描述自变量的字母. 因此，本题选 D.

（4）下列各选项中，函数 $f(x)$ 与 $g(x)$ 是同一个函数的是（   ）.

A. $f(x)=\lg x^2$，$g(x)=2\lg x$ B. $f(x)=x$，$g(x)=\sqrt{x^2}$

C. $f(x)=\sqrt[3]{x^4-x^3}$，$g(x)=x\sqrt[3]{x-1}$ D. $f(x)=1$，$g(x)=\sec^2 x-\tan^2 x$

解 选项 A，二者可化成相同的表达式，但是定义域不同.

选项 B，二者值域不同，前者值域是 $(-\infty,+\infty)$，后者值域是 $[0,+\infty)$.

选项 D，二者可化成相同的表达式，但定义域不同.

故应选 C.

3. 下列哪些是周期函数？对于周期函数，指出其周期.

（1）$y=\cos(x-2)$.   （2）$y=1+\sin\pi x$.

解 （1）因为 $\cos[(x+2\pi)-2]=\cos(x-2)$，所以该函数是周期函数，且周期为 2π.

（2）因为 $1+\sin\pi(x+2)=1+\sin\pi x$，所以该函数是周期函数，且周期为 2.

4. 判断下列函数的奇偶性.

（1）$y=e^{x^2}\sin x$.   （2）$y=\log_a(x+\sqrt{1+x^2})$（$a>0,a\neq 1$）.

解 （1）设 $y=f(x)=e^{x^2}\sin x$，定义域为 $\mathbf{R}$，则 $f(-x)=e^{(-x)^2}\sin(-x)=-e^{x^2}\sin x$ $=-f(x)$，所以 $y=e^{x^2}\sin x$ 为奇函数.

(2)设 $y=f(x)=\log_a(x+\sqrt{1+x^2})$ $(a>0,\ a\neq1)$，定义域为 **R**，则

$$f(-x)=\log_a(\sqrt{1+x^2}-x)=\log_a\frac{1}{\sqrt{1+x^2}+x}=-\log_a(x+\sqrt{1+x^2})=-f(x),$$

所以 $y=\log_a(x+\sqrt{1+x^2})$ $(a>0,a\neq1)$ 为奇函数.

5. 求下列函数的反函数.

(1) $y=\frac{ax+b}{cx+d}(ad-bc\neq0)$.   (2) $y=\frac{1+\sqrt{1-x}}{1-\sqrt{1-x}}$.

解 (1) 由 $y=\frac{ax+b}{cx+d}$ 得 $x=\frac{b-dy}{cy-a}$，因此，所求反函数为 $y=\frac{b-dx}{cx-a},x\neq\frac{a}{c}$.

(2) 设 $t=\sqrt{1-x}$，则 $y=\frac{1+t}{1-t}$，所以 $t=\frac{y-1}{y+1}$，即 $\sqrt{1-x}=\frac{y-1}{y+1}$，从而 $x=1-\left(\frac{y-1}{y+1}\right)^2=$

$\frac{4y}{(y+1)^2}$. 因此，所求反函数为 $y=\frac{4x}{(x+1)^2},x\in(-\infty,-1)\cup[1,+\infty)$.

6. 设 $f(x)=\begin{cases}1-x, & x\leq0,\\x+2, & x>0,\end{cases}$ $g(x)=\begin{cases}x^2, & x<0,\\-x, & x\geq0,\end{cases}$ 求 $f[g(x)]$.

解 当 $g(x)\leq0$，即 $x\geq0$ 时，$f[g(x)]=f(-x)=1-(-x)=1+x$.

当 $g(x)>0$，即 $x<0$ 时，$f[g(x)]=f(x^2)=x^2+2$.

故 $f[g(x)]=\begin{cases}1+x, & x\geq0,\\x^2+2, & x<0.\end{cases}$

7. 设一产品的供给函数与需求函数分别为 $Q_s(P)=\frac{3}{11}P+2,Q_d(P)=-\frac{4}{11}P+9$，其中 P 为价格. 试求该产品的市场均衡价格，并画出供给函数与需求函数的图形.

解 (1)设市场均衡价格为 P_0，则有 $Q_d(P_0)=Q_s(P_0)$，即

$$-\frac{4}{11}P_0+9=\frac{3}{11}P_0+2,$$

解得市场均衡价格 $P_0=11$. 此时均衡产品供给量为 $Q_0=5$.

(2)供给函数曲线用 Q_s 表示，需求函数曲线用 Q_d 表示，作图，如图 1.1 所示.

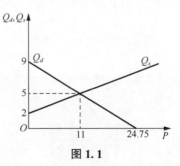

图 1.1

8. 某公司生产一种产品，按设计要求，公司的生产能力 Q（单位：件）在 $[a,b]$ 之间，公司的固定成本为 C_0 元，每生产一件产品，可变成本增加 c_2 元，试求成本函数.

解 成本函数 $C=C_0+C_1(Q)$，其中 C_0 为固定成本、$C_1(Q)$ 为可变成本，由题意知

$$C=C_0+c_2Q, Q\in[a,b].$$

提高题

1. 求下列函数的定义域.

$(1)\ y=\dfrac{\sqrt{x^2-2x-15}}{|x+3|-3}$.

$(2)\ y=\arcsin(2x-3)$.

$(3)\ y=\dfrac{1}{1+\dfrac{1}{x-1}}+(2x-1)^0+\sqrt{4-x^2}$.

$(4)\ y=\dfrac{\sqrt[3]{4x+8}}{\sqrt{3x-2}}$.

解 $(1)\ |x+3|-3\neq0$ 且 $x^2-2x-15\geqslant0\Rightarrow x\leqslant-3$ 或 $x\geqslant5$ 且 $x\neq-6$，故所求定义域为 $(-\infty,-6)\cup(-6,-3]\cup[5,+\infty)$.

$(2)\ |2x-3|\leqslant1\Rightarrow x\in[1,2]$，故所求定义域为 $[1,2]$.

$(3)\ \begin{cases}4-x^2\geqslant0,\\ x-1\neq0,\\ 1+\dfrac{1}{x-1}\neq0,\\ 2x-1\neq0\end{cases}\Rightarrow\begin{cases}|x|\leqslant2,\\ x\neq1,\\ x\neq0,\\ x\neq\dfrac{1}{2},\end{cases}$ 故所求定义域为 $\{x\mid-2\leqslant x\leqslant2, x\neq0, x\neq\dfrac{1}{2}, x\neq1\}$.

$(4)\ 3x-2>0\Rightarrow x>\dfrac{2}{3}$，故所求定义域为 $\left(\dfrac{2}{3},+\infty\right)$.

2. 设函数 $f(x)=x^4+x^3+x^2+x+1$，证明：当 $x\neq0$ 时，有 $x^4f\left(\dfrac{1}{x}\right)=f(x)$.

证明 因为当 $x\neq0$ 时，有 $f\left(\dfrac{1}{x}\right)=\dfrac{1}{x^4}+\dfrac{1}{x^3}+\dfrac{1}{x^2}+\dfrac{1}{x}+1$，所以

$$x^4f\left(\dfrac{1}{x}\right)=x^4+x^3+x^2+x+1=f(x).$$

3. 某企业生产某种产品，固定成本为 200 元，每多生产 1 件产品，成本增加 10 元，该产品的需求函数为 $Q_d=50-2P$，试求该产品的成本函数、平均成本函数、收益函数和利润函数.

解 设该产品的产量为 Q，由题意知，成本函数为 $C=200+10Q$，则平均成本函数为 $\overline{C}=\dfrac{C(Q)}{Q}=\dfrac{200}{Q}+10$.

又该产品的需求函数为 $Q_d = 50-2P$，则收益函数为 $R = Q_d(P)P = 50P-2P^2$，利润函数为 $L = R-C = (50P-20P^2)-[200+10(50-2P)] = 70P-2P^2-700$.

4. 生产某产品的固定成本为 10 元，每多生产 1 件产品，成本增加 2 元，该产品的需求函数为 $Q_d = 100-P$，供给函数为 $Q_s = 4P$.

(1)试写出该产品的总成本函数.

(2)求生产 10 件产品时的平均成本.

(3)写出收益函数与利润函数.

(4)求该产品的市场均衡价格.

解 设该产品的产量为 Q.

(1)总成本函数为 $C = 10+2Q$.

(2)当 $Q = 10$ 时，平均成本 $\bar{C} = \dfrac{C(10)}{10} = \dfrac{10+2\times10}{10} = 3$（元/件）.

(3)该产品的需求函数为 $Q_d = 10-P$，则收益函数为 $R = Q_d(P)P = 100P-P^2$，利润函数为 $L = R-C = (100P-P^2)-[10+2(10-P)] = 102P-P^2-210$.

(4)当 $Q_d(P) = Q_s(P)$，即 $100-P = 4P$ 时，解得 $P = 20$（元）. 该产品的市场均衡价格为 20 元.

同步习题 1.2

1. 证明：数列 $\left\{(-1)^n \cdot \dfrac{n+1}{n}\right\}$ 发散.

证明 记 $x_n = (-1)^n \cdot \dfrac{n+1}{n}$，因为 $x_{2n} = \dfrac{2n+1}{2n} \to 1, x_{2n+1} = -\dfrac{2n+2}{2n+1} \to -1 (n\to\infty)$，所以数列 $\left\{(-1)^n \cdot \dfrac{n+1}{n}\right\}$ 发散.

2. 设 $a_n = \left(1+\dfrac{1}{n}\right)\sin\dfrac{n\pi}{2}$，证明：数列 $\{a_n\}$ 的极限不存在.

证明 设 k 为正整数，则

$$a_{4k} = \left(1+\dfrac{1}{4k}\right)\sin\dfrac{4k\pi}{2} = 0 \to 0(k\to\infty), \quad a_{4k+1} = \left(1+\dfrac{1}{4k+1}\right)\sin\dfrac{(4k+1)\pi}{2} \to 1(k\to\infty),$$

因此，数列 $\{a_n\}$ 的极限不存在.

3. 求下列函数的极限.

(1)$f(x) = |x|$，求 $\lim\limits_{x\to0}f(x)$.

(2)$f(x) = \begin{cases} x, & x\geq0, \\ \sin x, & x<0, \end{cases}$ 求 $\lim\limits_{x\to0}f(x)$.

$(3)f(x)=\begin{cases} x^2+1, & x<1, \\ \dfrac{1}{2}, & x=1, \\ x-1, & x>1, \end{cases}$ 求 $\lim\limits_{x\to 1}f(x)$.

解　$(1)f(x)=\begin{cases} -x, & x<0, \\ x, & x\geqslant 0, \end{cases}$ $\lim\limits_{x\to 0^+}f(x)=0$, $\lim\limits_{x\to 0^-}f(x)=0$, 所以 $\lim\limits_{x\to 0}f(x)=0$.

$(2)\lim\limits_{x\to 0^+}f(x)=0$, $\lim\limits_{x\to 0^-}f(x)=0$, 所以 $\lim\limits_{x\to 0}f(x)=0$.

$(3)\lim\limits_{x\to 1^+}f(x)=0$, $\lim\limits_{x\to 1^-}f(x)=2$, 所以 $\lim\limits_{x\to 1}f(x)$ 不存在.

4. 当 $x\to 0$ 时，求函数 $f(x)=\dfrac{x}{x}$ 和 $\varphi(x)=\dfrac{|x|}{x}$ 的左、右极限，并说明它们在 $x\to 0$ 时的极限是否存在.

解　$(1)\lim\limits_{x\to 0^+}f(x)=1$, $\lim\limits_{x\to 0^-}f(x)=1$, 所以 $\lim\limits_{x\to 0}f(x)=1$.

$(2)\lim\limits_{x\to 0^+}\varphi(x)=1$, $\lim\limits_{x\to 0^-}\varphi(x)=-1$, 所以 $\lim\limits_{x\to 0}\varphi(x)$ 不存在.

5. 求函数 $f(x)=\dfrac{1-a^{\frac{1}{x}}}{1+a^{\frac{1}{x}}}(a>1)$ 在 $x\to 0$ 时的左、右极限，并说明在 $x\to 0$ 时函数极限是否存在.

解　由于 $\lim\limits_{x\to 0^+}f(x)=\lim\limits_{x\to 0^+}\dfrac{a^{-\frac{1}{x}}-1}{a^{-\frac{1}{x}}+1}=-1$, $\lim\limits_{x\to 0^-}f(x)=\lim\limits_{x\to 0^-}\dfrac{1-a^{\frac{1}{x}}}{1+a^{\frac{1}{x}}}=1$, 所以 $\lim\limits_{x\to 0}f(x)$ 不存在.

提高题

1. 设 $\lim\limits_{n\to\infty}a_n=a$, 且 $a\neq 0$, 则当 n 充分大时，有(　　).

A. $|a_n|>\dfrac{|a|}{2}$　　　　B. $|a_n|<\dfrac{|a|}{2}$　　　　C. $a_n>a-\dfrac{1}{n}$　　　　D. $a_n<a+\dfrac{1}{n}$

解　因为 $\lim\limits_{n\to\infty}a_n=a$, 所以 $\lim\limits_{n\to\infty}|a_n|=|a|>\dfrac{|a|}{2}$. 由数列极限的保号性知，存在正整数 N, 当 $n>N$ 时，有 $|a_n|>\dfrac{|a|}{2}$, 故应选 A.

2. "对任意给定的 $\varepsilon\in(0,1)$, 总存在正整数 N, 当 $n\geqslant N$ 时，恒有 $|x_n-a|\leqslant 2\varepsilon$ 成立"是数列 $\{x_n\}$ 收敛于 a 的(　　).

A. 充分条件但非必要条件　　　　　　　B. 必要条件但非充分条件

C. 充分必要条件　　　　　　　　　　　D. 既非充分又非必要条件

解　根据数列极限的定义知，本题应选 C.

3. 证明: $\lim\limits_{x\to+\infty}x\sin x$ 不存在.

证明 设 $f(x)=x\sin x$, 取 $x_n=n\pi$ 及 $y_n=2n\pi+\dfrac{\pi}{2}$, 显然当 $n\to\infty$ 时, 有 $x_n\to+\infty$,

$y_n\to+\infty$. 但 $\lim\limits_{n\to\infty}f(x_n)=0$, $\lim\limits_{n\to\infty}f(y_n)=+\infty$, 故 $\lim\limits_{x\to+\infty}x\sin x$ 不存在.

同步习题 1.3

基础题

1. 求下列极限.

(1) $\lim\limits_{x\to-2}(3x^2-5x+2)$.

(2) $\lim\limits_{x\to\sqrt{3}}\dfrac{x^2-3}{x^4+x^2+1}$.

(3) $\lim\limits_{x\to2}\dfrac{x^2-3}{x-2}$.

(4) $\lim\limits_{x\to1}\dfrac{x^2-1}{2x^2-x-1}$.

(5) $\lim\limits_{h\to0}\dfrac{(x+h)^3-x^3}{h}$.

(6) $\lim\limits_{x\to\infty}\dfrac{2x+3}{6x-1}$.

(7) $\lim\limits_{x\to\infty}\dfrac{(2x-1)^{30}(3x-2)^{20}}{(2x+1)^{50}}$.

(8) $\lim\limits_{x\to0}\dfrac{x^2}{1-\sqrt{1+x^2}}$.

(9) $\lim\limits_{x\to0}\dfrac{\tan x-\sin x}{x}$.

(10) $\lim\limits_{x\to0}\dfrac{\sin2x}{\sin3x}$.

解 (1) $\lim\limits_{x\to-2}(3x^2-5x+2)=3\lim\limits_{x\to-2}x^2-5\lim\limits_{x\to-2}x+2=12+10+2=24.$

(2) $\lim\limits_{x\to\sqrt{3}}\dfrac{x^2-3}{x^4+x^2+1}=\dfrac{\lim\limits_{x\to\sqrt{3}}(x^2-3)}{\lim\limits_{x\to\sqrt{3}}(x^4+x^2+1)}=\dfrac{0}{13}=0.$

(3) 由于 $\lim\limits_{x\to2}(x^2-3)=1$, $\lim\limits_{x\to2}(x-2)=0$, 所以极限不存在.

(4) $\lim\limits_{x\to1}\dfrac{x^2-1}{2x^2-x-1}=\lim\limits_{x\to1}\dfrac{x+1}{2x+1}=\dfrac{2}{3}$.

(5) $\lim\limits_{h\to0}\dfrac{(x+h)^3-x^3}{h}=\lim\limits_{h\to0}(3x^2+3xh+h^2)=3x^2.$

(6) $\lim\limits_{x\to\infty}\dfrac{2x+3}{6x-1}=\lim\limits_{x\to\infty}\dfrac{2+\dfrac{3}{x}}{6-\dfrac{1}{x}}=\dfrac{1}{3}$.

(7) $\lim\limits_{x\to\infty}\dfrac{(2x-1)^{30}(3x-2)^{20}}{(2x+1)^{50}}=\lim\limits_{x\to\infty}\dfrac{\left(2-\dfrac{1}{x}\right)^{30}\left(3-\dfrac{2}{x}\right)^{20}}{\left(2+\dfrac{1}{x}\right)^{50}}=\dfrac{2^{30}\times3^{20}}{2^{50}}=\left(\dfrac{3}{2}\right)^{20}$.

$(8)\lim\limits_{x\to 0}\dfrac{x^2}{1-\sqrt{1+x^2}}=-\lim\limits_{x\to 0}\dfrac{x^2(1+\sqrt{1+x^2})}{x^2}=-\lim\limits_{x\to 0}(1+\sqrt{1+x^2})=-2.$

$(9)\lim\limits_{x\to 0}\dfrac{\tan x-\sin x}{x}=\lim\limits_{x\to 0}\dfrac{\sin x}{x}\cdot\lim\limits_{x\to 0}\dfrac{1-\cos x}{\cos x}=1\times 0=0.$

$(10)\lim\limits_{x\to 0}\dfrac{\sin 2x}{\sin 3x}=\lim\limits_{x\to 0}\dfrac{2x}{3x}=\dfrac{2}{3}.$

2. 下列等式成立的是(　　).

A. $\lim\limits_{x\to 0}\dfrac{\sin x}{x}=0$　　　　B. $\lim\limits_{x\to 0}\dfrac{\arctan x}{x}=1$　　　　C. $\lim\limits_{x\to 0}\dfrac{\sin x}{x^2}=1$　　　　D. $\lim\limits_{x\to \frac{\pi}{2}}\dfrac{\sin x}{x}=1$

解 $\lim\limits_{x\to 0}\dfrac{\arctan x}{x}\xlongequal{t=\arctan x}\lim\limits_{t\to 0}\dfrac{t}{\tan t}=\lim\limits_{t\to 0}\left(\dfrac{t}{\sin t}\cdot\cos t\right)=1$, 故应选 B.

3. 若 $\lim\limits_{x\to \infty}\left(\dfrac{x^2+1}{x+1}-ax-b\right)=0$, 求 a,b 的值.

基础题3

解 由 $\lim\limits_{x\to \infty}\left(\dfrac{x^2+1}{x+1}-ax-b\right)=\lim\limits_{x\to \infty}\dfrac{(1-a)x^2-(a+b)x+1-b}{x+1}=0$ 知,

$1-a=0$ 且 $a+b=0$, 所以 $a=1,b=-1.$

4. 已知 $\lim\limits_{x\to 1}f(x)$ 存在, 且 $f(x)=x^2+3x+2\lim\limits_{x\to 1}f(x)$, 求 $f(x).$

解 设 $\lim\limits_{x\to 1}f(x)=A$, 则 $f(x)=x^2+3x+2A$, 等号两边分别取极限得 $\lim\limits_{x\to 1}f(x)=$ $\lim\limits_{x\to 1}(x^2+3x)+2A$, 即 $A=4+2A$, 解得 $A=-4$, 所以 $f(x)=x^2+3x-8.$

5. 已知 $f(x)=\begin{cases}x-1, & x<0,\\ \dfrac{x^2+3x-1}{x^3+1}, & x\geq 0,\end{cases}$ 求 $\lim\limits_{x\to 0}f(x),\lim\limits_{x\to +\infty}f(x),\lim\limits_{x\to -\infty}f(x).$

解 因为 $\lim\limits_{x\to 0^+}f(x)=\lim\limits_{x\to 0^+}\dfrac{x^2+3x-1}{x^3+1}=-1,\lim\limits_{x\to 0^-}f(x)=\lim\limits_{x\to 0^-}(x-1)=-1$, 所以 $\lim\limits_{x\to 0}f(x)=-1.$

$\lim\limits_{x\to +\infty}f(x)=\lim\limits_{x\to +\infty}\dfrac{x^2+3x-1}{x^3+1}=\lim\limits_{x\to +\infty}\dfrac{\dfrac{1}{x}+\dfrac{3}{x^2}-\dfrac{1}{x^3}}{1+\dfrac{1}{x^3}}=\dfrac{0}{1}=0.$

$\lim\limits_{x\to -\infty}f(x)=\lim\limits_{x\to -\infty}(x-1)=-\infty.$

提高题

1. 求下列极限.

$(1)\lim\limits_{x\to 0}(1+3\tan^2 x)^{\cot^2 x}.$

$(2)\lim\limits_{x\to 0}\dfrac{\cos x+\cos^2 x+\cdots+\cos^n x-n}{\cos x-1}$(其中 n 为正整数).

(3) $\lim\limits_{x\to +\infty}\dfrac{x^3+x^2+1}{x^4+x+2}(\sin x+\cos x)$.

解 (1) $\lim\limits_{x\to 0}(1+3\tan^2 x)^{\cot^2 x}=\lim\limits_{x\to 0}\left[(1+3\tan^2 x)^{\frac{1}{3\tan^2 x}}\right]^3=e^3$.

(2) $\lim\limits_{x\to 0}\dfrac{\cos x+\cos^2 x+\cdots+\cos^n x-n}{\cos x-1}=\lim\limits_{x\to 0}\dfrac{(\cos x-1)+(\cos^2 x-1)+\cdots+(\cos^n x-1)}{\cos x-1}$

$=\lim\limits_{x\to 0}\left[1+(\cos x+1)+\cdots+(\cos^{n-1}x+\cos^{n-2}x+\cdots+1)\right]=1+2+3+\cdots+n=\dfrac{n(n+1)}{2}$.

(3) 因为 $\lim\limits_{x\to +\infty}\dfrac{x^3+x^2+1}{x^4+x+2}=\lim\limits_{x\to +\infty}\dfrac{\dfrac{1}{x}+\dfrac{1}{x^2}+\dfrac{1}{x^4}}{1+\dfrac{1}{x^3}+\dfrac{2}{x^4}}=0$, 且 $\sin x+\cos x$ 有界, 所以

$$\lim\limits_{x\to +\infty}\dfrac{x^3+x^2+1}{x^4+x+2}(\sin x+\cos x)=0.$$

2. 设 $\lim\limits_{x\to \infty}\left(\dfrac{x+a}{x-2a}\right)^x=8$, 求常数 a.

解 $\lim\limits_{x\to \infty}\left(\dfrac{x+a}{x-2a}\right)^x=\lim\limits_{x\to \infty}\left[\left(1+\dfrac{3a}{x-2a}\right)^{\frac{x-2a}{3a}}\right]^{\frac{3ax}{x-2a}}=e^{3a}=8$, 所以 $a=\ln 2$.

同步习题 1.4

1. 无穷小量的倒数一定是无穷大量吗? 请举例说明.

解 无穷小量的倒数不一定是无穷大量, 比如 0.

2. 当 $x\to 0$ 时, 比较下列各无穷小量的阶 (低阶、高阶、同阶、等价).

(1) $\sqrt{x}+\sin x$ 与 x.　　　　(2) $x^2+\arcsin x$ 与 x.

(3) $x-\sin x$ 与 x.　　　　　　(4) $\sqrt[3]{x}-3x^3+x^5$ 与 x.

(5) $\arctan 2x$ 与 $\sin 3x$.　　(6) $(1-\cos x)^2$ 与 $\sin^2 x$.

解 (1) 因为 $\lim\limits_{x\to 0^+}\dfrac{\sqrt{x}+\sin x}{x}=\lim\limits_{x\to 0^+}\left(\dfrac{1}{\sqrt{x}}+\dfrac{\sin x}{x}\right)=1+\lim\limits_{x\to 0^+}\dfrac{1}{\sqrt{x}}=+\infty$, 所以 $\sqrt{x}+\sin x$ 是比 x 低

阶的无穷小量.

(2) 因为 $\lim\limits_{x\to 0}\dfrac{x^2+\arcsin x}{x}=1+\lim\limits_{x\to 0}x=1$, 所以 $x^2+\arcsin x$ 与 x 是等价无穷小量.

(3) 因为 $\lim\limits_{x\to 0}\dfrac{x-\sin x}{x}=1-\lim\limits_{x\to 0}\dfrac{\sin x}{x}=1-1=0$, 所以 $x-\sin x$ 是比 x 高阶的无穷小量.

(4) 因为 $\lim\limits_{x\to 0}\dfrac{\sqrt[3]{x}-3x^3+x^5}{x}=\lim\limits_{x\to 0}\left(\dfrac{1}{\sqrt[3]{x^2}}-3x^2+x^4\right)=+\infty$，所以 $\sqrt[3]{x}-3x^3+x^5$ 是比 x 低阶的无穷小量.

(5) 因为 $\lim\limits_{x\to 0}\dfrac{\arctan 2x}{\sin 3x}=\lim\limits_{x\to 0}\dfrac{2x}{3x}=\dfrac{2}{3}$，所以 $\arctan 2x$ 与 $\sin 3x$ 是同阶无穷小量.

(6) 因为 $\lim\limits_{x\to 0}\dfrac{(1-\cos x)^2}{\sin^2 x}=\lim\limits_{x\to 0}\dfrac{\left(\dfrac{x^2}{2}\right)^2}{x^2}=\dfrac{1}{4}\lim\limits_{x\to 0}x^2=0$，所以 $(1-\cos x)^2$ 是比 $\sin^2 x$ 高阶的无穷小量.

3. 选择题.

(1) 当 $x\to 0$ 时，$f(x)=\sin ax^3$ 与 $g(x)=x^2\ln(1-x)$ 是等价无穷小量，则(　　).

A. $a=1$ 　　　　B. $a=2$ 　　　　C. $a=-1$ 　　　　D. $a=-2$

解 由等价无穷小量的定义得 $\lim\limits_{x\to 0}\dfrac{\sin ax^3}{x^2\ln(1-x)}=\lim\limits_{x\to 0}\dfrac{ax^3}{x^2\ln(1-x)}=\lim\limits_{x\to 0}\dfrac{ax}{-x}=-a=1$，所以 $a=-1$，故应选 C.

(2) 当 $x\to 0$ 时，函数 $f(x)=\tan x-\sin x$ 与 $g(x)=1-\cos x$ 比较是(　　)无穷小量.

A. 等价 　　　　B. 同阶非等价 　　　　C. 高阶 　　　　D. 低阶

解 $\lim\limits_{x\to 0}\dfrac{\tan x-\sin x}{1-\cos x}=\lim\limits_{x\to 0}\dfrac{\sin x\left(\dfrac{1}{\cos x}-1\right)}{1-\cos x}=\lim\limits_{x\to 0}\dfrac{x(1-\cos x)}{\cos x(1-\cos x)}=\lim\limits_{x\to 0}\dfrac{x}{\cos x}=0$，故应选 C.

(3) 当 $x\to 0$ 时，$(1+ax^2)^{\frac{1}{3}}-1$ 与 $\cos x-1$ 是等价无穷小量，则 $a=($　　$)$.

A. $-\dfrac{3}{2}$ 　　　　B. $-\dfrac{5}{2}$ 　　　　C. 1 　　　　D. 2

解 由等价无穷小量的定义得 $\lim\limits_{x\to 0}\dfrac{(1+ax^2)^{\frac{1}{3}}-1}{\cos x-1}=\lim\limits_{x\to 0}\dfrac{\dfrac{1}{3}ax^2}{-\dfrac{1}{2}x^2}=\dfrac{-2a}{3}=1$，所以

$a=-\dfrac{3}{2}$，故应选 A.

(4) 当 $x\to 0^+$ 时，与 $\sqrt{x}$ 等价的无穷小量是(　　).

A. $1-e^{\sqrt{x}}$ 　　　　B. $\ln\dfrac{1+x}{1-\sqrt{x}}$ 　　　　C. $\sqrt{1+\sqrt{x}}-1$ 　　　　D. $1-\cos\sqrt{x}$

解 $\lim\limits_{x\to 0^+}\dfrac{1-e^{\sqrt{x}}}{\sqrt{x}}=\lim\limits_{x\to 0^+}\dfrac{-\sqrt{x}}{\sqrt{x}}=-1$，

$\lim\limits_{x\to 0^+}\dfrac{\ln\dfrac{1+x}{1-\sqrt{x}}}{\sqrt{x}}=\lim\limits_{x\to 0^+}\dfrac{\ln\left(1+\dfrac{x+\sqrt{x}}{1-\sqrt{x}}\right)}{\sqrt{x}}=\lim\limits_{x\to 0^+}\dfrac{\dfrac{x+\sqrt{x}}{1-\sqrt{x}}}{\sqrt{x}}=\lim\limits_{x\to 0^+}\dfrac{x+\sqrt{x}}{\sqrt{x}(1-\sqrt{x})}=\lim\limits_{x\to 0^+}\dfrac{\sqrt{x}+1}{1-\sqrt{x}}=1$，

$$\lim_{x\to 0^+}\frac{\sqrt{1+\sqrt{x}}-1}{\sqrt{x}}\xlongequal{t=\sqrt{x}}\lim_{t\to 0^+}\frac{\sqrt{1+t}-1}{t}=\lim_{t\to 0^+}\frac{\dfrac{t}{2}}{t}=\frac{1}{2},$$

$$\lim_{x\to 0^+}\frac{1-\cos\sqrt{x}}{\sqrt{x}}\xlongequal{t=\sqrt{x}}\lim_{t\to 0^+}\frac{1-\cos t}{t}=\lim_{t\to 0^+}\frac{t^2}{2t}=0,$$

故应选 B.

4. 利用等价无穷小代换求下列极限.

(1) $\lim\limits_{x\to 0}\dfrac{\sin 3x}{\tan 5x}$.

(2) $\lim\limits_{x\to 0}\dfrac{\arctan 2x}{\sin 2x}$.

(3) $\lim\limits_{x\to 0}\dfrac{\sin x}{x^3+3x}$.

(4) $\lim\limits_{x\to 0}\dfrac{\tan x-\sin x}{\sin x^3}$.

解 (1) $\lim\limits_{x\to 0}\dfrac{\sin 3x}{\tan 5x}=\lim\limits_{x\to 0}\dfrac{3x}{5x}=\dfrac{3}{5}$.

(2) $\lim\limits_{x\to 0}\dfrac{\arctan 2x}{\sin 2x}=\lim\limits_{x\to 0}\dfrac{2x}{2x}=1$.

(3) $\lim\limits_{x\to 0}\dfrac{\sin x}{x^3+3x}=\lim\limits_{x\to 0}\dfrac{x}{x(x^2+3)}=\lim\limits_{x\to 0}\dfrac{1}{x^2+3}=\dfrac{1}{3}$.

(4) $\lim\limits_{x\to 0}\dfrac{\tan x-\sin x}{\sin x^3}=\lim\limits_{x\to 0}\dfrac{\tan x-\sin x}{x^3}=\lim\limits_{x\to 0}\left(\dfrac{\sin x}{x}\cdot\dfrac{\dfrac{1}{\cos x}-1}{x^2}\right)=\lim\limits_{x\to 0}\dfrac{\sin x}{x}\cdot\lim\limits_{x\to 0}\dfrac{1}{\cos x}\cdot\lim\limits_{x\to 0}\dfrac{1-\cos x}{x^2}=\dfrac{1}{2}$.

5. 利用等价无穷小代换求下列极限.

(1) $\lim\limits_{x\to 0}\dfrac{\ln(1-3x)}{\arctan 2x}$.

(2) $\lim\limits_{x\to 1}\dfrac{\arcsin(x-1)^2}{(x-1)\ln x}$.

(3) $\lim\limits_{x\to 0}\dfrac{\mathrm{e}^{\sin 2x}-1}{\tan x}$.

(4) $\lim\limits_{x\to 0}\dfrac{\tan 3x-\sin x}{\sqrt[3]{1+x}-1}$.

解 (1) $\lim\limits_{x\to 0}\dfrac{\ln(1-3x)}{\arctan 2x}=\lim\limits_{x\to 0}\dfrac{-3x}{2x}=-\dfrac{3}{2}$.

(2) $\lim\limits_{x\to 1}\dfrac{\arcsin(x-1)^2}{(x-1)\ln x}=\lim\limits_{x\to 1}\dfrac{(x-1)^2}{(x-1)\ln[1+(x-1)]}=\lim\limits_{x\to 1}\dfrac{x-1}{x-1}=1$.

(3) $\lim\limits_{x\to 0}\dfrac{\mathrm{e}^{\sin 2x}-1}{\tan x}=\lim\limits_{x\to 0}\dfrac{\sin 2x}{\tan x}=\lim\limits_{x\to 0}\dfrac{2x}{x}=2$.

(4) $\lim\limits_{x\to 0}\dfrac{\tan 3x-\sin x}{\sqrt[3]{1+x}-1}=\lim\limits_{x\to 0}\dfrac{\tan 3x-\sin x}{\dfrac{x}{3}}=3\lim\limits_{x\to 0}\left(\dfrac{\tan 3x}{x}-\dfrac{\sin x}{x}\right)=3\times(3-1)=6$.

6. 证明: $\sqrt{n+1}-\sqrt{n}$ 与 $\dfrac{1}{\sqrt{n}}$ 是同阶无穷小量.

证明 因为 $\lim\limits_{n\to\infty}\dfrac{1}{\sqrt{n}(\sqrt{n+1}-\sqrt{n})}=\lim\limits_{n\to\infty}\dfrac{\sqrt{n+1}+\sqrt{n}}{\sqrt{n}}=1+\lim\limits_{n\to\infty}\sqrt{1+\dfrac{1}{n}}=2$, 所以 $\sqrt{n+1}-$

$\sqrt{n}$ 与 $\dfrac{1}{\sqrt{n}}$ 是同阶无穷小量.

7. 证明: 当 $x \to 0$ 时, 函数 $f(x) = \dfrac{1}{x^2} \sin \dfrac{1}{x}$ 无界, 但不是无穷大量.

证明 取 $x_k = \dfrac{1}{2k\pi}$, 则 $f(x_k) = (2k\pi)^2 \sin(2k\pi) = 0$, 故当 $x \to 0$ 时, $f(x)$ 不是无穷大量. 取 $x'_k = \dfrac{1}{2k\pi + \dfrac{\pi}{2}}$, 则 $f(x'_k) = \left(2k\pi + \dfrac{\pi}{2}\right)^2 \sin\left(2k\pi + \dfrac{\pi}{2}\right) = \left(2k\pi + \dfrac{\pi}{2}\right)^2$, 当 $k \to \infty$ 时, $f(x'_k) \to \infty$, 因此, $f(x) = \dfrac{1}{x^2} \sin \dfrac{1}{x}$ 无界.

8. 若 $f(x)$ 是无穷大量, 则 $kf(x)$ 是无穷大量吗?

解 不妨设 $\lim\limits_{x \to x_0} f(x) = \infty$, 则当 $k = 0$ 时, $kf(x) = 0$ 不是无穷大量; 当 $k \neq 0$ 时, 由无穷大量的定义知, 对于 $\forall M > 0$, $\exists \delta > 0$, 当 $0 < |x - x_0| < \delta$ 时, 有 $|f(x)| > \dfrac{M}{|k|}$, 所以当 $0 < |x - x_0| < \delta$ 时, 有 $|kf(x)| = |k| \cdot |f(x)| > M$, 故 $kf(x)$ 是无穷大量.

提高题

1. 求极限 $\lim\limits_{x \to 0} \dfrac{\sin x + x^2 \sin \dfrac{1}{x}}{(1 + \cos x)\ln(1 + x)}$.

解 $\lim\limits_{x \to 0} \dfrac{\sin x + x^2 \sin \dfrac{1}{x}}{(1 + \cos x)\ln(1 + x)} = \lim\limits_{x \to 0} \dfrac{\sin x + x^2 \sin \dfrac{1}{x}}{x(1 + \cos x)} = \lim\limits_{x \to 0} \dfrac{\sin x}{x(1 + \cos x)}\left(1 + \dfrac{x \cdot x \sin \dfrac{1}{x}}{\sin x}\right) = \dfrac{1}{2}$.

2. 求下列极限.

(1) $\lim\limits_{x \to 0} \dfrac{\ln(\sin^2 x + e^x) - x}{\ln(x^2 + e^{2x}) - 2x}$. (2) $\lim\limits_{x \to 0} \dfrac{e^{x^4} - 1}{1 - \cos\left(x\sqrt{1 - \cos x}\right)}$.

解 (1) 因为 $\dfrac{\ln(\sin^2 x + e^x) - x}{\ln(x^2 + e^{2x}) - 2x} = \dfrac{\ln(\sin^2 x + e^x) - \ln e^x}{\ln(x^2 + e^{2x}) - \ln e^{2x}} = \dfrac{\ln\left(1 + \dfrac{\sin^2 x}{e^x}\right)}{\ln\left(1 + \dfrac{x^2}{e^{2x}}\right)}$,

所以 $\lim\limits_{x \to 0} \dfrac{\ln(\sin^2 x + e^x) - x}{\ln(x^2 + e^{2x}) - 2x} = \lim\limits_{x \to 0} \dfrac{\ln\left(1 + \dfrac{\sin^2 x}{e^x}\right)}{\ln\left(1 + \dfrac{x^2}{e^{2x}}\right)} = \lim\limits_{x \to 0} \dfrac{\dfrac{\sin^2 x}{e^x}}{\dfrac{x^2}{e^{2x}}} = \lim\limits_{x \to 0} \dfrac{e^x \sin^2 x}{x^2} = 1$.

$(2)\lim\limits_{x\to 0}\dfrac{e^{x^{4}}-1}{1-\cos(x\sqrt{1-\cos x})}=\lim\limits_{x\to 0}\dfrac{x^{4}}{\dfrac{(x\sqrt{1-\cos x})^{2}}{2}}=\lim\limits_{x\to 0}\dfrac{2x^{4}}{x^{2}(1-\cos x)}=\lim\limits_{x\to 0}\dfrac{2x^{2}}{\dfrac{x^{2}}{2}}=4.$

3. 设当 $x\to 0$ 时，$(1-\cos x)\ln(1+x^{2})$ 是比 $x\sin x^{n}$ 高阶的无穷小量，而 $x\sin x^{n}$ 是比 $e^{x^{2}}-1$ 高阶的无穷小量，求正整数 n 的值.

提高题3

解 当 $x\to 0$ 时，$(1-\cos x)\ln(1+x^{2})\sim\dfrac{x^{2}}{2}\cdot x^{2}=\dfrac{1}{2}x^{4}$，$x\sin x^{n}\sim$ x^{n+1}，$e^{x^{2}}-1\sim x^{2}$，由已知条件可得 $4>n+1>2$，所以 $1<n<3$，故 $n=2.$

同步习题 1.5

基础题

1. 讨论下列函数在 $x=0$ 处的连续性.

$(1)f(x)=\begin{cases}x^{2}\sin\dfrac{1}{x}, & x\neq 0,\\ 0, & x=0.\end{cases}$ $\qquad$ $(2)f(x)=\begin{cases}e^{-\frac{1}{x^{2}}}, & x\neq 0,\\ 0, & x=0.\end{cases}$

$(3)f(x)=\begin{cases}\dfrac{\sin x}{|x|}, & x\neq 0,\\ 1, & x=0.\end{cases}$ $\qquad$ $(4)f(x)=\begin{cases}e^{x}, & x\leqslant 0,\\ \dfrac{\sin x}{x}, & x>0.\end{cases}$

解 (1) 因为 $\lim\limits_{x\to 0}x^{2}\sin\dfrac{1}{x}=0=f(0)$，所以函数 $f(x)$ 在 $x=0$ 处连续.

(2) 因为 $\lim\limits_{x\to 0}e^{-\frac{1}{x^{2}}}=0=f(0)$，所以函数 $f(x)$ 在 $x=0$ 处连续.

(3) 因为 $\lim\limits_{x\to 0^{+}}f(x)=\lim\limits_{x\to 0^{+}}\dfrac{\sin x}{|x|}=\lim\limits_{x\to 0^{+}}\dfrac{\sin x}{x}=1\neq\lim\limits_{x\to 0^{-}}f(x)=\lim\limits_{x\to 0^{-}}\dfrac{\sin x}{|x|}=\lim\limits_{x\to 0^{-}}\dfrac{\sin x}{-x}=-1$，所以函数 $f(x)$ 在 $x=0$ 处极限不存在. 因此，函数 $f(x)$ 在 $x=0$ 处不连续.

(4) 因为 $\lim\limits_{x\to 0^{+}}f(x)=\lim\limits_{x\to 0^{+}}\dfrac{\sin x}{x}=1=f(0)$，$\lim\limits_{x\to 0^{-}}f(x)=\lim\limits_{x\to 0^{-}}e^{x}=1=f(0)$，所以函数 $f(x)$ 在 $x=0$ 处连续.

2. 设 $f(x)=\begin{cases}\dfrac{\sin 2x}{x}, & x<0,\\ 3x^{2}-2x+k, & x\geqslant 0,\end{cases}$ 求 k 的值，使函数 $f(x)$ 在 $(-\infty,+\infty)$ 内连续.

解 由于 $\lim\limits_{x\to 0^{-}}f(x)=\lim\limits_{x\to 0^{-}}\dfrac{\sin 2x}{x}=\lim\limits_{x\to 0^{-}}\dfrac{2x}{x}=2$，$\lim\limits_{x\to 0^{+}}f(x)=\lim\limits_{x\to 0^{+}}(3x^{2}-2x+k)=k$，而 $f(0)=k$，所以当 $k=2$ 时，函数 $f(x)$ 在 $(-\infty,+\infty)$ 内连续.

3. 指出下列函数在指定点处间断点的类型，如果是可去间断点，则补充或改变函数的定义使之连续.

（1）$y=\dfrac{x^2-1}{x^2-3x+2}$, $x=1$, $x=2$.　　　　（2）$y=\cos\dfrac{1}{x}$, $x=0$.

解 （1）因为$\lim\limits_{x\to 1}\dfrac{x^2-1}{x^2-3x+2}=\lim\limits_{x\to 1}\dfrac{(x+1)(x-1)}{(x-2)(x-1)}=\lim\limits_{x\to 1}\dfrac{x+1}{x-2}=-2$，所以$x=1$是可去间断点. 补充定义：当$x=1$时，$y=-2$，则函数在$x=1$处连续. 因为$\lim\limits_{x\to 2}\dfrac{x^2-1}{x^2-3x+2}=\infty$，所以$x=2$为无穷间断点.

（2）函数$y=\cos\dfrac{1}{x}$在$x=0$处没有定义，且当$x\to 0$时，函数值在-1与1之间变动无限多次，因此，$x=0$为函数$y=\cos\dfrac{1}{x}$的振荡间断点.

4. 已知$f(x)$连续，且满足$\lim\limits_{x\to 0}\dfrac{1-\cos[xf(x)]}{(e^{x^2}-1)f(x)}=1$，求$f(0)$.

基础题4

解 由于$f(x)$连续，所以$\lim\limits_{x\to 0}f(x)=f(0)$. 又因为

$\lim\limits_{x\to 0}\dfrac{1-\cos[xf(x)]}{(e^{x^2}-1)f(x)}=\lim\limits_{x\to 0}\dfrac{\frac{1}{2}x^2f^2(x)}{x^2f(x)}=\lim\limits_{x\to 0}\dfrac{1}{2}f(x)=\dfrac{1}{2}f(0)=1$，所以$f(0)=2$.

5. 求下列函数的连续区间.

$$(1)f(x)=\begin{cases}2x^2, & 0\le x<1,\\ 4-2x, & 1\le x\le 2.\end{cases}　　(2)f(x)=\begin{cases}x\cos\dfrac{1}{x}, & x\ne 0,\\ 1, & x=0.\end{cases}$$

解 （1）因为$\lim\limits_{x\to 1^+}f(x)=\lim\limits_{x\to 1^+}(4-2x)=2$，$\lim\limits_{x\to 1^-}f(x)=\lim\limits_{x\to 1^-}2x^2=2$，所以$f(x)$在$[0,2]$上连续.

（2）因为$\lim\limits_{x\to 0}f(x)=\lim\limits_{x\to 0}x\cos\dfrac{1}{x}=0\ne f(0)=1$，所以$f(x)$在$(-\infty,0)\cup(0,+\infty)$内连续.

6. 求下列极限.

（1）$\lim\limits_{x\to 0}\dfrac{\ln(1+x)}{x}$.　　　（2）$\lim\limits_{x\to 0}\dfrac{\ln(1+x^2)}{\sin(1+x^2)}$.　　　（3）$\lim\limits_{x\to 1}\dfrac{x^2+\ln(2-x)}{4\arctan x}$.

解 （1）$\lim\limits_{x\to 0}\dfrac{\ln(1+x)}{x}=\lim\limits_{x\to 0}\dfrac{x}{x}=1$.

（2）$\lim\limits_{x\to 0}\dfrac{\ln(1+x^2)}{\sin(1+x^2)}=\dfrac{0}{\sin 1}=0$.

（3）$\lim\limits_{x\to 1}\dfrac{x^2+\ln(2-x)}{4\arctan x}=\dfrac{1+0}{\pi}=\dfrac{1}{\pi}$.

7. 证明：方程 $x \cdot 2^x = 1$ 至少有一个小于1的正根.

证明 设 $f(x) = x \cdot 2^x - 1$，则 $f(x)$ 为 $[0,1]$ 上的连续函数. 又因为 $f(0) = -1 < 0$，$f(1) = 1 > 0$，所以由闭区间上连续函数的零点定理知，在 $(0,1)$ 内至少存在一点 ξ，使 $f(\xi) = 0$. 故方程 $x \cdot 2^x = 1$ 至少有一个小于1的正根.

提高题

1. 设函数 $f(x) = \begin{cases} -1, & x < 0, \\ 1, & x \geq 0, \end{cases}$ $g(x) = \begin{cases} 2 - ax, & x \leq -1, \\ x, & -1 < x < 0, \\ x - b, & x \geq 0. \end{cases}$ 若 $f(x) + g(x)$ 在 **R** 上连续，求 a, b 的值.

解
$$f(x) + g(x) = \begin{cases} 1 - ax, & x \leq -1, \\ x - 1, & -1 < x < 0. \\ x + 1 - b, & x \geq 0, \end{cases}$$

在 $x = -1$ 处有 $\lim\limits_{x \to -1^-}[f(x) + g(x)] = 1 + a$，$\lim\limits_{x \to -1^+}[f(x) + g(x)] = -2$，由 $f(x) + g(x)$ 在 $x = -1$ 处连续知 $1 + a = -2$，所以 $a = -3$.

在 $x = 0$ 处有 $\lim\limits_{x \to 0^-}[f(x) + g(x)] = -1$，$\lim\limits_{x \to 0^+}[f(x) + g(x)] = 1 - b$，由 $f(x) + g(x)$ 在 $x = 0$ 处连续知 $1 - b = -1$，所以 $b = 2$.

2. 已知 $f(x)$ 在 $[0, 2L]$ 上连续，且 $f(0) = f(2L)$，证明：方程 $f(x) = f(x + L)$ 在 $[0, L]$ 上至少有一个根.

证明 设 $g(x) = f(x) - f(x + L)$，则 $g(0) = f(0) - f(L)$，$g(L) = f(L) - f(0)$，所以 $g(0) \cdot g(L) \leq 0$.

若 $g(0) = 0$ 或 $g(L) = 0$，则 $x = 0$ 或 $x = L$ 就是方程 $f(x) = f(x + L)$ 在 $[0, L]$ 上的根.

若 $g(0) \cdot g(L) < 0$，则由连续函数的零点定理知至少存在一点 $\xi \in (0, L)$，使 $g(\xi) = 0$，即 $f(\xi) = f(\xi + L)$. 综上可知，方程 $f(x) = f(x + L)$ 在 $[0, L]$ 上至少有一个根.

3. 若函数 $f(x)$ 在 $[a, b]$ 上连续，且 $a < x_1 < x_2 < \cdots < x_n < b$，证明：在 $[x_1, x_n]$ 上必存在 ξ，使 $f(\xi) = \dfrac{f(x_1) + f(x_2) + \cdots + f(x_n)}{n}$.

证明 因为 $f(x)$ 在 $[a, b]$ 上连续，又 $[x_1, x_n] \subset [a, b]$，所以 $f(x)$ 在 $[x_1, x_n]$ 上连续，从而 $f(x)$ 在 $[x_1, x_n]$ 上必有最大值和最小值. 设 $M = \max\{f(x) \mid x_1 \leq x \leq x_n\}$，$m = \min\{f(x) \mid x_1 \leq x \leq x_n\}$，则 $m \leq \dfrac{f(x_1) + f(x_2) + \cdots + f(x_n)}{n} \leq M$.

若 $m < \dfrac{f(x_1) + f(x_2) + \cdots + f(x_n)}{n} < M$，则由连续函数的介值定理知，$\exists \xi \in (x_1, x_n)$，

使 $f(\xi)=\dfrac{f(x_1)+f(x_2)+\cdots+f(x_n)}{n}$.

若 $m=\dfrac{f(x_1)+f(x_2)+\cdots+f(x_n)}{n}$，则有 $f(x_1)=f(x_2)=\cdots=f(x_n)=m$，任取 $x_2,\cdots,$ x_{n-1} 中一点作为 ξ，即有 $\xi\in(x_1,x_n)$，使 $f(\xi)=\dfrac{f(x_1)+f(x_2)+\cdots+f(x_n)}{n}$.

若 $M=\dfrac{f(x_1)+f(x_2)+\cdots+f(x_n)}{n}$，则有 $f(x_1)=f(x_2)=\cdots=f(x_n)=M$，任取 $x_2,\cdots,$ x_{n-1} 中一点作为 ξ，即有 $\xi\in(x_1,x_n)$，使 $f(\xi)=\dfrac{f(x_1)+f(x_2)+\cdots+f(x_n)}{n}$.

第1章总复习题

1. 选择题：(1)~(5)小题，每小题4分，共20分. 下列每小题给出的4个选项中，只有一个选项是符合题目要求的.

(1)(2011304) 已知当 $x\to0$ 时，函数 $f(x)=3\sin x-\sin 3x$ 与 cx^k 是等价无穷小，则( )(本小题用到第3章知识).

A. $k=1,c=4$ B. $k=1,c=-4$ C. $k=3,c=4$ D. $k=3,c=-4$

解 (利用泰勒公式) $f(x)=3\sin x-\sin 3x=3\left[x-\dfrac{x^3}{3!}+o(x^3)\right]-\left[3x-\dfrac{(3x)^3}{3!}+o(x^3)\right]=$ $\left(-\dfrac{1}{2}x^3+\dfrac{9}{2}x^3\right)+o(x^3)=4x^3+o(x^3)$. 因此，$k=3,c=4$，故应选 C.

(2)(2019304) 当 $x\to0$ 时，若 $x-\tan x$ 与 x^k 是同阶无穷小，则 k 的值为( ).

A. 1   B. 2   C. 3   D. 4

解 本题即求常数 $k(k>0)$，使极限 $\lim\limits_{x\to0}\dfrac{x-\tan x}{x^k}$ 存在且不为零. 由洛必达法则(第3章将详细介绍)得

$$\lim_{x\to0}\frac{x-\tan x}{x^k}=\lim_{x\to0}\frac{1-\sec^2x}{kx^{k-1}}=-\lim_{x\to0}\frac{\tan^2x}{kx^{k-1}}=-\lim_{x\to0}\frac{x^2}{kx^{k-1}}=\begin{cases}\infty, & k>3,\\[2mm]-\dfrac{1}{3}, & k=3,\\[2mm]0, & 0<k<3,\end{cases}$$

故 $k=3$，应选 C.

(3)(2017304) 若函数 $f(x)=\begin{cases}\dfrac{1-\cos\sqrt{x}}{ax}, & x>0,\\[2mm] b, & x\le0\end{cases}$ 在 $x=0$ 处连续，则( ).

A. $ab=\dfrac{1}{2}$ B. $ab=-\dfrac{1}{2}$ C. $ab=0$ D. $ab=2$

解 用等价无穷小替换，得

$$\lim_{x\to 0^+}f(x)=\lim_{x\to 0^+}\frac{1-\cos\sqrt{x}}{ax}=\lim_{x\to 0^+}\frac{\frac{1}{2}(\sqrt{x})^2}{ax}=\frac{1}{2a}.$$

因为 $f(x)$ 在 $x=0$ 处连续，则 $\lim_{x\to 0^+}f(x)=\lim_{x\to 0^-}f(x)=f(0)$，所以 $\frac{1}{2a}=b$，$ab=\frac{1}{2}$，故应选 A.

(4)(2015304) 设 $\{x_n\}$ 是数列，下列命题中不正确的是(   ).

A. 若 $\lim_{n\to\infty}x_n=a$，则 $\lim_{n\to\infty}x_{2n}=\lim_{n\to\infty}x_{2n+1}=a$ B. 若 $\lim_{n\to\infty}x_{2n}=\lim_{n\to\infty}x_{2n+1}=a$，则 $\lim_{n\to\infty}x_n=a$

C. 若 $\lim_{n\to\infty}x_n=a$，则 $\lim_{n\to\infty}x_{3n}=\lim_{n\to\infty}x_{3n+1}=a$ D. 若 $\lim_{n\to\infty}x_{3n}=\lim_{n\to\infty}x_{3n+1}=a$，则 $\lim_{n\to\infty}x_n=a$

解 设 $x_{3n}=1+\frac{1}{3n}$，$x_{3n+1}=1+\frac{1}{3n+1}$，$x_{3n+2}=2+\frac{1}{3n+2}$，则 $\lim_{n\to\infty}x_{3n}=1$，$\lim_{n\to\infty}x_{3n+1}=1$，但 $\lim_{n\to\infty}x_{3n+2}=2$，故 $\lim_{n\to\infty}x_n\neq 1$，应选 D.

(5)(2013304) 当 $x\to 0$ 时，用"$o(x)$"表示比 x 高阶的无穷小量，则下列式子中错误的是(   ).

A. $x\cdot o(x^2)=o(x^3)$ B. $o(x)\cdot o(x^2)=o(x^3)$

C. $o(x^2)+o(x^2)=o(x^2)$ D. $o(x)+o(x^2)=o(x^2)$

解 若取 $o(x)=x^2$，则

$$\lim_{x\to 0}\frac{o(x)+o(x^2)}{x^2}=\lim_{x\to 0}\frac{x^2+o(x^2)}{x^2}=1\neq 0,$$

故应选 D.

2. 填空题：(6)~(10)小题，每小题4分，共20分.

(6)(2019304) $\lim_{n\to\infty}\left[\frac{1}{1\cdot 2}+\frac{1}{2\cdot 3}+\cdots+\frac{1}{n(n+1)}\right]^n=$ _____ .

解 $\frac{1}{1\cdot 2}+\frac{1}{2\cdot 3}+\cdots+\frac{1}{n(n+1)}=\left(1-\frac{1}{2}\right)+\left(\frac{1}{2}-\frac{1}{3}\right)+\cdots+\left(\frac{1}{n}-\frac{1}{n+1}\right)=1-\frac{1}{n+1}$，

$$\lim_{n\to\infty}\left[\frac{1}{1\cdot 2}+\frac{1}{2\cdot 3}+\cdots+\frac{1}{n(n+1)}\right]^n=\lim_{n\to\infty}\left(1-\frac{1}{n+1}\right)^n=e^{-1}.$$

(7)(2015304) $\lim_{x\to 0}\frac{\ln\cos x}{x^2}=$ _____ .

解 用等价无穷小替换. $\ln\cos x=\ln[1+(\cos x-1)]\sim\cos x-1(x\to 0)$，$\lim_{x\to 0}\frac{\ln\cos x}{x^2}$

$$=\lim_{x\to 0}\frac{\cos x-1}{x^2}=-\frac{1}{2}.$$

(8)(2016304) 已知函数 $f(x)$ 满足 $\lim_{x\to 0}\frac{\sqrt{1+f(x)\sin 2x}-1}{e^{3x}-1}=2$，则 $\lim_{x\to 0}f(x)=$ _____

解 $\lim\limits_{x\to 0}\dfrac{\sqrt{1+f(x)\sin 2x}-1}{e^{3x}-1}=\lim\limits_{x\to 0}\dfrac{\dfrac{1}{2}f(x)\sin 2x}{3x}=\dfrac{1}{3}\lim\limits_{x\to 0}f(x)=2$，所以 $\lim\limits_{x\to 0}f(x)=6$.

(9) (2012304) $\lim\limits_{x\to\frac{\pi}{4}}(\tan x)^{\frac{1}{\cos x-\sin x}}=$ _____ .

解 这是一个"1^{∞}"型未定式，由于

$$(\tan x)^{\frac{1}{\cos x-\sin x}}=\left[1+(\tan x-1)\right]^{\frac{1}{\cos x-\sin x}},$$

$$\lim\limits_{x\to\frac{\pi}{4}}\dfrac{\tan x-1}{\cos x-\sin x}=\lim\limits_{x\to\frac{\pi}{4}}\dfrac{\tan x-1}{\cos x(1-\tan x)}=\lim\limits_{x\to\frac{\pi}{4}}\dfrac{-1}{\cos x}=-\sqrt{2},$$

故 $\lim\limits_{x\to\frac{\pi}{4}}(\tan x)^{\frac{1}{\cos x-\sin x}}=e^{-\sqrt{2}}$.

(10) (2009304) $\lim\limits_{x\to 0}\dfrac{e-e^{\cos x}}{\sqrt[3]{1+x^2}-1}=$ _____ .

解 方法1 $\lim\limits_{x\to 0}\dfrac{e-e^{\cos x}}{\sqrt[3]{1+x^2}-1}=\lim\limits_{x\to 0}\dfrac{e^{\cos x}(e^{1-\cos x}-1)}{\sqrt[3]{1+x^2}-1}=\lim\limits_{x\to 0}e^{\cos x}\cdot\lim\limits_{x\to 0}\dfrac{1-\cos x}{\dfrac{x^2}{3}}=e\cdot\lim\limits_{x\to 0}\dfrac{\dfrac{x^2}{2}}{\dfrac{x^2}{3}}=\dfrac{3e}{2}$.

方法2 $\lim\limits_{x\to 0}\dfrac{e-e^{\cos x}}{\sqrt[3]{1+x^2}-1}=\lim\limits_{x\to 0}\dfrac{e^{\cos x}\sin x}{\dfrac{1}{3}(1+x^2)^{-\frac{2}{3}}\cdot 2x}$ （洛必达法则）

$$=\dfrac{3}{2}\lim\limits_{x\to 0}e^{\cos x}(1+x^2)^{\frac{2}{3}}=\dfrac{3e}{2}.$$

3. 解答题：(11)~(16)小题，每小题10分，共60分. 解答时应写出文字说明、证明过程或演算步骤.

(11) (2021310) 已知 $\lim\limits_{x\to 0}\left[a\arctan\dfrac{1}{x}+(1+|x|)^{\frac{1}{x}}\right]$ 存在，求 a 的值.

解 $\lim\limits_{x\to 0^+}\left[a\arctan\dfrac{1}{x}+(1+|x|)^{\frac{1}{x}}\right]=a\cdot\dfrac{\pi}{2}+e$，$\lim\limits_{x\to 0^-}\left[a\arctan\dfrac{1}{x}+(1+|x|)^{\frac{1}{x}}\right]=-a$

$\cdot\dfrac{\pi}{2}+e^{-1}$，则 $a\cdot\dfrac{\pi}{2}+e=-a\cdot\dfrac{\pi}{2}+e^{-1}$，$a\pi=e^{-1}-e$，$a=\dfrac{e^{-1}-e}{\pi}$.

(12) (2020310) 已知 a,b 为常数，若 $\left(1+\dfrac{1}{n}\right)^n-e$ 与 $\dfrac{b}{n^a}$ 在 $n\to\infty$ 时是等价无穷小量，求 a,b.

解 $e^{n\ln(1+\frac{1}{n})}-e=e\left[e^{n\ln(1+\frac{1}{n})-1}-1\right]\sim e\left[n\ln\left(1+\dfrac{1}{n}\right)-1\right]=en\left[\ln\left(1+\dfrac{1}{n}\right)-\dfrac{1}{n}\right]\sim$

$en\left(-\dfrac{1}{2n^2}\right)=-\dfrac{e}{2n}$，由题设知 $-\dfrac{e}{2n}\sim\dfrac{b}{n^a}$，则 $a=1$，$b=-\dfrac{e}{2}$.

（13）（2013310）当 $x\to 0$ 时，$1-\cos x\cdot\cos 2x\cdot\cos 3x$ 与 ax^n 为等价无穷小量，求 n 与 a 的值.

 当 $x\to 0$ 时，$1-\cos x\sim\dfrac{x^2}{2}$，结合 $\cos x$ 的连续性得

$$\lim_{x\to 0}\frac{1-\cos x\cdot\cos 2x\cdot\cos 3x}{x^2}$$

$$=\lim_{x\to 0}\frac{1-\cos x+\cos x-\cos x\cdot\cos 2x+\cos x\cdot\cos 2x-\cos x\cdot\cos 2x\cdot\cos 3x}{x^2}$$

$$=\lim_{x\to 0}\left[\frac{1-\cos x}{x^2}+\frac{\cos x\cdot(1-\cos 2x)}{x^2}+\frac{\cos x\cdot\cos 2x\cdot(1-\cos 3x)}{x^2}\right]$$

$$=\lim_{x\to 0}\frac{1-\cos x}{x^2}+\lim_{x\to 0}\frac{\cos x\cdot(1-\cos 2x)}{x^2}+\lim_{x\to 0}\frac{\cos x\cdot\cos 2x\cdot(1-\cos 3x)}{x^2}$$

$$=\frac{1}{2}+\frac{4}{2}+\frac{9}{2}=7,$$

即当 $x\to 0$ 时，$1-\cos x\cdot\cos 2x\cdot\cos 3x\sim 7x^2$，从而 $n=2$，$a=7$.

（14）（2018310）已知实数 a,b 满足 $\lim\limits_{x\to+\infty}\left[(ax+b)\mathrm{e}^{\frac{1}{x}}-x\right]=2$，求 a,b.

 设 $\dfrac{1}{x}=t$，则当 $x\to+\infty$ 时，$t\to 0^+$.

$$\lim_{x\to+\infty}\left[(ax+b)\mathrm{e}^{\frac{1}{x}}-x\right]=\lim_{x\to+\infty}\frac{\left(a+\dfrac{b}{x}\right)\mathrm{e}^{\frac{1}{x}}-1}{\dfrac{1}{x}}=\lim_{t\to 0^+}\frac{(a+bt)\mathrm{e}^t-1}{t}=2,$$ 由于分母 $t\to 0^+$，故

必有 $\lim\limits_{t\to 0^+}\left[(a+bt)\mathrm{e}^t-1\right]=0$，从而可得 $a=1$. 又 $\lim\limits_{t\to 0^+}\dfrac{(1+bt)\mathrm{e}^t-1}{t}=\lim\limits_{t\to 0^+}\left(\dfrac{\mathrm{e}^t-1}{t}+b\mathrm{e}^t\right)=1+b=2$，得 $b=1$.

（15）（2015310）设函数 $f(x)=x+a\ln(1+x)+bx\sin x,g(x)=kx^3$，若 $f(x)$ 与 $g(x)$ 在 $x\to 0$ 时是等价无穷小量，求 a,b,k 的值（本小题用到第 3 章知识）.

总复习题（15）

 由题意得

$$1=\lim_{x\to 0}\frac{f(x)}{g(x)}=\lim_{x\to 0}\frac{x+a\ln(1+x)+bx\sin x}{kx^3}=\lim_{x\to 0}\frac{1+\dfrac{a}{1+x}+b\sin x+bx\cos x}{3kx^2},$$

由 $\lim\limits_{x\to 0}3kx^2=0$，得 $\lim\limits_{x\to 0}\left(1+\dfrac{a}{1+x}+b\sin x+bx\cos x\right)=1+a=0$，故 $a=-1$.

$$1=\lim_{x\to 0}\frac{1-\dfrac{1}{1+x}+b\sin x+bx\cos x}{3kx^2}=\lim_{x\to 0}\frac{\dfrac{1}{(1+x)^2}+2b\cos x-bx\sin x}{6kx},$$

由 $\lim\limits_{x\to 0}6kx=0$，得 $\lim\limits_{x\to 0}\left[\dfrac{1}{(1+x)^2}+2b\cos x-bx\sin x\right]=1+2b=0$，得 $b=-\dfrac{1}{2}$．

$$1=\lim_{x\to 0}\dfrac{\dfrac{1}{(1+x)^2}-\cos x+\dfrac{1}{2}x\sin x}{6kx}=\lim_{x\to 0}\dfrac{\dfrac{-2}{(1+x)^3}+\dfrac{3}{2}\sin x+\dfrac{1}{2}x\cos x}{6k}=-\dfrac{1}{3k},$$

则 $k=-\dfrac{1}{3}$．

（16）（2016310）求极限 $\lim\limits_{x\to 0}(\cos 2x+2x\sin x)^{\frac{1}{x^4}}$．

解 方法 1 $\quad\lim\limits_{x\to 0}(\cos 2x+2x\sin x)^{\frac{1}{x^4}}=e^{\lim\limits_{x\to 0}\frac{\ln(\cos 2x+2x\sin x)}{x^4}}$

$$=e^{\lim\limits_{x\to 0}\frac{\ln[1+(\cos 2x-1+2x\sin x)]}{x^4}}=e^{\lim\limits_{x\to 0}\frac{\cos 2x-1+2x\sin x}{x^4}}=e^{\lim\limits_{x\to 0}\frac{-2\sin 2x+2\sin x+2x\cos x}{4x^3}}$$

$$=e^{\lim\limits_{x\to 0}\frac{-\sin 2x+\sin x+x\cos x}{2x^3}}=e^{\lim\limits_{x\to 0}\frac{-2\cos 2x+2\cos x-x\sin x}{6x^2}}$$

$$=e^{\lim\limits_{x\to 0}\frac{4\sin 2x-3\sin x-x\cos x}{12x}}=e^{\frac{2}{3}-\frac{1}{4}-\frac{1}{12}}=e^{\frac{1}{3}}.$$

方法 2 $\quad\lim\limits_{x\to 0}(\cos 2x+2x\sin x)^{\frac{1}{x^4}}=\lim\limits_{x\to 0}[1+(\cos 2x-1+2x\sin x)]^{\frac{1}{x^4}},$

$$\lim_{x\to 0}\dfrac{\cos 2x-1+2x\sin x}{x^4}=\lim_{x\to 0}\dfrac{\left[-\dfrac{(2x)^2}{2!}+\dfrac{(2x)^4}{4!}+o(x^4)\right]+2x\left[x-\dfrac{x^3}{3!}+o(x^3)\right]}{x^4}$$

$$=\lim_{x\to 0}\dfrac{\dfrac{1}{3}x^4+o(x^4)}{x^4}=\dfrac{1}{3},$$

故 $\lim\limits_{x\to 0}(\cos 2x+2x\sin x)^{\frac{1}{x^4}}=e^{\frac{1}{3}}.$

第 2 章

导数与微分

一、 知识结构

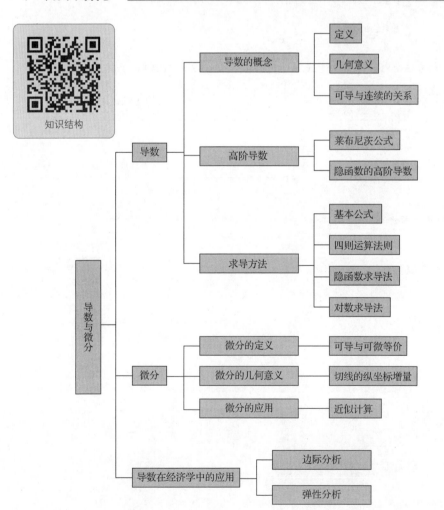

二、 重点与考点分析

（一）本章重点内容介绍

1. 导数的定义

设函数 $y=f(x)$ 在点 x_0 的某邻域内有定义，若极限 $\lim\limits_{x\to x_0}\dfrac{f(x)-f(x_0)}{x-x_0}$ 存在，则称函数 $y=f(x)$ 在点 x_0 处可导，并称该极限为函数 $f(x)$ 在点 x_0 处的导数，记作 $f'(x_0)=\lim\limits_{x\to x_0}\dfrac{f(x)-f(x_0)}{x-x_0}$.

本章重点内容介绍

2. 导数的四则运算

设 $u(x)$ 和 $v(x)$ 在点 x_0 处都可导，则 $u(x)\pm v(x)$，$u(x)v(x)$，$\dfrac{u(x)}{v(x)}$ 在点 x_0 处也可导，且

$$\left[u(x)\pm v(x)\right]'\big|_{x=x_0}=u'(x_0)\pm v'(x_0),\left[u(x)v(x)\right]'\big|_{x=x_0}$$
$$=u'(x_0)v(x_0)+u(x_0)v'(x_0),\left[\dfrac{u(x)}{v(x)}\right]'\bigg|_{x=x_0}$$
$$=\dfrac{u'(x_0)v(x_0)-u(x_0)v'(x_0)}{v^2(x_0)}.$$

3. 各类函数导数的求法

（1）函数在点 x_0 处的导数的定义：$f'(x_0)=\lim\limits_{\Delta x\to 0}\dfrac{f(x_0+\Delta x)-f(x_0)}{\Delta x}$.

（2）设函数 $y=f(x)$ 在点 x_0 的某邻域内有定义，则 $f'(x_0)$ 存在的充要条件是 $f'_+(x_0)$ 与 $f'_-(x_0)$ 都存在，且 $f'_+(x_0)=f'_-(x_0)$，即 $f'(x_0)=A\Leftrightarrow f'_+(x_0)=f'_-(x_0)=A.$

（3）复合函数求导的关键是分清函数的复合关系，然后从外向内逐层求导. 我们也可以利用一阶微分形式不变性，通过求出给定函数的微分，从而求得导数.

（4）幂指函数 $y=f(x)^{g(x)}\left[f(x)>0\right]$ 的导数的求法：

$$y'=\left[f(x)^{g(x)}\right]'=\left[e^{g(x)\ln f(x)}\right]'=f(x)^{g(x)}\left[g'(x)\ln f(x)+g(x)\dfrac{f'(x)}{f(x)}\right].$$

（5）反函数的导数：设 $y=f(x)$ 为 $x=\varphi(y)$ 的反函数，若 $\varphi(y)$ 在点 y 的某邻域内连续、严格单调且 $\varphi'(y)\neq 0$，则 $y=f(x)$ 在点 $x[x=\varphi(y)]$ 可导，且 $f'(x)=\dfrac{1}{\varphi'(y)}$.

（6）导数的几何意义：$f'(x_0)$ 表示曲线 $y=f(x)$ 在点 $(x_0,f(x_0))$ 处切线的斜率.

（7）求由 $F(x,y)=0$ 确定的隐函数 $y=y(x)$ 的二阶导数，一般有以下两种解法.

①先求出 y'，再继续求二阶导数.

②对方程两边同时求导两次，然后再解出 y''.

（8）乘积函数的高阶导数公式（莱布尼茨公式）：设 $f(x)$ 和 $g(x)$ 都 n 阶可导，则

有 $[f(x)g(x)]^{(n)} = \sum\limits_{k=0}^{n} C_n^k [f(x)]^{(k)} [g(x)]^{(n-k)}$.

(9)函数在一点可导，则在该点必连续，但反之不然. 因此，如果函数在某点处不连续，则在该点必不可导.

4. 微分

设函数 $y=f(x)$ 定义在点 x_0 的某一邻域 $U(x_0)$ 内，当给 x_0 一个增量 Δx，且 $x_0 + \Delta x \in U(x_0)$ 时，函数的增量可表示为

$$\Delta y = f(x_0 + \Delta x) - f(x_0) = A\Delta x + o(\Delta x),$$

其中 A 是与 Δx 无关的常数，则称 $f(x)$ 在点 x_0 可微，并称 $A\Delta x$ 为函数 $f(x)$ 在点 x_0 的微分.

5. 导数在经济学中的应用

(1)边际分析

①边际函数

设函数 $y=f(x)$ 可导，则导函数 $f'(x)$ 在经济学上称为**边际函数**，而 $f'(x_0)$ 是 $y=f(x)$ 在点 $x=x_0$ 处的边际函数值.

②边际成本

设生产某种产品的总成本函数为 $C=C(Q)$，若极限 $\lim\limits_{\Delta Q \to 0} \dfrac{\Delta C}{\Delta Q} = \lim\limits_{\Delta Q \to 0} \dfrac{C(Q+\Delta Q) - C(Q)}{\Delta Q}$ 存在，则极限值 $C'(Q)$ 称为**边际成本**.

③边际收益

如果产品价格为 P，销售量(需求量)为 $Q=Q(P)$，收益函数为 $R=P \cdot Q(P)$，则边际收益为 $\dfrac{\mathrm{d}R}{\mathrm{d}P} = Q(P) + PQ'(P)$，其经济意义为：当产品价格为 P 时，产品售价再增加1个单位时所增加的总收益.

如果产品销售量(需求量)为 Q，价格为 $P=P(Q)$，收益函数为 $R=Q \cdot P(Q)$，则边际收益为 $\dfrac{\mathrm{d}R}{\mathrm{d}Q} = P(Q) + QP'(Q)$，其经济意义为：当销售量达到 Q 时，多销售1个单位产品时所增加的总收益. 边际收益有时用 MR 表示，即 $MR = R'(Q) = R'(P)$.

④边际利润

销售量为 Q 时，利润函数为 $L=L(Q) = R(Q) - C(Q)$，**边际利润**为

$$L'(Q) = R'(Q) - C'(Q),$$

即边际利润 $L'(Q)$ 等于边际收益 $R'(Q)$ 减去边际成本 $C'(Q)$. 它的经济意义是：当销售量达到 Q 时，再增加1个单位产品的销售所引起的总利润的变化量.

(2)弹性分析

①**弹性**：设函数 $y=f(x)$ 在点 x_0 处可导且 $f'(x_0) \neq 0$，函数的相对增量

$$\frac{\Delta y}{y_0} = \frac{f(x_0 + \Delta x) - f(x_0)}{f(x_0)}$$

与自变量的相对增量 $\dfrac{\Delta x}{x_0}$ 之比为 $\dfrac{\dfrac{\Delta y}{y_0}}{\dfrac{\Delta x}{x_0}}$. 当 $\Delta x \to 0$ 时，$\dfrac{\dfrac{\Delta y}{y_0}}{\dfrac{\Delta x}{x_0}}$ 的极限称为 $f(x)$ 在点 x_0 处的

相对变化率或**弹性**，记作

$$\dfrac{Ey}{Ex}\bigg|_{x=x_0},\dfrac{Ef}{Ex}\bigg|_{x=x_0} \text{ 或 } \dfrac{E}{Ex}f(x_0),$$

即 $\dfrac{Ey}{Ex}\bigg|_{x=x_0} = \lim\limits_{\Delta x \to 0}\dfrac{\dfrac{\Delta y}{y_0}}{\dfrac{\Delta x}{x_0}} = \lim\limits_{\Delta x \to 0}\dfrac{\Delta y \cdot x_0}{y_0 \cdot \Delta x} = \dfrac{x_0 \cdot y'(x_0)}{y_0} = \dfrac{x_0 \cdot f'(x_0)}{f(x_0)}$. 其中，$\dfrac{\dfrac{\Delta y}{y_0}}{\dfrac{\Delta x}{x_0}}$ 称为 $f(x)$ 在两点

x_0 和 $x_0 + \Delta x$ 之间的**平均相对变化率**或**平均弹性**，在经济学中也称为**弧弹性**.

②如果函数 $y = f(x)$ 是可导函数且 $f(x) \neq 0$，则称 $\dfrac{Ey}{Ex} = \dfrac{x \cdot f'(x)}{f(x)}$ 为函数 $f(x)$ 在点 x

处的**点弹性函数**，简称为**弹性函数**.

③设 a, b, c 为常数，常见函数的弹性公式如下.

常数函数 $y = c$，$\dfrac{Ey}{Ex} = 0$.

线性函数 $y = ax + b (a \neq 0)$，$\dfrac{Ey}{Ex} = \dfrac{ax}{ax+b}$. 特别地，当 $b = 0$ 时，$\dfrac{Ey}{Ex} = 1$.

幂函数 $y = x^a (a \neq 0)$，$\dfrac{Ey}{Ex} = a$.

指数函数 $y = e^{ax}$，$\dfrac{Ey}{Ex} = ax$.

对数函数 $y = \ln(ax)$，$\dfrac{Ey}{Ex} = \dfrac{1}{\ln(ax)}$.

三角函数：若 $y = \sin x$，$\dfrac{Ey}{Ex} = x\cot x$；若 $y = \cos x$，$\dfrac{Ey}{Ex} = -x\tan x$.

④弹性的四则运算法则

定理　设函数 f 和 g 在点 x 处的弹性存在，则

$$\dfrac{E}{Ex}(f \pm g)(x) = \dfrac{f(x)\dfrac{E}{Ex}f(x) \pm g(x)\dfrac{E}{Ex}g(x)}{f(x) \pm g(x)}\ [f(x) \pm g(x) \neq 0];$$

$$\dfrac{E}{Ex}(f \cdot g)(x) = \dfrac{E}{Ex}f(x) + \dfrac{E}{Ex}g(x)，\text{特别地，对于非零常数 } k，\text{有 } \dfrac{E}{Ex}(kf)(x) = \dfrac{E}{Ex}f(x);$$

$$\dfrac{E}{Ex}\left(\dfrac{f}{g}\right)(x) = \dfrac{E}{Ex}f(x) - \dfrac{E}{Ex}g(x).$$

⑤需求弹性：设某商品的需求函数 $Q_d = Q_d(P)$ 可导，则称 $-\dfrac{P \cdot Q_d'(P)}{Q_d(P)}$ 为该商品

的需求价格弹性，简称需求弹性，记为 η，即

$$\eta(P) = -\frac{P \cdot Q_d'(P)}{Q_d(P)}.$$

当 $P = P_0$ 时，$\eta(P_0) = \dfrac{EQ_d}{EP}\bigg|_{P=P_0} = -\dfrac{P_0 \cdot Q_d'(P_0)}{Q_d(P_0)}$ 称为该商品在 $P = P_0$ 处的需求弹性.

需求弹性的经济学意义：当商品价格上涨（或下降）1% 时，需求量减少（或增加）$\eta(P)$%.

⑥供给弹性：设商品的价格为 P，其供给函数为 $Q_s = Q_s(P)$ 且可导，则称 $\dfrac{P \cdot Q_s'(P)}{Q_s(P)}$ 为该商品的供给价格弹性，简称供给弹性，记为 ε，即

$$\varepsilon = \varepsilon(P) = \frac{P \cdot Q_s'(P)}{Q_s(P)}.$$

当 $P = P_0$ 时，$\varepsilon\big|_{P=P_0} = \varepsilon(P_0) = \dfrac{EQ_s}{EP}\bigg|_{P=P_0} = \dfrac{P_0 \cdot Q_s'(P_0)}{Q_s(P_0)}$ 称为该商品在 $P = P_0$ 处的供给弹性.

（二）考研大纲要求

（1）理解导数的概念及可导性与连续性之间的关系，了解导数的几何意义与经济意义（含边际与弹性的概念），会求平面曲线的切线方程和法线方程.

（2）掌握基本初等函数的导数公式、导数的四则运算法则及复合函数的求导法则，会求分段函数的导数，会求反函数与隐函数的导数.

考研大纲要求

（3）了解高阶导数的概念，会求简单函数的高阶导数.

（4）了解微分的概念、导数与微分之间的关系以及一阶微分形式不变性，会求函数的微分.

（三）本章知识小结

1. 关于求导方法的小结

求导的四则运算法则和复合函数的求导法则往往要多次使用，且是交替使用. 特别需要指出的是，多个函数乘积的导数，每次只能对一个因子求导. 对于复合函数求导，关键是分清函数的复合关系，然后从外向内逐层求导，不得遗漏. 对于形式复杂的复合函数的求导，也可以利用一阶微分形式不变性. 在对复合函数求导时，人们容易犯的一个错误是顺序前后颠倒，即没有弄清各函数之间的复合关系.

2. 关于分段函数求导的小结

对分段函数求导时，应全面考虑. 一般地，首先讨论函数在每一开区间内的可导性（大都可直接用公式），然后用定义判断分界点处左、右导数是否存在，若二者均存在，再看是否相等，最后归纳总结.

3. 关于微分的小结

在用微分做近似计算时，关键在于选好 $f(x),x_0,\Delta x$，然后按微分公式计算即可.

三、 典型例题与方法归纳

例 1 设 $f(x)=x(x+1)(x+2)\cdots(x+n)$，求 $f'(0)$.

解 $f'(0)=\lim\limits_{x\to 0}\dfrac{f(x)-f(0)}{x}=\lim\limits_{x\to 0}\dfrac{x(x+1)(x+2)\cdots(x+n)-0}{x}=n!.$

例 2(2015204) 设函数 $f(x)=\begin{cases} x^{\alpha}\cos\dfrac{1}{x^{\beta}}, & x>0, \\ 0, & x\leqslant 0 \end{cases}$ $(\alpha>0,\beta>0)$. 若 $f'(x)$ 在 $x=0$ 处

连续，则( ).

　A. $\alpha-\beta>1$　　　B. $0<\alpha-\beta\leqslant 1$　　　C. $\alpha-\beta>2$　　　D. $0<\alpha-\beta\leqslant 2$

解 易求得 $f'(x)=\begin{cases} \alpha x^{\alpha-1}\cos\dfrac{1}{x^{\beta}}+\beta x^{\alpha-\beta-1}\sin\dfrac{1}{x^{\beta}}, & x>0, \\ 0, & x<0. \end{cases}$

$f'_{+}(0)=\lim\limits_{x\to 0^{+}}\dfrac{f(x)-f(0)}{x}=\lim\limits_{x\to 0^{+}}x^{\alpha-1}\cos\dfrac{1}{x^{\beta}}\begin{cases} =0, & \alpha>1, \\ 不存在, & \alpha\leqslant 1, \end{cases}$ $f'_{-}(0)=0$，于是 $f'(0)$ 存在 $\Leftrightarrow\alpha>1$.

当 $\alpha>1$ 时，$\lim\limits_{x\to 0^{+}}\alpha x^{\alpha-1}\cos\dfrac{1}{x^{\beta}}=0$，$\lim\limits_{x\to 0^{+}}\beta x^{\alpha-\beta-1}\sin\dfrac{1}{x^{\beta}}\begin{cases} =0, & \alpha-\beta>1, \\ 不存在, & \alpha-\beta\leqslant 1, \end{cases}$

因此，$f'(x)$ 在 $x=0$ 处连续 $\Leftrightarrow\alpha-\beta>1$. 故应选 A.

例 3 设 $f(x)$ 是偶函数，且在点 $x=0$ 处可导，证明：$f'(0)=0$.

证明 $f'(0)=\lim\limits_{x\to 0}\dfrac{f(x)-f(0)}{x}=\lim\limits_{x\to 0}\dfrac{f(-x)-f(0)}{x}=-\lim\limits_{x\to 0}\dfrac{f(-x)-f(0)}{-x}=-f'(0)$，所

以 $f'(0)=0$.

【方法归纳】 (1)考虑函数在点 x_0 处的导数要利用导数定义 $f'(x_0)=\lim\limits_{\Delta x\to 0}\dfrac{f(x_0+\Delta x)-f(x_0)}{\Delta x}$.

(2)讨论分段函数在定义域内的可导性，在各区间段内利用求导公式及四则运算法则，在分界点考虑左、右导数，$f'(x_0)=A\Leftrightarrow f'_{+}(x_0)=f'_{-}(x_0)=A$.

(3)讨论分段函数在分界点处的导数，有时候也利用以下定理：若 $f(x)$ 在点 x_0 的某邻域 $U(x_0)$ 内连续，在 $\mathring{U}(x_0)$ 内可导，且 $\lim\limits_{x\to x_0}f'(x)$ 存在，则 $f'(x_0)$ 存在，且 $f'(x_0)=\lim\limits_{x\to x_0}f'(x)$，也就是说只要在所述条件下 $\lim\limits_{x\to x_0}f'(x)$ 存在，则 $f'(x)$ 不但在点 x_0 处存在，而且在点 x_0 处连续. 这一结论对单侧导数 $f'_{-}(x_0)$ 与 $f'_{+}(x_0)$ 也成立.

(4)由于可导的必要条件是连续，因此如果函数在分界点处不连续则必不可导. 如果函数在分界点处连续，则利用(2)或(3)中的方法讨论其可导性.

例 4 求函数 $y=\sin[\sin(\sin x)]$ 的导数.

解 利用复合函数求导法则得 $y'=\cos[\sin(\sin x)]\cdot\cos(\sin x)\cdot\cos x.$

例5 求幂指函数 $y=x^{\sin x}$ 的导数.

解 $y'=(x^{\sin x})'=(\mathrm{e}^{\sin x\cdot\ln x})'=x^{\sin x}\left(\cos x\ln x+\dfrac{\sin x}{x}\right)$.

例6 设 $y=(1+\sin x)^x$,则 $\mathrm{d}y\big|_{x=\pi}=$_____.

解 $\mathrm{d}y=\mathrm{d}(1+\sin x)^x=\mathrm{d}\mathrm{e}^{x\ln(1+\sin x)}=(1+\sin x)^x\left[\dfrac{x\cos x}{1+\sin x}+\ln(1+\sin x)\right]\mathrm{d}x$,所以

$\mathrm{d}y\big|_{x=\pi}=-\pi\mathrm{d}x$,故应填 $-\pi\mathrm{d}x$.

例7 设 $x=g(y)$ 是 $f(x)=\ln x+\arctan x$ 的反函数,求 $g'\left(\dfrac{\pi}{4}\right)$.

解 当 $x=1$ 时,$f(1)=\dfrac{\pi}{4}$. 由 $f'(x)=\dfrac{1}{x}+\dfrac{1}{1+x^2}$ 得 $f'(1)=\dfrac{3}{2}$,所以 $g'\left(\dfrac{\pi}{4}\right)=\dfrac{1}{f'(1)}=\dfrac{2}{3}$.

【方法归纳】 (1)求幂指函数 $y=f(x)^{g(x)}[f(x)>0]$ 的导数,除了可利用前面"本章重点内容介绍"中提到的方法,还可利用对数求导法. 由 $y=f(x)^{g(x)}$ 有 $\ln y=g(x)\ln f(x)$,两边对 x 求导得

$$\frac{y'}{y}=g'(x)\ln f(x)+g(x)\frac{f'(x)}{f(x)},$$

所以

$$y'=f(x)^{g(x)}\left[g'(x)\ln f(x)+g(x)\frac{f'(x)}{f(x)}\right].$$

(2)反函数的导数等于原来函数导数的倒数.

例8(2012204) 设 $y=y(x)$ 是由方程 $x^2-y+1=\mathrm{e}^y$ 所确定的隐函数,则 $\dfrac{\mathrm{d}^2y}{\mathrm{d}x^2}\bigg|_{x=0}=$

_____.

解 在方程中令 $x=0$,得 $y(0)=0$. 再将方程两边对 x 求导,得 $2x-y'=\mathrm{e}^y y'$. 令 $x=0,y=0$,得 $y'(0)=0$. 再将上式两边对 x 求导,得 $2-y''=\mathrm{e}^y(y')^2+\mathrm{e}^y y''$.

令 $x=0,y=0,y'=0$,得 $2-y''=y''$,于是 $\dfrac{\mathrm{d}^2y}{\mathrm{d}x^2}\bigg|_{x=0}=1$,故应填1.

例9(2015204) 函数 $f(x)=x^2 2^x$ 在 $x=0$ 处的 n 阶导数 $f^{(n)}(0)$ 为_____.

解 易求得 $(2^x)^{(k)}=2^x(\ln 2)^k$,由莱布尼茨公式得

$$[f(x)]^{(n)}=(x^2 2^x)^{(n)}=\sum_{k=0}^n C_n^k(x^2)^{(k)}(2^x)^{(n-k)}$$
$$=x^2(2^x)^{(n)}+2nx(2^x)^{(n-1)}+n(n-1)(2^x)^{(n-2)}$$
$$=2^x(\ln 2)^{n-2}[x^2(\ln 2)^2+2nx\ln 2+n(n-1)],$$

所以 $f^{(n)}(0)=\{2^x(\ln 2)^{n-2}[x^2(\ln 2)^2+2nx\ln 2+n(n-1)]\}\big|_{x=0}=n(n-1)(\ln 2)^{n-2}$,$n\geqslant 2$.

因为 $f'(0)=0$,上式当 $n=1$ 时也成立,故应填 $n(n-1)(\ln 2)^{n-2}$.

例 10 验证 $y=\arcsin x$ 满足方程 $(1-x^2)y^{(n+2)}-(2n+1)xy^{(n+1)}-n^2y^{(n)}=0(n\geqslant 3)$，并求 $y^{(n)}(0)$.

例 10 及方法归纳

解 $y'=\dfrac{1}{\sqrt{1-x^2}}$，$\sqrt{1-x^2}\,y'=1$，两端对 x 求导得 $(1-x^2)y''-xy'=0$，对此式两端求 n 阶导数，利用莱布尼茨公式，有

$$(1-x^2)y^{(n+2)}-(2n+1)xy^{(n+1)}-n^2y^{(n)}=0(n\geqslant 3).$$

在上式中令 $x=0$，得递推公式 $y^{(n+2)}(0)=n^2y^{(n)}(0)$，注意到 $y''(0)=0$ 和 $y'(0)=1$，于是，

当 $n=2k$ 时，$y^{(n)}(0)=0$；

当 $n=2k+1$ 时，$y^{(n)}(0)=(2k-1)^2(2k-3)^2\cdots3^2\cdot1^2\cdot y'(0)=[(2k-1)!!]^2$.

【方法归纳】 （1）求乘积函数的高阶导数一般考虑莱布尼茨公式：设 $f(x)$ 和 $g(x)$ 都 n 阶可导，则有 $[f(x)g(x)]^{(n)}=\sum\limits_{k=0}^{n}C_n^k[f(x)]^{(k)}[g(x)]^{(n-k)}$.

（2）熟记常见函数的 n 阶导数公式：

① $(e^{ax})^{(n)}=a^ne^{ax}$；

② $[\sin(ax+b)]^{(n)}=a^n\sin\left(ax+b+\dfrac{n\pi}{2}\right)$；

③ $[\cos(ax+b)]^{(n)}=a^n\cos\left(ax+b+\dfrac{n\pi}{2}\right)$；

④ $[\ln(ax+b)]^{(n)}=\dfrac{(-1)^{n-1}(n-1)!\,a^n}{(ax+b)^n}$；

⑤ $\left(\dfrac{1}{x+a}\right)^{(n)}=(-1)^n\dfrac{n!}{(x+a)^{n+1}}$；

⑥ $\left[\dfrac{1}{(x+a)(x+b)}\right]^{(n)}=\dfrac{(-1)^nn!}{b-a}\left[\dfrac{1}{(x+a)^{n+1}}-\dfrac{1}{(x+b)^{n+1}}\right]$.

例 11（2010304） 设某商品的收益函数为 $R=R(P)$，收益弹性为 $1+P^3$，其中 P 为价格，且 $R(1)=1$，则 $R(P)=$_____.

解 由收益弹性的定义及题设条件知

$$\frac{ER}{EP}=\frac{P}{R}\frac{dR}{dP}=1+P^3,$$

即 $\dfrac{P}{R}\dfrac{dR}{dP}=1+P^3$. 这是一个可分离变量的微分方程，变形为 $\dfrac{dR}{R}=\left(\dfrac{1}{P}+P^2\right)dP$，两边积分得 $\ln R=\ln P+\dfrac{1}{3}P^3+\ln C$，解得 $R=CPe^{\frac{1}{3}P^3}$. 由 $R(1)=1$ 得 $C=e^{-\frac{1}{3}}$，故 $R=Pe^{\frac{1}{3}(P^3-1)}$.

例 12（2013310） 设生产某种商品的固定成本为 6 000 元，可变成本为 20 元/件，价格函数为 $P=60-\dfrac{Q}{1\,000}$，其中 P（单位：元）为该商品的售价，Q（单位：件）为销售

量,已知产销平衡,求:

(1)该商品的边际利润;

(2)当 $P=50$ 时的边际利润,并解释其经济意义;

(3)使利润最大的售价 P.

解 (1)该商品的成本函数为

$$C(Q)=6\ 000+20Q.$$

由价格函数 $P=60-\dfrac{Q}{1\ 000}$,得 $Q=1\ 000(60-P)$,销售 Q 件商品的收益为

$$R(Q)=PQ=\left(60-\dfrac{Q}{1\ 000}\right)Q=-\dfrac{Q^2}{1\ 000}+60Q.$$

销售 Q 件商品的利润为

$$L(Q)=R(Q)-C(Q)=\left(-\dfrac{Q^2}{1\ 000}+60Q\right)-(6\ 000+20Q)=-\dfrac{Q^2}{1\ 000}+40Q-6\ 000.$$

所以,边际利润为

$$L'(Q)=-\dfrac{Q}{500}+40.$$

(2)当 $P=50$ 元时,即 $P=60-\dfrac{Q}{1\ 000}=50$,得 $Q=10\ 000$ 件,此时的边际利润为

$$L'(10\ 000)=-\dfrac{10\ 000}{500}+40=20(元/件).$$

其经济意义:当 $P=50$ 元时,销售量每增加 1 件,利润增加 20 元.

(3)令 $L'(Q)=-\dfrac{Q}{500}+40=0$,得 $Q=20\ 000$,此时 $P=40$,$L''(Q)=-\dfrac{1}{500}<0$,极值点唯一,根据问题的实际意义知必存在最大值,故当售价为 40 元时,利润最大.

例 13(2016310) 设某商品最大需求量为 1 200 件,该商品的需求函数为 $Q=Q(P)$,需求弹性为 $\eta=\dfrac{P}{120-P}(\eta>0)$,$P$ 为单价(单位:万元).

(1)求需求函数的表达式.

(2)求 $P=100$ 万元时的边际收益,并说明其经济意义.

解 (1)需求函数的弹性公式为 $\eta=-\dfrac{P}{Q}\dfrac{\mathrm{d}Q}{\mathrm{d}P}=\dfrac{P}{120-P}$,从而 $-\dfrac{\mathrm{d}Q}{Q}=\dfrac{\mathrm{d}P}{120-P}$,解得 $Q=C(P-120)$. 又 $Q(0)=1\ 200$,所以 $C=-10$,故需求函数为 $Q=Q(P)=1\ 200-10P$.

(2)由(1)知,需求函数 $Q=1\ 200-10P$,价格函数为 $P=\dfrac{1\ 200-Q}{10}$,收益函数为

$$R=R(Q)=120Q-\dfrac{1}{10}Q^2,\ 边际收益函数为\ R'(Q)=120-\dfrac{Q}{5}.$$

当 $P=100$ 万元时,$Q=200$(件),边际收益 $R'(200)=120-\dfrac{200}{5}=80$(万元/件).

其经济意义：销售量每增加 1 件，收益增加 80 万元.

例 14（2019304） 以 P_A，P_B 分别表示 A，B 两种商品的价格，设商品 A 的需求函数为 $Q_A = 500 - P_A^2 - P_A P_B + 2P_B^2$，则当 $P_A = 10$，$P_B = 20$ 时，商品 A 的需求量对自身的价格弹性 $\eta_{AA} = $ _____（$\eta_{AA} > 0$）.

解 $\eta_{AA} = -\dfrac{P_A}{Q_A} \cdot \dfrac{\partial Q_A}{\partial P_A} = -\dfrac{P_A}{500 - P_A^2 - P_A P_B + 2P_B^2} \cdot (-2P_A - P_B) = \dfrac{P_A(2P_A + P_B)}{500 - P_A^2 - P_A P_B + 2P_B^2}$，

将 $P_A = 10$，$P_B = 20$ 代入得 $\eta_{AA} = \dfrac{400}{1\,000} = 0.4$.

例 15（2020304） 设某企业生产的某种产品的产量为 Q，成本 $C(Q) = 100 + 13Q$，设该产品的单价为 P，$Q(P) = \dfrac{800}{P+3} - 2$，则该企业获得最大利润时的产量为 _____.

例 15

解 由 $Q(P) = \dfrac{800}{P+3} - 2$，可得 $P = \dfrac{800}{Q+2} - 3$.

利润函数 $L(Q) = PQ - C(Q) = \left(\dfrac{800}{Q+2} - 3\right)Q - (100 + 13Q) = -\dfrac{800Q}{Q+2} - 16Q - 100$，

令 $L'(Q) = \dfrac{1\,600}{(Q+2)^2} - 16 = 0$，解得 $Q = 8$. 又 $L''(Q) = -\dfrac{3\,200}{(Q+2)^3}$，$L''(8) < 0$，所以当产量 $Q = 8$ 时，利润 $L(Q)$ 最大.

■ 四、 习题全解

同步习题 2.1

基础题

1. 选择题.

（1）设 $f(x)$ 在点 x_0 处可导，则 $f'(x_0) = $（　　）.

A. $\lim\limits_{\Delta x \to 0} \dfrac{f(x_0 - \Delta x) - f(x_0)}{\Delta x}$ 　　　　 B. $\lim\limits_{h \to 0} \dfrac{f(x_0 + h) - f(x_0 - h)}{2h}$

C. $\lim\limits_{x \to 0} \dfrac{f(x_0) - f(x_0 + 2x)}{2x}$ 　　　　 D. $\lim\limits_{x \to 0} \dfrac{f(x) - f(0)}{x}$

解 根据导数的定义可知：

对于 A 选项，$\lim\limits_{\Delta x \to 0} \dfrac{f(x_0 - \Delta x) - f(x_0)}{\Delta x} = -\lim\limits_{\Delta x \to 0} \dfrac{f(x_0 - \Delta x) - f(x_0)}{-\Delta x} = -f'(x_0)$；

对于 C 选项，$\lim\limits_{x \to 0} \dfrac{f(x_0)-f(x_0+2x)}{2x} = -\lim\limits_{x \to 0} \dfrac{f(x_0)-f(x_0+2x)}{-2x} = -f'(x_0)$；

对于 D 选项，$\lim\limits_{x \to 0} \dfrac{f(x)-f(0)}{x}$ 与 $f'(x_0)$ 没有任何关系.

故应选 B.

(2)函数 $f(x)$ 在点 x_0 处连续是 $f(x)$ 在点 x_0 处可导的( ).

A. 必要但非充分条件   B. 充分但非必要条件

C. 充分必要条件   D. 既非充分又非必要条件

解 可导一定连续，但连续不一定可导，故应选 A.

(3)若 $f(x)$ 在点 x_0 处可导，则 $|f(x)|$ 在点 x_0 处( ).

A. 可导   B. 不可导   C. 连续但未必可导   D. 不连续

解 由 $f(x)$ 在点 x_0 处可导，可知 $f(x)$ 在点 x_0 处必连续，显然 $|f(x)|$ 在点 x_0 处也连续，但 $|f(x)|$ 在点 x_0 处未必可导，例如 $f(x)=x$ 在 **R** 上连续、可导，而其绝对值函数 $|x|$ 在 $x=0$ 处不可导，故应选 C.

(4)曲线 $y=\ln x$ 在点( )处的切线平行于直线 $y=2x-3$.

A. $\left(\dfrac{1}{2}, -\ln 2\right)$ B. $\left(\dfrac{1}{2}, -\ln\dfrac{1}{2}\right)$

C. $(2, \ln 2)$ D. $(2, -\ln 2)$

解 曲线 $y=\ln x$ 在定义域内任一点 x_0 处的切线的斜率 $k=\dfrac{1}{x_0}$，故当 $x_0=\dfrac{1}{2}$ 时，$k=2$，此时的切线平行于直线 $y=2x-3$，所求点为 $\left(\dfrac{1}{2}, -\ln 2\right)$，故应选 A.

(5)设函数 $f(x)$ 在点 $x=0$ 处可导，则 $\lim\limits_{h \to 0} \dfrac{f(2h)-f(-3h)}{h} = ($ $)$.

A. $-f'(0)$ B. $f'(0)$ C. $5f'(0)$ D. $2f'(0)$

解 由导数的定义有 $\lim\limits_{h \to 0} \dfrac{f(2h)-f(-3h)}{h} = 5\lim\limits_{h \to 0} \dfrac{f(2h)-f(-3h)}{5h} = 5f'(0)$，故应选 C.

(6)若下列各极限都存在，其中不成立的是( ).

A. $\lim\limits_{x \to 0} \dfrac{f(x)-f(0)}{x} = f'(0)$ B. $\lim\limits_{x \to x_0} \dfrac{f(x)-f(x_0)}{x-x_0} = f'(x_0)$

C. $\lim\limits_{h \to 0} \dfrac{f(x_0+2h)-f(x_0)}{h} = f'(x_0)$ D. $\lim\limits_{\Delta x \to 0} \dfrac{f(x_0)-f(x_0-\Delta x)}{\Delta x} = f'(x_0)$

解 根据导数的定义可知，

$$\lim\limits_{h \to 0} \dfrac{f(x_0+2h)-f(x_0)}{h} = 2\lim\limits_{h \to 0} \dfrac{f(x_0+2h)-f(x_0)}{2h} = 2f'(x_0),$$

故应选 C.

(7) 设 $f(x)=\begin{cases} \dfrac{2}{3}x^3, & x\le 1,\\ x^2, & x>1,\end{cases}$ 则 $f(x)$ 在点 $x=1$ 处（　　）.

A. 左、右导数都存在   B. 左导数存在，右导数不存在

C. 左导数不存在，右导数存在   D. 左、右导数都不存在

解 显然，$f(1)=\dfrac{2}{3}$. 根据左、右导数的定义可知，

$$f'_+(1)=\lim_{x\to 1^+}\frac{f(x)-f(1)}{x-1}=\lim_{x\to 1^+}\frac{x^2-\dfrac{2}{3}}{x-1}$$

不存在，故右导数不存在；

$$f'_-(1)=\lim_{x\to 1^-}\frac{f(x)-f(1)}{x-1}=\lim_{x\to 1^-}\frac{\dfrac{2}{3}x^3-\dfrac{2}{3}}{x-1}$$
$$=\lim_{x\to 1^-}\frac{2}{3}(x^2+x+1)$$
$$=2,$$

故左导数存在，且 $f'_-(1)=2$. 故应选 B.

2. 根据导数的定义求下列函数的导数.

(1) $y=1-2x^2$.   (2) $y=\ln x$.   (3) $y=\dfrac{1}{x^2}$.

解 (1) 令 $y=f(x)=1-2x^2$，则

$$y'=f'(x)=\lim_{\Delta x\to 0}\frac{f(x+\Delta x)-f(x)}{\Delta x}=\lim_{\Delta x\to 0}\frac{-2(x+\Delta x)^2+2x^2}{\Delta x}=\lim_{\Delta x\to 0}(-4x-2\Delta x)=-4x.$$

(2) 令 $y=f(x)=\ln x$，则

$$y'=f'(x)=\lim_{\Delta x\to 0}\frac{f(x+\Delta x)-f(x)}{\Delta x}=\lim_{\Delta x\to 0}\frac{\ln(x+\Delta x)-\ln x}{\Delta x}=\lim_{\Delta x\to 0}\frac{1}{x}\ln\left(1+\frac{\Delta x}{x}\right)^{\frac{x}{\Delta x}}=\frac{1}{x}.$$

(3) 令 $y=f(x)=\dfrac{1}{x^2}$，则

$$y'=f'(x)=\lim_{\Delta x\to 0}\frac{f(x+\Delta x)-f(x)}{\Delta x}=\lim_{\Delta x\to 0}\frac{\dfrac{1}{(x+\Delta x)^2}-\dfrac{1}{x^2}}{\Delta x}=\lim_{\Delta x\to 0}\frac{-2x-\Delta x}{(x+\Delta x)^2\cdot x^2}=-\frac{2}{x^3}.$$

3. 已知 $f'(x_0)=A$，求：(1) $\lim\limits_{h\to 0}\dfrac{f(x_0+3h)-f(x_0)}{h}$；(2) $\lim\limits_{h\to 0}\dfrac{f(x_0+h)-f(x_0-h)}{h}$.

解 (1) $\lim\limits_{h\to 0}\dfrac{f(x_0+3h)-f(x_0)}{h}=3\lim\limits_{h\to 0}\dfrac{f(x_0+3h)-f(x_0)}{3h}=3f'(x_0)=3A.$

(2) $\lim\limits_{h\to 0}\dfrac{f(x_0+h)-f(x_0-h)}{h}=2\lim\limits_{h\to 0}\dfrac{f(x_0+h)-f(x_0-h)}{2h}=2f'(x_0)=2A.$

4. 设函数 $f(x)$ 在点 $x=0$ 处可导，且 $f'(0)=1$，求 $\lim\limits_{x\to 0}\dfrac{f(3x)-f(0)}{x}$．

解 由题意可得 $\lim\limits_{x\to 0}\dfrac{f(3x)-f(0)}{x}=3\lim\limits_{x\to 0}\dfrac{f(3x)-f(0)}{3x}=3f'(0)=3$．

5. 设 $f(x)=(x-a)\varphi(x)$，其中 $\varphi(x)$ 在点 $x=a$ 处连续，求 $f'(a)$．

解 由题意可知 $f(a)=0$，则

$$f'(a)=\lim_{x\to a}\frac{f(x)-f(a)}{x-a}=\lim_{x\to a}\frac{(x-a)\varphi(x)-0}{x-a}=\varphi(a).$$

6. 求曲线 $y=x+e^x$ 在点 $P(0,1)$ 处的切线方程和法线方程．

解 $y=x+e^x$ 在点 $x=0$ 处的导数为 $y'(0)=(1+e^x)\big|_{x=0}=2$，故在该点处的切线方程为 $y-1=2(x-0)$，即 $2x-y+1=0$；法线方程为 $y-1=-\dfrac{1}{2}(x-0)$，即 $x+2y-2=0$．

7. 利用定义讨论函数 $f(x)=\begin{cases}x\sin\dfrac{1}{x}, & x\neq 0, \\ 0, & x=0\end{cases}$ 在点 $x=0$ 处的连续性与可导性．

解 $\lim\limits_{x\to 0}f(x)=\lim\limits_{x\to 0}x\sin\dfrac{1}{x}=0=f(0)$，故函数 $f(x)$ 在点 $x=0$ 处连续．而

$$\lim_{x\to 0}\frac{f(x)-f(0)}{x}=\lim_{x\to 0}\frac{x\sin\dfrac{1}{x}}{x}=\lim_{x\to 0}\sin\frac{1}{x}$$

不存在，故 $f(x)$ 在点 $x=0$ 处不可导．

提高题

1. 设函数 $f(x)=x(x+1)(x+2)\cdots(x+n)$，求 $f'(-1)$．

解 由 $f(-1)=0$ 及导数的定义可得

$$\begin{aligned}f'(-1)&=\lim_{x\to -1}\frac{f(x)-f(-1)}{x-(-1)}=\lim_{x\to -1}\frac{x(x+1)(x+2)\cdots(x+n)}{x+1}\\&=\lim_{x\to -1}x(x+2)\cdots(x+n)\\&=-(n-1)!.\end{aligned}$$

2. 讨论 $f(x)=\begin{cases}1, & x\leq 0, \\ 2x+1, & 0<x\leq 1, \\ x^2+2, & 1<x\leq 2, \\ x, & x>2\end{cases}$ 在点 $x=0$，$x=1$，$x=2$ 处的连续性与可导性．

解 首先考虑 $x=0$．由于 $f(0)=1$，而 $f(0+0)=\lim\limits_{x\to 0^+}(2x+1)=1$，$f(0-0)=\lim\limits_{x\to 0^-}1=1$，所以 $f(x)$ 在点 $x=0$ 处连续．另一方面，

$$f'_+(0) = \lim_{x \to 0^+} \frac{f(x) - f(0)}{x} = \lim_{x \to 0^+} \frac{2x+1-1}{x} = 2,$$

$$f'_-(0) = \lim_{x \to 0^-} \frac{f(x) - f(0)}{x} = \lim_{x \to 0^-} \frac{1-1}{x} = 0,$$

$f'_+(0) \neq f'_-(0)$，故 $f(x)$ 在点 $x=0$ 处不可导.

其次考虑 $x=1$. 由于 $f(1)=3$，而 $f(1+0) = \lim_{x \to 1^+}(x^2+2) = 3$，$f(1-0) = \lim_{x \to 1^-}(2x+1) = 3$，所以 $f(x)$ 在点 $x=1$ 处连续. 另一方面，

$$f'_+(1) = \lim_{x \to 1^+} \frac{f(1+x) - f(1)}{x} = \lim_{x \to 1^+} \frac{(x+1)^2+2-3}{x} = 2,$$

$$f'_-(1) = \lim_{x \to 1^-} \frac{f(1+x) - f(1)}{x} = \lim_{x \to 1^-} \frac{2(x+1)+1-3}{x} = 2,$$

$f'_+(1) = f'_-(1)$，故 $f(x)$ 在点 $x=1$ 处可导，且 $f'(1)=2$.

最后考虑 $x=2$. 由于 $f(2)=6$，而 $f(2+0) = \lim_{x \to 2^+} x = 2 \neq f(2-0) = \lim_{x \to 2^-}(x^2+2) = 6$，故 $f(x)$ 在点 $x=2$ 处不连续，从而也不可导.

3. 已知 $f(x) = \begin{cases} \sin x, & x<0, \\ x, & x \geq 0, \end{cases}$ 求 $f'(x)$.

解 当 $x \neq 0$ 时，$f'(x) = \begin{cases} \cos x, & x<0, \\ 1, & x>0, \end{cases}$ 当 $x=0$ 时，由 $f(0)=0$ 及左、右导数的定义

可得 $f'_+(0) = \lim_{x \to 0^+} \frac{f(x)-f(0)}{x} = \lim_{x \to 0^+} \frac{x}{x} = 1$，$f'_-(0) = \lim_{x \to 0^-} \frac{f(x)-f(0)}{x} = \lim_{x \to 0^-} \frac{\sin x}{x} = 1$，所以 $f'(0) = 1$.

故 $f'(x) = \begin{cases} \cos x, & x<0, \\ 1, & x \geq 0. \end{cases}$

4. 设 $f(x)$ 是可导的偶函数，且 $\lim_{h \to 0} \frac{f(1-2h)-f(1)}{h} = 2$，求曲线 $y = f(x)$ 在点 $(-1, f(-1))$ 处的法线的斜率.

解 由题意可得 $\lim_{h \to 0} \frac{f(1-2h)-f(1)}{h} = -2 \lim_{h \to 0} \frac{f(1-2h)-f(1)}{-2h} = -2f'(1) = 2$. 所以 $f'(1) = -1$. 又 $f(x)$ 是偶函数，所以 $f'(-1) = -f'(1) = 1$，故曲线 $y = f(x)$ 在点 $(-1, f(-1))$ 处的法线的斜率 $k = -1$.

同步习题 2.2

基础题

1. 选择题.

(1) 设 $y = \ln|x+1|$，则 $y' = ($　　　).

A. $\dfrac{1}{x+1}$ B. $-\dfrac{1}{x+1}$ C. $\dfrac{1}{|x+1|}$ D. $-\dfrac{1}{|x+1|}$

解 由复合函数求导法则知 $y'=\dfrac{1}{x+1}(x+1)'=\dfrac{1}{x+1}$. 故应选 A.

(2)若对于任意 x, 有 $f'(x)=4x^3+x$, $f(1)=-1$, 则函数 $f(x)$ 为(   ).

A. $x^4+\dfrac{x^2}{2}$ B. $x^4+\dfrac{x^2}{2}-\dfrac{5}{2}$ C. $12x^2+1$ D. x^4+x^2-3

解 由 $f'(x)=4x^3+x$, 可排除 C 项和 D 项. 又 $f(1)=-1$, 故应选 B.

(3)曲线 $y=x^3-3x$ 上切线平行于 x 轴的点可能是(   ).

A. $(0,0)$ B. $(-2,-2)$ C. $(-1,2)$ D. $(1,2)$

解 曲线 $y=x^3-3x$ 上任一点 (x_0,y_0) 处的切线的斜率 $k=3x_0^2-3$. 当 $x_0=\pm1$ 时, $k=0$, 此时切线平行于 x 轴, 所以 (x_0,y_0) 为 $(1,-2)$ 或 $(-1,2)$, 故应选 C.

2. 求下列各函数的导数.

(1) $y=5x^3-2^x+3e^x+2$.   (2) $y=\dfrac{\ln x}{x}$.

(3) $s=\dfrac{1+\sin t}{1+\cos t}$.   (4) $y=(x^2+1)\ln x$.

(5) $y=\dfrac{\sin 2x}{x}$.   (6) $y=x\cdot\sin x\cdot\ln x$.

解 (1) $y'=15x^2-2^x\ln 2+3e^x$.

(2) $y'=\dfrac{1-\ln x}{x^2}$.

(3) $s'=\dfrac{(1+\sin t)'(1+\cos t)-(1+\sin t)(1+\cos t)'}{(1+\cos t)^2}=\dfrac{1+\cos t+\sin t}{(1+\cos t)^2}$.

(4) $y'=2x\ln x+\dfrac{x^2+1}{x}=2x\ln x+x+\dfrac{1}{x}$.

(5) $y'=\dfrac{(\sin 2x)'\cdot x-\sin 2x}{x^2}=\dfrac{2x\cos 2x-\sin 2x}{x^2}$.

(6) $y'=(x)'\sin x\ln x+x(\sin x)'\ln x+x\sin x(\ln x)'=\sin x\ln x+x\cos x\ln x+\sin x$.

3. 求下列各函数在给定点处的导数值.

(1) $y=\sin x-\cos x$, 求 $y'|_{x=\frac{\pi}{6}}$.

(2) $f(x)=\dfrac{3}{5-x}+\dfrac{x^2}{5}$, 求 $[f(0)]'$, $f'(0)$, $f'(2)$.

解 (1) $y'|_{x=\frac{\pi}{6}}=(\cos x+\sin x)|_{x=\frac{\pi}{6}}=\dfrac{1+\sqrt{3}}{2}$.

$(2)[f(0)]'=0$, $f'(0)=\left[\dfrac{3}{(5-x)^2}+\dfrac{2x}{5}\right]\bigg|_{x=0}=\dfrac{3}{25}$, $f'(2)=\left[\dfrac{3}{(5-x)^2}+\dfrac{2x}{5}\right]\bigg|_{x=2}=\dfrac{17}{15}$.

4. 求下列函数的导数.

$(1)\,y=\arcsin x^2$.　　　　　　　　　$(2)\,y=e^{-x^2}$

$(3)\,y=\tan^3 4x$.　　　　　　　　　　$(4)\,y=e^{x+2}2^{x-3}$.

$(5)\,y=(x+1)\sqrt{3-4x}$.　　　　　　$(6)\,y=\arctan\dfrac{1-x}{1+x}$.

解 $(1)\,y'=\dfrac{2x}{\sqrt{1-x^4}}$.

$(2)\,y'=-2xe^{-x^2}$.

$(3)\,y'=12\tan^2 4x\,\sec^2 4x$.

$(4)\,y'=(e^{x+2})'2^{x-3}+e^{x+2}(2^{x-3})'=e^{x+2}2^{x-3}+e^{x+2}2^{x-3}\ln2=e^{x+2}2^{x-3}(1+\ln2)$.

$(5)\,y'=\sqrt{3-4x}-\dfrac{2(x+1)}{\sqrt{3-4x}}=\dfrac{1-6x}{\sqrt{3-4x}}$.

$(6)\,y'=\dfrac{-\dfrac{1}{x+1}-\dfrac{1-x}{(x+1)^2}}{\left(\dfrac{1-x}{x+1}\right)^2+1}=-\dfrac{1}{1+x^2}$.

5. 求下列函数的导数.

$(1)\,y=(3x^2-2x+1)^4$.　　　　　　　$(2)\,y=\ln(1+x^2)$.

$(3)\,y=\ln\arctan\dfrac{1}{x}$.　　　　　　$(4)\,y=\left(\arctan\dfrac{x}{2}\right)^3$.

解 $(1)\,y'=4(3x^2-2x+1)^3\cdot(6x-2)=8(3x-1)(3x^2-2x+1)^3$.

$(2)\,y'=\dfrac{2x}{1+x^2}$.

$(3)\,y'=\dfrac{1}{\arctan\dfrac{1}{x}}\cdot\left[\dfrac{1}{1+\left(\dfrac{1}{x}\right)^2}\right]\cdot\left(-\dfrac{1}{x^2}\right)=-\dfrac{1}{(1+x^2)\arctan\dfrac{1}{x}}$.

$(4)\,y'=3\left(\arctan\dfrac{x}{2}\right)^2\cdot\dfrac{1}{1+\left(\dfrac{x}{2}\right)^2}\cdot\dfrac{1}{2}=\dfrac{6}{4+x^2}\left(\arctan\dfrac{x}{2}\right)^2$.

6. 求下列函数的二阶导数.

$(1)\,y=e^{2x-1}\cdot\sin x$.　　　　　　　$(2)\,y=\ln(x+\sqrt{1+x^2})$.

$(3)\,y=\tan x$.　　　　　　　　　　$(4)\,y=\dfrac{x}{2}\sqrt{x^2+a^2}+\dfrac{a^2}{2}\ln(x+\sqrt{x^2+a^2})$.

解 （1）$y'=2e^{2x-1}\cdot\sin x+e^{2x-1}\cdot\cos x,y''=e^{2x-1}(4\cos x+3\sin x)$.

（2）$y'=\dfrac{1}{x+\sqrt{1+x^2}}\left(1+\dfrac{x}{\sqrt{1+x^2}}\right)=\dfrac{1}{\sqrt{1+x^2}},y''=-\dfrac{x}{\sqrt{(1+x^2)^3}}$.

（3）$y'=\sec^2x,y''=2\sec^2x\tan x$.

（4）$y'=\sqrt{x^2+a^2},y''=\dfrac{x}{\sqrt{x^2+a^2}}$.

7. 求下列函数的 n 阶导数.

（1）$y=a_0x^n+a_1x^{n-1}+\cdots+a_{n-1}x+a_n(a_0\neq0)$.

（2）$y=x\ln x$. 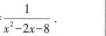 （3）$y=\cos2x$.

（4）$y=\ln(1+x)$. （5）$y=\dfrac{1}{x^2-2x-8}$.

基础题 7（5）

解 （1）$y'=na_0x^{n-1}+(n-1)a_1x^{n-2}+\cdots+a_{n-1}$,

$y''=n(n-1)a_0x^{n-2}+(n-1)(n-2)a_1x^{n-3}+\cdots+2a_{n-2},\cdots,y^{(n)}=n!\ a_0$.

（2）$y'=1+\ln x,y''=\dfrac{1}{x},y'''=-\dfrac{1}{x^2},\cdots,y^{(n)}=\dfrac{(-1)^n(n-2)!}{x^{n-1}}(n>2)$.

（3）$y'=-2\sin2x=2\cos\left(2x+\dfrac{\pi}{2}\right),y''=-4\cos2x=2^2\cos\left(2x+\dfrac{2\pi}{2}\right),$

$y'''=8\sin2x=2^3\cos\left(2x+\dfrac{3\pi}{2}\right),\cdots,y^{(n)}=2^n\cos\left(2x+\dfrac{n\pi}{2}\right)$.

（4）$y'=\dfrac{1}{1+x},y''=-\dfrac{1}{(1+x)^2},y'''=\dfrac{2}{(1+x)^3},\cdots,y^{(n)}=\dfrac{(-1)^{n-1}(n-1)!}{(1+x)^n}$.

（5）$y=\dfrac{1}{x^2-2x-8}=\dfrac{1}{6}\left(\dfrac{1}{x-4}-\dfrac{1}{x+2}\right),y^{(n)}=\dfrac{(-1)^nn!}{6}\left[\dfrac{1}{(x-4)^{n+1}}-\dfrac{1}{(x+2)^{n+1}}\right]$.

提高题

1. 求下列函数的导数（其中函数 f 可导）.

（1）$y=\cos2x+x^{\ln x}$. （2）$y=\ln(e^x+\sqrt{1+e^{2x}})$.

（3）$y=x\ln(x+\sqrt{x^2+a^2})-\sqrt{x^2+a^2}$. （4）$y=f^2(x)$.

（5）$y=f(e^x)e^{f(x)}$. （6）$y=f(\sin^2x)+\sin f^2(x)$.

解 （1）令 $u=x^{\ln x}$，则 $\ln u=\ln^2x$，等号左右两边同时对 x 求导得 $\dfrac{u'}{u}=\dfrac{2\ln x}{x}$，解得

$u'=2x^{\ln x-1}\ln x$，所以 $y'=-2\sin2x+2x^{\ln x-1}\ln x$.

（2）$y'=\dfrac{e^x+e^{2x}(1+e^{2x})^{-\frac{1}{2}}}{e^x+\sqrt{1+e^{2x}}}=\dfrac{e^x}{\sqrt{1+e^{2x}}}$.

（3）$y' = \ln(x+\sqrt{x^2+a^2}) + \dfrac{x\left(1+\dfrac{x}{\sqrt{x^2+a^2}}\right)}{x+\sqrt{x^2+a^2}} - \dfrac{x}{\sqrt{x^2+a^2}} = \ln(x+\sqrt{x^2+a^2})$.

（4）$y' = 2f(x)f'(x)$.

（5）$y' = f'(e^x) \cdot e^x \cdot e^{f(x)} + f(e^x)e^{f(x)}f'(x) = e^{f(x)}[f'(e^x)e^x + f(e^x)f'(x)]$.

（6）$y' = f'(\sin^2 x) \cdot \sin 2x + 2f(x)f'(x)\cos f^2(x)$.

2. 已知 $y = f\left(\dfrac{3x-2}{3x+2}\right)$，$f'(x) = \arctan x^2$，求 $\dfrac{\mathrm{d}y}{\mathrm{d}x}\Big|_{x=0}$.

解 $\dfrac{\mathrm{d}y}{\mathrm{d}x}\Big|_{x=0} = \left[f'\left(\dfrac{3x-2}{3x+2}\right) \cdot \dfrac{12}{(3x+2)^2}\right]\Big|_{x=0} = 3f'(-1)$，而 $f'(-1) = \arctan 1 = \dfrac{\pi}{4}$，所以 $\dfrac{\mathrm{d}y}{\mathrm{d}x}\Big|_{x=0} = \dfrac{3\pi}{4}$.

3. 设函数 $f(x)$ 可导且 $f'(a) = \dfrac{1}{2f(a)}$. 若 $y = e^{f^2(x)}$，证明：$y(a) = y'(a)$.

证明 $y'(x) = 2e^{f^2(x)}f(x)f'(x)$，$y'(a) = 2e^{f^2(a)}f(a)f'(a) = e^{f^2(a)}$，而 $y(a) = e^{f^2(a)}$，故 $y(a) = y'(a)$.

4. 设函数 $f(2x+1) = e^x$，求 $f(x)$ 和 $f'(\ln x)$.

解 令 $t = 2x+1$，则 $x = \dfrac{t-1}{2}$，所以 $f(t) = e^{\frac{t-1}{2}}$，即 $f(x) = e^{\frac{x-1}{2}}$，$f'(x) = \dfrac{1}{2}e^{\frac{x-1}{2}}$，$f'(\ln x) = \dfrac{1}{2}e^{\frac{\ln x-1}{2}} = \dfrac{1}{2}\sqrt{\dfrac{x}{e}}$.

5. 求下列函数指定阶的导数.

（1）$y = e^x \cos x$，求 $y^{(4)}$.　　　　　（2）$y = x^2 e^{2x}$，求 $y^{(20)}$.

解 （1）利用莱布尼茨公式，得

$$（e^x \cos x）^{(4)} = \sum_{k=0}^{4} C_4^k (\cos x)^{(k)} (e^x)^{(4-k)} = -4e^x \cos x.$$

提高题 5（2）

（2）利用莱布尼茨公式，得

$$y^{(20)} = (x^2 e^{2x})^{(20)} = \sum_{k=0}^{20} C_{20}^k (x^2)^{(k)} (e^{2x})^{(20-k)} = 2^{20} e^{2x}(x^2 + 20x + 95).$$

同步习题 2.3

基础题

1. 求由下列方程所确定的隐函数的导数.

（1）$y^2 - 2xy + 9 = 0$.　　　　　　（2）$x^3 + y^3 - 3axy = 0$.

(3) $\cos y = \ln(x+y)$.   (4) $y = 1 - xe^y$.

解 (1) 方程两边分别对 x 求导, 得 $2yy'-2y-2xy'=0$, 解得 $y'=\dfrac{y}{y-x}$.

(2) 方程两边分别对 x 求导, 得 $3x^2+3y^2y'-3ay-3axy'=0$, 解得 $y'=\dfrac{ay-x^2}{y^2-ax}$.

(3) 方程两边分别对 x 求导, 得 $-y'\sin y=\dfrac{1+y'}{x+y}$, 解得 $y'=-\dfrac{1}{1+(x+y)\sin y}$.

(4) 方程两边分别对 x 求导, 得 $y'+e^y+xe^yy'=0$, 解得 $y'=-\dfrac{e^y}{1+xe^y}$.

2. 用对数求导法求下列函数的导数.

(1) $y=\dfrac{\sqrt{x+2}\,(3-x)^4}{(x+1)^5}$.   (2) $y=(\sin x)^{\tan x}$.

解 (1) 两边取对数, 得 $\ln y=\dfrac{1}{2}\ln(x+2)+4\ln(3-x)-5\ln(x+1)$, 两边对 x 求导,

得 $\dfrac{y'}{y}=\dfrac{1}{2}\cdot\dfrac{1}{x+2}+\dfrac{4}{x-3}-\dfrac{5}{x+1}$, 将 $y=\dfrac{\sqrt{x+2}\,(3-x)^4}{(x+1)^5}$ 代入并化简整理, 得

$$y'=\frac{\sqrt{x+2}\,(3-x)^4}{(x+1)^5}\left(\frac{1}{2x+4}+\frac{4}{x-3}-\frac{5}{x+1}\right).$$

(2) 两边取对数, 得 $\ln y=\tan x\cdot\ln\sin x$, 两边对 x 求导, 得 $\dfrac{y'}{y}=\sec^2 x\cdot\ln\sin x+1$,

将 $y=(\sin x)^{\tan x}$ 代入并化简整理, 得 $y'=(\sin x)^{\tan x}(1+\sec^2 x\cdot\ln\sin x)$.

3. 求椭圆 $\dfrac{x^2}{16}+\dfrac{y^2}{9}=1$ 在点 $\left(2,\dfrac{3}{2}\sqrt{3}\right)$ 处的切线方程.

解 椭圆方程两边对 x 求导, 得 $\dfrac{x}{8}+\dfrac{2yy'}{9}=0$, 在点 $\left(2,\dfrac{3}{2}\sqrt{3}\right)$ 处有 $y'=-\dfrac{\sqrt{3}}{4}$, 所

以椭圆在点 $\left(2,\dfrac{3}{2}\sqrt{3}\right)$ 处的切线方程为 $y-\dfrac{3\sqrt{3}}{2}=-\dfrac{\sqrt{3}}{4}(x-2)$, 即 $\sqrt{3}x+4y-8\sqrt{3}=0$.

提高题

1. 求由下列方程所确定的隐函数的二阶导数 $\dfrac{d^2y}{dx^2}$.

(1) $x^2-y^2=1$.   (2) $b^2x^2+a^2y^2=a^2b^2(ab\neq 0)$.

(3) $y=\tan(x+y)$.   (4) $y=1+xe^y$.

解 (1) 方程两边对 x 求导, 得 $2x-2yy'=0$, 于是 $y'=\dfrac{x}{y}$,

提高题 1(3)

两边再对 x 求导, 得 $y''=\dfrac{y-xy'}{y^2}=-\dfrac{1}{y^3}$.

(2)方程两边对 x 求导，得 $2b^2x+2a^2yy'=0$，于是 $y'=-\dfrac{b^2x}{a^2y}$，两边再对 x 求导，

得 $y''=-\dfrac{b^2}{a^2}\cdot\dfrac{y-xy'}{y^2}=-\dfrac{b^4}{a^2y^3}$.

(3)方程两边对 x 求导，得 $y'=(1+y^2)(1+y')$，于是 $y'=-\dfrac{1}{y^2}-1$，两边再对 x 求

导，得 $y''=\dfrac{2y'}{y^3}=-\dfrac{2(1+y^2)}{y^5}=-2\csc^2(x+y)\cot^3(x+y)$.

(4)方程两边对 x 求导，得 $y'=e^y+xe^yy'$，于是 $y'=\dfrac{e^y}{1-xe^y}$，两边再对 x 求导，得

$y''=\dfrac{e^y\cdot y'(1-xe^y)-e^y(-e^y-xe^yy')}{(1-xe^y)^2}=\dfrac{e^{2y}(2-xe^y)}{(1-xe^y)^3}=\dfrac{e^{2y}(3-y)}{(2-y)^3}$.

2. 用对数求导法求下列函数的导数.

(1) $y=\sqrt[5]{\dfrac{x-5}{\sqrt[5]{x^2+2}}}$.　　(2) $y=\left(\dfrac{x}{1+x}\right)^x$.

解 (1)方程两边取对数，得 $\ln y=\dfrac{1}{5}\ln(x-5)-\dfrac{1}{25}\ln(x^2+2)$，两边对 x 求导，得

$\dfrac{y'}{y}=\dfrac{1}{5}\cdot\dfrac{1}{x-5}-\dfrac{1}{25}\cdot\dfrac{2x}{x^2+2}$，将 $y=\sqrt[5]{\dfrac{x-5}{\sqrt[5]{x^2+2}}}$ 代入并化简整理，得

$$y'=y\left(\dfrac{1}{5}\cdot\dfrac{1}{x-5}-\dfrac{1}{25}\cdot\dfrac{2x}{x^2+2}\right)=\dfrac{1}{25}\sqrt[5]{\dfrac{x-5}{\sqrt[5]{x^2+2}}}\left(\dfrac{5}{x-5}-\dfrac{2x}{x^2+2}\right).$$

(2)方程两边取对数，得 $\ln y=x[\ln x-\ln(x+1)]$，两边对 x 求导，得

$$\dfrac{y'}{y}=[\ln x-\ln(1+x)]+x\left(\dfrac{1}{x}-\dfrac{1}{1+x}\right)=\ln\dfrac{x}{1+x}+\dfrac{1}{1+x},$$

将 $y=\left(\dfrac{x}{1+x}\right)^x$ 代入并化简整理，得

$$y'=y\left(\ln\dfrac{x}{1+x}+\dfrac{1}{1+x}\right)=\left(\dfrac{x}{1+x}\right)^x\left(\dfrac{1}{1+x}+\ln\dfrac{x}{1+x}\right).$$

同步习题 2.4

基础题

1. 选择题.

(1)当 $|\Delta x|$ 充分小且 $f'(x_0)\neq0$ 时，函数 $y=f(x)$ 的增量 Δy 与微分 $\mathrm{d}y$ 的关系是

(　　).

A. $\Delta y = dy$ B. $\Delta y < dy$ C. $\Delta y > dy$ D. $\Delta y \approx dy$

解 本题选 D，可参考微分的定义.

(2) 若 $f(x)$ 可微，当 $\Delta x \to 0$ 时，在点 x 处 $\Delta y - dy$ 是关于 Δx 的（ ）.

A. 高阶无穷小   B. 等价无穷小   C. 同阶无穷小   D. 低阶无穷小

解 本题选 A，可参考微分的定义.

2. 将适当的函数填入下面的横线中，使等式成立.

(1) $d(\underline{\hspace{2cm}}) = 2x dx$.

(2) $d(\underline{\hspace{2cm}}) = \dfrac{1}{1+x^2} dx$.

(3) $d(\underline{\hspace{2cm}}) = \dfrac{1}{\sqrt{x}} dx$.

(4) $d(\underline{\hspace{2cm}}) = e^{2x} dx$.

(5) $d(\underline{\hspace{2cm}}) = \sin\omega x dx$.

(6) $d(\underline{\hspace{2cm}}) = \sec^2 3x dx$.

解 (1) $x^2 + C$.   (2) $\arctan x + C$.   (3) $2\sqrt{x} + C$.

(4) $\dfrac{1}{2}e^{2x} + C$.   (5) $-\dfrac{1}{\omega}\cos\omega x + C$.   (6) $\dfrac{1}{3}\tan 3x + C$.

上述 C 均为任意常数，根据导数公式可得上述答案，注意常数的微分是零.

3. 当 $x = 1$ 时，分别求出函数 $f(x) = x^2 - 3x + 5$ 在 $\Delta x = 1, \Delta x = 0.1, \Delta x = 0.01$ 时的增量及微分，并加以比较，判断是否能得出结论：当 Δx 越小时，二者越接近.

解 $\Delta y = (x + \Delta x)^2 - 3(x + \Delta x) - x^2 + 3x = (2x - 3)\Delta x + (\Delta x)^2$, $dy = (2x - 3)\Delta x$.

$\Delta y \big|_{\substack{x=1 \\ \Delta x=1}} = 0$, $dy \big|_{\substack{x=1 \\ \Delta x=1}} = -1$, $\Delta y - dy = 1$.

$\Delta y \big|_{\substack{x=1 \\ \Delta x=0.1}} = -0.09$, $dy \big|_{\substack{x=1 \\ \Delta x=0.1}} = -0.1$, $\Delta y - dy = 0.01$.

$\Delta y \big|_{\substack{x=1 \\ \Delta x=0.01}} = -0.0099$, $dy \big|_{\substack{x=1 \\ \Delta x=0.01}} = -0.01$, $\Delta y - dy = 0.0001$.

显然，当 Δx 越小时，Δy 和 dy 越接近.

4. 求下列函数的微分.

(1) $y = \dfrac{1}{x} + 2\sqrt{x}$.

(2) $y = x\sin 2x$.

(3) $y = \dfrac{x}{\sqrt{x^2+1}}$.

(4) $y = \ln^2(1-x)$.

(5) $y = x^2 e^{2x}$.

(6) $y = e^{-x}\cos(3-x)$.

(7) $y = \arcsin\sqrt{1-x^2}$ $(x > 0)$.

(8) $\ln\sqrt{x^2+y^2} = \arctan\dfrac{y}{x}$.

解 (1) $dy = y' dx = \left(-\dfrac{1}{x^2} + \dfrac{1}{\sqrt{x}}\right) dx$.

(2) $dy = y' dx = (\sin 2x + 2x\cos 2x) dx$.

$(3)\mathrm{d}y=y'\mathrm{d}x=\dfrac{\sqrt{x^2+1}-\dfrac{x^2}{\sqrt{x^2+1}}}{\left(\sqrt{x^2+1}\right)^2}\mathrm{d}x=\dfrac{\mathrm{d}x}{\left(x^2+1\right)^{\frac{3}{2}}}.$

$(4)\mathrm{d}y=y'\mathrm{d}x=2\ln(1-x)\cdot\dfrac{-1}{1-x}\mathrm{d}x=\dfrac{2}{x-1}\ln(1-x)\mathrm{d}x.$

$(5)\mathrm{d}y=y'\mathrm{d}x=(2xe^{2x}+x^2e^{2x}\cdot2)\mathrm{d}x=2x(1+x)e^{2x}\mathrm{d}x.$

$(6)\mathrm{d}y=y'\mathrm{d}x=e^{-x}[\sin(3-x)-\cos(3-x)]\mathrm{d}x.$

$(7)\mathrm{d}y=y'\mathrm{d}x=\left[\dfrac{1}{\sqrt{1-\left(\sqrt{1-x^2}\right)^2}}\cdot\dfrac{(-2x)}{2\sqrt{1-x^2}}\right]\mathrm{d}x=-\dfrac{x}{|x|}\cdot\dfrac{\mathrm{d}x}{\sqrt{1-x^2}}=-\dfrac{\mathrm{d}x}{\sqrt{1-x^2}}.$

(8) 原式等价于 $\dfrac{1}{2}\ln(x^2+y^2)=\arctan\dfrac{y}{x}$，两边对 x 求导可得

$$\dfrac{1}{2}\cdot\dfrac{2x+2yy'}{x^2+y^2}=\dfrac{1}{1+\left(\dfrac{y}{x}\right)^2}\cdot\dfrac{xy'-y}{x^2}=\dfrac{xy'-y}{x^2+y^2},$$

即 $x+yy'=xy'-y$，化简整理得 $y'=\dfrac{x+y}{x-y}$，所以 $\mathrm{d}y=\dfrac{x+y}{x-y}\mathrm{d}x.$

提高题

1. 设函数 $y=f(\ln x)e^{f(x)}$，其中 f 可微，求 $\mathrm{d}y$.

解 两边对 x 求导，得 $y'=\dfrac{f'(\ln x)e^{f(x)}}{x}+f(\ln x)e^{f(x)}f'(x)$，所以

$$\mathrm{d}y=e^{f(x)}\left[\dfrac{f'(\ln x)}{x}+f(\ln x)f'(x)\right]\mathrm{d}x.$$

2. 设函数 $y=y(x)$ 由方程 $2^{xy}=x+y$ 确定，求 $\mathrm{d}y\big|_{x=0}$.

解 两边对 x 求导，得 $2^{xy}\cdot\ln2\cdot(y+xy')=1+y'$. 当 $x=0$ 时，由已知方程可得 $y=1$，代入上式得 $y'(0)=\ln2-1$，所以 $\mathrm{d}y\big|_{x=0}=(\ln2-1)\mathrm{d}x.$

提高题2

同步习题 2.5

基础题

1. 设某企业每日产品的总成本 C（单位：元）和日产量 Q（单位：件）之间的关系式为 $C=C(Q)=1\,000+50Q-5Q^2+\dfrac{1}{8}Q^3$，求日产量为 20 件时的边际成本和平均成本，

并解释它们的经济意义.

解　(1) 日产量为 20 件时的边际成本为 $C'(20)=\left(50-10Q+\dfrac{3}{8}Q^2\right)\Big|_{Q=20}=0$ (元/件), 其经济意义为: 当日产量为 20 件时, 再生产 1 件产品所增加的总成本为 0 元.

(2) 日产量为 20 件时的平均成本为

$$\overline{C}(20)=\frac{C(20)}{20}=\frac{1000+50\times20-5\times20^2+\dfrac{1}{8}\times20^3}{20}=50\,(\text{元/件}),$$

其经济意义为: 当日产量为 20 件时, 平均每件产品的成本为 50 元.

2. 设某企业某种产品的总成本 C(单位: 万元)是产量 Q(单位: t)的函数, 函数表达式为 $C=C(Q)=100+16Q-3Q^2+Q^3$. 如果每吨产品的销售价格为 40 万元, 求利润函数及边际利润为零时的产量.

解　(1) 产量为 Q 时, 利润函数为
$$\begin{aligned}
L=L(Q)&=R(Q)-C(Q)\\
&=40Q-(100+16Q-3Q^2+Q^3)\\
&=24Q-100+3Q^2-Q^3.
\end{aligned}$$

(2) 边际利润函数为
$$L'(Q)=(24Q-100+3Q^2-Q^3)'=24+6Q-3Q^2,$$
当 $L'(Q)=24+6Q-3Q^2=0$ 时, 解得 $Q=4$, $Q=-2$(舍去), 即边际利润为零时的产量为 4t.

3. 生产某种产品 Q 单位的总收益 R 为 Q 的函数, 函数关系式为 $R=200Q-0.01Q^2$, 求生产 50 单位产品时的总收益及平均收益和边际收益.

解　产量 $Q=50$ 单位时, 总收益为
$$R(50)=200\times50-0.01\times50^2=9\,975;$$

平均收益为 $\overline{R}=\dfrac{R(50)}{50}=\dfrac{9\,975}{50}=199.5;$

边际收益为
$$R'(50)=(200Q-0.01Q^2)'\big|_{Q=50}=(200-0.02Q)\big|_{Q=50}=200-0.02\times50=199.$$

4. 设某企业打算生产一批产品投放市场, 固定成本为 600 元, 可变成本为 6 元/件, 已知该产品的需求函数为 $Q=50-5P$, 其中 P(单位: 元)为该产品的售价, Q(单位: 件)为销售量, 求:

(1) 该产品的收益函数和边际收益函数;

(2) 该产品的边际利润函数;

(3) 当 $P=5$ 时的边际利润, 并解释其经济意义;

(4) 当 $Q=5$ 时的边际利润, 并解释其经济意义;

(5) 当销售量为多少时边际利润为零?

解 （1）收益函数为

$$R(P) = (50 - 5P) \cdot P = 50P - 5P^2 \text{ 或 } R(Q) = \left(10 - \frac{1}{5}Q\right) \cdot Q = 10Q - \frac{1}{5}Q^2,$$

相应的边际收益函数为

$$R'(P) = 50 - 10P \text{ 或 } R'(Q) = 10 - \frac{2}{5}Q.$$

（2）成本函数为 $C(Q) = 600 + 6Q$，则利润函数为

$$L(Q) = R(Q) - C(Q) = 10Q - \frac{1}{5}Q^2 - (600 + 6Q) = 4Q - \frac{1}{5}Q^2 - 600,$$

边际利润函数为 $L'(Q) = 4 - \frac{2}{5}Q.$

（3）当 $P = 5$ 时，$Q = 25$，边际利润为 $L'(25) = 4 - \frac{2}{5} \times 25 = -6($元/件$).$

经济意义：当产品售价为 5 元时，销售量每增加 1 件，利润减少 6 元.

（4）当 $Q = 5$ 时，边际利润为 $L'(5) = 4 - \frac{2}{5} \times 5 = 2($元/件$).$

经济意义：当销售量为 5 件时，销售量每增加 1 件，利润增加 2 元.

（5）令 $L'(Q) = 4 - \frac{2}{5}Q = 0$，得 $Q = 10$，故当销售量为 10 件时边际利润为零.

提高题

1. 设某种商品的需求函数为 $Q = 40 - 2P$，其中 P（单位：元）为该商品的售价，Q（单位：件）为销售量，求：

（1）该商品的边际收益函数；

（2）当需求弹性为 1 时，该商品的价格.

解 （1）收益函数为

$$R(P) = (40 - 2P) \cdot P = 40P - 2P^2 \text{ 或 } R(Q) = \left(20 - \frac{1}{2}Q\right) \cdot Q = 20Q - \frac{1}{2}Q^2,$$

相应的边际收益函数为

$$R'(P) = 40 - 4P \text{ 或 } R'(Q) = 20 - Q.$$

（2）根据需求弹性函数的定义得

$$\eta(P) = -\frac{P \cdot Q'(P)}{Q(P)} = -\frac{-2P}{40 - 2P} = \frac{P}{20 - P},$$

由题意得 $\frac{P}{20 - P} = 1$，解得 $P = 10($元$).$

2. 设某商品的需求函数为 $Q = 100 - 5P$，其中价格 $P \in (0, 20)$，Q 为需求量，求：

(1)需求对价格的弹性 $\eta = \dfrac{EQ}{EP}$;

(2)推导 $\dfrac{dR}{dP} = Q\left(1 - \dfrac{EQ}{EP}\right)$（其中 R 为收益），并用弹性 $\dfrac{EQ}{EP}$ 说明价格在什么范围内变化时，降低价格反而使收益增加.

解 (1)根据需求弹性函数的定义得

$$\eta(P) = \frac{EQ}{EP} = -\frac{P \cdot Q'(P)}{Q(P)} = -\frac{-5P}{100-5P} = \frac{P}{20-P}.$$

(2)收益函数为 $R(P) = (100-5P) \cdot P = 100P - 5P^2$，则 $\dfrac{dR}{dP} = 100 - 10P$.

又 $Q\left(1 - \dfrac{EQ}{EP}\right) = (100-5P)\left(1 - \dfrac{P}{20-P}\right) = 100 - 10P$，则 $\dfrac{dR}{dP} = Q\left(1 - \dfrac{EQ}{EP}\right)$.

如果 $\eta(P) > 1$，则 $\dfrac{dR}{dP} < 0$，$R(P)$ 是单调减少函数，价格下降时，总收益增加. 从而 $\dfrac{P}{20-P} > 1$，解得 $10 < P$. 故当 $10 < P < 20$ 时，降低价格反而使收益增加.

3. 指出下列需求关系中，价格 P 取何值时，需求是高弹性或低弹性的.

(1) $Q = 200 - 100\sqrt{P}$.   (2) $P = \sqrt{3 - 4Q}$.

解 (1)由题意得 $Q = 200 - 100\sqrt{P} > 0$，$P < 4$. 根据需求弹性函数的定义有

$$\eta(P) = -\frac{P \cdot Q'(P)}{Q(P)} = -\frac{P\left(-100 \cdot \dfrac{1}{2}P^{-\frac{1}{2}}\right)}{200 - 100\sqrt{P}} = \frac{\sqrt{P}}{4 - 2\sqrt{P}}.$$

若需求是高弹性的，则 $\eta(P) = \dfrac{\sqrt{P}}{4 - 2\sqrt{P}} > 1$，解得 $\dfrac{16}{9} < P < 4$.

若需求是低弹性的，则 $\eta(P) = \dfrac{\sqrt{P}}{4 - 2\sqrt{P}} < 1$，解得 $0 < P < \dfrac{16}{9}$.

(2) $P = \sqrt{3 - 4Q}$，从而 $Q = \dfrac{3}{4} - \dfrac{1}{4}P^2$，易知 $0 < P < \sqrt{3}$. 根据需求弹性函数的定义有

$$\eta(P) = -\frac{P\left(-\dfrac{1}{4} \cdot 2P\right)}{\dfrac{3}{4} - \dfrac{1}{4}P^2} = \frac{2P^2}{3 - P^2}.$$

若需求是高弹性的，则 $\eta(P) = \dfrac{2P^2}{3 - P^2} > 1$，解得 $1 < P < \sqrt{3}$.

若需求是低弹性的，则 $\eta(P) = \dfrac{2P^2}{3 - P^2} < 1$，解得 $0 < P < 1$.

第2章总复习题

1. 选择题: $(1)\sim(5)$小题, 每小题4分, 共20分. 下列每小题给出的4个选项中, 只有一个选项是符合题目要求的.

$(1)(2021305)$函数$f(x)=\begin{cases}\dfrac{e^x-1}{x}, & x\neq 0 \\ 1, & x=0\end{cases}$, 在点$x=0$处( ).

A. 连续且取最大值　　　　　　　B. 连续且取最小值

C. 可导且导数为0　　　　　　　　D. 可导且导数不为0

解 由导数定义知

$$f'(0)=\lim_{x\to 0}\frac{\dfrac{e^x-1}{x}-1}{x}=\lim_{x\to 0}\frac{e^x-1-x}{x^2}=\lim_{x\to 0}\frac{e^x-1}{2x}=\frac{1}{2},$$

故应选D.

$(2)(2018304)$下列函数中, 在点$x=0$处不可导的是( ).

A. $f(x)=|x|\sin|x|$　　　　　　　B. $f(x)=|x|\sin\sqrt{|x|}$

C. $f(x)=\cos|x|$　　　　　　　　　D. $f(x)=\cos\sqrt{|x|}$

解 A项, $f'(0)=\lim_{x\to 0}\dfrac{f(x)-f(0)}{x}=\lim_{x\to 0}\dfrac{|x|\sin|x|}{x}=\lim_{x\to 0}\dfrac{x^2}{x}=0$.

B项, $f'(0)=\lim_{x\to 0}\dfrac{|x|\sin\sqrt{|x|}}{x}=\lim_{x\to 0}\left(\dfrac{|x|}{x}\cdot\sin\sqrt{|x|}\right)=0$.

C项, $f'(0)=\lim_{x\to 0}\dfrac{\cos|x|-1}{x}=\lim_{x\to 0}\dfrac{-\dfrac{1}{2}x^2}{x}=0$.

D项, $\lim_{x\to 0}\dfrac{f(x)-f(0)}{x}=\lim_{x\to 0}\dfrac{\cos\sqrt{|x|}-1}{x}=\lim_{x\to 0}\dfrac{-\dfrac{1}{2}|x|}{x}$, 极限不存在, 所以$f'(0)$不存在.

故应选D.

$(3)(2018304)$设某产品的成本函数$C(Q)$可导, 其中Q为产量, 若产量为Q_0时平均成本最小, 则( ).

A. $C'(Q_0)=0$　　　　　　　　　　B. $C'(Q_0)=C(Q_0)$

C. $C'(Q_0)=Q_0C(Q_0)$　　　　　　D. $Q_0C'(Q_0)=C(Q_0)$

解 平均成本$\overline{C}=\dfrac{C(Q)}{Q}$, $\dfrac{d\overline{C}}{dQ}=\dfrac{QC'(Q)-C(Q)}{Q^2}$, 由题设知$\left.\dfrac{d\overline{C}}{dQ}\right|_{Q=Q_0}=0$, 即

$$Q_0C'(Q_0)-C(Q_0)=0,$$

故 $C(Q_0) = Q_0 C'(Q_0)$，应选 D.

(4)(2012304)设函数 $f(x) = (e^x - 1)(e^{2x} - 2) \cdots (e^{nx} - n)$，其中 n 为正整数，则 $f'(0)$ = ( ).

A. $(-1)^{n-1}(n-1)!$ B. $(-1)^n(n-1)!$

C. $(-1)^{n-1}n!$ D. $(-1)^n n!$

解 $f'(0) = \lim\limits_{x \to 0} \dfrac{f(x) - f(0)}{x} = \lim\limits_{x \to 0} \dfrac{(e^x - 1)(e^{2x} - 2) \cdots (e^{nx} - n)}{x} = (-1)(-2) \cdots [-(n-1)] = (-1)^{n-1}(n-1)!$，故应选 A.

(5)(2011304)设函数 $f(x)$ 在点 $x = 0$ 处可导，且 $f(0) = 0$，则 $\lim\limits_{x \to 0} \dfrac{x^2 f(x) - 2f(x^3)}{x^3}$ = ( ).

A. $-2f'(0)$ B. $-f'(0)$ C. $f'(0)$ D. 0

解 $\lim\limits_{x \to 0} \dfrac{x^2 f(x) - 2f(x^3)}{x^3} = \lim\limits_{x \to 0} \dfrac{x^2 f(x) - x^2 f(0) - 2f(x^3) + 2f(0)}{x^3}$

$$= \lim\limits_{x \to 0} \left[\dfrac{f(x) - f(0)}{x} - 2\dfrac{f(x^3) - f(0)}{x^3} \right]$$

$$= f'(0) - 2f'(0) = -f'(0),$$

故应选 B.

2. 填空题：(6)~(10)小题，每小题4分，共20分.

(6)(2021305)若 $y = \cos e^{-\sqrt{x}}$，则 $\dfrac{dy}{dx}\Big|_{x=1}$ = _____.

解 $y' = -\sin e^{-\sqrt{x}} \cdot e^{-\sqrt{x}} \cdot \left(-\dfrac{1}{2\sqrt{x}} \right)$，$\dfrac{dy}{dx}\Big|_{x=1} = \dfrac{1}{2e} \sin \dfrac{1}{e}$.

(7)(2020304)曲线 $x + y + e^{2xy} = 0$ 在点 $(0, -1)$ 处的切线方程为 _____.

解 等式 $x + y + e^{2xy} = 0$ 的两端对 x 求导，得

$$1 + y' + e^{2xy} 2(y + xy') = 0,$$

将 $x = 0, y = -1$ 代入上式得 $y'(0) = 1$，故切线方程为 $y = x - 1$.

(8)(2014304)设某商品的需求函数为 $Q = 40 - 2P$（P 为商品的价格），则该商品的边际收益为 _____.

解 该商品的收益函数为 $R = P \cdot Q = Q \cdot \dfrac{40 - Q}{2} = 20Q - \dfrac{Q^2}{2}$，则边际收益为 $\dfrac{dR}{dQ} = 20 - Q$.

(9)(2017304)设生产某产品的平均成本 $\overline{C}(Q) = 1 + e^{-Q}$，其中 Q 为产量，则边际成本为 _____.

解 $\overline{C}(Q) = \dfrac{C(Q)}{Q} = 1 + e^{-Q}$，则 $C(Q) = Q(1 + e^{-Q})$，边际成本为

$$\dfrac{dC(Q)}{dQ} = (1 + e^{-Q}) - Qe^{-Q} = 1 + (1 - Q)e^{-Q}.$$

（10）（2013304）设曲线 $y=f(x)$ 与曲线 $y=x^2-x$ 在点 $(1,0)$ 处有公共切线，则

$$\lim_{n\to\infty}nf\left(\frac{n}{n+2}\right)=\underline{\qquad}.$$

（解）由曲线 $y=f(x)$ 与 $y=x^2-x$ 在点 $(1,0)$ 处有公共切线知

$$f(1)=0,f'(1)=(2x-1)\big|_{x=1}=1,$$

$$\lim_{n\to\infty}nf\left(\frac{n}{n+2}\right)=\lim_{n\to\infty}\frac{-2n}{n+2}\cdot\frac{f\left(1+\dfrac{-2}{n+2}\right)-f(1)}{\dfrac{-2}{n+2}}=-2f'(1)=-2.$$

3. 解答题：（11）~（16）小题，每小题 10 分，共 60 分. 解答时应写出文字说明、证明过程或演算步骤.

（11）（2016310）设函数 $f(x)=\displaystyle\int_0^1\big|\,t^2-x^2\,\big|\,\mathrm{d}t\,(x>0)$，求 $f'(x)$.（此题用到第 5 章知识.）

（解）$f(x)=\begin{cases}\displaystyle\int_0^x(x^2-t^2)\,\mathrm{d}t+\int_x^1(t^2-x^2)\,\mathrm{d}t, & 0<x<1,\\[4mm]\displaystyle\int_0^1(x^2-t^2)\,\mathrm{d}t, & x\geqslant 1\end{cases}$

$$=\begin{cases}\dfrac{1}{3}-x^2+\dfrac{4}{3}x^3, & 0<x<1,\\[4mm]x^2-\dfrac{1}{3}, & x\geqslant 1.\end{cases}$$

$$f'(x)=\begin{cases}-2x+4x^2, & 0<x<1,\\[2mm]2x, & x>1.\end{cases}$$

用导数定义可得 $f'_-(1)=2,f'_+(1)=2.$ 故 $f'(1)=2.$ 因此，$f'(x)=\begin{cases}-2x+4x^2, & 0<x<1,\\[2mm]2x, & x\geqslant 1.\end{cases}$

（12）（2015310）设函数 $f(x)$ 在定义域 I 上的导数大于零. 若对任意的 $x_0\in I$，曲线 $y=f(x)$ 在点 $(x_0,f(x_0))$ 处的切线与直线 $x=x_0$ 及 x 轴所围成区域的面积恒为 4，且 $f(0)=2$，求 $f(x)$ 的表达式.

（解）曲线 $y=f(x)$ 在点 $(x_0,f(x_0))$ 处的切线方程为

$$y-f(x_0)=f'(x_0)(x-x_0),$$

令 $y=0$，得 $x=x_0-\dfrac{f(x_0)}{f'(x_0)}$. 切线与 $x=x_0$ 及 x 轴所围区域的面积为

$$S=\frac{1}{2}\frac{|f(x_0)|}{f'(x_0)}\cdot|f(x_0)|=4,$$

即 $\dfrac{1}{2}\dfrac{f^2(x_0)}{f'(x_0)}=4$，故 $y=f(x)$ 满足方程 $\dfrac{1}{2}y^2=4y'$，分离变量得 $\dfrac{8\mathrm{d}y}{y^2}=\mathrm{d}x$，进而可得 $-\dfrac{8}{y}=$

$x+C$. 由 $y(0)=2$ 知 $C=-4$, 则 $y=f(x)=\dfrac{8}{4-x}$.

(13)(2015310)①设函数 $u(x),v(x)$ 可导,利用导数定义证明

$$[u(x)v(x)]'=u'(x)v(x)+u(x)v'(x).$$

②设函数 $u_1(x),u_2(x),\cdots,u_n(x)$ 可导, $f(x)=u_1(x)u_2(x)\cdots u_n(x)$, 写出 $f(x)$ 的求导公式.

总复习题(13)

解　①$[u(x)v(x)]'=\lim\limits_{\Delta x\to 0}\dfrac{u(x+\Delta x)v(x+\Delta x)-u(x)v(x)}{\Delta x}$

$\qquad =\lim\limits_{\Delta x\to 0}\dfrac{[u(x+\Delta x)-u(x)]v(x+\Delta x)+u(x)[v(x+\Delta x)-v(x)]}{\Delta x}$

$\qquad =\lim\limits_{\Delta x\to 0}\dfrac{u(x+\Delta x)-u(x)}{\Delta x}\lim\limits_{\Delta x\to 0}v(x+\Delta x)+u(x)\lim\limits_{\Delta x\to 0}\dfrac{v(x+\Delta x)-v(x)}{\Delta x}$

$\qquad =u'(x)v(x)+u(x)v'(x).$

②反复用两个函数乘积的求导公式.

$f'(x)=[u_1(x)u_2(x)\cdots u_n(x)]'=\{u_1(x)[u_2(x)\cdots u_n(x)]\}'$

$\quad =u_1'(x)u_2(x)\cdots u_n(x)+u_1(x)[u_2(x)\cdots u_n(x)]'$

$\quad =u_1'(x)u_2(x)\cdots u_n(x)+u_1(x)u_2'(x)\cdots u_n(x)+u_1(x)u_2(x)[u_3(x)\cdots u_n(x)]'$

$\quad =u_1'(x)u_2(x)\cdots u_n(x)+u_1(x)u_2'(x)\cdots u_n(x)+u_1(x)u_2(x)u_3'(x)\cdots u_n(x)+\cdots+$

$\qquad u_1(x)u_2(x)\cdots u_n'(x).$

(14)(2015310)为了实现利润最大化,厂商需要对某产品确定其定价模型,设 Q 为该产品的需求, P 为价格, MC 为边际成本, η 为需求弹性($\eta>0$).

①证明:定价模型为 $P=\dfrac{MC}{1-\dfrac{1}{\eta}}$.

②若该产品的成本函数为 $C(Q)=1\,600+Q^2$, 需求函数为 $Q=40-P$, 试由①中的定价模型确定此产品的价格.

证明　①由收益 $R=PQ$, 得边际收益

$$MR=\frac{\mathrm{d}R}{\mathrm{d}Q}=P+Q\frac{\mathrm{d}P}{\mathrm{d}Q}=P\left(1-\frac{1}{\eta}\right),$$

欲使利润最大,应有 $MR=MC$, 即 $P\left(1-\dfrac{1}{\eta}\right)=MC$, 所以定价模型为 $P=\dfrac{MC}{1-\dfrac{1}{\eta}}$.

②由题设得 $MC=2Q,\eta=-\dfrac{P}{Q}\dfrac{\mathrm{d}Q}{\mathrm{d}P}=\dfrac{P}{40-P}$. 由①知 $P=\dfrac{2(40-P)}{1-\dfrac{40-P}{P}}$, 解得 $P=30$,

所以此商品的价格为 $P=30$.

(15)(2007211)已知函数 $f(u)$ 具有二阶导数,且 $f'(0)=1$, 函数 $y=y(x)$ 由方程

$y-xe^{y-1}=1$ 所确定，设 $z=f(\ln y-\sin x)$，求 $\dfrac{\mathrm{d}z}{\mathrm{d}x}\bigg|_{x=0}$，$\dfrac{\mathrm{d}^2z}{\mathrm{d}x^2}\bigg|_{x=0}$.

解 由方程 $y-xe^{y-1}=1$ 得 $y(0)=1$，方程两边对 x 求导得 $y'-e^{y-1}-xe^{y-1}y'=0$，求得 $y'(0)=1$. 上式两边再对 x 求导得 $y''-2e^{y-1}y'-x(e^{y-1}y')'=0$，从而得到 $y''(0)=2$. 由 $z=f(\ln y-\sin x)$ 可得

$$\frac{\mathrm{d}z}{\mathrm{d}x}=f'(\ln y-\sin x)\left(\frac{1}{y}y'-\cos x\right),\quad \frac{\mathrm{d}z}{\mathrm{d}x}\bigg|_{x=0}=f'(0)\times 0=0;$$

$$\frac{\mathrm{d}^2z}{\mathrm{d}x^2}=f''(\ln y-\sin x)\left(\frac{1}{y}y'-\cos x\right)^2+f'(\ln y-\sin x)\left(-\frac{1}{y^2}y'^2+\frac{1}{y}y''+\sin x\right),$$

$$\frac{\mathrm{d}^2z}{\mathrm{d}x^2}\bigg|_{x=0}=1.$$

(16)（1996310）设 $f(x)=\begin{cases}\dfrac{g(x)-e^{-x}}{x}, & x\neq 0,\\[2mm] 0, & x=0,\end{cases}$ 其中 $g(x)$ 有二阶连续导数，且 $g(0)=1$，$g'(0)=-1$.

①求 $f'(x)$.

②讨论 $f'(x)$ 在 $(-\infty,+\infty)$ 上的连续性.

解 ①当 $x\neq 0$ 时，

$$f'(x)=\frac{x[g'(x)+e^{-x}]-g(x)+e^{-x}}{x^2}=\frac{xg'(x)-g(x)+(x+1)e^{-x}}{x^2}.$$

当 $x=0$ 时，由导数定义，有

$$f'(0)=\lim_{x\to 0}\frac{f(x)-f(0)}{x}=\lim_{x\to 0}\frac{g(x)-e^{-x}}{x^2}=\lim_{x\to 0}\frac{g'(x)+e^{-x}}{2x}$$

$$=\lim_{x\to 0}\frac{g''(x)-e^{-x}}{2}=\frac{g''(0)-1}{2}.$$

故

$$f'(x)=\begin{cases}\dfrac{xg'(x)-g(x)+(x+1)e^{-x}}{x^2}, & x\neq 0,\\[3mm] \dfrac{g''(0)-1}{2}, & x=0.\end{cases}$$

②因为 $\lim\limits_{x\to 0}f'(x)=\lim\limits_{x\to 0}\dfrac{xg'(x)-g(x)+(x+1)e^{-x}}{x^2}$

$$=\lim_{x\to 0}\frac{xg''(x)-xe^{-x}}{2x}=\lim_{x\to 0}\frac{g''(x)-e^{-x}}{2}$$

$$=\frac{g''(0)-1}{2}=f'(0),$$

又 $f'(x)$ 在 $x\neq 0$ 处是连续函数，所以 $f'(x)$ 在 $(-\infty,+\infty)$ 上为连续函数.

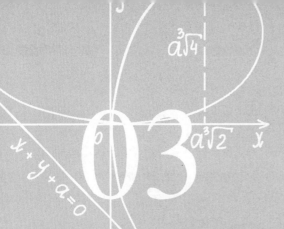

第 3 章

微分中值定理与导数的应用

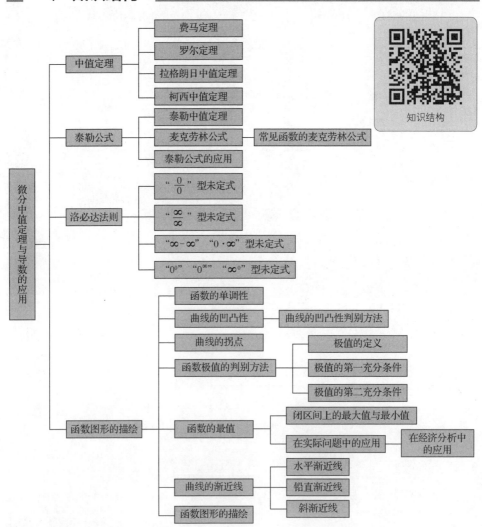

知识结构

二、重点与考点分析

（一）本章重点内容介绍

1. 微分中值定理

（1）罗尔定理：设 $f(x)$ 在 $[a,b]$ 上连续，在 (a,b) 内可导，$f(a)=f(b)$，则在 (a,b) 内至少存在一点 ξ，使 $f'(\xi)=0$.

本章重点内容介绍

（2）拉格朗日中值定理：设 $f(x)$ 在 $[a,b]$ 上连续，在 (a,b) 内可导，则在 (a,b) 内至少存在一点 ξ，使 $f'(\xi)=\dfrac{f(b)-f(a)}{b-a}$.

（3）柯西中值定理：设函数 $f(x)$ 和 $g(x)$ 在 $[a,b]$ 上连续，在 (a,b) 内可导，$g'(x)\neq 0$，则在 (a,b) 内至少存在一点 ξ，使 $\dfrac{f'(\xi)}{g'(\xi)}=\dfrac{f(b)-f(a)}{g(b)-g(a)}$.

（4）泰勒中值定理：如果函数 $f(x)$ 在点 x_0 有直到 n 阶的导数，则 $f(x)$ 可表示成

$$f(x)=\sum_{k=0}^{n}\frac{f^{(k)}(x_0)}{k!}(x-x_0)^k+o[(x-x_0)^n](x\to x_0).$$

2. 洛必达法则

（1）"$\dfrac{0}{0}$"型未定式：若函数 $f(x)$ 和 $g(x)$ 满足

① $f(x)$ 和 $g(x)$ 在点 x_0 的某去心邻域 $\mathring{U}(x_0)$ 内都可导，且 $g'(x)\neq 0$；

② $\lim\limits_{x\to x_0}f(x)=0$，$\lim\limits_{x\to x_0}g(x)=0$；

③ $\lim\limits_{x\to x_0}\dfrac{f'(x)}{g'(x)}=A$（$A$ 可为实数，也可为 $\pm\infty$ 或 ∞），

则 $\lim\limits_{x\to x_0}\dfrac{f(x)}{g(x)}=\lim\limits_{x\to x_0}\dfrac{f'(x)}{g'(x)}=A$.

（2）"$\dfrac{\infty}{\infty}$"型未定式：若函数 $f(x)$ 和 $g(x)$ 满足

① $f(x)$ 和 $g(x)$ 在点 x_0 的某去心邻域 $\mathring{U}(x_0)$ 内都可导，且 $g'(x)\neq 0$；

② $\lim\limits_{x\to x_0}f(x)=\infty$，$\lim\limits_{x\to x_0}g(x)=\infty$；

③ $\lim\limits_{x\to x_0}\dfrac{f'(x)}{g'(x)}=A$（$A$ 可为实数，也可为 $\pm\infty$ 或 ∞），

则 $\lim\limits_{x\to x_0}\dfrac{f(x)}{g(x)}=\lim\limits_{x\to x_0}\dfrac{f'(x)}{g'(x)}=A$.

（3）洛必达法则 II 还有更一般的形式：设 $f(x),g(x)$ 在 x_0 的某去心邻域 $\mathring{U}(x_0)$ 内有定义，如果

① $f(x),g(x)$ 在 x_0 的去心邻域 $\overset{\circ}{U}(x_0)$ 内可导，且 $g'(x)\neq 0$；

② $\lim\limits_{x\to x_0}g(x)=\infty$；

③ $\lim\limits_{x\to x_0}\dfrac{f'(x)}{g'(x)}=A$（$A$ 可为实数，也可为 $\pm\infty$ 或 ∞），

则 $\lim\limits_{x\to x_0}\dfrac{f(x)}{g(x)}=\lim\limits_{x\to x_0}\dfrac{f'(x)}{g'(x)}=A$.

3. 函数单调性判别法

设函数 $f(x)$ 在 $[a,b]$ 上连续，在 (a,b) 内可导，则 $f(x)$ 在 $[a,b]$ 单调增加（减少）的充要条件是：①对于 $\forall x\in(a,b)$，有 $f'(x)\geq 0$（或 ≤ 0）；②在 (a,b) 的任何部分区间内 $f'(x)\not\equiv 0$.

4. 函数的极值

(1)（函数取极值的必要条件）设 $f(x)$ 在点 x_0 的某邻域内有定义，且在点 x_0 可导，若点 x_0 为 $f(x)$ 的极值点，则必有 $f'(x_0)=0$.（**费马定理**.）

(2) 函数取极值的第一充分条件：设 $f(x)$ 在点 x_0 连续，在邻域 $\overset{\circ}{U}(x_0,\delta)$ 内可导，则

①若当 $x\in(x_0-\delta,x_0)$ 时 $f'(x)\leq 0$，当 $x\in(x_0,x_0+\delta)$ 时 $f'(x)\geq 0$，则 x_0 为 $f(x)$ 的极小值点；

②若当 $x\in(x_0-\delta,x_0)$ 时 $f'(x)\geq 0$，当 $x\in(x_0,x_0+\delta)$ 时 $f'(x)\leq 0$，则 x_0 为 $f(x)$ 的极大值点；

③若 $f'(x)$ 在上述两个区间内同号，则 x_0 不是 $f(x)$ 的极值点.

(3) 函数取极值的第二充分条件：设 x_0 为函数 $f(x)$ 的驻点，$f''(x_0)$ 存在且不等于零，则

①如果 $f''(x_0)<0$，那么 $f(x)$ 在点 x_0 处取极大值；

②如果 $f''(x_0)>0$，那么 $f(x)$ 在点 x_0 处取极小值.

(4) 函数取极值的第三充分条件：设 $f(x)$ 在点 x_0 的某邻域内存在直到 $n-1$ 阶的导函数，在 x_0 处 n 阶可导，且 $f'(x_0)=f''(x_0)=\cdots=f^{(n-1)}(x_0)=0$，而 $f^{(n)}(x_0)\neq 0$，则

①当 n 为奇数时，$f(x)$ 在点 x_0 处不取极值；

②当 n 为偶数时，$f(x)$ 在点 x_0 处取极值，且当 $f^{(n)}(x_0)<0$ 时取极大值，当 $f^{(n)}(x_0)>0$ 时取极小值.

5. 方程的根或函数的零点

利用导数来讨论方程的根或函数的零点是非常重要的内容，通常利用连续函数的介值定理、洛必达法则或泰勒公式来证明根的存在性，再用函数的单调性、极值、最值及凹凸性来讨论方程根的个数. 求方程根的个数的步骤如下：

(1) 求出 $f(x)$ 的驻点和使 $f'(x)$ 不存在的点，划分 $f(x)$ 的单调区间；

(2) 求出各单调区间的极值；

（3）分析极值与 x 轴的相对位置，判断根的个数.

6. 拐点的判别方法

（1）若 $f(x)$ 在点 x_0 二阶可导，则点 $(x_0,f(x_0))$ 为曲线 $y=f(x)$ 的拐点的必要条件是 $f''(x_0)=0$.

（2）若 $f(x)$ 在点 x_0 可导，在 $\mathring{U}(x_0,\delta)$ 内二阶可导，且 $f''(x)$ 在 $(x_0-\delta,x_0)$ 和 $(x_0,x_0+\delta)$ 内符号相反，则点 $(x_0,f(x_0))$ 为曲线 $y=f(x)$ 的拐点.

（3）若 $f(x)$ 在 $U(x_0)$ 内具有三阶连续导数，且 $f''(x_0)=0,f'''(x_0)\neq 0$，则点 $(x_0,f(x_0))$ 为曲线 $y=f(x)$ 的拐点.

7. 曲线的渐近线

（1）**定义**：若曲线 C 上的动点 P 沿着曲线无限地远离原点时，点 P 与某定直线 L 的距离趋于 0，则称直线 L 为曲线 C 的渐近线.

（2）曲线的渐近线的求法.

①铅直渐近线：若 $\lim\limits_{x\to x_0^-}f(x)=\infty$ 或 $\lim\limits_{x\to x_0^+}f(x)=\infty$，则称 $x=x_0$ 是 $y=f(x)$ 的铅直渐近线.

②斜渐近线：直线 $Y=a_1x+b_1$ 是曲线 $y=f(x)$ 的右侧斜渐近线的充要条件是 $a_1=\lim\limits_{x\to+\infty}\dfrac{f(x)}{x}$ 且 $b_1=\lim\limits_{x\to+\infty}[f(x)-a_1x]$；直线 $Y=a_2x+b_2$ 是曲线 $y=f(x)$ 的左侧斜渐近线的充要条件是 $a_2=\lim\limits_{x\to-\infty}\dfrac{f(x)}{x}$ 且 $b_2=\lim\limits_{x\to-\infty}[f(x)-a_2x]$.

8. 不等式原理

设函数 $f(x)$ 在 $[a,+\infty)$ 上连续，在 $(a,+\infty)$ 内可导，且 $f'(x)>0,f(a)\geqslant 0$，则当 $x>a$ 时，$f(x)>0$.

（二）考研大纲要求

（1）理解并会用罗尔定理、拉格朗日中值定理和泰勒定理，了解并会用柯西中值定理.

（2）掌握用洛必达法则求未定式极限的方法.

（3）掌握函数单调性的判别方法，了解函数极值的概念，掌握函数极值、最大值和最小值的求法及其应用.

考研大纲要求

（4）会用导数判断函数图形的凹凸性[注：在区间 (a,b) 内，设函数 $f(x)$ 具有二阶导数，当 $f''(x)>0$ 时，$f(x)$ 的图形是凹的；当 $f''(x)<0$ 时，$f(x)$ 的图形是凸的]，会求函数图形的拐点及水平、铅直和斜渐近线，会描绘函数的图形.

（三）本章知识小结

1. 关于不等式的证明

我们知道，若 $f'(x)>0$，则 $f(x)$ 单调增加，若在某一点 $f(x)=0$，且从这一点以后 $f(x)$ 是单调的，则 $f(x)$ 在该点以后不可能再有零点. 相应地，若 $f(a)=0$，当 $x>a$

时，$f'(x)<0$，则当 $x>a$ 时，$f(x)<0$ 成立. 我们可以用这两个命题来证明一些不等式. 在用微分中值定理证明不等式或等式时，一般可先对原式做适当变形，或者构造辅助函数，使新的函数符合中值定理的条件，然后利用中值定理，得到所要的结论.

2. 关于洛必达法则的应用

在用洛必达法则求极限时，对于 "$\dfrac{0}{0}$" "$\dfrac{\infty}{\infty}$" 型未定式，可直接利用洛必达法则；对于其他类型的，则可先化成基本形式，然后再用洛必达法则. 在同一题中，我们可能要多次使用洛必达法则，只要条件满足就可以一直用下去，直到得出最后结论.

3. 关于泰勒公式的应用

在用泰勒公式求极限时，我们要注意灵活性，必须分清哪些项需展开，哪些项可以保留，也就是展开到哪一项.

三、 典型例题与方法归纳

例1（2012104）　曲线 $y=\dfrac{x^2+x}{x^2-1}$ 渐近线的条数为(　　).

A. 0　　　　　　B. 1　　　　　　C. 2　　　　　　D. 3

解　函数 $y=\dfrac{x^2+x}{x^2-1}$ 的间断点为 $x=\pm1$，由于 $\lim\limits_{x\to1}y=\infty$，故 $x=1$ 是铅直渐近线，且是唯一的铅直渐近线. $\left[\text{因为}\lim\limits_{x\to-1}y=\lim\limits_{x\to-1}\dfrac{x(x+1)}{(x+1)(x-1)}=\dfrac{1}{2},\ \text{故}\ x=-1\ \text{不是渐近线.}\right]$

又 $\lim\limits_{x\to\infty}\dfrac{y}{x}=\lim\limits_{x\to\infty}\dfrac{x^2+x}{x(x^2-1)}=0$，$\lim\limits_{x\to\infty}y=\lim\limits_{x\to\infty}\dfrac{x^2+x}{x^2-1}=\lim\limits_{x\to\infty}\dfrac{1+\dfrac{1}{x}}{1-\dfrac{1}{x^2}}=1$，故 $y=1$ 是水平渐近线.

综上可知，该曲线渐近线的条数为 2，故应选 C.

【方法归纳】　曲线的渐近线包括铅直渐近线、斜渐近线及水平渐近线，具体求法见"本章重点内容介绍".

例2（2011104）　曲线 $y=(x-1)(x-2)^2(x-3)^3(x-4)^4$ 的拐点是(　　).

A. $(1,0)$　　　　B. $(2,0)$　　　　C. $(3,0)$　　　　D. $(4,0)$

解　将 y 表示为 $y=g(x)(x-3)^3$，$g(x)=(x-1)(x-2)^2(x-4)^4$，则有
$y'=g'(x)(x-3)^3+3g(x)(x-3)^2$，$y''=g''(x)(x-3)^3+6g'(x)(x-3)^2+6g(x)(x-3)$，
$y'''=g'''(x)(x-3)^3+9g''(x)(x-3)^2+18g'(x)(x-3)+6g(x)$.
$y''(3)=0$，$y'''(3)=6g(3)\neq0$，所以 $(3,0)$ 是拐点，故应选 C.

例3　确定函数 $f(x)=xe^{-x^2}$ 的凹凸区间和拐点.

解　$f(x)$ 的定义域为 $(-\infty,+\infty)$，$f'(x)=e^{-x^2}(1-2x^2)$，$f''(x)=2x(2x^2-3)e^{-x^2}$.

令 $f''(x)=0$，解得 $x_1=-\sqrt{\dfrac{3}{2}}$，$x_2=0$，$x_3=\sqrt{\dfrac{3}{2}}$，在区间 $\left(-\infty,-\sqrt{\dfrac{3}{2}}\right)$，$\left(-\sqrt{\dfrac{3}{2}},0\right)$，

$\left(0,\sqrt{\dfrac{3}{2}}\right)$，$\left(\sqrt{\dfrac{3}{2}},+\infty\right)$ 内 $f''(x)$ 的符号依次为负、正、负、正，因而拐点为

$\left(-\sqrt{\dfrac{3}{2}},-\sqrt{\dfrac{3}{2}}\,\mathrm{e}^{-\frac{3}{2}}\right)$，$(0,0)$，$\left(\sqrt{\dfrac{3}{2}},\sqrt{\dfrac{3}{2}}\,\mathrm{e}^{\frac{3}{2}}\right)$.

例4 证明：$1+x^2\leqslant 2^x\leqslant 1+x,x\in[0,1]$.

证明 设 $f(x)=1+x^2-2^x$，$g(x)=2^x-1-x$，则 $f''(x)=2-2^x\ln^2 2>0$，$g''(x)=2^x\ln^2 2>0$，所以 $f(x),g(x)$ 均为 $[0,1]$ 上的凹函数，有

$$f(x)\leqslant\max\{f(0),f(1)\}=0,\quad g(x)\leqslant\max\{g(0),g(1)\}=0,$$

从而有 $1+x^2\leqslant 2^x\leqslant 1+x,x\in[0,1]$.

例5 证明：$\dfrac{\pi^2}{2}x(1-x)\geqslant\sin\pi x,x\in[0,1]$.

证明 设 $f(x)=\dfrac{\pi^2}{2}x(1-x)-\sin\pi x,x\in[0,1]$，则 $f(0)=$ $f(1)=0$，且

$$f''(x)=\pi^2(\sin\pi x-1)\leqslant 0,x\in[0,1].$$

例5及方法归纳

因此，$f(x)$ 为 $[0,1]$ 上的凸函数，有 $f(x)\geqslant\min\{f(0)$，$f(1)\}=0$，从而有 $\dfrac{\pi^2}{2}x(1-x)\geqslant\sin\pi x,x\in[0,1]$.

【方法归纳】 （1）讨论凹凸性最简单的方法就是利用二阶导数来判别.

（2）拐点是曲线上的点，曲线在拐点处连续.

（3）若 $f(x)$ 是 $[a,b]$ 上的凹的连续函数，则 $f(x)\leqslant\max\{f(a),f(b)\},x\in[a,b]$；若 $f(x)$ 是 $[a,b]$ 上的凸的连续函数，则 $f(x)\geqslant\min\{f(a),f(b)\},x\in[a,b]$.

例6 证明：对于任意实数 a 和 b，不等式 $\dfrac{|a+b|}{1+|a+b|}\leqslant\dfrac{|a|}{1+|a|}+\dfrac{|b|}{1+|b|}$ 成立.

证明 令 $f(x)=\dfrac{x}{1+x}$，则 $f'(x)=\dfrac{1}{(1+x)^2}>0$，所以 $f(x)$ 在 $[0,+\infty)$ 内单调增加，于是由 $|a+b|\leqslant|a|+|b|$，有 $f(|a+b|)\leqslant f(|a|+|b|)$，即

$$\dfrac{|a+b|}{1+|a+b|}\leqslant\dfrac{|a|+|b|}{1+|a|+|b|}=\dfrac{|a|}{1+|a|+|b|}+\dfrac{|b|}{1+|a|+|b|}\leqslant\dfrac{|a|}{1+|a|}+\dfrac{|b|}{1+|b|}.$$

例7(2014110) 设函数 $y=f(x)$ 由方程 $y^3+xy^2+x^2y+6=0$ 确定，求 $f(x)$ 的极值.

解 这是隐函数求极值问题. 先求 $y=f(x)$ 的驻点. 将方程两边对 x 求导得

$$3y^2y'+y^2+2xyy'+2xy+x^2y'=0,$$

解得 $y'=-\dfrac{y^2+2xy}{3y^2+2xy+x^2}$. 令 $y'=0$，得 $y=-2x$，代入 $y^3+xy^2+x^2y+6=0$ 得 $x=1$，所

以 $y=f(x)$ 有唯一驻点 $x=1$(此时 $y=-2$).

又 $y''=-\dfrac{(2yy'+2y+2xy')(3y^2+2xy+x^2)-(y^2+2xy)(6yy'+2y+2xy'+2x)}{(3y^2+2xy+x^2)^2}$,$y''(1)=\dfrac{4}{9}>0$,

所以 $x=1$ 是极小值点,即 $y=f(x)$ 有唯一极值点且是极小值点 $x=1$,极小值为 $f(1)=-2$.

【方法归纳】 求函数极值的步骤如下:

(1)求出导数 $f'(x)$;

(2)求出 $f(x)$ 的全部驻点与不可导点,即全部可疑极值点;

(3)考察 $f(x)$ 的符号在每个可疑极值点左右的情况,以确定该点是否为极值点,如果是极值点,进一步确定是极大值点还是极小值点;

(4)求出各极值点的函数值,这些函数值就是函数 $f(x)$ 的全部极值.

例8(2008204) 设函数 $f(x)=x^2(x-1)(x-2)$,则 $f'(x)$ 的零点个数为( ).

A. 0   B. 1   C. 2   D. 3

解 $f(0)=f(1)=f(2)=0$,由罗尔定理知,$f'(x)$ 在 $(0,1)$ 和 $(1,2)$ 内各有一个零点. 又 $f'(0)=\lim\limits_{x\to 0}\dfrac{f(x)-f(0)}{x}=\lim\limits_{x\to 0}x(x-1)(x-2)=0$,所以 $f'(x)$ 有 3 个零点,故应选 D.

例9(2010210) 设函数 $f(x)$ 在 $[0,1]$ 上连续,在 $(0,1)$ 内可导,且 $f(0)=0,f(1)=\dfrac{1}{3}$. 证明:存在 $\xi\in\left(0,\dfrac{1}{2}\right),\eta\in\left(\dfrac{1}{2},1\right)$,使 $f'(\xi)+f'(\eta)=\xi^2+\eta^2$.

证明 构造辅助函数 $F(x)=f(x)-\dfrac{1}{3}x^3$,对 $F(x)$ 分别在 $\left[0,\dfrac{1}{2}\right]$ 与 $\left[\dfrac{1}{2},1\right]$ 上应用拉格朗日中值定理. $\exists\xi\in\left(0,\dfrac{1}{2}\right)$,使 $\dfrac{F\left(\dfrac{1}{2}\right)-F(0)}{\dfrac{1}{2}-0}=F'(\xi)=f'(\xi)-\xi^2$,$\exists\eta\in\left(\dfrac{1}{2},1\right)$,使 $\dfrac{F(1)-F\left(\dfrac{1}{2}\right)}{1-\dfrac{1}{2}}=F'(\eta)=f'(\eta)-\eta^2$,两式相加即得 $f'(\xi)-\xi^2+f'(\eta)-\eta^2=0$,即 $f'(\xi)+f'(\eta)=\xi^2+\eta^2$.

例10 设 $f(x)$ 和 $g(x)$ 在 $[a,b]$ 上连续,在 (a,b) 内可导,证明:存在 $\xi\in(a,b)$,使

$$[f(b)-f(a)]g'(\xi)=[g(b)-g(a)]f'(\xi).$$

证明 构造辅助函数 $F(x)=f(x)[g(b)-g(a)]-g(x)[f(b)-f(a)],x\in[a,b]$,则 $F(x)$ 在 $[a,b]$ 上连续,在 (a,b) 内可导,$F(a)=F(b)=f(a)g(b)-f(b)g(a)$. 由罗尔定理知,至少存在一点 $\xi\in(a,b)$,使 $F'(\xi)=0$,即

$$[f(b)-f(a)]g'(\xi)=[g(b)-g(a)]f'(\xi).$$

例 11(2004112) 设 $e<a<b<e^2$,证明:$\ln^2 b-\ln^2 a>\dfrac{4}{e^2}(b-a)$.

证明 方法1 设 $f(x)=\ln^2 x$,对 $f(x)$ 在 $[a,b]$ 上应用拉格朗日中值定理知,存在 $\xi\in(a,b)\subset(e,e^2)$,使

$$\frac{f(b)-f(a)}{b-a}=\frac{\ln^2 b-\ln^2 a}{b-a}=f'(\xi)=2\frac{\ln\xi}{\xi}.$$

设 $\varphi(x)=\dfrac{\ln x}{x}$,则 $\varphi'(x)=\dfrac{1-\ln x}{x^2}<0,x>e$,所以 $\varphi(x)$ 在 $(e,+\infty)$ 上单调减少. 因此,$\varphi(\xi)=\dfrac{\ln\xi}{\xi}>\varphi(e^2)=\dfrac{\ln e^2}{e^2}=\dfrac{2}{e^2}$,从而 $\dfrac{\ln^2 b-\ln^2 a}{b-a}>\dfrac{4}{e^2}$,即 $\ln^2 b-\ln^2 a>\dfrac{4}{e^2}(b-a)$.

方法2 引进辅助函数,将问题转化为证明函数不等式.

设 $F(x)=\ln^2 x-\ln^2 a-\dfrac{4}{e^2}(x-a)$,然后利用单调性证明 $F(x)>0\,(a<x\leqslant b)$.

由于 $F'(x)=\dfrac{2\ln x}{x}-\dfrac{4}{e^2}$,$F''(x)=\dfrac{2(1-\ln x)}{x^2}<0$,$x>e$,因此 $F'(x)$ 在 $[e,+\infty)$ 上单调减少. 当 $e<x<e^2$ 时,有

$$F'(x)>F'(e^2)=\left(\frac{2\ln x}{x}-\frac{4}{e^2}\right)\Bigg|_{x=e^2}=0,$$

因此,$F(x)$ 在 $[e,e^2]$ 上单调增加. 当 $e<a<x\leqslant b<e^2$ 时,有 $F(x)>F(a)=0$.

特别地,当 $x=b$ 时,有 $F(b)>0$,即 $\ln^2 b-\ln^2 a>\dfrac{4}{e^2}(b-a)$.

例 12(2005112) 已知函数 $f(x)$ 在 $[0,1]$ 上连续,在 $(0,1)$ 内可导,且 $f(0)=0,f(1)=1$. 证明:

(1)存在 $\xi\in(0,1)$,使 $f(\xi)=1-\xi$;

(2)存在两个不同的点 $\eta,\zeta\in(0,1)$,使 $f'(\eta)f'(\zeta)=1$.

例 12 及方法归纳

证明 (1)设 $F(x)=f(x)-1+x$,则 $F(x)$ 在 $[0,1]$ 上连续,且 $F(0)=-1,F(1)=1$,有 $F(0)\cdot F(1)<0$. 由连续函数的零点定理知,存在 $\xi\in(0,1)$,使 $F(\xi)=0$,即 $f(\xi)=1-\xi$.

(2)利用(1)的结果,对 $f(x)$ 在 $[0,\xi]$ 上应用拉格朗日中值定理知,存在 $\eta\in(0,\xi)$,使

$$\frac{1-\xi}{\xi}=\frac{f(\xi)-f(0)}{\xi}=f'(\eta). \qquad\qquad ①$$

对 $f(x)$ 在 $[\xi,1]$ 上应用拉格朗日中值定理知,存在 $\zeta\in(\xi,1)$,使

$$\frac{\xi}{1-\xi}=\frac{f(1)-f(\xi)}{1-\xi}=f'(\zeta). \qquad\qquad ②$$

①②两式相乘得 $f'(\eta)f'(\zeta)=1$.

【方法归纳】 (1)利用拉格朗日中值定理证明不等式的关键，是通过要证明的不等式确定函数 $f(x)$ 及区间 $[a,b]$，然后验证函数 $f(x)$ 在区间 $[a,b]$ 上满足拉格朗日中值定理的条件.

(2)利用中值定理证明含有多个 ξ 的关系式或 $f^{(n)}(\xi)=k$ 的命题 $(k\neq0)$，步骤如下：

①构造辅助函数 $F(x)$；

②验证 $F(x)$ 满足罗尔定理；

③由定理的结论知命题成立.

我们可利用原函数法(第4章将介绍原函数)来构造辅助函数：

①将欲证结论中的 ξ 换成 x；

②通过恒等变形将结论转化为易消除导数符号的形式；

③用观察法或积分法计算出原函数；

④移项，使等式一边为 0，另一边就是所要的辅助函数 $F(x)$，为方便起见，积分常数常常取 0.

例 13 求极限 $\lim\limits_{x\to0}\dfrac{a^x+a^{-x}-2}{x^2}(a>0)$.

解 $a^x=e^{x\ln a}=1+x\ln a+\dfrac{x^2}{2}\ln^2a+o(x^2)$，$a^{-x}=1-x\ln a+\dfrac{x^2}{2}\ln^2a+o(x^2)$，

$a^x+a^{-x}-2=x^2\ln^2a+o(x^2)$，所以 $\lim\limits_{x\to0}\dfrac{a^x+a^{-x}-2}{x^2}=\lim\limits_{x\to0}\dfrac{x^2\ln^2a+o(x^2)}{x^2}=\ln^2a$.

【方法归纳】 利用泰勒公式求极限，关键是要熟悉常见函数的泰勒公式，并正确判断展开到哪一项.

四、习题全解

同步习题 3.1

基础题

1. 验证下列函数是否满足罗尔定理的条件. 若满足，求出定理中的 ξ；若不满足，请说明原因.

$(1)f(x)=\begin{cases}x^2, & 0\leqslant x<1,\\0, & x=1,\end{cases}x\in[0,1]$.　　$(2)f(x)=\sqrt[3]{8x-x^2},x\in[0,8]$.

$(3)f(x)=\ln\sin x,x\in\left[\dfrac{\pi}{6},\dfrac{5\pi}{6}\right]$.　　　　$(4)f(x)=\dfrac{3}{x^2+1},x\in[-1,1]$.

解 (1)不满足. $\lim\limits_{x\to1^-}f(x)=1\neq f(1)$，故 $f(x)$ 在 $[0,1]$ 上不连续.

(2)$f(x)$满足罗尔定理的条件. 由 $f'(\xi)=\dfrac{8-2\xi}{3\sqrt[3]{(8\xi-\xi^2)^2}}=0$，得 $\xi=4$.

(3)$f(x)$满足罗尔定理的条件. 由 $f'(\xi)=\cot\xi=0$，得 $\xi=\dfrac{\pi}{2}$.

(4)$f(x)$满足罗尔定理的条件. 由 $f'(\xi)=-\dfrac{6\xi}{(\xi^2+1)^2}=0$，得 $\xi=0$.

2. 下列函数中，在区间 $[-1,1]$ 上满足罗尔定理条件的是( ).

A. $f(x)=\dfrac{1}{\sqrt{1-x^2}}$ B. $f(x)=\sqrt{x^2}$ C. $f(x)=\sqrt[3]{x^2}$ D. $f(x)=x^2+1$

解 选项 A，$f(x)$ 在 $x=1$ 和 $x=-1$ 处均不连续；选项 B，$f(x)$ 在 $x=0$ 处不可导；选项 C，$f(x)$ 在 $x=0$ 处不可导. 故应选 D.

3. 验证下列函数是否满足拉格朗日中值定理的条件. 若满足，求出定理中的 ξ；若不满足，请说明原因.

(1)$f(x)=e^x,x\in[0,1]$.

(2)$f(x)=\ln x,x\in[1,e]$.

(3)$f(x)=x^3-3x,x\in[0,2]$.

解 (1)$f(x)$满足拉格朗日中值定理的条件. 由 $f(1)-f(0)=f'(\xi)$ 知 $f'(\xi)=e-1$，由此得定理中的 $\xi=\ln(e-1)\in(0,1)$.

(2)$f(x)$满足拉格朗日中值定理的条件. 由 $f(e)-f(1)=f'(\xi)(e-1)$ 知 $f'(\xi)=\dfrac{1}{e-1}$，由此得定理中的 $\xi=e-1\in(1,e)$.

(3)$f(x)$满足拉格朗日中值定理的条件. 由 $f(2)-f(0)=f'(\xi)(2-0)$ 知 $f'(\xi)=1$，由此得定理中的 $\xi=\dfrac{2}{\sqrt{3}}\in(0,2)$.

4. 对函数 $f(x)=\sin x$ 及 $F(x)=x+\cos x$ 在区间 $\left[0,\dfrac{\pi}{2}\right]$ 上验证柯西中值定理的正确性.

证明 函数 $f(x)$ 和 $F(x)$ 在区间 $\left[0,\dfrac{\pi}{2}\right]$ 上连续，在 $\left(0,\dfrac{\pi}{2}\right)$ 内可导，且在 $\left(0,\dfrac{\pi}{2}\right)$ 内，$F'(x)=1-\sin x\neq0$，故 $f(x)$ 和 $F(x)$ 满足柯西中值定理的条件. 由 $\dfrac{f'(\xi)}{F'(\xi)}=\dfrac{\cos\xi}{1-\sin\xi}$，$\dfrac{f'(\xi)}{F'(\xi)}=\dfrac{f\left(\dfrac{\pi}{2}\right)-f(0)}{F\left(\dfrac{\pi}{2}\right)-F(0)}=\dfrac{1}{\dfrac{\pi}{2}-1}$，注意到 $\dfrac{\cos\xi}{1-\sin\xi}=\dfrac{\cos^2\dfrac{\xi}{2}-\sin^2\dfrac{\xi}{2}}{\left(\sin\dfrac{\xi}{2}-\cos\dfrac{\xi}{2}\right)^2}=\dfrac{\cos\dfrac{\xi}{2}+\sin\dfrac{\xi}{2}}{\cos\dfrac{\xi}{2}-\sin\dfrac{\xi}{2}}$，

可得 $\tan\dfrac{\xi}{2}=\dfrac{4-\pi}{\pi}$，故 $\xi=2n\pi+2\arctan\dfrac{4-\pi}{\pi},n=0,\pm1,\cdots$. 取 $n=0$，得满足定理的 $\xi=$

$2\arctan\dfrac{4-\pi}{\pi}\in\left(0,\dfrac{\pi}{2}\right)$，因此，对于函数 $f(x)$ 和 $F(x)$，在 $\left[0,\dfrac{\pi}{2}\right]$ 上柯西中值定理正确.

5. 证明：$\arcsin x+\arccos x=\dfrac{\pi}{2},x\in[-1,1]$.

证明 设 $f(x)=\arcsin x+\arccos x,x\in[-1,1]$. 由于 $f'(x)=\dfrac{1}{\sqrt{1-x^2}}-\dfrac{1}{\sqrt{1-x^2}}=0$，故

$f(x)=C$. 又因为 $f(0)=\dfrac{\pi}{2}$，所以 $C=\dfrac{\pi}{2}$. 因此，$\arcsin x+\arccos x=\dfrac{\pi}{2},x\in[-1,1]$.

6. 用拉格朗日中值定理证明：

(1) 若 $0<a<b,n>1$，则 $na^{n-1}(b-a)<b^n-a^n<nb^{n-1}(b-a)$；

(2) $e^x\geqslant ex$.

证明 (1) 设 $f(x)=x^n,x\in[a,b]$. 显然，$f(x)$ 在 $[a,b]$ 上满足拉格朗日中值定理的条件，故存在 $\xi\in(a,b)$，使 $f(b)-f(a)=f'(\xi)(b-a)$，即 $b^n-a^n=n\xi^{n-1}(b-a)$.

注意到 $0<a<\xi<b,n>1$，故 $0<a^{n-1}<\xi^{n-1}<b^{n-1}$.

因此，$na^{n-1}(b-a)<b^n-a^n=n\xi^{n-1}(b-a)<nb^{n-1}(b-a)$.

(2) 若 $x=1$，显然等号成立. 下面应用拉格朗日中值定理证明 $x\neq1$ 的情况.

设 $f(t)=e^t-et$，显然 $f(t)$ 在任何区间上均满足拉格朗日中值定理的条件.

若 $x<1$，则存在 $\xi\in(x,1)$，使 $f(1)-f(x)=f'(\xi)(1-x)$，即 $ex-e^x=(e^\xi-e)(1-x)$. 由于 $x<\xi<1$，所以 $ex-e^x=(e^\xi-e)(1-x)<0$，从而 $e^x>ex(x<1)$.

若 $x>1$，则存在 $\xi\in(1,x)$，使 $f(x)-f(1)=f'(\xi)(x-1)$，即 $(e^\xi-e)(x-1)=e^x-ex$. 由于 $1<\xi<x$，所以 $e^x-ex=(e^\xi-e)(x-1)>0$，从而 $e^x>ex(x>1)$.

综上所述，$e^x\geqslant ex$.

提高题

1. 若方程 $a_0x^n+a_1x^{n-1}+\cdots+a_{n-1}x=0$ 有一个正根 x_0，证明：方程 $a_0nx^{n-1}+a_1(n-1)x^{n-2}+\cdots+a_{n-1}=0$ 必有一个小于 x_0 的正根.

证明 设 $f(x)=a_0x^n+a_1x^{n-1}+\cdots+a_{n-1}x$，由条件 $f(x_0)=f(0)=0$ 且 $x_0>0$ 知，$f(x)$ 在区间 $[0,x_0]$ 上满足罗尔定理的条件，故存在 $\xi\in(0,x_0)$，使 $f'(\xi)=0$，即方程 $a_0nx^{n-1}+a_1(n-1)x^{n-2}+\cdots+a_{n-1}=0$ 必有一个小于 x_0 的正根.

2. 若函数 $f(x)$ 在 (a,b) 内具有二阶导数，且 $f(x_1)=f(x_2)=f(x_3)$，其中 $a<x_1<x_2<x_3<b$，证明：在 (x_1,x_3) 内至少有一点 ξ，使 $f''(\xi)=0$.

证明 由题意可知，$f(x)$ 在 $[x_1,x_2]$ 和 $[x_2,x_3]$ 上均满足罗尔定理的条件，故存在 $\xi_1\in(x_1,x_2),\xi_2\in(x_2,x_3)$，使 $f'(\xi_1)=f'(\xi_2)=0$. 显然，$f'(x)$ 在 $[\xi_1,\xi_2]$ 上满足罗尔定理的条件，故存在 $\xi\in(\xi_1,\xi_2)\subset(x_1,x_3)$，使 $f''(\xi)=0$.

3. 设 $0<a<b$，证明：$\dfrac{b-a}{b}<\ln\dfrac{b}{a}<\dfrac{b-a}{a}$．

证明 设 $f(x)=\ln x$，则 $f(x)$ 在 $[a,b]$ 上满足拉格朗日中值定理的条件，故存在 $\xi\in(a,b)$，使 $f(b)-f(a)=f'(\xi)(b-a)$，即 $\ln b-\ln a=\dfrac{1}{\xi}(b-a)$．由于 $0<a<\xi<b$，所以 $0<\dfrac{1}{b}<\dfrac{1}{\xi}<\dfrac{1}{a}$，从而 $\dfrac{b-a}{b}<\ln\dfrac{b}{a}=\dfrac{b-a}{\xi}<\dfrac{b-a}{a}$．

同步习题 3.2

1. 求下列函数极限．

$(1)\displaystyle\lim_{x\to1}\frac{x^3-3x+2}{x^3-x^2-x+1}$．

$(2)\displaystyle\lim_{x\to1}\frac{\ln x}{x-1}$．

$(3)\displaystyle\lim_{x\to\frac{\pi}{2}}\frac{\cos x}{x-\dfrac{\pi}{2}}$．

$(4)\displaystyle\lim_{x\to0}\frac{e^x-e^{-x}}{\sin x}$．

解 $(1)\displaystyle\lim_{x\to1}\frac{x^3-3x+2}{x^3-x^2-x+1}=\lim_{x\to1}\frac{3x^2-3}{3x^2-2x-1}=\lim_{x\to1}\frac{6x}{6x-2}=\frac{3}{2}$．

$(2)\displaystyle\lim_{x\to1}\frac{\ln x}{x-1}=\lim_{x\to1}\frac{1}{x}=1$．

$(3)\displaystyle\lim_{x\to\frac{\pi}{2}}\frac{\cos x}{x-\dfrac{\pi}{2}}=\lim_{x\to\frac{\pi}{2}}\frac{-\sin x}{1}=-1$．

$(4)\displaystyle\lim_{x\to0}\frac{e^x-e^{-x}}{\sin x}=\lim_{x\to0}\frac{e^x+e^{-x}}{\cos x}=2$．

2. 求下列函数极限．

$(1)\displaystyle\lim_{x\to\frac{\pi}{2}}(\sec x-\tan x)$．

$(2)\displaystyle\lim_{x\to+\infty}\frac{x^3}{a^x}\,(a>1)$．

$(3)\displaystyle\lim_{x\to0^+}\frac{\ln x}{\ln\sin x}$．

$(4)\displaystyle\lim_{x\to\frac{\pi}{2}^+}\frac{\ln\left(x-\dfrac{\pi}{2}\right)}{\tan x}$．

解 $(1)\displaystyle\lim_{x\to\frac{\pi}{2}}(\sec x-\tan x)=\lim_{x\to\frac{\pi}{2}}\frac{1-\sin x}{\cos x}=\lim_{x\to\frac{\pi}{2}}\frac{-\cos x}{-\sin x}=0$．

$(2)\displaystyle\lim_{x\to+\infty}\frac{x^3}{a^x}=\lim_{x\to+\infty}\frac{3x^2}{a^x\ln a}=\lim_{x\to+\infty}\frac{6x}{a^x\ln^2 a}=\lim_{x\to+\infty}\frac{6}{a^x\ln^3 a}=0\,(a>1)$．

$(3)\lim\limits_{x\to 0^+}\dfrac{\ln x}{\ln\sin x}=\lim\limits_{x\to 0^+}\dfrac{\sin x}{x\cos x}=1.$

$(4)\lim\limits_{x\to\frac{\pi}{2}^+}\dfrac{\ln\left(x-\dfrac{\pi}{2}\right)}{\tan x}=\lim\limits_{x\to\frac{\pi}{2}^+}\dfrac{\cos^2 x}{x-\dfrac{\pi}{2}}=\lim\limits_{x\to\frac{\pi}{2}^+}\dfrac{-2\sin x\cos x}{1}=0.$

3. 求下列函数极限.

$(1)\lim\limits_{x\to\infty}x\left(e^{\frac{1}{x}}-1\right).$ $\qquad\qquad$ $(2)\lim\limits_{x\to 0}\left[\dfrac{1}{\ln(x+1)}-\dfrac{1}{x}\right].$

$(3)\lim\limits_{x\to+\infty}x\left(\dfrac{\pi}{2}-\arctan x\right).$ $\qquad$ $(4)\lim\limits_{x\to\infty}x\left(a^{\frac{1}{x}}-1\right)(a>0).$

解 $(1)\lim\limits_{x\to\infty}x\left(e^{\frac{1}{x}}-1\right)\xlongequal{t=\frac{1}{x}}\lim\limits_{t\to 0}\dfrac{e^t-1}{t}=1.$

$(2)\lim\limits_{x\to 0}\left[\dfrac{1}{\ln(x+1)}-\dfrac{1}{x}\right]=\lim\limits_{x\to 0}\dfrac{x-\ln(x+1)}{x\ln(x+1)}=\lim\limits_{x\to 0}\dfrac{x-\ln(x+1)}{x^2}=\lim\limits_{x\to 0}\dfrac{1-\dfrac{1}{1+x}}{2x}=\dfrac{1}{2}.$

$(3)\lim\limits_{x\to+\infty}x\left(\dfrac{\pi}{2}-\arctan x\right)=\lim\limits_{x\to+\infty}\dfrac{\dfrac{\pi}{2}-\arctan x}{\dfrac{1}{x}}=\lim\limits_{x\to+\infty}\dfrac{-\dfrac{1}{1+x^2}}{-\dfrac{1}{x^2}}=\lim\limits_{x\to+\infty}\dfrac{x^2}{1+x^2}=1.$

$(4)\lim\limits_{x\to\infty}x\left(a^{\frac{1}{x}}-1\right)\xlongequal{t=\frac{1}{x}}\lim\limits_{t\to 0}\dfrac{a^t-1}{t}=\lim\limits_{t\to 0}\dfrac{a^t\ln a}{1}=\ln a\,(a>0).$

4. 求下列函数极限.

$(1)\lim\limits_{x\to 0}(1+\sin x)^{\frac{1}{x}}.$ $\qquad$ $(2)\lim\limits_{x\to 0^+}x^{\tan x}.$ $\qquad$ $(3)\lim\limits_{x\to\infty}(1+x^2)^{\frac{1}{x}}.$

解 $(1)\lim\limits_{x\to 0}(1+\sin x)^{\frac{1}{x}}=e^{\lim\limits_{x\to 0}\frac{\ln(1+\sin x)}{x}}$, 而 $\lim\limits_{x\to 0}\dfrac{\ln(1+\sin x)}{x}=\lim\limits_{x\to 0}\dfrac{\sin x}{x}=1$, 故

$\lim\limits_{x\to 0}(1+\sin x)^{\frac{1}{x}}=e.$

$(2)\lim\limits_{x\to 0^+}x^{\tan x}=e^{\lim\limits_{x\to 0^+}\tan x\ln x}$, 而 $\lim\limits_{x\to 0^+}\tan x\ln x=\lim\limits_{x\to 0^+}x\ln x=\lim\limits_{x\to 0^+}\dfrac{\ln x}{\dfrac{1}{x}}=\lim\limits_{x\to 0^+}(-x)=0$, 故 $\lim\limits_{x\to 0^+}x^{\tan x}=1.$

$(3)\lim\limits_{x\to\infty}(1+x^2)^{\frac{1}{x}}=e^{\lim\limits_{x\to\infty}\frac{\ln(1+x^2)}{x}}=e^{\lim\limits_{x\to\infty}\frac{2x}{1+x^2}}=e^0=1.$

5. 求下列函数极限.

$(1)\lim\limits_{x\to+\infty}\dfrac{x-\sin x}{x+\sin x}.$ $\qquad\qquad$ $(2)\lim\limits_{x\to+\infty}\dfrac{e^x+\sin x}{e^x-\cos x}.$

解 （1）$\lim\limits_{x\to+\infty}\dfrac{x-\sin x}{x+\sin x}=\lim\limits_{x\to+\infty}\dfrac{1-\dfrac{\sin x}{x}}{1+\dfrac{\sin x}{x}}=1.$

（2）$\lim\limits_{x\to+\infty}\dfrac{e^x+\sin x}{e^x-\cos x}=\lim\limits_{x\to+\infty}\dfrac{1+\dfrac{\sin x}{e^x}}{1-\dfrac{\cos x}{e^x}}=1.$

6. 证明：极限 $\lim\limits_{x\to0}\dfrac{x^2\sin\dfrac{1}{x}}{\sin x}$ 存在，但不能用洛必达法则求出.

基础题6

证明 $\lim\limits_{x\to0}\dfrac{x^2\sin\dfrac{1}{x}}{\sin x}=\lim\limits_{x\to0}\dfrac{x^2\sin\dfrac{1}{x}}{x}=\lim\limits_{x\to0}x\sin\dfrac{1}{x}=0$，故该极限存

在. 但是 $\lim\limits_{x\to0}\dfrac{\left(x^2\sin\dfrac{1}{x}\right)'}{(\sin x)'}=\lim\limits_{x\to0}\dfrac{2x\sin\dfrac{1}{x}-\cos\dfrac{1}{x}}{\cos x}$ 不存在，故不能用洛必达法则求出.

提高题

1. 求下列函数极限.

（1）$\lim\limits_{x\to0}\dfrac{x-x\cos x}{4\sin^3 x}.$ 　　　　　　　　（2）$\lim\limits_{x\to1}\left(\dfrac{x}{x-1}-\dfrac{1}{\ln x}\right).$

（3）$\lim\limits_{x\to0}\left(\dfrac{1}{x^2}-\cot^2 x\right).$ 　　　　　　　　（4）$\lim\limits_{x\to+\infty}\left(\dfrac{2}{\pi}\arctan x\right)^x.$

解 （1）$\lim\limits_{x\to0}\dfrac{x-x\cos x}{4\sin^3 x}=\lim\limits_{x\to0}\dfrac{x-x\cos x}{4x^3}=\lim\limits_{x\to0}\dfrac{1-\cos x}{4x^2}=\lim\limits_{x\to0}\dfrac{\sin x}{8x}=\dfrac{1}{8}.$

（2）$\lim\limits_{x\to1}\left(\dfrac{x}{x-1}-\dfrac{1}{\ln x}\right)=\lim\limits_{x\to1}\dfrac{x\ln x-(x-1)}{(x-1)\ln x}\xlongequal{t=x-1}\lim\limits_{t\to0}\dfrac{(1+t)\ln(1+t)-t}{t\ln(1+t)}$

$=\lim\limits_{t\to0}\dfrac{(1+t)\ln(1+t)-t}{t^2}=\lim\limits_{t\to0}\dfrac{\ln(1+t)}{2t}=\dfrac{1}{2}.$

（3）$\lim\limits_{x\to0}\left(\dfrac{1}{x^2}-\cot^2 x\right)=\lim\limits_{x\to0}\left(\dfrac{1}{x^2}-\dfrac{\cos^2 x}{\sin^2 x}\right)=\lim\limits_{x\to0}\dfrac{\sin^2 x-x^2\cos^2 x}{x^2\sin^2 x}$

$=\lim\limits_{x\to0}\left(\dfrac{\sin x+x\cos x}{x}\cdot\dfrac{\sin x-x\cos x}{x^3}\right)$

$=2\lim\limits_{x\to0}\dfrac{\sin x-x\cos x}{x^3}=2\lim\limits_{x\to0}\dfrac{x\sin x}{3x^2}=\dfrac{2}{3}.$

$(4) \lim\limits_{x\to+\infty}\left(\dfrac{2}{\pi}\arctan x\right)^{x}=e^{\lim\limits_{x\to+\infty}\dfrac{\ln\left(\frac{2}{\pi}\arctan x\right)}{\frac{1}{x}}}$,

而 $\lim\limits_{x\to+\infty}\dfrac{\ln\left(\dfrac{2}{\pi}\arctan x\right)}{\dfrac{1}{x}}=\lim\limits_{x\to+\infty}\dfrac{\dfrac{\pi}{2\arctan x}\cdot\dfrac{2}{\pi(1+x^{2})}}{-\dfrac{1}{x^{2}}}=-\lim\limits_{x\to+\infty}\dfrac{x^{2}}{(1+x^{2})\arctan x}=-\dfrac{2}{\pi}$,

故 $\lim\limits_{x\to+\infty}\left(\dfrac{2}{\pi}\arctan x\right)^{x}=e^{-\frac{2}{\pi}}$.

2. 试确定常数 a,b, 使 $\lim\limits_{x\to0}\dfrac{\ln(1+x)-(ax+bx^{2})}{x^{2}}=2$.

解 因为 $\lim\limits_{x\to0}\dfrac{\ln(1+x)-(ax+bx^{2})}{x^{2}}=\lim\limits_{x\to0}\dfrac{\dfrac{1}{1+x}-a-2bx}{2x}=\lim\limits_{x\to0}\dfrac{-2bx^{2}-(2b+a)x+1-a}{2x(1+x)}=2$,

为使左边的极限存在, 须 $\lim\limits_{x\to0}\left[-2bx^{2}-(2b+a)x+1-a\right]=0$, 故 $a=1$, 且有

$$\lim\limits_{x\to0}\dfrac{-2bx^{2}-(2b+a)x+1-a}{2x(1+x)}=\lim\limits_{x\to0}\dfrac{-2bx-(2b+a)}{2(1+x)}=\dfrac{-(2b+a)}{2}=2,$$

从而得 $b=-\dfrac{5}{2}$.

3. 讨论函数 $f(x)=\begin{cases}\left[\dfrac{(1+x)^{\frac{1}{x}}}{e}\right]^{\frac{1}{x}}, & x>0,\\ e^{-\frac{1}{2}}, & x\leqslant0\end{cases}$ 在点 $x=0$ 处的连续性.

提高题3

解 $\lim\limits_{x\to0^{+}}f(x)=\lim\limits_{x\to0^{+}}\left[\dfrac{(1+x)^{\frac{1}{x}}}{e}\right]^{\frac{1}{x}}=e^{\lim\limits_{x\to0^{+}}\frac{1}{x}\ln\frac{(1+x)^{\frac{1}{x}}}{e}}$,

而 $\lim\limits_{x\to0^{+}}\dfrac{1}{x}\ln\dfrac{(1+x)^{\frac{1}{x}}}{e}=\lim\limits_{x\to0^{+}}\dfrac{\dfrac{1}{x}\ln(1+x)-1}{x}=\lim\limits_{x\to0^{+}}\dfrac{\ln(1+x)-x}{x^{2}}=\lim\limits_{x\to0^{+}}\dfrac{\dfrac{1}{1+x}-1}{2x}=-\dfrac{1}{2}$,

故 $\lim\limits_{x\to0^{+}}f(x)=e^{-\frac{1}{2}}=f(0)=\lim\limits_{x\to0^{-}}f(x)$, 因此, 函数 $f(x)$ 在点 $x=0$ 处连续.

同步习题 3.3

基础题

1. 将函数 $f(x)=x^{5}-x^{2}+x$ 展开成 $x+1$ 的多项式.

解 $f'(x)=5x^{4}-2x+1$, $f''(x)=20x^{3}-2$, $f'''(x)=60x^{2}$, $f^{(4)}(x)=120x$, $f^{(5)}(x)=$

120, $f^{(n)}(x)=0(n>5)$，且 $f(-1)=-3$，$f'(-1)=8$，$f''(-1)=-22$，$f'''(-1)=60$，$f^{(4)}(-1)=-120$，$f^{(5)}(-1)=120$，故

$$x^5-x^2+x=f(-1)+f'(-1)(x+1)+\frac{f''(-1)}{2!}(x+1)^2+$$

$$\frac{f'''(-1)}{3!}(x+1)^3+\frac{f^{(4)}(-1)}{4!}(x+1)^4+\frac{f^{(5)}(-1)}{5!}(x+1)^5$$

$$=-3+8(x+1)-11(x+1)^2+10(x+1)^3-5(x+1)^4+(x+1)^5.$$

2. 求 $f(x)=xe^x$ 的 n 阶麦克劳林公式(带佩亚诺型余项).

(解) 根据 $e^x=1+x+\dfrac{x^2}{2!}+\cdots+\dfrac{x^{n-1}}{(n-1)!}+o(x^{n-1})$ 可知

$$xe^x=x+x^2+\frac{x^3}{2!}+\cdots+\frac{x^n}{(n-1)!}+o(x^n).$$

3. 求函数 $f(x)=\sqrt{x}$ 按 $x-4$ 的幂展开的 3 阶泰勒公式(带拉格朗日型余项).

(解) $f'(x)=\dfrac{1}{2}x^{-\frac{1}{2}}$，$f''(x)=-\dfrac{1}{4}x^{-\frac{3}{2}}$，$f'''(x)=\dfrac{3}{8}x^{-\frac{5}{2}}$，$f^{(4)}(x)=-\dfrac{15}{16}x^{-\frac{7}{2}}$，且 $f(4)=$

2，$f'(4)=\dfrac{1}{4}$，$f''(4)=-\dfrac{1}{32}$，$f'''(4)=\dfrac{3}{256}$，故

$$\sqrt{x}=f(4)+f'(4)(x-4)+\frac{f''(4)}{2!}(x-4)^2+\frac{f'''(4)}{3!}(x-4)^3+\frac{f^{(4)}(\xi)}{4!}(x-4)^4$$

$$=2+\frac{1}{4}(x-4)-\frac{1}{64}(x-4)^2+\frac{1}{512}(x-4)^3-\frac{5}{128\xi^{\frac{7}{2}}}(x-4)^4,$$

其中 ξ 介于 x 和 4 之间.

4. 求函数 $f(x)=\ln x$ 按 $x-2$ 的幂展开的 n 阶泰勒公式(带佩亚诺型余项).

(解) 方法1 因为 $f^{(n)}(x)=\dfrac{(-1)^{n-1}(n-1)!}{x^n}$，$f^{(n)}(2)=\dfrac{(-1)^{n-1}(n-1)!}{2^n}$，所以

$$\ln x=f(2)+f'(2)(x-2)+\frac{f''(2)}{2!}(x-2)^2+\frac{f'''(2)}{3!}(x-2)^3+\cdots+\frac{f^{(n)}(2)}{n!}(x-2)^n+o[(x-2)^n]$$

$$=\ln 2+\frac{1}{2}(x-2)-\frac{1}{2^3}(x-2)^2+\frac{1}{3\cdot 2^3}(x-2)^3+\cdots+\frac{(-1)^{n-1}}{n\cdot 2^n}(x-2)^n+o[(x-2)^n].$$

方法2 利用间接展开.

$$\ln x=\ln[2+(x-2)]=\ln 2+\ln\left(1+\frac{x-2}{2}\right)$$

$$=\ln 2+\frac{1}{2}(x-2)-\frac{1}{2^3}(x-2)^2+\frac{1}{3\cdot 2^3}(x-2)^3+\cdots+\frac{(-1)^{n-1}}{n\cdot 2^n}(x-2)^n+o[(x-2)^n].$$

5. 求函数 $f(x)=\tan x$ 的 3 阶麦克劳林公式(带佩亚诺型余项).

(解) $f'(x)=\sec^2 x$，$f''(x)=2\sec^2 x\tan x$，$f'''(x)=4\sec^2 x\tan^2 x+2\sec^4 x$，

$f^{(4)}(x)=8\sec^2 x\tan^3 x+16\sec^4 x\tan x$，$f(0)=0$，$f'(0)=1$，$f''(0)=0$，$f'''(0)=2$，

所以 $\tan x = x + \dfrac{x^3}{3} + o(x^3)$.

提高题

1. 利用泰勒公式求极限.

$(1)\lim\limits_{x\to+\infty}(\sqrt[3]{x^3+3x^2}-\sqrt[4]{x^4-2x^3})$. $(2)\lim\limits_{x\to0}\dfrac{\cos x - e^{-\frac{x^2}{2}}}{x^2[x+\ln(1-x)]}$. $(3)\lim\limits_{x\to+\infty}\left(x^2-x^3\sin\dfrac{1}{x}\right)$.

解 $(1)\lim\limits_{x\to+\infty}(\sqrt[3]{x^3+3x^2}-\sqrt[4]{x^4-2x^3})=\lim\limits_{x\to+\infty}x\left[\left(1+\dfrac{3}{x}\right)^{\frac{1}{3}}-\left(1-\dfrac{2}{x}\right)^{\frac{1}{4}}\right]$

$$=\lim\limits_{x\to+\infty}x\left[1+\dfrac{1}{3}\cdot\dfrac{3}{x}+o\left(\dfrac{1}{x}\right)-1+\dfrac{1}{4}\cdot\dfrac{2}{x}+o\left(\dfrac{1}{x}\right)\right]$$

$$=\lim\limits_{x\to+\infty}\left[\dfrac{3}{2}+o(1)\right]=\dfrac{3}{2}.$$

$(2)\lim\limits_{x\to0}\dfrac{\cos x - e^{-\frac{x^2}{2}}}{x^2[x+\ln(1-x)]}=\lim\limits_{x\to0}\dfrac{1-\dfrac{x^2}{2}+\dfrac{x^4}{4!}+o(x^4)-1-\left(-\dfrac{x^2}{2}\right)-\dfrac{1}{2}\left(-\dfrac{x^2}{2}\right)^2+o(x^4)}{x^2\left\{x+\left[-x-\dfrac{1}{2}x^2+o(x^2)\right]\right\}}$

$$=\lim\limits_{x\to0}\dfrac{\left(\dfrac{1}{4!}-\dfrac{1}{8}\right)x^4+o(x^4)}{-\dfrac{1}{2}x^4+o(x^4)}$$

$$=\lim\limits_{x\to0}\dfrac{-\dfrac{1}{12}+\dfrac{o(x^4)}{x^4}}{-\dfrac{1}{2}+\dfrac{o(x^4)}{x^4}}=\dfrac{-\dfrac{1}{12}}{-\dfrac{1}{2}}=\dfrac{1}{6}.$$

$(3)\lim\limits_{x\to+\infty}\left(x^2-x^3\sin\dfrac{1}{x}\right)\xlongequal{t=\frac{1}{x}}\lim\limits_{t\to0^+}\left(\dfrac{1}{t^2}-\dfrac{1}{t^3}\sin t\right)=\lim\limits_{t\to0^+}\dfrac{t-\sin t}{t^3}$

$$=\lim\limits_{t\to0^+}\dfrac{t-\left[t-\dfrac{t^3}{3!}+o(t^3)\right]}{t^3}=\dfrac{1}{6}.$$

2. 设 $f(x)$ 在点 $x=0$ 的某个邻域内二阶可导，且 $\lim\limits_{x\to0}\dfrac{\sin x+xf(x)}{x^3}=\dfrac{1}{2}$，求 $f(0)$，$f'(0)$，$f''(0)$ 的值.

(解) 因为

$$\lim_{x\to 0}\frac{\sin x+xf(x)}{x^3}=\lim_{x\to 0}\frac{x-\dfrac{x^3}{3!}+o(x^3)+x\left[f(0)+f'(0)x+\dfrac{1}{2}f''(0)x^2+o(x^2)\right]}{x^3}$$

$$=\lim_{x\to 0}\frac{\left[\dfrac{1}{2}f''(0)-\dfrac{1}{6}\right]x^3+f'(0)x^2+[1+f(0)]x+o(x^3)}{x^3}$$

$$=\lim_{x\to 0}\frac{\left[\dfrac{1}{2}f''(0)-\dfrac{1}{6}\right]x^2+f'(0)x+[1+f(0)]}{x^2},$$

根据题意知 $\lim_{x\to 0}\dfrac{\left[\dfrac{1}{2}f''(0)-\dfrac{1}{6}\right]x^2+f'(0)x+[1+f(0)]}{x^2}=\dfrac{1}{2}$，所以必有 $f(0)=-1,f'(0)=0$，

$\dfrac{1}{2}f''(0)-\dfrac{1}{6}=\dfrac{1}{2}$，故 $f(0)=-1,f'(0)=0,f''(0)=\dfrac{4}{3}$．

3. 求函数 $f(x)=x^2\ln(1+x)$ 在点 $x=0$ 处的 n 阶导数 $f^{(n)}(0)(n\geqslant 3)$．

提高题3

(解) 因为 $\ln(1+x)=x-\dfrac{x^2}{2}+\dfrac{x^3}{3}-\cdots+(-1)^{n-3}\dfrac{x^{n-2}}{n-2}+o(x^{n-2})$，

所以

$$f(x)=x^3-\frac{x^4}{2}+\frac{x^5}{3}-\cdots+(-1)^{n-3}\frac{x^n}{n-2}+o(x^n),$$

故 $\dfrac{f^{(n)}(0)}{n!}=\dfrac{(-1)^{n-3}}{n-2}=\dfrac{(-1)^{n-1}}{n-2}$，可得 $f^{(n)}(0)=\dfrac{(-1)^{n-1}n!}{n-2}$．

同步习题 3.4

基础题

1. 确定下列函数的单调区间．

(1) $y=2x^3-6x^2-18x-7$.

(2) $y=\dfrac{10}{4x^3-9x^2+6x}$．

(3) $y=\dfrac{e^x}{3+x}$．

(4) $y=x-\ln(1+x^2)$．

(5) $y=(x^2-1)^3+3$．

(6) $y=e^x-x-1$．

(解) (1) 函数在 $(-\infty,+\infty)$ 上可导，且 $y'=6x^2-12x-18=6(x-3)(x+1)$．令 $y'=0$，

得驻点 $x_1=-1,x_2=3$.

当 $x<-1$ 及 $x>3$ 时，$y'>0$，因此，函数在 $(-\infty,-1]$ 和 $[3,+\infty)$ 内单调增加. 当 $-1<x<3$ 时，$y'<0$，因此，函数在 $(-1,3)$ 内单调减少.

(2)函数除 $x=0$ 外处处可导，且 $y'=\dfrac{-120\left(x-\dfrac{1}{2}\right)(x-1)}{\left(4x^3-9x^2+6x\right)^2}$. 令 $y'=0$，得驻点 $x_1=\dfrac{1}{2},x_2=1$.

当 $x<0,0<x<\dfrac{1}{2},x>1$ 时，$y'<0$，因此，函数在 $(-\infty,0)$，$\left(0,\dfrac{1}{2}\right]$，$[1,+\infty)$ 内单调减少. 当 $\dfrac{1}{2}<x<1$ 时，$y'>0$，因此，函数在 $\left(\dfrac{1}{2},1\right)$ 内单调增加.

(3)函数除 $x=-3$ 外处处可导，且 $y'=\dfrac{e^x(2+x)}{(3+x)^2}$. 令 $y'=0$，得驻点 $x=-2$.

当 $x>-2$ 时，$y'>0$，因此，函数在 $[-2,+\infty)$ 内单调增加. 当 $-3<x<-2$ 及 $x<-3$ 时，$y'<0$，因此，函数在 $(-\infty,-3)$ 和 $(-3,-2)$ 内单调减少.

(4)函数在 $(-\infty,+\infty)$ 上可导，且 $y'=1-\dfrac{2x}{1+x^2}=\dfrac{(1-x)^2}{1+x^2}\geqslant0$. 令 $y'=0$，得驻点 $x=1$，故函数在 $(-\infty,+\infty)$ 内单调增加.

(5)函数在 $(-\infty,+\infty)$ 上可导，且 $y'=6x\left(x^2-1\right)^2$. 令 $y'=0$，得驻点 $x_1=-1,x_2=0$，$x_3=1$.

当 $x<0$ 时，$y'\leqslant0$，因此，函数在 $(-\infty,0)$ 内单调减少. 当 $x>0$ 时，$y'\geqslant0$，因此，函数在 $[0,+\infty)$ 内单调增加.

(6)函数在 $(-\infty,+\infty)$ 上可导，且 $y'=e^x-1$. 令 $y'=0$，得驻点 $x=0$.

当 $x<0$ 时，$y'<0$，因此，函数在 $(-\infty,0)$ 内单调减少；当 $x>0$ 时，$y'>0$，因此，函数在 $[0,+\infty)$ 内单调增加.

2. 证明：函数 $f(x)=\left(1+\dfrac{1}{x}\right)^x$ 在 $(0,+\infty)$ 上单调增加.

证明 $f(x)=\left(1+\dfrac{1}{x}\right)^x$ 在 $(0,+\infty)$ 上可导，且 $f'(x)=\left(1+\dfrac{1}{x}\right)^x\left[\ln\left(1+\dfrac{1}{x}\right)-\dfrac{1}{1+x}\right]$. 设 $g(x)=\ln\left(1+\dfrac{1}{x}\right)-\dfrac{1}{1+x}$，则 $g(x)$ 在 $(0,+\infty)$ 上可导，且 $g'(x)=-\dfrac{1}{x(1+x)^2}<0$，故 $g(x)$ 在 $(0,+\infty)$ 内单调减少. 由于 $\lim\limits_{x\to+\infty}g(x)=0$，所以 $g(x)>0(x>0)$，从而 $f'(x)>0(x>0)$，所以函数 $f(x)$ 在 $(0,+\infty)$ 上单调增加.

3. 证明：当 $x>0$ 时，$1+\dfrac{1}{2}x>\sqrt{1+x}$.

证明 设 $f(t)=1+\dfrac{1}{2}t-\sqrt{1+t},t\in[0,x](x>0)$，则 $f'(t)=\dfrac{1}{2}-\dfrac{1}{2\sqrt{1+t}}=\dfrac{\sqrt{1+t}-1}{2\sqrt{1+t}}>0$，

$t\in(0,x)(x>0)$，所以，函数 $f(t)$ 在 $[0,x]$ 上单调增加. 当 $x>0$ 时，$f(x)>f(0)=0$，即 $1+\dfrac{1}{2}x-\sqrt{1+x}>0$，所以 $1+\dfrac{1}{2}x>\sqrt{1+x}$.

4. 求下列函数的极值.

(1) $y=x^3-3x$.　　　　　　　　(2) $y=\dfrac{x^3}{(x-1)^2}$.

(3) $y=x\sin x+\cos x,x\in\left[-\dfrac{\pi}{4},\dfrac{3\pi}{4}\right]$.　　(4) $y=\dfrac{e^x}{3+x}$.

(5) $y=(x^2-1)^3+3$.　　　　　　(6) $y=|x|$.

解 (1) $y'=3x^2-3,y''=6x$. 令 $y'=0$，得驻点 $x_1=-1,x_2=1$. 由 $y''(-1)=-6<0$ 知，$y(-1)=2$ 为极大值. 由 $y''(1)=6>0$ 知，$y(1)=-2$ 为极小值.

(2) $y'=\dfrac{x^2(x-3)}{(x-1)^3},y''=\dfrac{6x}{(x-1)^4}$. 令 $y'=0$，得驻点 $x=3$. 由 $y''(3)=\dfrac{9}{8}>0$ 知，$y(3)=\dfrac{27}{4}$ 为极小值.

(3) $y'=x\cos x,y''=\cos x-x\sin x$. 令 $y'=0$，得驻点 $x_1=0,x_2=\dfrac{\pi}{2}$. 由 $y''(0)=1>0$ 知，$y(0)=1$ 为极小值. 由 $y''\left(\dfrac{\pi}{2}\right)=-\dfrac{\pi}{2}<0$ 知，$y\left(\dfrac{\pi}{2}\right)=\dfrac{\pi}{2}$ 为极大值.

(4) $y'=\dfrac{e^x(x+2)}{(x+3)^2},y''=\dfrac{e^x(x^2+4x+5)}{(x+3)^3}$. 令 $y'=0$，得驻点 $x=-2$. 由 $y''(-2)=e^{-2}>0$ 知，$y(-2)=e^{-2}$ 为极小值.

(5) $y'=6x(x^2-1)^2,y''=6(5x^2-1)(x^2-1)$. 令 $y'=0$，得驻点 $x_1=-1,x_2=0,x_3=1$. 由 $y''(0)=6>0$ 知，$y(0)=2$ 为极小值.

因为 $y''(1)=y''(-1)=0$，下面考虑 y' 在 $x_1=-1$ 及 $x_3=1$ 左右邻近的符号.

当 x 取 -1 左侧邻近的值时，$y'<0$；当 x 取 -1 右侧邻近的值时，$y'<0$. 因为 y' 在 $x_1=-1$ 左右邻近的符号没有改变，所以 y 在 $x_1=-1$ 处不取极值. 同理，y 在 $x_3=1$ 处也不取极值.

注 我们还可以利用三阶导数来判别 y 在 $x_1=-1$ 和 $x_3=1$ 处不取极值. 因为 $y'''=24x(5x^2-3)$，$y'''(1)=48\neq0$，$y'''(-1)=-48\neq0$，所以 y 在 $x_1=-1$ 和 $x_3=1$ 处都不取极值.

(6) 显然 $y(0)=0$ 为极小值.

5. a 为何值时，函数 $f(x)=a\sin x+\dfrac{1}{3}\sin3x$ 在 $x=\dfrac{\pi}{3}$ 处取极值？它是极大值还是极小值？求此极值.

解 $f'(x)=a\cos x+\cos3x$，由于函数 $f(x)$ 在 $x=\dfrac{\pi}{3}$ 处取极值，故 $f'\left(\dfrac{\pi}{3}\right)=0$，即

$a\cos\dfrac{\pi}{3}+\cos\pi=0$，得 $a=2$. 又 $f''(x)=-2\sin x-3\sin 3x$，$f''\left(\dfrac{\pi}{3}\right)=-\sqrt{3}<0$，所以 $f\left(\dfrac{\pi}{3}\right)=$

$2\sin\dfrac{\pi}{3}+\dfrac{1}{3}\sin\pi=\sqrt{3}$ 为极大值.

6. 求下列函数的最值.

(1) $y=2x^3-3x^2$，$x\in[-1,4]$.　　　　(2) $y=x+\sqrt{1-x}$，$x\in[-5,1]$.

(3) $y=2x(x-6)^2$，$x\in[-2,4]$.　　　　(4) $y=\ln(1+x^2)$，$x\in[-1,2]$.

(5) $y=x^3-6x^2+9x+7$，$x\in[-1,5]$.　　　(6) $y=(x^2-1)^{\frac{1}{3}}+1$.

解 (1) $y'=6x^2-6x=6x(x-1)$，令 $y'=0$，得 $x_1=0,x_2=1$. 比较 $y(-1)=-5$，$y(0)=0,y(1)=-1,y(4)=80$ 知，最大值为 $y(4)=80$，最小值为 $y(-1)=-5$.

(2) $y'=1-\dfrac{1}{2\sqrt{1-x}}$，令 $y'=0$，得 $x=\dfrac{3}{4}$. 比较 $y(-5)=\sqrt{6}-5,y\left(\dfrac{3}{4}\right)=\dfrac{5}{4},y(1)=1$

知，最大值为 $y\left(\dfrac{3}{4}\right)=\dfrac{5}{4}$，最小值为 $y(-5)=\sqrt{6}-5$.

(3) $y'=2(x-6)^2+4x(x-6)=6(x-2)(x-6)$，令 $y'=0$，得 $x=2$. 比较 $y(-2)=-256,y(2)=64,y(4)=32$ 知，最大值为 $y(2)=64$，最小值为 $y(-2)=-256$.

(4) $y'=\dfrac{2x}{1+x^2}$，令 $y'=0$，得 $x=0$. 比较 $y(-1)=\ln 2,y(0)=0,y(2)=\ln 5$ 知，最大值为 $y(2)=\ln 5$，最小值为 $y(0)=0$.

(5) $y'=3x^2-12x+9=3(x-1)(x-3)$，令 $y'=0$，得 $x_1=1,x_2=3$. 比较 $y(-1)=-9$，$y(1)=11,y(3)=7,y(5)=27$ 知，最大值为 $y(5)=27$，最小值为 $y(-1)=-9$.

(6) 函数在其定义域内除 $x=\pm1$ 外处处可导，且 $y'=\dfrac{2}{3}x(x^2-1)^{-\frac{2}{3}}$. 令 $y'=0$，得 $x=0$. 当 x 取 0 左侧邻近的值时，$y'<0$；当 x 取 0 右侧邻近的值时，$y'>0$. 因此，$x=0$ 是函数的极小值点.

当 x 取 -1 左侧邻近的值时，$y'<0$；当 x 取 -1 右侧邻近的值时，$y'<0$. 因为 y' 在 $x=-1$ 左右邻近的符号没有改变，所以 y 在 $x=-1$ 处不取极值. 同理，y 在 $x_3=1$ 处也不取极值.

综上所述，函数的最小值为 $y(0)=0$，不存在最大值.

7. 设某企业生产一种产品 Q 件时的总收益为 $R(Q)=100Q-Q^2$，总成本函数为 $C(Q)=200+50Q+Q^2$，政府对每件产品征税多少元时，在企业取得最大利润的情况下，总税收最大.

解 (1) 设政府对每件产品征税 t 元，则总税收 $T(Q)=tQ$.

利润函数为 $L=R(Q)-C(Q)-T(Q)=100Q-Q^2-(200+50Q+Q^2)-tQ$

$$=50Q-2Q^2-200-tQ,$$

令 $L'=50-4Q-t=0$，得 $Q=\dfrac{50-t}{4}$. 又因为 $L''=-4<0$，所以 $Q=\dfrac{50-t}{4}$ 为该企业获得最大

利润时的产量.

(2)将 $Q=\dfrac{50-t}{4}$ 代入 $T=tQ$，得 $T=\dfrac{50-t}{4}t=\dfrac{50t-t^2}{4}$，$\dfrac{\mathrm{d}T}{\mathrm{d}t}=\dfrac{50-2t}{4}=\dfrac{25-t}{2}$，令 $\dfrac{\mathrm{d}T}{\mathrm{d}t}=0$，得

$t=25$，且 $\dfrac{\mathrm{d}^2T}{\mathrm{d}t^2}=-\dfrac{1}{2}<0$，所以 $t=25$ 时 T 有极大值，也是最大值，此时政府总税收最大.

提高题

1. 在抛物线 $y=x^2$（第一象限部分）上求一点，使过该点的切线与直线 $y=0,x=8$ 相交所围成的三角形的面积为最大.

解 由题意知，过抛物线上任一点 (t,t^2) 的切线方程为 $y-t^2=2t(x-t)$，$0\leqslant t\leqslant$

8. 它与 $y=0$ 的交点为 $\left(\dfrac{t}{2},0\right)$，与 $x=8$ 的交点为 $(8,-t^2+16t)$，它们围成的三角形的

面积为 $S(t)=\dfrac{1}{2}\left(8-\dfrac{t}{2}\right)(-t^2+16t)=\dfrac{1}{4}t(t-16)^2,0\leqslant t\leqslant 8$. $S'(t)=\dfrac{3}{4}(t-16)\left(t-\dfrac{16}{3}\right)$，

令 $S'(t)=0$，得驻点 $t=\dfrac{16}{3}$. 比较 $S(0)=0$，$S\left(\dfrac{16}{3}\right)=\dfrac{4\,096}{27}$，$S(8)=128$ 知，最大值为

$S\left(\dfrac{16}{3}\right)=\dfrac{4\,096}{27}$. 故抛物线 $y=x^2$ 过点 $\left(\dfrac{16}{3},\dfrac{256}{9}\right)$ 的切线与直线 $y=0,x=8$ 相交所围成的

三角形的面积最大.

2. 证明：当 $x>1$ 时，$\ln x+\dfrac{4}{x+1}-2>0$.

证明 设 $f(x)=\ln x+\dfrac{4}{x+1}-2$，则 $f'(x)=\dfrac{1}{x}-\dfrac{4}{(x+1)^2}=\dfrac{(x-1)^2}{x(x+1)^2}$. 当 $x>1$ 时，

$f'(x)>0$. 因此，当 $x>1$ 时，$f(x)>f(1)=0$，即 $\ln x+\dfrac{4}{x+1}-2>0$.

3. 设函数 $f(x)$ 在 $[0,+\infty)$ 上二阶可导，且 $f''(x)>0,f(0)=0$. 证明：函数 $F(x)=$ $\dfrac{f(x)}{x}$ 在 $(0,+\infty)$ 上单调增加.

证明 $F'(x)=\dfrac{xf'(x)-f(x)}{x^2}$，设 $g(x)=xf'(x)-f(x)$，则有 $g'(x)=xf''(x)$. 由

题意可知，当 $x>0$ 时，$g'(x)>0$，故 $g(x)>g(0)=-f(0)=0$. $F'(x)=\dfrac{xf'(x)-f(x)}{x^2}=$

$\dfrac{g(x)}{x^2}>0(x>0)$，故函数 $F(x)$ 在 $(0,+\infty)$ 上单调增加.

4. 设 $\mathrm{e}<a<b$，证明：$a^b>b^a$.

证明 方法1 $a^b>b^a$ 等价于 $b\ln a-a\ln b>0$. 设 $f(x)=x\ln a-a\ln x$，则 $f'(x)=\ln a-\dfrac{a}{x}$.

由 $e<a$ 可知，当 $x \geqslant a$ 时，$f'(x)=\ln a-\dfrac{a}{x} \geqslant \ln a-1>0$，故 $f(x)$ 在 $[a,+\infty)$ 内单调增加，所以 $f(b)=b\ln a-a\ln b>f(a)=0$，即 $a^b>b^a$.

方法 2 $a^b>b^a$ 等价于 $\dfrac{\ln a}{a}>\dfrac{\ln b}{b}$．设 $f(x)=\dfrac{\ln x}{x}$，则 $f'(x)=$
$\dfrac{1-\ln x}{x^2}<0$，故 $f(x)$ 在 $(e,+\infty)$ 内单调减少，所以 $f(a)>f(b)$，即 $a^b>b^a$.

提高题 4

5. 生产某种产品 Q 台的固定成本为 $C_0=20$ 万元，可变成本为 $C_1(Q)=2Q+\dfrac{Q^2}{2}$ 万元，如果产品的销售单价为每台 20 万元，求：

(1) 生产 20 台的利润与平均利润；

(2) 该经济活动的保本点(即无盈亏的生产量)及盈利区间；

(3) 该产品生产多少台时，可获得的利润最大？最大利润为多少？

(4) 若每月固定销售该产品 40 台，为了不亏本，单价应定为多少？

解 (1) 利润函数为 $L=R(Q)-C(Q)=20Q-\left(20+2Q+\dfrac{Q^2}{2}\right)=18Q-\dfrac{Q^2}{2}-20$，

平均利润为 $\overline{L}=\dfrac{L(Q)}{Q}=\dfrac{18Q-\dfrac{Q^2}{2}-20}{Q}=18-\dfrac{Q}{2}-\dfrac{20}{Q}$，所以
$$L(20)=140(万元), \quad \overline{L}(20)=7(万元/台).$$

(2) 保本点(即无盈亏的生产量)是总收益与总成本相等时的产量. 令 $L(Q)=18Q-\dfrac{Q^2}{2}-20=0$，解得 $Q_1=18-2\sqrt{71} \approx 1.15$，$Q_2=18+2\sqrt{71} \approx 34.85$.

因为 $L(Q)$ 是二次函数，当 $Q<Q_1$ 或 $Q>Q_2$ 时，都有 $L(Q)<0$，这时生产经营是亏损的；当 $Q_1<Q<Q_2$ 时，$L(Q)>0$，这时生产经营是盈利的. 因此，$Q=2$ 台和 $Q=34$ 台是盈利的临界点，都可以是保本点，即无盈亏的生产量. (Q_1,Q_2)(事实上即 $[2,34]$)称为盈利区间；$[0,1]$ 与 $[35,+\infty)$ 称为亏损区间.

(3) 利润函数 $L=18Q-\dfrac{Q^2}{2}-20$，令 $L'=18-Q=0$，得 $Q=18$(台)，且 $L''=-1<0$，根据实际意义知，$Q=18$ 为最大值点，最大利润为 $L(18)=18\times18-\dfrac{18^2}{2}-20=142(万元)$.

(4) 设单价定为 P(万元)，销售量 $Q=40$ 台的收入应为 $R=40P$，这时的成本为 $C(40)=20+2\times40+\dfrac{40^2}{2}=900(万元)$，则此时的利润函数为 $L=R-C=40P-900$. 为使生产经营不亏本，就必须使 $L=40P-900 \geqslant 0$，从而 $P \geqslant 22.5$(万元). 所以只有当销售单价不低于 22.5 万元时，才能不亏本.

同步习题3.5

1. 求下列曲线的凹凸区间及拐点.

(1) $y = x^3 - 5x^2 + 3x + 5$.　　　　　　(2) $y = \ln(x^2+1)$.

(3) $y = \dfrac{1}{4}x^{\frac{8}{3}} - x^{\frac{5}{3}}$.　　　　　　(4) $y = e^{-x^2}$.

(5) $y = x^2 + \dfrac{1}{x}$.　　　　　　(6) $y = xe^{-x}$.

解 (1) $y' = 3x^2 - 10x + 3$, $y'' = 6x - 10$. 令 $y'' = 0$, 得 $x = \dfrac{5}{3}$. 当 $x < \dfrac{5}{3}$ 时, $y'' < 0$, 因此, 凸区间为 $\left(-\infty, \dfrac{5}{3}\right)$. 当 $x > \dfrac{5}{3}$ 时, $y'' > 0$, 因此, 凹区间为 $\left[\dfrac{5}{3}, +\infty\right)$, 点 $\left(\dfrac{5}{3}, \dfrac{20}{27}\right)$ 为拐点.

(2) $y' = \dfrac{2x}{1+x^2}$, $y'' = \dfrac{2(x^2+1) - 2x \cdot 2x}{(1+x^2)^2} = \dfrac{-2(x+1)(x-1)}{(1+x^2)^2}$. 令 $y'' = 0$, 得 $x_1 = -1, x_2 = 1$. 当 $x < -1$ 或 $x > 1$ 时, $y'' < 0$, 因此, 凸区间为 $(-\infty, -1)$ 和 $(1, +\infty)$. 当 $-1 < x < 1$ 时, $y'' > 0$, 因此, 凹区间为 $[-1, 1]$. 曲线有两个拐点, 分别是 $(-1, \ln 2)$ 和 $(1, \ln 2)$.

(3) $y' = \dfrac{2}{3}x^{\frac{5}{3}} - \dfrac{5}{3}x^{\frac{2}{3}}$, $y'' = \dfrac{10}{9}x^{\frac{2}{3}} - \dfrac{10}{9}x^{-\frac{1}{3}}$. 令 $y'' = 0$, 得 $x_1 = 1$. 另外, 还有 y'' 不存在的点 $x_2 = 0$. 当 $x < 0$ 或 $x > 1$ 时, $y'' > 0$, 因此, 凹区间为 $(-\infty, 0)$ 和 $(1, +\infty)$. 当 $0 < x < 1$ 时, $y'' < 0$, 因此, 凸区间为 $[0, 1]$. 曲线有两个拐点, 分别是 $(0, 0)$ 和 $\left(1, -\dfrac{3}{4}\right)$.

(4) $y' = -2xe^{-x^2}$, $y'' = 2(2x^2 - 1)e^{-x^2}$. 令 $y'' = 0$, 得 $x_1 = -\dfrac{1}{\sqrt{2}}, x_2 = \dfrac{1}{\sqrt{2}}$. 当 $x < -\dfrac{1}{\sqrt{2}}$ 或 $x > \dfrac{1}{\sqrt{2}}$ 时, $y'' > 0$, 因此, 凹区间为 $\left(-\infty, -\dfrac{1}{\sqrt{2}}\right]$ 和 $\left[\dfrac{1}{\sqrt{2}}, +\infty\right)$. 当 $-\dfrac{1}{\sqrt{2}} < x < \dfrac{1}{\sqrt{2}}$ 时, $y'' < 0$, 因此, 凸区间为 $\left(-\dfrac{1}{\sqrt{2}}, \dfrac{1}{\sqrt{2}}\right)$. 曲线有两个拐点, 分别是 $\left(-\dfrac{1}{\sqrt{2}}, \dfrac{1}{\sqrt{e}}\right)$ 和 $\left(\dfrac{1}{\sqrt{2}}, \dfrac{1}{\sqrt{e}}\right)$.

(5) $y' = 2x - \dfrac{1}{x^2}$, $y'' = 2 + \dfrac{2}{x^3}$. 令 $y'' = 0$, 得 $x = -1$. 注意, $y = x^2 + \dfrac{1}{x}$ 的定义域为 $(-\infty, 0) \cup (0, +\infty)$. 当 $x < -1$ 或 $x > 0$ 时, $y'' > 0$, 因此, 凹区间为 $(-\infty, -1]$ 和 $(0, +\infty)$. 当 $-1 < x < 0$ 时, $y'' < 0$, 因此, 凸区间为 $(-1, 0)$. 点 $(-1, 0)$ 为曲线的拐点.

(6) $y' = (1-x)e^{-x}$, $y'' = (x-2)e^{-x}$. 令 $y'' = 0$, 得 $x = 2$. 当 $x < 2$ 时, $y'' < 0$, 因此, 凸区

间为 $(-\infty,2]$. 当 $x>2$ 时, $y''>0$, 因此, 凹区间为 $(2,+\infty)$. 曲线的拐点为 $\left(2,\dfrac{2}{e^2}\right)$.

2. 试确定常数 a,b,c,d 的值, 使曲线 $y=ax^3+bx^2+cx+d$ 过点 $(-2,44)$, 在点 $x=-2$ 处有水平切线, 且以点 $(1,-10)$ 为拐点.

解 易求得 $y'=3ax^2+2bx+c$, $y''=6ax+2b$. 根据题意有 $y(-2)=44$, $y'(-2)=0$,

$y(1)=-10$, $y''(1)=0$, 即 $\begin{cases} -8a+4b-2c+d=44, \\ 12a-4b+c=0, \\ a+b+c+d=-10, \\ 6a+2b=0, \end{cases}$ 解此方程组得 $a=1,b=-3,c=-24,d=16.$

3. 求下列曲线的渐近线.

(1) $y=e^{-x^2}$.　　(2) $y=\ln x$.　　(3) $y=e^{-\frac{1}{x}}$.　　(4) $y=\dfrac{e^x}{1+x}$.

解 (1) 因为 $\lim\limits_{x\to\infty}\dfrac{e^{-x^2}}{x}=0$, 所以曲线的水平渐近线为 $y=0$.

(2) 因为 $\lim\limits_{x\to0^+}\ln x=-\infty$, 所以曲线的铅直渐近线为 $x=0$.

(3) 因为 $\lim\limits_{x\to\infty}e^{-\frac{1}{x}}=1$, 所以曲线的水平渐近线为 $y=1$. 因为 $\lim\limits_{x\to0^-}e^{-\frac{1}{x}}=+\infty$, 所以曲线的铅直渐近线为 $x=0$.

(4) 因为 $\lim\limits_{x\to+\infty}\dfrac{e^x}{x(1+x)}$ 不存在, $\lim\limits_{x\to-\infty}\dfrac{e^x}{x(1+x)}=0$, 所以曲线没有斜渐近线. 因为 $\lim\limits_{x\to-\infty}\dfrac{e^x}{1+x}=0$, 所以曲线的水平渐近线为 $y=0$. 因为 $\lim\limits_{x\to-1}\dfrac{e^x}{1+x}=\infty$, 所以曲线的铅直渐近线为 $x=-1$.

提高题

1. 函数 $y=1+\sin x$ 在 $(\pi,2\pi)$ 内的图形是(　　　　).

A. 凹的　　　　B. 凸的　　　　C. 既是凹的又是凸的　　　　D. 直线

解 当 $x\in(\pi,2\pi)$ 时, $y'=\cos x$, $y''=-\sin x>0$, 所以函数在 $(\pi,2\pi)$ 内的图形是凹的. 故应选 A.

2. 画出下列函数的图形.

(1) $y=x^3-x^2-x+1$.　　(2) $y=\dfrac{1}{5}(x^4-6x^2+8x+7)$.　　(3) $y=e^{-x^2}$.

解 (1) 定义域为 $(-\infty,+\infty)$, 且 $y'=3x^2-2x-1=(3x+1)(x-1)$, $y''=6x-2$.

令 $y'=0$, 得 $x=-\dfrac{1}{3}$ 和 $x=1$; 令 $y''=0$, 得 $x=\dfrac{1}{3}$. 用这些点将 $(-\infty,+\infty)$ 划分成 4

个部分区间：$\left(-\infty,-\dfrac{1}{3}\right], \left(-\dfrac{1}{3},\dfrac{1}{3}\right), \left[\dfrac{1}{3},1\right), (1,+\infty)$.

各部分区间内 y' 和 y'' 的符号及曲线的升降、凹凸、拐点等如表3.1所示.

表 3.1

x	$\left(-\infty,-\dfrac{1}{3}\right)$	$-\dfrac{1}{3}$	$\left(-\dfrac{1}{3},\dfrac{1}{3}\right)$	$\dfrac{1}{3}$	$\left(\dfrac{1}{3},1\right)$	1	$(1,+\infty)$
y'	$+$	0	$-$	$-$	$-$	0	$+$
y''	$-$	$-$	$-$	0	$+$	$+$	$+$
y	单调增加、凸的	极大值	单调减少、凸的	拐点	单调减少、凹的	极小值	单调增加、凹的

计算可得 $y\left(-\dfrac{1}{3}\right)=\dfrac{32}{27}, y\left(\dfrac{1}{3}\right)$
$=\dfrac{16}{27}, y(1)=0$. $\lim\limits_{x\to\pm\infty}y(x)=\pm\infty$，
所以没有水平渐近线、铅直渐近线和斜渐近线.

综上所述，可画出函数图形如图 3.1 所示.

（2）定义域为 $(-\infty,+\infty)$，
且 $y'=\dfrac{1}{5}(4x^3-12x+8)=\dfrac{4}{5}(x+$

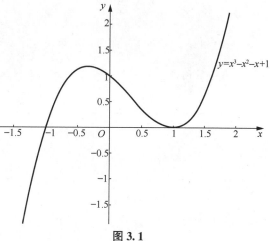

$2)(x-1)^2, y''=\dfrac{4}{5}(3x^2-3)=\dfrac{12}{5}$

图 3.1

$(x+1)(x-1)$. 令 $y'=0$，得 $x=-2$ 和 $x=1$；令 $y''=0$，得 $x=-1$ 和 $x=1$. 用这些点将 $(-\infty,+\infty)$ 划分成4个部分区间：$(-\infty,-2], (-2,-1), [-1,1], (1,+\infty)$.

各部分区间内 y' 和 y'' 的符号及曲线的升降、凹凸、拐点等如表3.2所示.

表 3.2

x	$(-\infty,-2)$	-2	$(-2,-1)$	-1	$(-1,1)$	1	$(1,+\infty)$
y'	$-$	0	$+$	$+$	$+$	0	$+$
y''	$+$	$+$	$+$	0	$-$	0	$+$
y	单调减少、凹的	极小值	单调增加、凹的	拐点	单调增加、凸的	拐点	单调增加、凹的

计算可得 $y(-2)=-\dfrac{17}{5}, y(-1)$

$=-\dfrac{6}{5}, y(1)=2.$ $\lim\limits_{x\to\pm\infty} y(x)=\pm\infty$, 所以没有水平渐近线、铅直渐近线和斜渐近线.

综上所述，可画出函数图形如图 3.2 所示.

（3）定义域为 $(-\infty, +\infty)$，且 $y'=-2xe^{-x^2}, y''=2(2x^2-1)e^{-x^2}$. 令 $y'=0$，得 $x=0$；令 $y''=0$，得 $x=-\dfrac{1}{\sqrt{2}}$ 和 $x=\dfrac{1}{\sqrt{2}}$. 用这些点将

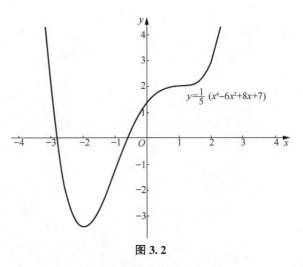

图 3.2

$(-\infty, +\infty)$ 划分成 4 个部分区间：$\left(-\infty, -\dfrac{1}{\sqrt{2}}\right], \left(-\dfrac{1}{\sqrt{2}}, 0\right), \left[0, \dfrac{1}{\sqrt{2}}\right), \left(\dfrac{1}{\sqrt{2}}, +\infty\right)$.

各部分区间内 y' 和 y'' 的符号及曲线的升降、凹凸、拐点等如表 3.3 所示.

表 3.3

x	$\left(-\infty, -\dfrac{1}{\sqrt{2}}\right)$	$-\dfrac{1}{\sqrt{2}}$	$\left(-\dfrac{1}{\sqrt{2}}, 0\right)$	0	$\left(0, \dfrac{1}{\sqrt{2}}\right)$	$\dfrac{1}{\sqrt{2}}$	$\left(\dfrac{1}{\sqrt{2}}, +\infty\right)$
y'	+	+	+	0	−	−	−
y''	+	0	−	−	−	0	+
y	单调增加、凹的	拐点	单调增加、凸的	极大值	单调减少、凸的	拐点	单调减少、凹的

计算可得 $y\left(-\dfrac{1}{\sqrt{2}}\right)=\dfrac{1}{\sqrt{e}}, y(0)$

$=1, y\left(\dfrac{1}{\sqrt{2}}\right)=\dfrac{1}{\sqrt{e}}.$ $\lim\limits_{x\to\pm\infty} y(x)=0$, 所以有水平渐近线 $y=0$.

综上所述，可画出函数图形如图 3.3 所示.

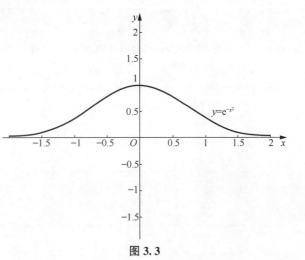

图 3.3

第 3 章总复习题

1. 选择题: (1)~(5)小题, 每小题 4 分, 共 20 分. 下列每小题给出的 4 个选项中, 只有一个选项是符合题目要求的.

(1)(2019304)已知方程 $x^5-5x+k=0$ 有 3 个不同的实根, 则 k 的取值范围是( ).

A. $(-\infty,-4)$ B. $(4,+\infty)$ C. $[-4,4]$ D. $(-4,4)$

解 设 $f(x)=x^5-5x+k$. 方程有 3 个实根等价于函数 $f(x)$ 有 3 个零点. 为此, 先求 $f(x)$ 的极值点. $f'(x)=5x^4-5$, 令 $f'(x)=0$, 得 $x=\pm1$. $f''(x)=20x^3$, $f''(-1)=-20<0$, 故 $x=-1$ 是 $f(x)$ 的极大值点. $f''(1)=20>0$, 故 $x=1$ 是 $f(x)$ 的极小值点. 又 $\lim_{x\to-\infty}f(x)=-\infty$, $\lim_{x\to+\infty}f(x)=+\infty$, 所以函数 $f(x)$ 有 3 个零点必须其极大值 $f(-1)$ 大于零且极小值 $f(1)$ 小于零, 即 $f(-1)=4+k>0$, 得 $k>-4$; $f(1)=-4+k<0$, 得 $k<4$.

即 k 的取值范围为 $(-4,4)$, 故应选 D.

(2)(2017304)设函数 $f(x)$ 可导, 且 $f(x)f'(x)>0$, 则( ).

A. $f(1)>f(-1)$ B. $f(1)<f(-1)$
C. $|f(1)|>|f(-1)|$ D. $|f(1)|<|f(-1)|$

解 由于 $[f^2(x)]'=2f(x)f'(x)>0$, 于是 $f^2(x)$ 在所考虑的区间上单调增加, 因此, $f^2(1)>f^2(-1)$, 即 $|f(1)|>|f(-1)|$, 故应选 C.

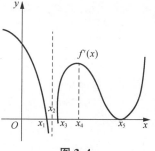

(3)(2016304)设函数 $f(x)$ 在 $(-\infty,+\infty)$ 内连续, 其导函数 $f'(x)$ 的图形如图 3.4 所示, 则( ).

A. 函数 $f(x)$ 有 2 个极值点, 曲线 $y=f(x)$ 有 2 个拐点

B. 函数 $f(x)$ 有 2 个极值点, 曲线 $y=f(x)$ 有 3 个拐点

C. 函数 $f(x)$ 有 3 个极值点, 曲线 $y=f(x)$ 有 1 个拐点

D. 函数 $f(x)$ 有 3 个极值点, 曲线 $y=f(x)$ 有 2 个拐点

图 3.4

解 x_1,x_3,x_5 为驻点, 而在 x_1 和 x_3 两侧 $f'(x)$ 变号, 则 x_1 和 x_3 为极值点; x_5 两侧 $f'(x)$ 不变号, 则 x_5 不是极值点; 在 x_2 处一阶导数不存在, 但在 x_2 处 $f'(x)$ 不变号, 则 x_2 不是极值点; 在 x_2 处二阶导数不存在, 在 x_4 和 x_5 处二阶导数为零, 在这 3 个点两侧一阶导函数增减性发生变化, 这 3 个点都为拐点, 故应选 B.

(4)(2015304)设函数 $f(x)$ 在 $(-\infty,+\infty)$ 内连续, 其二阶导函数 $f''(x)$ 的图形如图 3.5 所示, 则曲线 $y=f(x)$ 的拐点个数为( ).

A. 0   B. 1
C. 2   D. 3

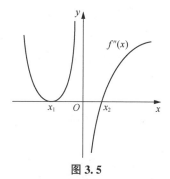

图 3.5

解 由图知 $f''(x_1)=f''(x_2)=0$，$f''(0)$ 不存在，其余点上二阶导数 $f''(x)$ 存在且非零，则曲线 $y=f(x)$ 最多有 3 个拐点. 但在 x_1 的两侧二阶导数不变号，因此，x_1 不是拐点. 而在 0 和 x_2 的两侧二阶导数变号，则曲线 $y=f(x)$ 有两个拐点，故应选 C.

(5)(2014304) 下列曲线中有渐近线的是(　　).

A. $y=x+\sin x$ 　　　B. $y=x^2+\sin x$ 　　　C. $y=x+\sin\dfrac{1}{x}$ 　　　D. $y=x^2+\sin\dfrac{1}{x}$

解 对于 C 项，由于 $\lim\limits_{x\to\infty}\dfrac{y}{x}=\lim\limits_{x\to\infty}\dfrac{x+\sin\dfrac{1}{x}}{x}=1$，

$$\lim_{x\to\infty}(y-x)=\lim_{x\to\infty}\left(x+\sin\dfrac{1}{x}-x\right)=\lim_{x\to\infty}\sin\dfrac{1}{x}=0,$$

所以曲线 $y=x+\sin\dfrac{1}{x}$ 有斜渐近线 $y=x$，故应选 C.

2. 填空题：(6)~(10)小题，每小题 4 分，共 20 分.

(6)(2019304) 曲线 $y=x\sin x+2\cos x\left(-\dfrac{\pi}{2}<x<\dfrac{3\pi}{2}\right)$ 的拐点坐标为 _____.

解 $y'=x\cos x-\sin x$，$y''=-x\sin x$，令 $y''=0$，得 $x=0,x=\pi$.

在 $x=0$ 两侧，y'' 不变号，则 $(0,2)$ 不是拐点；在 $x=\pi$ 两侧，y'' 变号，则 $(\pi,-2)$ 是拐点. 故应填 $(\pi,-2)$.

(7)(2010304) 若曲线 $y=x^3+ax^2+bx+1$ 有拐点 $(-1,0)$，则 $b=$ _____.

解 $y'=3x^2+2ax+b$，$y''=6x+2a$. 因为 $(-1,0)$ 是拐点，于是 $y(-1)=a-b=0$，$y''(-1)=2a-6=0$，由此可得 $b=a=3$.

(8)(2009204) 曲线 $y=x^2+2\ln x$ 在其拐点处的切线方程是 _____.

解 $y'=2x+\dfrac{2}{x}$，$y''=2-\dfrac{2}{x^2}$. 令 $y''=0$，得 $x=1$，$x=-1$(舍去).

拐点为 $(1,1)$，$y'(1)=4$，拐点处的切线方程为 $y-1=4(x-1)$，即 $y=4x-3$，故应填 $y=4x-3$.

(9)(2006204) 曲线 $y=\dfrac{x+4\sin x}{5x-2\cos x}$ 的水平渐近线方程为 _____.

解 由于 $\lim\limits_{x\to\infty}y=\lim\limits_{x\to\infty}\dfrac{x+4\sin x}{5x-2\cos x}=\lim\limits_{x\to\infty}\dfrac{1+\dfrac{4\sin x}{x}}{5-\dfrac{2\cos x}{x}}=\dfrac{1}{5}$，所以水平渐近线方程为 $y=\dfrac{1}{5}$.

(10)(2003204) $y=2^x$ 的麦克劳林公式中 x^n 项的系数是 _____.

解 由 $y=2^x=\mathrm{e}^{x\ln 2}=\sum\limits_{k=0}^{n}\dfrac{(x\ln 2)^k}{k!}+o(x^n)$，即得 x^n 项的系数 $a_n=\dfrac{\ln^n 2}{n!}$.

3. 解答题: (11)~(16) 小题, 每小题 10 分, 共 60 分. 解答时应写出文字说明、证明过程或演算步骤.

(11)(2020310) 设函数 $f(x)$ 在 $[0,2]$ 上具有连续导数, $f(0)=f(2)=0$, $M=\max\limits_{x\in[0,2]}\{|f(x)|\}$, 证明: ① 存在 $\xi\in(0,2)$, 使 $|f'(\xi)|\geq M$; ② 若对任意的 $x\in(0,2)$, $|f'(x)|\leq M$, 则 $M=0$.

证明 ① 设 $|f(c)|=M$.

若 $c\in(0,1]$, 由拉格朗日中值定理知, 存在 $\xi\in(0,c)$, 使 $f'(\xi)=\dfrac{f(c)-f(0)}{c}=\dfrac{f(c)}{c}$, 从而有 $|f'(\xi)|=\dfrac{|f(c)|}{c}=\dfrac{M}{c}\geq M$.

若 $c\in(1,2]$, 同理, 存在 $\xi\in(1,2)$, 使 $f'(\xi)=\dfrac{f(2)-f(c)}{2-c}=\dfrac{-f(c)}{2-c}$, 从而有 $|f'(\xi)|=\dfrac{|f(c)|}{2-c}=\dfrac{M}{2-c}\geq M$.

综上所述, 存在 $\xi\in(0,2)$, 使 $|f'(\xi)|\geq M$.

② 若 $c\in[0,1)$, 则 $M=|f(c)|=|f(c)-f(0)|=|f'(\xi)|c\leq Mc$, 由于 $c\in[0,1)$, 则 $M=0$.

同理, 当 $c\in(1,2]$ 时, 也可得 $M=0$.

若 $c=1$ 且 $M>0$, $M=|f(1)|=\left|\displaystyle\int_0^1 f'(x)\mathrm{d}x\right|\leq\displaystyle\int_0^1|f'(x)|\mathrm{d}x<M$, 矛盾, 则 $M=0$.

原题得证.

(12)(2019310) 已知函数 $f(x)=\begin{cases}x^{2x}, & x>0,\\ xe^x+1, & x\leq 0,\end{cases}$ 求 $f'(x)$, 并求 $f(x)$ 的极值.

解 当 $x>0$ 时, $f'(x)=(e^{2x\ln x})'=e^{2x\ln x}(2\ln x+2)=2x^{2x}(\ln x+1)$.

当 $x<0$ 时, $f'(x)=(x+1)e^x$, $f'_+(0)=\lim\limits_{x\to 0^+}\dfrac{x^{2x}-1}{x}=\lim\limits_{x\to 0^+}\dfrac{e^{2x\ln x}-1}{x}=\lim\limits_{x\to 0^+}\dfrac{2x\ln x}{x}=\infty$, 则 $f'(0)$ 不存在.

所以, $f'(x)=\begin{cases}2x^{2x}(\ln x+1), & x>0,\\ \text{不存在}, & x=0,\\ (x+1)e^x, & x<0.\end{cases}$ 令 $f'(x)=0$, 得 $x=-1$, $x=\dfrac{1}{e}$, 而 $f'(0)$ 不存在.

当 $x<-1$ 时, $f'(x)<0$, 当 $-1<x<0$ 时, $f'(x)>0$, 则 $x=-1$ 为极小值点, 极小值为 $f(-1)=1-\dfrac{1}{e}$;

当 $-1<x<0$ 时, $f'(x)>0$, 当 $0<x<\dfrac{1}{e}$ 时, $f'(x)<0$, 则 $x=0$ 为极大值点, 极大值为 $f(0)=1$;

当 $0<x<\dfrac{1}{e}$ 时,$f'(x)<0$,当 $x>\dfrac{1}{e}$ 时,$f'(x)>0$,则 $x=\dfrac{1}{e}$ 为极小值点,极小值为

$f\left(\dfrac{1}{e}\right)=e^{-\frac{2}{e}}$.

(13)(2017310)已知方程 $\dfrac{1}{\ln(1+x)}-\dfrac{1}{x}=k$ 在区间 $(0,1)$ 内有

实根,确定 k 的取值范围.

总复习题(13)

解 设 $f(x)=\dfrac{1}{\ln(1+x)}-\dfrac{1}{x}$,$x\in(0,1)$,则

$$f'(x)=-\dfrac{1}{(1+x)\ln^2(1+x)}+\dfrac{1}{x^2}=\dfrac{(1+x)\ln^2(1+x)-x^2}{x^2(1+x)\ln^2(1+x)}.$$

设 $g(x)=(1+x)\ln^2(1+x)-x^2$,则 $g(0)=0$,$g'(x)=\ln^2(1+x)+2\ln(1+x)-2x$,$g'(0)=0$,$g''(x)=\dfrac{2[\ln(1+x)-x]}{1+x}<0$,$x\in(0,1)$,所以 $g'(x)$ 在 $(0,1)$ 上单调减少. 由于 $g'(0)=0$,所以当 $x\in(0,1)$ 时,$g'(x)<g'(0)=0$,也就是 $g(x)$ 在 $(0,1)$ 上单调减少. 当 $x\in(0,1)$ 时,$g(x)<g(0)=0$,进一步得到当 $x\in(0,1)$ 时,$f'(x)<0$,也就是 $f(x)$ 在 $(0,1)$ 内单调减少.

$$\lim_{x\to 0^+}f(x)=\lim_{x\to 0^+}\left[\dfrac{1}{\ln(1+x)}-\dfrac{1}{x}\right]=\lim_{x\to 0^+}\dfrac{x-\ln(1+x)}{x\ln(1+x)}=\dfrac{1}{2},\ f(1)=\dfrac{1}{\ln 2}-1,$$

于是得到 $\dfrac{1}{\ln 2}-1<k<\dfrac{1}{2}$.

(14)(2012310)证明:$x\ln\dfrac{1+x}{1-x}+\cos x\geqslant 1+\dfrac{x^2}{2}$($-1<x<1$).

证明 设 $f(x)=x\ln\dfrac{1+x}{1-x}+\cos x-\dfrac{x^2}{2}-1$,则 $f'(x)=\ln\dfrac{1+x}{1-x}+\dfrac{2x}{1-x^2}-\sin x-x$,$f''(x)=$

$\dfrac{4}{1-x^2}+\dfrac{4x^2}{(1-x^2)^2}-1-\cos x=\dfrac{4}{(1-x^2)^2}-1-\cos x$,当 $-1<x<1$ 时,由于 $\dfrac{4}{(1-x^2)^2}\geqslant 4$,$1+\cos x\leqslant$

2,所以 $f''(x)\geqslant 2>0$,从而 $f'(x)$ 单调增加. 又因为 $f'(0)=0$,所以当 $-1<x<0$ 时,$f'(x)<0$;当 $0<x<1$ 时,$f'(x)>0$,于是 $f(0)=0$ 是函数 $f(x)$ 在 $(-1,1)$ 内的最小值. 从而,当 $-1<x<1$ 时,$f(x)\geqslant f(0)=0$,即 $x\ln\dfrac{1+x}{1-x}+\cos x\geqslant 1+\dfrac{x^2}{2}$.

(15)(2016310)设某商品的最大需求为 $1\,200$ 件,该商品的需求函数为 $Q=Q(P)$,

需求弹性 $\eta=\dfrac{P}{120-P}(\eta>0)$,$P$ 为单价(单位:万元).

①求需求函数的表达式. ②求 $P=100$ 万元时的边际收益,并说明其经济意义.

解 ①由弹性公式 $\eta=\left|\dfrac{P\,\mathrm{d}Q}{Q\,\mathrm{d}P}\right|$ 得

$$\dfrac{P\,\mathrm{d}Q}{Q\,\mathrm{d}P}=\dfrac{-P}{120-P},\quad -\dfrac{\mathrm{d}Q}{Q}=\dfrac{\mathrm{d}P}{120-P},\quad Q=C(P-120),$$

由 $Q(0)=1\,200$ 得 $C=-10$.

需求函数为 $Q(P)=-10(P-120)=10(120-P)=1\,200-10P$.

②由①知，收益函数 $R=120Q-\dfrac{1}{10}Q^2$，边际收益 $R'(Q)=120-\dfrac{1}{5}Q$.

当 $P=100$ 时，$Q=200$，故当 $P=100$ 万元时的边际收益 $R'(200)=80$ 万元/件，经济意义为：销售第 201 件商品所得的收益为 80 万元.

(16)(2013310)设生产某产品的固定成本为 6 000 元，可变成本为 20 元/件，价格函数为 $P=60-\dfrac{Q}{1\,000}$（P 是单价，单位：元；Q 是销售量，单位：件），已知产销平衡，求：

①该产品的边际利润；

②当 $P=50$ 元时的边际利润，并解释其经济意义；

③使利润最大的定价 P.

解 ①由 $P=60-\dfrac{Q}{1\,000}$，得 $Q=1\,000(60-P)$，则利润函数为

$$L=QP-6\,000-20Q=Q\left(60-\frac{Q}{1\,000}\right)-6\,000-20Q=Q\left(40-\frac{Q}{1\,000}\right)-6\,000,$$

因而该产品的边际利润为 $\dfrac{\mathrm{d}L}{\mathrm{d}Q}=40-\dfrac{Q}{500}$.

②当 $P=50$ 时，$Q=10\,000$，此时的边际利润为 $40-\dfrac{10\,000}{500}=20$（元/件），经济意义为：当价格 $P=50$ 元时，销售量每增加一件，利润就增加 20 元.

③令 $\dfrac{\mathrm{d}L}{\mathrm{d}Q}=40-\dfrac{Q}{500}=0$，得 $Q=20\,000$，进而可得 $P=40$ 且 $\dfrac{\mathrm{d}^2L}{\mathrm{d}Q^2}=-\dfrac{1}{500}<0$，因可能极值点唯一，且实际问题存在最大值，故当价格 $P=40$ 元时，利润最大.

第 4 章

不定积分

一、 知识结构

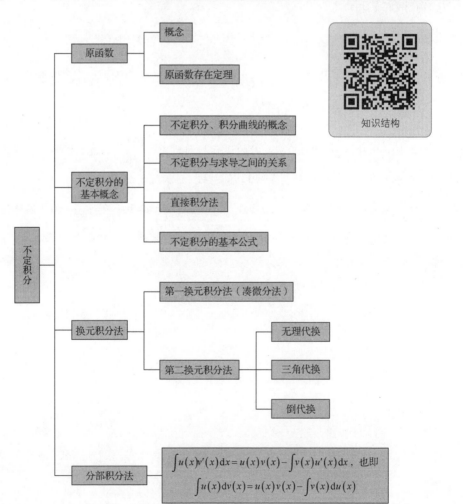

原函数
- 概念
- 原函数存在定理

不定积分

不定积分的基本概念
- 不定积分、积分曲线的概念
- 不定积分与求导之间的关系
- 直接积分法
- 不定积分的基本公式

换元积分法
- 第一换元积分法（凑微分法）
- 第二换元积分法
  - 无理代换
  - 三角代换
  - 倒代换

分部积分法

$$\int u(x)v'(x)\mathrm{d}x = u(x)v(x) - \int v(x)u'(x)\mathrm{d}x,\ \text{也即}$$
$$\int u(x)\mathrm{d}v(x) = u(x)v(x) - \int v(x)\mathrm{d}u(x)$$

知识结构

二、 重点与考点分析

（一）本章重点内容介绍

1. 原函数

（1）设函数 $f(x)$ 与 $F(x)$ 在区间 I 上都有定义，若 $F'(x)=f(x),x\in I$，则称 $F(x)$ 为 $f(x)$ 在区间 I 上的一个原函数.

（2）若函数 $f(x)$ 在区间 I 上连续，则函数 $f(x)$ 在区间 I 上存在原函数 $F(x)$，即 $F'(x)=f(x),x\in I$.

（3）设 $F(x)$ 为 $f(x)$ 在区间 I 上的原函数，则

本章重点内容介绍

① $F(x)+C$ 也是 $f(x)$ 在区间 I 上的原函数，其中 C 为任意常数；

② $f(x)$ 在区间 I 上的任意两个原函数之间至多相差一个常数.

2. 不定积分

（1）函数 $f(x)$ 在区间 I 上所有原函数的全体称为 $f(x)$ 的不定积分.

注 不定积分与原函数是总体与个体的关系.

（2）不定积分的几何意义：若 $F(x)$ 是 $f(x)$ 的一个原函数，则称 $y=F(x)$ 的图形为 $f(x)$ 的一条积分曲线. 于是，$f(x)$ 的不定积分在几何上表示：$f(x)$ 的某一积分曲线沿纵轴方向任意平移所得一切积分曲线组成的曲线族. 显然，若在每一条积分曲线上横坐标相同的点处作切线，则这些切线互相平行.

3. 第一换元积分法

设 $f(t)$ 存在原函数 $F(t)$，又函数 $t=\varphi(x)$ 可微，则

$$\int f[\varphi(x)]\varphi'(x)\mathrm{d}x=F[\varphi(x)]+C.$$

4. 第二换元积分法

设 $t=\varphi(x)$ 是严格单调的可微函数，并且 $\varphi'(x)\neq 0$，又

$$\int f[\varphi(x)]\varphi'(x)\mathrm{d}x=F(x)+C,$$

则 $\int f(t)\mathrm{d}t=F[\varphi^{-1}(t)]+C$，其中 $\varphi^{-1}(t)$ 为函数 $\varphi(x)$ 的反函数.

（1）**三角代换**：三角代换包括弦代换、切代换、割代换 3 种.

①**弦代换**：弦代换是针对形如 $\sqrt{a^2-x^2}\,(a>0)$ 的根式进行的，目的是去掉根号，方法是令 $x=a\sin t$，则 $\sqrt{a^2-x^2}=a\cos t$，$\mathrm{d}x=a\cos t\mathrm{d}t$，$t=\arcsin\dfrac{x}{a}$，变量还原时，常用辅助直角三角形.

②**切代换**：切代换是针对形如 $\sqrt{a^2+x^2}\,(a>0)$ 的根式进行的，目的是去掉根号，

方法是令 $x = a\tan t$，则 $\sqrt{a^2+x^2} = a\sec t$，$dx = a\sec^2 t dt$，$t = \arctan\dfrac{x}{a}$，变量还原时，常用辅助直角三角形.

③**割代换**：割代换是针对形如 $\sqrt{x^2-a^2}$（$a>0$）的根式进行的，目的是去掉根号，方法是令 $x = a\sec t$，则 $\sqrt{x^2-a^2} = a\tan t$，$dx = a\sec t \cdot \tan t dt$，变量还原时，常用辅助直角三角形.

(2)**无理代换**：若被积函数是 $\sqrt[n_1]{x}, \sqrt[n_2]{x}, \cdots, \sqrt[n_k]{x}$ 的有理式，设 n 为 n_i（$1 \leq i \leq k$）的最小公倍数，作代换 $t = \sqrt[n]{x}$，有 $x = t^n$，$dx = nt^{n-1}dt$，可化被积函数为 t 的有理函数；若被积函数中只有一种根式 $\sqrt[n]{ax+b}$ 或 $\sqrt[n]{\dfrac{ax+b}{cx+d}}$，可做代换 $t = \sqrt[n]{ax+b}$ 或 $t = \sqrt[n]{\dfrac{ax+b}{cx+d}}$，从中解出 x 来.

(3)**倒代换**：设被积函数的分子、分母关于 x 的最高次数分别为 m 和 n，若 $n-m>1$，此时可用倒代换，即令 $x = \dfrac{1}{t}$，则 $dx = -\dfrac{1}{t^2}dt$.

5. 分部积分法

设函数 $u(x)$ 与 $v(x)$ 都可微，不定积分 $\displaystyle\int v(x)u'(x)dx$ 存在，则 $\displaystyle\int u(x)v'(x)dx$ 也存在，并有

$$\int u(x)v'(x)dx = u(x)v(x) - \int v(x)u'(x)dx.$$

这个公式称为分部积分公式.

6. 一些不能用初等函数表达的积分

$$\int e^{x^2}dx, \int e^{-x^2}dx, \int \frac{\sin x}{x}dx, \int \frac{\cos x}{x}dx, \int \frac{dx}{\ln x}, \int \frac{dx}{\sqrt{1+x^4}}.$$

（二）考研大纲要求

(1)理解原函数与不定积分的概念.

(2)掌握不定积分的基本性质和基本积分公式，掌握计算不定积分的换元积分法和分部积分法.

考研大纲要求

（三）本章知识小结

(1)不定积分和原函数是两个不同的概念，前者是个集合，后者是该集合中的一个元素，但任意两个原函数之间只差一个常数.

(2)不是所有初等函数的不定积分或原函数都是初等函数，例如 $\displaystyle\int e^{-x^2}dx, \int e^{x^2}dx$，$\displaystyle\int \sin x^2 dx, \int \frac{dx}{\ln x}$ 等都不能用初等函数表示，或者习惯地说"积不出来"，能"积出来"的

只是很少的一部分，而且形式变化多样，有的技巧性也很强.

（3）本章虽然给出了求不定积分的方法，但在实际计算中，根据题目的特点，可采用的方法灵活性很强，有时甚至要多种方法综合运用.

三、 典型例题与方法归纳

例1 求 $\int e^{-|x|} dx$.

解 由于 $e^{-|x|} = \begin{cases} e^{-x}, & x \geqslant 0, \\ e^x, & x < 0, \end{cases}$ 所以 $\int e^{-|x|} dx = \begin{cases} -e^{-x}+C, & x \geqslant 0, \\ e^x+C_1, & x < 0. \end{cases}$ 根据原函数的连

续性有 $-1+C = 1+C_1$，即 $C_1 = C-2$，因此，$\int e^{-|x|} dx = \begin{cases} -e^{-x}+C, & x \geqslant 0, \\ e^x+C-2, & x < 0. \end{cases}$

【方法归纳】 对于分段函数的不定积分，在各区间段内可利用不定积分公式，在分界点处应根据原函数的连续性确定各积分常数之间的关系.

例2 求 $\int \dfrac{x+5}{x^2-6x+13} dx$.

解 $\int \dfrac{x+5}{x^2-6x+13} dx = \int \dfrac{x+5}{(x-3)^2+4} dx \xlongequal{t=x-3} \int \dfrac{t+8}{t^2+4} dt$

$$= \frac{1}{2}\ln(t^2+4) + 4\arctan\frac{t}{2} + C$$

$$= \frac{1}{2}\ln(x^2-6x+13) + 4\arctan\frac{x-3}{2} + C.$$

例3 求 $\int \dfrac{x dx}{\sqrt{1+x+x^2}}$.

解 $\int \dfrac{x dx}{\sqrt{1+x+x^2}} = \int \dfrac{x}{\sqrt{\dfrac{3}{4}+\left(x+\dfrac{1}{2}\right)^2}} dx \xlongequal{t=x+\frac{1}{2}} \int \dfrac{t-\dfrac{1}{2}}{\sqrt{\dfrac{3}{4}+t^2}} dt$

例3及方法归纳

$$= \int \frac{t}{\sqrt{\dfrac{3}{4}+t^2}} dt - \frac{1}{2} \int \frac{1}{\sqrt{\dfrac{3}{4}+t^2}} dt$$

$$= \sqrt{\frac{3}{4}+t^2} - \frac{1}{2}\ln\left(t+\sqrt{\frac{3}{4}+t^2}\right) + C$$

$$= \sqrt{1+x+x^2} - \frac{1}{2}\ln\left(x+\frac{1}{2}+\sqrt{1+x+x^2}\right) + C.$$

【方法归纳】 遇到二次三项式时，首先应想到配方，然后再求解.

例 4 求 $\int \dfrac{\mathrm{d}x}{\sqrt{x(x-1)}}$.

解 $\int \dfrac{\mathrm{d}x}{\sqrt{x(x-1)}} = 2\int \dfrac{\mathrm{d}\sqrt{x}}{\sqrt{(\sqrt{x})^2-1}} = 2\ln|\sqrt{x}+\sqrt{x-1}| + C$.

例 5 求 $\int \dfrac{\mathrm{d}x}{x(x^2+1)}$.

解 $\int \dfrac{\mathrm{d}x}{x(x^2+1)} = \int \dfrac{x\mathrm{d}x}{x^2(x^2+1)} = \dfrac{1}{2}\int \dfrac{\mathrm{d}(x^2)}{x^2(x^2+1)} = \dfrac{1}{2}\ln\dfrac{x^2}{x^2+1} + C$.

【方法归纳】 第一换元积分法也称为凑微分法，大家要熟练掌握常见的凑微分形式，一般是先变形再凑微分.

例 6 求 $\int \dfrac{\mathrm{d}x}{\sqrt{x(1-x)}}$.

解 令 $x=\sin^2 t$，则 $\mathrm{d}x = 2\sin t\cos t\mathrm{d}t$，因而有

$$\int \dfrac{\mathrm{d}x}{\sqrt{x(1-x)}} = 2\int \dfrac{\sin t\cos t}{\sin t\cos t}\mathrm{d}t = 2\int \mathrm{d}t = 2\arcsin\sqrt{x} + C.$$

例 7 求 $\int \dfrac{\mathrm{d}x}{x^4\sqrt{x^2-1}}$.

解 令 $x=\sec t$，则 $\mathrm{d}x = \sec t\cdot\tan t\mathrm{d}t$，因而有

$$\int \dfrac{\mathrm{d}x}{x^4\sqrt{x^2-1}} = \int \dfrac{\sec t\cdot\tan t\mathrm{d}t}{\sec^4 t\cdot\tan t} = \int \cos^3 t\mathrm{d}t = \int \cos^2 t\mathrm{d}\sin t$$

$$= \int (1-\sin^2 t)\mathrm{d}\sin t = \sin t - \dfrac{1}{3}\sin^3 t + C = \dfrac{\sqrt{x^2-1}}{x} - \dfrac{\sqrt{(x^2-1)^3}}{3x^3} + C.$$

例 8 求 $\int \dfrac{\mathrm{d}x}{1+\sqrt[3]{x+2}}$.

解 令 $t=\sqrt[3]{x+2}$，则 $\mathrm{d}x = 3t^2\mathrm{d}t$，因而有

$$\int \dfrac{\mathrm{d}x}{1+\sqrt[3]{x+2}} = 3\int \dfrac{t^2}{1+t}\mathrm{d}t = 3\int \left(t-1+\dfrac{1}{1+t}\right)\mathrm{d}t = 3\left[\dfrac{1}{2}t^2-t+\ln(1+t)\right] + C$$

$$= 3\left[\dfrac{1}{2}\sqrt[3]{(x+2)^2} - \sqrt[3]{x+2} + \ln|\sqrt[3]{x+2}+1|\right] + C.$$

例 9 求 $\int \dfrac{\mathrm{d}x}{x^2\sqrt{1+x^2}}$.

解 令 $x=\dfrac{1}{t}$，则 $\mathrm{d}x = -\dfrac{1}{t^2}\mathrm{d}t$，因而有

$$\int \dfrac{\mathrm{d}x}{x^2\sqrt{1+x^2}} = \int \dfrac{t^2}{\sqrt{1+\dfrac{1}{t^2}}}\cdot\left(-\dfrac{1}{t^2}\right)\mathrm{d}t = -\int \dfrac{t}{\sqrt{1+t^2}}\mathrm{d}t = -\sqrt{1+t^2} + C = -\dfrac{\sqrt{1+x^2}}{x} + C.$$

【**方法归纳**】 常见的第二换元积分法有三角代换(弦代换、切代换和割代换,主要解决被积函数中含有 $\sqrt{a^2-x^2}$ 及 $\sqrt{x^2\pm a^2}$ 的因子)、无理代换、倒代换及万能代换等.

例 10 计算下列积分.

(1) $\int \sqrt{a^2+x^2}\,dx.$ (2) $\int x^3\ln(1+x)\,dx.$

(3) $\int \dfrac{\sin^2 x}{e^x}dx.$ (4) $\int x^2\arctan x\,dx.$

解 (1) 记 $I=\int \sqrt{a^2+x^2}\,dx$,则

$$
\begin{aligned}
I &= \int \sqrt{a^2+x^2}\,dx = x\sqrt{a^2+x^2} - \int \frac{x^2}{\sqrt{a^2+x^2}}dx \\
&= x\sqrt{a^2+x^2} - \int \frac{(x^2+a^2)-a^2}{\sqrt{a^2+x^2}}dx \\
&= x\sqrt{a^2+x^2} - I + a^2 \int \frac{1}{\sqrt{a^2+x^2}}dx \\
&= x\sqrt{a^2+x^2} - I + a^2\ln(x+\sqrt{a^2+x^2}),
\end{aligned}
$$

所以 $I=\dfrac{x}{2}\sqrt{a^2+x^2}+\dfrac{a^2}{2}\ln(x+\sqrt{a^2+x^2})+C.$

$$
\begin{aligned}
(2)\ \int x^3\ln(1+x)\,dx &= \frac{1}{4}\int \ln(1+x)\,dx^4 = \frac{1}{4}x^4\ln(1+x) - \frac{1}{4}\int \frac{x^4}{1+x}dx \\
&= \frac{1}{4}x^4\ln(1+x) - \frac{1}{4}\int \frac{x^4-1+1}{1+x}dx \\
&= \frac{1}{4}x^4\ln(1+x) - \frac{1}{4}\int \frac{x^4-1}{1+x}dx - \frac{1}{4}\int \frac{1}{1+x}dx \\
&= \frac{1}{4}x^4\ln(1+x) - \frac{1}{4}\int (x^3-x^2+x-1)\,dx - \frac{1}{4}\int \frac{1}{1+x}dx \\
&= \frac{1}{4}x^4\ln(1+x) - \frac{1}{16}x^4 + \frac{1}{12}x^3 - \frac{1}{8}x^2 + \frac{1}{4}x - \frac{1}{4}\ln(1+x)+C.
\end{aligned}
$$

(3) $\int \dfrac{\sin^2 x}{e^x}dx = \int e^{-x}\sin^2 x\,dx = -\int \sin^2 x\,de^{-x} = -e^{-x}\sin^2 x + \int e^{-x}\sin 2x\,dx,$

记 $I=\int e^{-x}\sin 2x\,dx$,则

$$
\begin{aligned}
I &= \int e^{-x}\sin 2x\,dx = -\int \sin 2x\,de^{-x} = -e^{-x}\sin 2x + 2\int e^{-x}\cos 2x\,dx \\
&= -e^{-x}\sin 2x - 2\int \cos 2x\,de^{-x} = -e^{-x}\sin 2x - 2\left(e^{-x}\cos 2x + 2\int e^{-x}\sin 2x\,dx\right) \\
&= -e^{-x}\sin 2x - 2e^{-x}\cos 2x - 4I,
\end{aligned}
$$

所以 $I = -\dfrac{e^{-x}(\sin 2x + 2\cos 2x)}{5} + C$，从而

$$\int \frac{\sin^2 x}{e^x} dx = -e^{-x}\sin^2 x - \frac{e^{-x}(\sin 2x + 2\cos 2x)}{5} + C.$$

(4) $\displaystyle\int x^2 \arctan x\, dx = \frac{1}{3}\int \arctan x\, dx^3 = \frac{1}{3}x^3 \arctan x - \frac{1}{3}\int \frac{x^3}{1+x^2} dx$

$$= \frac{1}{3}x^3 \arctan x - \frac{1}{3}\int \frac{x^3+x}{1+x^2} dx + \frac{1}{3}\int \frac{x}{1+x^2} dx$$

$$= \frac{1}{3}x^3 \arctan x - \frac{1}{6}x^2 + \frac{1}{6}\ln(1+x^2) + C.$$

例11（2006210）求 $\displaystyle\int \frac{\arcsin e^x}{e^x} dx$.

解 $\displaystyle\int \frac{\arcsin e^x}{e^x} dx = -\int \arcsin e^x \, de^{-x} = -e^{-x}\arcsin e^x + \int e^{-x} \cdot \frac{e^x}{\sqrt{1-e^{2x}}} dx$

$$= -e^{-x}\arcsin e^x - \int \frac{1}{\sqrt{(e^{-x})^2 - 1}} de^{-x}$$

$$= -e^{-x}\arcsin e^x - \ln|e^{-x} + \sqrt{e^{-2x}-1}| + C.$$

【方法归纳】 分部积分法的关键是合理选取 $u(x)$ 与 $v(x)$，一般来说有下列结论.

(1) 形如 $\displaystyle\int x^n e^{ax} dx$，取 $u(x) = x^n$，$v(x) = e^{ax}$.

(2) 形如 $\displaystyle\int x^n \sin ax\, dx$（或 $\displaystyle\int x^n \cos ax\, dx$），取 $u(x) = x^n$，$v(x) = \sin ax$（或 $\cos ax$）.

(3) 形如 $\displaystyle\int x^n \ln^m x\, dx$，取 $u(x) = \ln^m x$，$v(x) = x^n$.

(4) 形如 $\displaystyle\int x^n \arctan x\, dx$，$\displaystyle\int x^n \operatorname{arccot} x\, dx$，$\displaystyle\int x^n \arcsin x\, dx$，$\displaystyle\int x^n \arccos x\, dx$，取 $u(x)$ 为反三角函数，取 $v(x) = x^n$.

(5) 形如 $\displaystyle\int e^{ax} \sin bx\, dx$ 或 $\displaystyle\int e^{ax} \cos bx\, dx$，取 $u(x) = \sin bx$（或 $\cos bx$），$v(x) = e^{ax}$；也可以取 $u(x) = e^{ax}$，$v(x) = \sin bx$（或 $\cos bx$）.

例12 导出不定积分 $I_n = \displaystyle\int \frac{x^n}{\sqrt{1-x^2}} dx$（$n$ 为正整数）的递推公式.

例12 及方法归纳

解 易得 $I_1 = \displaystyle\int \frac{x}{\sqrt{1-x^2}} dx = -\sqrt{1-x^2} + C$，$I_2 = \displaystyle\int \frac{x^2}{\sqrt{1-x^2}} dx = \frac{1}{2}$

$\arcsin x - \dfrac{1}{2}x\sqrt{1-x^2} + C.$

当 $n \geq 3$ 时，由分部积分公式，有

$$I_n = \int \frac{x^n}{\sqrt{1-x^2}} \mathrm{d}x = -\int x^{n-1} \mathrm{d}\sqrt{1-x^2} = -x^{n-1}\sqrt{1-x^2} + (n-1) \int x^{n-2}\sqrt{1-x^2}\,\mathrm{d}x$$

$$= -x^{n-1}\sqrt{1-x^2} + (n-1) \int \frac{x^{n-2}(1-x^2)}{\sqrt{1-x^2}}\,\mathrm{d}x = -x^{n-1}\sqrt{1-x^2} + (n-1)I_{n-2} - (n-1)I_n,$$

从而得到递推公式 $I_n = -\dfrac{x^{n-1}}{n}\sqrt{1-x^2} + \dfrac{n-1}{n}I_{n-2}$.

【方法归纳】 遇到递推公式方面的题目，首先考虑分部积分法.

四、 习题全解

同步习题 4.1

1. 若 $f(x)$ 的一个原函数是 $\cos x$，求：(1) $f'(x)$；(2) $\int f(x)\mathrm{d}x$.

解 (1) 由题意知，$(\cos x)' = f(x)$，故 $f(x) = -\sin x$，从而 $f'(x) = -\cos x$.

(2) $\int f(x)\mathrm{d}x = \int (-\sin x)\mathrm{d}x = -\int \sin x\mathrm{d}x = \cos x + C$. 或者由 $(\cos x)' = f(x)$，两边积分，可得 $\int f(x)\mathrm{d}x = \int (\cos x)'\mathrm{d}x = \cos x + C$.

2. 若 $\int f(x)\mathrm{d}x = \mathrm{e}^x(x^2-2x+2) + C$，求 $f(x)$.

解 由 $\int f(x)\mathrm{d}x = \mathrm{e}^x(x^2-2x+2) + C$，两边同时求导，得 $f(x) = [\mathrm{e}^x(x^2-2x+2) + C]' = x^2\mathrm{e}^x$.

3. 设一曲线 $y = f(x)$ 在 (x,y) 处的切线斜率为 $3x^2$，且该曲线过点 $(0,-1)$，求 $f(x)$.

解 由题意知，$f'(x) = 3x^2$. 由于 $\int 3x^2\mathrm{d}x = x^3 + C$，所以 $f(x) = x^3 + C$. 又曲线过点 $(0,-1)$，所以 $C = -1$. 因此，$f(x) = x^3 - 1$.

4. 若 e^{-x} 是函数 $f(x)$ 的一个原函数，求：(1) $\int f(x)\mathrm{d}x$；(2) $\int f'(x)\mathrm{d}x$；(3) $\int \mathrm{e}^x f'(x)\mathrm{d}x$.

解 由题意，$f(x) = (\mathrm{e}^{-x})' = -\mathrm{e}^{-x}$.

(1) $\int f(x)\mathrm{d}x = \int (-\mathrm{e}^{-x})\mathrm{d}x = \mathrm{e}^{-x} + C$.

(2) $\int f'(x)\,dx = \int e^{-x}\,dx = -e^{-x}+C.$

(3) $\int e^x f'(x)\,dx = \int dx = x+C.$

5. 求下列不定积分.

(1) $\int x^5\,dx.$

(2) $\int x\sqrt[3]{x}\,dx.$

(3) $\int (x^3+3^x)\,dx.$

(4) $\int \dfrac{dx}{x^2\sqrt{x}}\,.$

(5) $\int \sqrt{\sqrt{\sqrt{x}}}\,dx.$

(6) $\int \dfrac{x^3+\sqrt{x^3}+2}{\sqrt{x}}\,dx.$

(7) $\int e^{x+1}\,dx.$

(8) $\int \dfrac{x-9}{\sqrt{x}+3}\,dx.$

(9) $\int \dfrac{1}{x^2(1+x^2)}\,dx.$

(10) $\int \sec x(\sec x-\tan x)\,dx.$

解 (1) $\int x^5\,dx=\dfrac{1}{6}x^6+C.$

(2) $\int x\sqrt[3]{x}\,dx = \int x^{\frac{4}{3}}\,dx = \dfrac{3}{7}x^{\frac{7}{3}}+C.$

(3) $\int (x^3+3^x)\,dx = \int x^3\,dx+\int 3^x\,dx = \dfrac{1}{4}x^4+\dfrac{3^x}{\ln 3}+C.$

(4) $\int \dfrac{dx}{x^2\sqrt{x}} = \int x^{-\frac{5}{2}}\,dx = -\dfrac{2}{3}x^{-\frac{3}{2}}+C.$

(5) $\int \sqrt{\sqrt{\sqrt{x}}}\,dx = \int x^{\frac{1}{8}}\,dx = \dfrac{8}{9}x^{\frac{9}{8}}+C.$

(6) $\int \dfrac{x^3+\sqrt{x^3}+2}{\sqrt{x}}\,dx = \int \left(x^{\frac{5}{2}}+x+2x^{-\frac{1}{2}}\right)dx = \dfrac{2}{7}x^{\frac{7}{2}}+\dfrac{1}{2}x^2+4x^{\frac{1}{2}}+C.$

(7) $\int e^{x+1}\,dx=e^{x+1}+C.$

(8) $\int \dfrac{x-9}{\sqrt{x}+3}\,dx = \int (\sqrt{x}-3)\,dx = \dfrac{2}{3}x^{\frac{3}{2}}-3x+C.$

(9) $\int \dfrac{1}{x^2(1+x^2)}\,dx = \int \left(\dfrac{1}{x^2}-\dfrac{1}{1+x^2}\right)dx = -\dfrac{1}{x}-\arctan x+C.$

(10) $\int \sec x(\sec x-\tan x)\,dx = \int (\sec^2 x-\sec x\tan x)\,dx = \tan x-\sec x+C.$

6. 生产某种产品 Q 单位的总成本 C 是 Q 的函数 $C(Q)$，固定成本 [即 $C(0)$] 为 20 元，边际成本函数为 $C'(Q)=2Q+10$(单位：元/单位)，求总成本函数.

解 由题意知，成本函数为

$$C(Q) = \int (2Q+10)\,dQ = Q^2+10Q+K,$$

其中 K 为任意常数.

又固定成本为 20 元，即 $C(0)=20$，得 $K=20$，从而
$$C(Q)=Q^2+10Q+20.$$

提高题

1. 求下列不定积分.

(1) $\int \dfrac{\sqrt{x^3}+1}{\sqrt{x}+1}\mathrm{d}x.$　　(2) $\int \dfrac{3x^4+3x^2+1}{x^2+1}\mathrm{d}x.$　　(3) $\int \dfrac{1}{\sqrt{2gh}}\mathrm{d}h.$

(4) $\int \dfrac{x^6}{1+x^2}\mathrm{d}x.$　　(5) $\int \dfrac{1}{x^6+x^4}\mathrm{d}x.$　　(6) $\int (x^2+1)^2\mathrm{d}x.$

(7) $\int \cos^2 \dfrac{x}{2}\mathrm{d}x.$　　(8) $\int \dfrac{1}{1-\cos 2x}\mathrm{d}x.$

解　(1) $\int \dfrac{\sqrt{x^3}+1}{\sqrt{x}+1}\mathrm{d}x = \int \dfrac{(\sqrt{x})^3+1}{\sqrt{x}+1}\mathrm{d}x = \int (x-\sqrt{x}+1)\mathrm{d}x = \dfrac{1}{2}x^2-\dfrac{2}{3}x^{\frac{3}{2}}+x+C.$

(2) $\int \dfrac{3x^4+3x^2+1}{x^2+1}\mathrm{d}x = \int \dfrac{3x^2(x^2+1)}{1+x^2}\mathrm{d}x + \int \dfrac{1}{1+x^2}\mathrm{d}x = x^3+\arctan x+C.$

(3) $\int \dfrac{\mathrm{d}h}{\sqrt{2gh}} = \dfrac{1}{\sqrt{2g}}\int h^{-\frac{1}{2}}\mathrm{d}h = \dfrac{2\sqrt{h}}{\sqrt{2g}}+C = \dfrac{\sqrt{2gh}}{g}+C.$

(4) $\int \dfrac{x^6}{1+x^2}\mathrm{d}x = \int \left(x^4-x^2+1-\dfrac{1}{1+x^2}\right)\mathrm{d}x = \dfrac{1}{5}x^5-\dfrac{1}{3}x^3+x-\arctan x+C.$

(5) $\int \dfrac{1}{x^6+x^4}\mathrm{d}x = \int \dfrac{1}{x^4(x^2+1)}\mathrm{d}x = \int \left(\dfrac{1}{x^4}-\dfrac{1}{x^2}+\dfrac{1}{1+x^2}\right)\mathrm{d}x = \dfrac{1}{x}-\dfrac{1}{3x^3}+\arctan x+C.$

(6) $\int (x^2+1)^2\mathrm{d}x = \int (x^4+2x^2+1)\mathrm{d}x = \dfrac{1}{5}x^5+\dfrac{2}{3}x^3+x+C.$

(7) $\int \cos^2 \dfrac{x}{2}\mathrm{d}x = \int \dfrac{1+\cos x}{2}\mathrm{d}x = \dfrac{1}{2}x+\dfrac{1}{2}\sin x+C.$

(8) $\int \dfrac{1}{1-\cos 2x}\mathrm{d}x = \int \dfrac{1}{2\sin^2 x}\mathrm{d}x = \dfrac{1}{2}\int \csc^2 x\mathrm{d}x = -\dfrac{1}{2}\cot x+C.$

2. 已知某产品的产量 Q 是时间 t 的函数 $Q(t)$，其变化率是时间 t 的函数 $Q'(t)=at+b(a,b$ 为常数)，且 $Q(0)=0$，求 $Q(t)$.

解　由题意知，
$$Q(t) = \int (at+b)\mathrm{d}t = \dfrac{a}{2}t^2+bt+K,$$

其中 K 为任意常数.

又 $Q(0)=0$，得 $K=0$，从而 $Q(t)=\dfrac{a}{2}t^2+bt.$

同步习题 4.2

基础题

1. 在下列等式右边的横线上填入适当的系数，使等式成立.

(1) $dx = \underline{\qquad} d(7x-5)$.

(2) $e^{5x}dx = \underline{\qquad} de^{5x}$.

(3) $\dfrac{1}{x^2}dx = \underline{\qquad} d\left(\dfrac{1}{x}\right)$.

(4) $\dfrac{1}{\sqrt{x}}dx = \underline{\qquad} d(5\sqrt{x})$.

(5) $\dfrac{1}{x}dx = \underline{\qquad} d(3-7\ln|x|)$.

(6) $\dfrac{1}{\sqrt{1-x^2}}dx = \underline{\qquad} d(1-\arcsin x)$.

(7) $\sin\dfrac{5}{7}x\,dx = \underline{\qquad} d\left(\cos\dfrac{5}{7}x\right)$.

(8) $\dfrac{x}{\sqrt{1+x^2}}dx = \underline{\qquad} d(2\sqrt{1+x^2})$.

解 (1) $\dfrac{1}{7}$. (2) $\dfrac{1}{5}$. (3) -1. (4) $\dfrac{2}{5}$.

(5) $-\dfrac{1}{7}$. (6) -1. (7) $-\dfrac{7}{5}$. (8) $\dfrac{1}{2}$.

2. 用第一换元积分法计算下列不定积分.

(1) $\int (2x-3)^8 dx$.

(2) $\int \dfrac{1}{\sqrt{x+1}}dx$.

(3) $\int \cos(1+2x)\,dx$.

(4) $\int e^{-x}dx$.

(5) $\int \dfrac{e^{\frac{1}{x}}}{x^2}dx$.

(6) $\int \dfrac{1}{\sqrt{x}}\sin\sqrt{x}\,dx$.

(7) $\int \dfrac{1}{x\ln x}dx$.

(8) $\int \dfrac{\ln^2 x}{x}dx$.

(9) $\int \dfrac{e^x}{e^x-1}dx$.

(10) $\int \dfrac{1}{4+9x^2}dx$.

解 (1) $\int (2x-3)^8 dx = \dfrac{1}{2}\int (2x-3)^8 d(2x-3) = \dfrac{1}{18}(2x-3)^9 + C$.

(2) $\int \dfrac{1}{\sqrt{x+1}}dx = \int (x+1)^{-\frac{1}{2}}d(x+1) = 2\sqrt{x+1} + C$.

(3) $\int \cos(1+2x)\,dx = \dfrac{1}{2}\int \cos(1+2x)d(1+2x) = \dfrac{1}{2}\sin(1+2x) + C$.

(4) $\int e^{-x}dx = -\int e^{-x}d(-x) = -e^{-x} + C$.

(5) $\int \dfrac{e^{\frac{1}{x}}}{x^2}dx = -\int e^{\frac{1}{x}}d\left(\dfrac{1}{x}\right) = -e^{\frac{1}{x}} + C$.

(6) $\int \dfrac{1}{\sqrt{x}}\sin\sqrt{x}\,dx = 2\int \sin\sqrt{x}\,d\sqrt{x} = -2\cos\sqrt{x} + C.$

(7) $\int \dfrac{1}{x\ln x}dx = \int \dfrac{1}{\ln x}d\ln x = \ln|\ln x| + C.$

(8) $\int \dfrac{\ln^2 x}{x}dx = \int \ln^2 x\,d\ln x = \dfrac{1}{3}\ln^3 x + C.$

(9) $\int \dfrac{e^x}{e^x - 1}dx = \int \dfrac{1}{e^x - 1}d(e^x - 1) = \ln|e^x - 1| + C.$

(10) $\int \dfrac{1}{4 + 9x^2}dx = \dfrac{1}{4}\int \dfrac{1}{\left(\dfrac{3}{2}x\right)^2 + 1}dx = \dfrac{1}{6}\int \dfrac{1}{\left(\dfrac{3}{2}x\right)^2 + 1}d\left(\dfrac{3}{2}x\right) = \dfrac{1}{6}\arctan\dfrac{3x}{2} + C.$

3. 用第二换元积分法计算下列不定积分.

(1) $\int x\sqrt{x-3}\,dx.$　　　　(2) $\int \dfrac{\sqrt{x}}{2(1+x)}dx.$　　　　(3) $\int \dfrac{1}{1 - \sqrt{2x+1}}dx.$

(4) $\int \dfrac{1}{\sqrt[3]{x} + \sqrt[4]{x}}dx.$　　　(5) $\int \dfrac{1}{x^2\sqrt{4+x^2}}dx.$　　　(6) $\int \dfrac{\sqrt{x^2-1}}{2x^2}dx.$

(7) $\int \dfrac{1}{x\sqrt{9-x^2}}dx.$　　　(8) $\int \dfrac{1}{\sqrt{e^x+1}}dx.$

解 (1) 令 $u = \sqrt{x-3}$，则 $x = u^2 + 3$，$dx = 2u\,du$，从而有

$$\int x\sqrt{x-3}\,dx = \int (u^2+3)u\cdot 2u\,du = \dfrac{2}{5}u^5 + 2u^3 + C = \dfrac{2}{5}(x-3)^{\frac{5}{2}} + 2(x-3)^{\frac{3}{2}} + C.$$

(2) 令 $u = \sqrt{x}$，则 $x = u^2$，$dx = 2u\,du$，从而有

$$\int \dfrac{\sqrt{x}}{2(1+x)}dx = \int \dfrac{u}{2(1+u^2)}2u\,du = \int \dfrac{u^2}{1+u^2}du = u - \arctan u + C = \sqrt{x} - \arctan\sqrt{x} + C.$$

(3) 令 $u = 1 - \sqrt{2x+1}$，则 $x = \dfrac{(1-u)^2 - 1}{2}$，$dx = (u-1)\,du$，从而有

$$\int \dfrac{1}{1 - \sqrt{2x+1}}dx = \int \left(1 - \dfrac{1}{u}\right)du = u - \ln|u| + C = 1 - \sqrt{2x+1} - \ln|1 - \sqrt{2x+1}| + C.$$

(4) 令 $x = u^{12}$，则 $dx = 12u^{11}\,du$，从而有

$$\int \dfrac{1}{\sqrt[3]{x} + \sqrt[4]{x}}dx = 12\int \dfrac{u^{11}}{u^4 + u^3}du = 12\int \dfrac{u^8}{u+1}du$$

$$= 12\int \left(u^7 - u^6 + u^5 - u^4 + u^3 - u^2 + u - 1 + \dfrac{1}{u+1}\right)du$$

$$= 12\left(\dfrac{u^8}{8} - \dfrac{u^7}{7} + \dfrac{u^6}{6} - \dfrac{u^5}{5} + \dfrac{u^4}{4} - \dfrac{u^3}{3} + \dfrac{u^2}{2} - u + \ln|u+1|\right) + C$$

$$= 12\left[\dfrac{\sqrt[3]{x^2}}{8} - \dfrac{\sqrt[12]{x^7}}{7} + \dfrac{\sqrt{x}}{6} - \dfrac{\sqrt[12]{x^5}}{5} + \dfrac{\sqrt[3]{x}}{4} - \dfrac{\sqrt[4]{x}}{3} + \dfrac{\sqrt[6]{x}}{2} - \sqrt[12]{x} + \ln(\sqrt[12]{x} + 1)\right] + C.$$

（5）令 $x = 2\tan u$，则 $\mathrm{d}x = 2\sec^2 u\mathrm{d}u$，从而有

$$\int \frac{1}{x^2\sqrt{4+x^2}}\mathrm{d}x = \int \frac{\cos u}{4\sin^2 u}\mathrm{d}u = -\frac{1}{4\sin u}+C = -\frac{\sqrt{x^2+4}}{4x}+C.$$

（6）令 $x = \sec u$，则 $\mathrm{d}x = \sec u\tan u\mathrm{d}u$，从而有

$$\int \frac{\sqrt{x^2-1}}{2x^2}\mathrm{d}x = \int \frac{\tan^2 u}{2\sec u}\mathrm{d}u = \int \frac{\sin^2 u}{2\cos u}\mathrm{d}u = \int \frac{1-\cos^2 u}{2\cos u}\mathrm{d}u$$

$$= \int \frac{\cos u}{2\cos^2 u}\mathrm{d}u - \frac{1}{2}\sin u = \frac{1}{4}\int \left(\frac{1}{1+\sin u}+\frac{1}{1-\sin u}\right)\mathrm{d}\sin u - \frac{1}{2}\sin u$$

$$= \frac{1}{4}\ln|1+\sin u| - \frac{1}{4}\ln|1-\sin u| - \frac{1}{2}\sin u + C$$

$$= \frac{1}{2}\ln|x+\sqrt{x^2-1}| - \frac{\sqrt{x^2-1}}{2x}+C.$$

（7）令 $x = 3\sin u$，则 $\mathrm{d}x = 3\cos u\mathrm{d}u$，从而有

$$\int \frac{1}{x\sqrt{9-x^2}}\mathrm{d}x = \int \frac{1}{3\sin u}\mathrm{d}u = -\int \frac{1}{3(1-\cos^2 u)}\mathrm{d}\cos u$$

$$= -\frac{1}{6}\ln\left|\frac{1+\cos u}{1-\cos u}\right|+C = \frac{1}{3}\ln\left|\frac{3-\sqrt{9-x^2}}{x}\right|+C.$$

（8）令 $u = \sqrt{e^x+1}$，则 $x = \ln(u^2-1)$，$\mathrm{d}x = \frac{2u}{u^2-1}\mathrm{d}u$，从而有

$$\int \frac{1}{\sqrt{e^x+1}}\mathrm{d}x = \int \frac{1}{u}\cdot\frac{2u}{u^2-1}\mathrm{d}u = \int \frac{2}{u^2-1}\mathrm{d}u = \ln\left|\frac{u-1}{u+1}\right|+C = x-2\ln(\sqrt{e^x+1}+1)+C.$$

提高题

选择适当的方法计算下列不定积分.

（1）$\displaystyle\int \frac{1}{\sqrt{16-9x^2}}\mathrm{d}x.$ （2）$\displaystyle\int \frac{1}{x^2+2x+2}\mathrm{d}x.$ （3）$\displaystyle\int \frac{1}{x^2+2x-3}\mathrm{d}x.$

（4）$\displaystyle\int \frac{1}{x^2+3x+2}\mathrm{d}x.$ （5）$\displaystyle\int a^{\sin x}\cos x\mathrm{d}x(a>0,a\neq1).$ （6）$\displaystyle\int \frac{\arctan x}{1+x^2}\mathrm{d}x.$

（7）$\displaystyle\int \sin x\cos^3 x\mathrm{d}x.$ （8）$\displaystyle\int \sin^2 x\mathrm{d}x.$ （9）$\displaystyle\int \cos^3 x\mathrm{d}x.$

（10）$\displaystyle\int \frac{1}{x(1+2\ln x)}\mathrm{d}x.$ （11）$\displaystyle\int \frac{\mathrm{d}x}{\sqrt{2x-3}+1}.$ （12）$\displaystyle\int \frac{\mathrm{d}x}{\sqrt{x}+\sqrt[3]{x^2}}.$

（13）$\displaystyle\int (1-x^2)^{-\frac{3}{2}}\mathrm{d}x.$ （14）$\displaystyle\int \frac{\mathrm{d}x}{(a^2+x^2)^{\frac{3}{2}}}(a>0).$

解 (1) $\int \dfrac{1}{\sqrt{16-9x^2}}dx = \dfrac{1}{3}\int \dfrac{1}{\sqrt{\left(\dfrac{4}{3}\right)^2 - x^2}}dx = \dfrac{1}{3}\arcsin \dfrac{3x}{4}+C.$

(2) $\int \dfrac{1}{x^2+2x+2}dx = \int \dfrac{1}{(x+1)^2+1}dx = \int \dfrac{1}{(x+1)^2+1}d(x+1) = \arctan(x+1)+C.$

(3) $\int \dfrac{1}{x^2+2x-3}dx = \int \dfrac{1}{(x-1)(x+3)}dx = \dfrac{1}{4}\int \left(\dfrac{1}{x-1} - \dfrac{1}{x+3}\right)dx = \dfrac{1}{4}\ln \left|\dfrac{x-1}{x+3}\right|+C.$

(4) $\int \dfrac{1}{x^2+3x+2}dx = \int \dfrac{1}{(x+1)(x+2)}dx = \int \left(\dfrac{1}{x+1} - \dfrac{1}{x+2}\right)dx = \ln \left|\dfrac{x+1}{x+2}\right|+C.$

(5) $\int a^{\sin x}\cos x\,dx = \int a^{\sin x}d\sin x = \dfrac{a^{\sin x}}{\ln a}+C.$

(6) $\int \dfrac{\arctan x}{1+x^2}dx = \int \arctan x\,d\arctan x = \dfrac{1}{2}(\arctan x)^2+C.$

(7) $\int \sin x\cos^3 x\,dx = -\int \cos^3 x\,d\cos x = -\dfrac{1}{4}\cos^4 x+C.$

(8) $\int \sin^2 x\,dx = \int \dfrac{1-\cos 2x}{2}dx = \dfrac{1}{2}\int (1-\cos 2x)\,dx = \dfrac{1}{2}x - \dfrac{1}{4}\sin 2x+C.$

(9) $\int \cos^3 x\,dx = \int (1-\sin^2 x)\,d\sin x = \sin x - \dfrac{1}{3}\sin^3 x+C.$

(10) $\int \dfrac{1}{x(1+2\ln x)}dx = \int \dfrac{1}{1+2\ln x}d\ln x = \dfrac{1}{2}\ln|1+2\ln x|+C.$

(11) 令 $u=\sqrt{2x-3}$, 则 $x=\dfrac{u^2+3}{2}$, $dx=u\,du$, 从而有

$\int \dfrac{dx}{\sqrt{2x-3}+1} = \int \dfrac{u}{1+u}du = u-\ln|1+u|+C = \sqrt{2x-3} - \ln|1+\sqrt{2x-3}|+C.$

(12) 令 $x=u^6$, 则 $dx=6u^5du$, 从而有

$\int \dfrac{dx}{\sqrt{x}+\sqrt[3]{x^2}} = 6\int \dfrac{u^2}{1+u}du = 3u^2-6u+6\ln|1+u|+C$

$\qquad = 3\sqrt[3]{x} - 6\sqrt[6]{x} + 6\ln(1+\sqrt[6]{x})+C.$

(13) 令 $x=\sin u$, 则 $dx=\cos u\,du$, 从而有

$\int (1-x^2)^{-\frac{3}{2}}dx = \int \dfrac{1}{(1-x^2)^{\frac{3}{2}}}dx = \int \dfrac{\cos u}{(1-\sin^2 u)^{\frac{3}{2}}}du$

$\qquad = \int \dfrac{1}{\cos^2 u}du = \tan u+C = \dfrac{x}{\sqrt{1-x^2}}+C.$

(14) 令 $x=a\tan u$, 则 $dx=a\sec^2 u\,du$, 从而有

$\int \dfrac{1}{(a^2+x^2)^{\frac{3}{2}}}dx = \dfrac{1}{a^2}\int \cos u\,du = \dfrac{1}{a^2}\sin u+C = \dfrac{x}{a^2\sqrt{x^2+a^2}}+C.$

提高题(12)

同步习题 4.3

求下列不定积分.

(1) $\int x\cos 5x\mathrm{d}x$.

(2) $\int x\mathrm{e}^{-4x}\mathrm{d}x$.

(3) $\int x^2\mathrm{e}^x\mathrm{d}x$.

(4) $\int x^3\ln x\mathrm{d}x$.

(5) $\int \ln x\mathrm{d}x$.

(6) $\int \arctan x\mathrm{d}x$.

(7) $\int \mathrm{e}^x\sin x\mathrm{d}x$.

(8) $\int \ln(x^2+1)\mathrm{d}x$.

(9) $\int \cos\sqrt{x}\,\mathrm{d}x$.

(10) $\int \mathrm{e}^{\sqrt{x}}\mathrm{d}x$.

(11) $\int \ln^2 x\mathrm{d}x$.

(12) $\int x\sin x\cos x\mathrm{d}x$.

(13) $\int x^2\cos^2\dfrac{x}{2}\mathrm{d}x$.

(14) $\int x\ln(x-1)\mathrm{d}x$.

解 (1) $\int x\cos 5x\mathrm{d}x=\dfrac{1}{5}\int x\mathrm{d}\sin 5x=\dfrac{1}{5}x\sin 5x+\dfrac{1}{25}\cos 5x+C$.

(2) $\int x\mathrm{e}^{-4x}\mathrm{d}x=-\dfrac{1}{4}\int x\,\mathrm{d}\mathrm{e}^{-4x}=-\dfrac{1}{4}x\mathrm{e}^{-4x}+\dfrac{1}{4}\int \mathrm{e}^{-4x}\mathrm{d}x=-\dfrac{1}{4}x\mathrm{e}^{-4x}-\dfrac{1}{16}\mathrm{e}^{-4x}+C$.

(3) $\int x^2\mathrm{e}^x\mathrm{d}x=\int x^2\mathrm{d}\mathrm{e}^x=x^2\mathrm{e}^x-2\int x\mathrm{e}^x\mathrm{d}x=x^2\mathrm{e}^x-2\int x\,\mathrm{d}\mathrm{e}^x=x^2\mathrm{e}^x-2x\mathrm{e}^x+2\int \mathrm{e}^x\mathrm{d}x$

$\qquad =(x^2-2x+2)\mathrm{e}^x+C$.

(4) $\int x^3\ln x\mathrm{d}x=\dfrac{1}{4}\int \ln x\mathrm{d}x^4=\dfrac{1}{4}x^4\ln x-\dfrac{1}{4}\int x^3\mathrm{d}x=\dfrac{1}{4}x^4\ln x-\dfrac{1}{16}x^4+C$.

(5) $\int \ln x\mathrm{d}x=x\ln x-\int \mathrm{d}x=x\ln x-x+C$.

(6) $\int \arctan x\mathrm{d}x=x\arctan x-\int \dfrac{x}{1+x^2}\mathrm{d}x=x\arctan x-\dfrac{1}{2}\ln(1+x^2)+C$.

(7) $I=\int \mathrm{e}^x\sin x\mathrm{d}x=\int \sin x\,\mathrm{d}\mathrm{e}^x=\mathrm{e}^x\sin x-\int \mathrm{e}^x\cos x\mathrm{d}x=\mathrm{e}^x\sin x-\int \cos x\,\mathrm{d}\mathrm{e}^x$

$\qquad =\mathrm{e}^x(\sin x-\cos x)-I$,

所以 $I=\int \mathrm{e}^x\sin x\mathrm{d}x=\dfrac{1}{2}\mathrm{e}^x(\sin x-\cos x)+C$.

(8) $\int \ln(x^2+1)\mathrm{d}x=x\ln(x^2+1)-2\int \dfrac{x^2}{x^2+1}\mathrm{d}x=x\ln(x^2+1)-2x+2\arctan x+C$.

(9) 令 $u=\sqrt{x}$，则 $x=u^2$，$\mathrm{d}x=2u\mathrm{d}u$，从而有

$\int \cos\sqrt{x}\,\mathrm{d}x=2\int u\cos u\mathrm{d}u=2u\sin u-2\int \sin u\mathrm{d}u=2u\sin u+2\cos u+C$

$\qquad =2\sqrt{x}\sin\sqrt{x}+2\cos\sqrt{x}+C$.

（10）令 $u=\sqrt{x}$，则 $x=u^2$，$dx=2udu$，从而有

$$\int e^{\sqrt{x}}dx=2\int ue^u du=2ue^u-2\int e^u du=2ue^u-2e^u+C=2(\sqrt{x}-1)e^{\sqrt{x}}+C.$$

（11）$\int \ln^2 x dx=x\ln^2 x-2\int \ln x dx=x\ln^2 x-2x\ln x+2x+C.$

（12）$\int x\sin x\cos x dx=-\int \dfrac{x}{4}d\cos 2x=-\dfrac{x\cos 2x}{4}+\dfrac{1}{4}\int \cos 2x dx$

$$=-\dfrac{1}{4}x\cos 2x+\dfrac{1}{8}\sin 2x+C.$$

（13）$\int x^2\cos^2\dfrac{x}{2}dx=\dfrac{1}{2}\int x^2(1+\cos x)dx=\dfrac{1}{6}x^3+\dfrac{1}{2}\int x^2 d\sin x$

$$=\dfrac{1}{6}x^3+\dfrac{1}{2}x^2\sin x-\int x\sin x dx=\dfrac{1}{6}x^3+\dfrac{1}{2}x^2\sin x+\int x d\cos x$$

$$=\dfrac{1}{6}x^3+\dfrac{1}{2}x^2\sin x+x\cos x-\int \cos x dx=\dfrac{1}{6}x^3+\dfrac{1}{2}x^2\sin x+x\cos x-\sin x+C.$$

（14）$\int x\ln(x-1)dx=\dfrac{1}{2}\int \ln(x-1)d(x^2-1)=\dfrac{1}{2}(x^2-1)\ln(x-1)-\dfrac{1}{2}\int (x+1)dx$

$$=\dfrac{1}{2}(x^2-1)\ln(x-1)-\dfrac{1}{4}x^2-\dfrac{1}{2}x+C.$$

提高题

求下列不定积分.

（1）$\int (x^2-1)\sin 2x dx.$ （2）$\int \dfrac{\ln^3 x}{x^2}dx.$ （3）$\int e^{\sqrt[3]{x}}dx.$

（4）$\int \cos\ln x dx.$ （5）$\int x\ln^2 x dx.$ （6）$\int e^{\sqrt{3x+9}}dx.$

解 （1）$\int (x^2-1)\sin 2x dx=-\dfrac{1}{2}\int (x^2-1)d\cos 2x=-\dfrac{1}{2}(x^2-1)\cos 2x+\int x\cos 2x dx$

$$=-\dfrac{1}{2}(x^2-1)\cos 2x+\dfrac{1}{2}\int x d\sin 2x$$

$$=-\dfrac{1}{2}(x^2-1)\cos 2x+\dfrac{1}{2}x\sin 2x-\dfrac{1}{2}\int \sin 2x dx$$

$$=-\dfrac{1}{2}\left(x^2-\dfrac{3}{2}\right)\cos 2x+\dfrac{1}{2}x\sin 2x+C.$$

（2）$\int \dfrac{\ln^3 x}{x^2}dx=-\int \ln^3 x d\left(\dfrac{1}{x}\right)=-\dfrac{\ln^3 x}{x}+3\int \dfrac{\ln^2 x}{x^2}dx=-\dfrac{\ln^3 x}{x}-3\int \ln^2 x d\left(\dfrac{1}{x}\right)$

$$=-\dfrac{\ln^3 x}{x}-3\left[\dfrac{\ln^2 x}{x}+2\int \ln x d\left(\dfrac{1}{x}\right)\right]=-\dfrac{\ln^3 x+3\ln^2 x+6\ln x+6}{x}+C.$$

(3) 令 $x = u^3$，则 $\mathrm{d}x = 3u^2\mathrm{d}u$，从而有

$$\int \mathrm{e}^{\sqrt[3]{x}}\mathrm{d}x = \int 3u^2 \mathrm{e}^u \mathrm{d}u = \int 3u^2 \mathrm{d}\mathrm{e}^u = 3u^2 \mathrm{e}^u - \int 6u\,\mathrm{d}\mathrm{e}^u$$

$$= (3u^2 - 6u + 6)\mathrm{e}^u + C = 3\mathrm{e}^{\sqrt[3]{x}}(\sqrt[3]{x^2} - 2\sqrt[3]{x} + 2) + C.$$

(4) 令 $x = \mathrm{e}^u$，则 $\mathrm{d}x = \mathrm{e}^u\mathrm{d}u$，从而有

$$\int \cos\ln x\,\mathrm{d}x = \int \mathrm{e}^u \cos u\,\mathrm{d}u = \int \cos u\,\mathrm{d}\mathrm{e}^u = \mathrm{e}^u \cos u + \int \mathrm{e}^u \sin u\,\mathrm{d}u$$

$$= \mathrm{e}^u \cos u + \int \sin u\,\mathrm{d}\mathrm{e}^u = \mathrm{e}^u \cos u + \mathrm{e}^u \sin u - \int \mathrm{e}^u \cos u\,\mathrm{d}u,$$

提高题(4)

所以 $\displaystyle\int \cos\ln x\,\mathrm{d}x = \int \mathrm{e}^u \cos u\,\mathrm{d}u = \frac{\mathrm{e}^u(\cos u + \sin u)}{2} + C = \frac{x(\cos\ln x + \sin\ln x)}{2} + C.$

(5) $\displaystyle\int x\ln^2 x\,\mathrm{d}x = \int \ln^2 x\,\mathrm{d}\left(\frac{x^2}{2}\right) = \frac{x^2}{2}\ln^2 x - \int x\ln x\,\mathrm{d}x = \frac{x^2}{2}\ln^2 x - \int \ln x\,\mathrm{d}\left(\frac{x^2}{2}\right)$

$$= \frac{x^2}{2}\ln^2 x - \frac{x^2}{2}\ln x + \int \frac{x}{2}\mathrm{d}x = \frac{x^2}{4}(2\ln^2 x - 2\ln x + 1) + C.$$

(6) 令 $u = \sqrt{3x+9}$，则 $x = \dfrac{1}{3}(u^2 - 9)$，$\mathrm{d}x = \dfrac{2}{3}u\,\mathrm{d}u$，从而有

$$\int \mathrm{e}^{\sqrt{3x+9}}\mathrm{d}x = \frac{2}{3}\int u\mathrm{e}^u\mathrm{d}u = \frac{2}{3}u\mathrm{e}^u - \frac{2}{3}\int \mathrm{e}^u\mathrm{d}u = \frac{2}{3}u\mathrm{e}^u - \frac{2}{3}\mathrm{e}^u + C$$

$$= \frac{2}{3}\mathrm{e}^{\sqrt{3x+9}}(\sqrt{3x+9} - 1) + C.$$

第 4 章总复习题

1. 填空题：(1)~(5)小题，每小题 4 分，共 20 分.

(1)(2018304) $\displaystyle\int \mathrm{e}^x \arcsin\sqrt{1-\mathrm{e}^{2x}}\,\mathrm{d}x = $ _____.

解 $\displaystyle\int \mathrm{e}^x \arcsin\sqrt{1-\mathrm{e}^{2x}}\,\mathrm{d}x \xlongequal{t=\mathrm{e}^x} \int \arcsin\sqrt{1-t^2}\,\mathrm{d}t$

$$= t\arcsin\sqrt{1-t^2} + \int \frac{t}{\sqrt{1-\left(\sqrt{1-t^2}\right)^2}} \cdot \frac{t}{\sqrt{1-t^2}}\mathrm{d}t = t\arcsin\sqrt{1-t^2} + \int \frac{t}{\sqrt{1-t^2}}\mathrm{d}t$$

$$= t\arcsin\sqrt{1-t^2} - \sqrt{1-t^2} + C = \mathrm{e}^x \arcsin\sqrt{1-\mathrm{e}^{2x}} - \sqrt{1-\mathrm{e}^{2x}} + C.$$

(2)(1995306 改编) $\displaystyle\int (\arcsin x)^2\mathrm{d}x = $ _____.

解 $\displaystyle\int (\arcsin x)^2\mathrm{d}x \xlongequal{t=\arcsin x} \int t^2\mathrm{d}\sin t = t^2\sin t - 2\int t\sin t\,\mathrm{d}t$

$$= t^2\sin t + 2\int t\,\mathrm{d}\cos t = t^2\sin t + 2t\cos t - 2\int \cos t\,\mathrm{d}t$$

$$= t^2\sin t + 2t\cos t - 2\sin t + C = x(\arcsin x)^2 + 2\sqrt{1-x^2}\arcsin x - 2x + C.$$

（3）（1996303）设 $\int xf(x)\mathrm{d}x=\arcsin x+C$，则 $\int\dfrac{1}{f(x)}\mathrm{d}x=$ _____.

解 在 $\int xf(x)\mathrm{d}x=\arcsin x+C$ 两边对 x 求导，得 $xf(x)=\dfrac{1}{\sqrt{1-x^2}}$，所以 $f(x)=$

$\dfrac{1}{x\sqrt{1-x^2}}$，从而

$$\int\frac{1}{f(x)}\mathrm{d}x=\int x\sqrt{1-x^2}\,\mathrm{d}x=-\frac{1}{2}\int\sqrt{1-x^2}\,\mathrm{d}(1-x^2)=-\frac{1}{3}(1-x^2)^{\frac{3}{2}}+C.$$

（4）（1994306 改编）已知 $\dfrac{\sin x}{x}$ 是 $f(x)$ 的一个原函数，则 $\int x^3 f'(x)\mathrm{d}x=$ _____.

解 $f(x)=\left(\dfrac{\sin x}{x}\right)'=\dfrac{x\cos x-\sin x}{x^2}$，所以

$$\int x^3 f'(x)\mathrm{d}x=\int x^3\mathrm{d}f(x)=x^3 f(x)-3\int x^2 f(x)\mathrm{d}x=x^3\cdot\frac{x\cos x-\sin x}{x^2}-3\int(x\cos x-\sin x)\mathrm{d}x$$

$$=x(x\cos x-\sin x)-3\int x\cos x\mathrm{d}x+3\int\sin x\mathrm{d}x=x(x\cos x-\sin x)-3\int x\mathrm{d}\sin x-3\cos x$$

$$=x(x\cos x-\sin x)-3x\sin x-6\cos x+C=x^2\cos x-4x\sin x-6\cos x+C.$$

（5）（1991305 改编）$\int\dfrac{x^2}{1+x^2}\arctan x\mathrm{d}x=$ _____.

解 $\displaystyle\int\frac{x^2}{1+x^2}\arctan x\mathrm{d}x=\int\left(1-\frac{1}{1+x^2}\right)\arctan x\mathrm{d}x=\int\arctan x\mathrm{d}x-\int\frac{\arctan x}{1+x^2}\mathrm{d}x$

$$=x\arctan x-\int\frac{x}{1+x^2}\mathrm{d}x-\int\frac{\arctan x}{1+x^2}\mathrm{d}x$$

$$=x\arctan x-\frac{1}{2}\ln(1+x^2)-\frac{1}{2}(\arctan x)^2+C.$$

2. 解答题：（6）~（13）小题，每小题 10 分，共 80 分. 解答时应写出文字说明、证明过程或演算步骤.

（6）（2011310）求不定积分 $\displaystyle\int\frac{\arcsin\sqrt{x}+\ln x}{\sqrt{x}}\mathrm{d}x$.

解 方法 1 令 $t=\sqrt{x}$，则

$$\int\frac{\arcsin\sqrt{x}}{\sqrt{x}}\mathrm{d}x=2\int\arcsin t\mathrm{d}t=2\left(t\arcsin t-\int\frac{t}{\sqrt{1-t^2}}\mathrm{d}t\right)=2(t\arcsin t+\sqrt{1-t^2})+C_1$$

$$=2(\sqrt{x}\arcsin\sqrt{x}+\sqrt{1-x})+C_1,$$

$$\int\frac{\ln x}{\sqrt{x}}\mathrm{d}x=4\int\ln t\mathrm{d}t=4(t\ln t-t)+C_2=2\sqrt{x}\ln x-4\sqrt{x}+C_2,$$

故 $\displaystyle\int\frac{\arcsin\sqrt{x}+\ln x}{\sqrt{x}}\mathrm{d}x=2\sqrt{x}\arcsin\sqrt{x}+2\sqrt{1-x}+2\sqrt{x}\ln x-4\sqrt{x}+C$，其中 $C=C_1+C_2$.

方法 2　直接用分部积分法.

$$\int \frac{\arcsin\sqrt{x}+\ln x}{\sqrt{x}}\mathrm{d}x = 2\int (\arcsin\sqrt{x}+\ln x)\,\mathrm{d}\sqrt{x} = 2\sqrt{x}\,(\arcsin\sqrt{x}+\ln x) - \int \frac{1}{\sqrt{1-x}}\mathrm{d}x - 2\int \frac{1}{\sqrt{x}}\mathrm{d}x$$

$$= 2\sqrt{x}\arcsin\sqrt{x}+2\sqrt{x}\ln x+2\sqrt{1-x}-4\sqrt{x}+C.$$

(7)(2009310) 计算不定积分 $\int \ln\left(1+\sqrt{\dfrac{1+x}{x}}\right)\mathrm{d}x\,(x>0)$.

解　求解本题需要综合运用分部积分法与换元积分法.

$$\int \ln\left(1+\sqrt{\frac{1+x}{x}}\right)\mathrm{d}x = x\ln\left(1+\sqrt{\frac{1+x}{x}}\right) - \int x\,\mathrm{d}\ln\left(1+\sqrt{\frac{1+x}{x}}\right)$$

$$= x\ln\left(1+\sqrt{\frac{1+x}{x}}\right) - \int \frac{x}{1+\sqrt{\dfrac{1+x}{x}}}\,\mathrm{d}\sqrt{\frac{1+x}{x}},$$

记 $J=\displaystyle\int \frac{x}{1+\sqrt{\dfrac{1+x}{x}}}\,\mathrm{d}\sqrt{\frac{1+x}{x}}$, 并令 $t=\sqrt{\dfrac{1+x}{x}}\,(t>1)$, 则 $x=\dfrac{1}{t^2-1}$, 于是

$$J=\int \frac{x}{1+\sqrt{\dfrac{1+x}{x}}}\,\mathrm{d}\sqrt{\frac{1+x}{x}} = \int \frac{1}{(t^2-1)(1+t)}\mathrm{d}t = \frac{1}{4}\int \left[\frac{1}{t-1}-\frac{1}{t+1}-\frac{2}{(t+1)^2}\right]\mathrm{d}t$$

$$= \frac{1}{2(t+1)}-\frac{1}{4}\ln\frac{t+1}{t-1}+C_1 = \frac{1}{2\left(\sqrt{\dfrac{1+x}{x}}+1\right)}-\frac{1}{4}\ln\frac{\sqrt{\dfrac{1+x}{x}}+1}{\sqrt{\dfrac{1+x}{x}}-1}+C_1$$

$$= \frac{\sqrt{x}}{2(\sqrt{1+x}+\sqrt{x})}-\frac{1}{4}\ln\frac{\sqrt{1+x}+\sqrt{x}}{\sqrt{1+x}-\sqrt{x}}+C_1.$$

故 $\displaystyle\int \ln\left(1+\sqrt{\dfrac{1+x}{x}}\right)\mathrm{d}x = x\ln\left(1+\sqrt{\dfrac{1+x}{x}}\right)-\frac{\sqrt{x}}{2(\sqrt{1+x}+\sqrt{x})}+\frac{1}{4}\ln\frac{\sqrt{1+x}+\sqrt{x}}{\sqrt{1+x}-\sqrt{x}}+C$, 其中 $C=-C_1$.

(8)(2002306) 设 $f(\sin^2 x)=\dfrac{x}{\sin x}$, 求 $\displaystyle\int \frac{\sqrt{x}}{\sqrt{1-x}}f(x)\mathrm{d}x$.

解　方法 1　令 $t=\sin^2 x$, 则 $x=\arcsin\sqrt{t}$, $f(x)=\dfrac{\arcsin\sqrt{x}}{\sqrt{x}}$. 于是

$$\int \frac{\sqrt{x}}{\sqrt{1-x}}f(x)\mathrm{d}x = \int \frac{\arcsin\sqrt{x}}{\sqrt{1-x}}\mathrm{d}x = -2\int \arcsin\sqrt{x}\,\mathrm{d}\sqrt{1-x}$$

$$= -2\sqrt{1-x}\arcsin\sqrt{x}+2\int \sqrt{1-x}\cdot\frac{1}{\sqrt{1-x}}\mathrm{d}\sqrt{x}$$

$$= -2\sqrt{1-x}\arcsin\sqrt{x}+2\sqrt{x}+C.$$

方法 2　因为 $0 \leqslant x < 1$，于是令 $x = \sin^2 t$，且 $t \in \left[0, \dfrac{\pi}{2}\right)$，则

$$\int \frac{\sqrt{x}}{\sqrt{1-x}} f(x)\,\mathrm{d}x = \int \frac{\sin t}{\cos t} f(\sin^2 t)\, 2\sin t \cos t\,\mathrm{d}t = 2\int t \sin t\,\mathrm{d}t = -2t\cos t + 2\int \cos t\,\mathrm{d}t$$

$$= -2t\cos t + 2\sin t + C = -2\sqrt{1-x}\,\arcsin\sqrt{x} + 2\sqrt{x} + C.$$

(9)（2019210）求不定积分 $\displaystyle\int \frac{3x+6}{(x-1)^2(x^2+x+1)}\,\mathrm{d}x$.

解　先用待定系数法将 $f(x) = \dfrac{3x+6}{(x-1)^2(x^2+x+1)}$ 分解.

$$f(x) = \frac{A}{x-1} + \frac{B}{(x-1)^2} + \frac{Mx+N}{x^2+x+1},$$

右端通分，得 $f(x) = \dfrac{A(x-1)(x^2+x+1) + B(x^2+x+1) + (x-1)^2(Mx+N)}{(x-1)^2(x^2+x+1)}$,

于是 $A(x-1)(x^2+x+1) + B(x^2+x+1) + (x-1)^2(Mx+N) = 3x+6$. ①

令 $x = 1$，得 $B = 3$. 将①式两边除以 $x-1$ 并取极限，得

$$\lim_{x\to 1} A(x^2+x+1) = \lim_{x\to 1}\left[\frac{3x+6}{x-1} - \frac{3(x^2+x+1)}{x-1}\right], \quad A = \lim_{x\to 1}\frac{-(x-1)(x+1)}{x-1} = -2.$$

将 $A = -2$ 和 $B = 3$ 代入①式，并令 $x = 0$，得 $2 + 3 + N = 6$，从而 $N = 1$.

在①式中令 $x = 2$，得 $-14 + 21 + 2M + 1 = 12$，$2M = 4$，$M = 2$.

最后求得 $f(x) = -\dfrac{2}{x-1} + \dfrac{3}{(x-1)^2} + \dfrac{2x+1}{x^2+x+1}$

于是 $\displaystyle\int \frac{3x+6}{(x-1)^2(x^2+x+1)}\,\mathrm{d}x = \int \left[-\frac{2}{x-1} + \frac{3}{(x-1)^2} + \frac{2x+1}{x^2+x+1}\right]\mathrm{d}x$

$$= -2\ln|x-1| - \frac{3}{x-1} + \ln(x^2+x+1) + C.$$

(10)（2018110）求不定积分 $\displaystyle\int \mathrm{e}^{2x}\arctan\sqrt{\mathrm{e}^x-1}\,\mathrm{d}x$.

解　方法 1　用分部积分法.

$$\int \mathrm{e}^{2x}\arctan\sqrt{\mathrm{e}^x-1}\,\mathrm{d}x = \frac{1}{2}\int \arctan\sqrt{\mathrm{e}^x-1}\,\mathrm{d}\mathrm{e}^{2x}$$

$$= \frac{1}{2}\mathrm{e}^{2x}\arctan\sqrt{\mathrm{e}^x-1} - \frac{1}{2}\int \frac{\mathrm{e}^{2x}}{1+(\mathrm{e}^x-1)}\,\mathrm{d}\sqrt{\mathrm{e}^x-1}$$

$$= \frac{1}{2}\mathrm{e}^{2x}\arctan\sqrt{\mathrm{e}^x-1} - \frac{1}{2}\int \mathrm{e}^x\,\mathrm{d}\sqrt{\mathrm{e}^x-1}$$

$$= \frac{1}{2}\mathrm{e}^{2x}\arctan\sqrt{\mathrm{e}^x-1} - \frac{1}{2}\mathrm{e}^x\sqrt{\mathrm{e}^x-1} + \frac{1}{2}\int \sqrt{\mathrm{e}^x-1}\,\mathrm{d}(\mathrm{e}^x-1)$$

$$= \frac{1}{2}\mathrm{e}^{2x}\arctan\sqrt{\mathrm{e}^x-1} - \frac{1}{2}\mathrm{e}^x\sqrt{\mathrm{e}^x-1} + \frac{1}{3}(\mathrm{e}^x-1)^{\frac{3}{2}} + C.$$

总复习题（10）

方法 2 先做变量替换, 再分部积分.

令 $t=\sqrt{e^x-1}$, 则 $x=\ln(t^2+1)$.

$$\int e^{2x}\arctan\sqrt{e^x-1}\,dx=\int(t^2+1)^2\cdot\frac{2t}{t^2+1}\arctan t\,dt=\int 2t(t^2+1)\arctan t\,dt$$

$$=\frac{1}{2}\int\arctan t\,d(t^2+1)^2=\frac{1}{2}(t^2+1)^2\arctan t-\frac{1}{2}\int(t^2+1)^2\cdot\frac{1}{t^2+1}\,dt$$

$$=\frac{1}{2}(t^2+1)^2\arctan t-\frac{1}{2}t-\frac{1}{6}t^3+C$$

$$=\frac{1}{2}e^{2x}\arctan\sqrt{e^x-1}-\frac{1}{2}\sqrt{e^x-1}-\frac{1}{6}(e^x-1)^{\frac{3}{2}}+C.$$

(11)(2003209) 求不定积分 $\displaystyle\int\frac{xe^{\arctan x}}{(1+x^2)^{\frac{3}{2}}}\,dx$.

解 令 $t=\arctan x$, 则 $\displaystyle\int\frac{xe^{\arctan x}}{(1+x^2)^{\frac{3}{2}}}\,dx=\int e^t\sin t\,dt$.

又由 $\displaystyle\int e^t\sin t\,dt=\int\sin t\,de^t=e^t\sin t-\int e^t\cos t\,dt=e^t\sin t-e^t\cos t-\int e^t\sin t\,dt$,

解得 $\displaystyle\int e^t\sin t\,dt=\frac{1}{2}e^t(\sin t-\cos t)+C$, 所以有

$$\int\frac{xe^{\arctan x}}{(1+x^2)^{\frac{3}{2}}}\,dx=\frac{1}{2}e^{\arctan x}\left(\frac{x}{\sqrt{1+x^2}}-\frac{1}{\sqrt{1+x^2}}\right)+C=\frac{(x-1)e^{\arctan x}}{2\sqrt{1+x^2}}+C.$$

(12)(2000205) 设 $f(\ln x)=\dfrac{\ln(1+x)}{x}$, 计算 $\displaystyle\int f(x)\,dx$.

解 由 $f(\ln x)=\dfrac{\ln(1+x)}{x}$ 知 $f(x)=\dfrac{\ln(1+e^x)}{e^x}$, 所以

$$\int f(x)\,dx=\int\frac{\ln(1+e^x)}{e^x}\,dx=-\int\ln(1+e^x)\,de^{-x}=-\frac{\ln(1+e^x)}{e^x}+\int\frac{e^x}{e^x(1+e^x)}\,dx$$

$$=-\frac{\ln(1+e^x)}{e^x}+\int\frac{1}{e^x(1+e^x)}\,de^x=-\frac{\ln(1+e^x)}{e^x}+\int\left(\frac{1}{e^x}-\frac{1}{1+e^x}\right)de^x$$

$$=x-\frac{\ln(1+e^x)}{e^x}-\ln(1+e^x)+C.$$

(13)(2001206) 求 $\displaystyle\int\frac{dx}{(2x^2+1)\sqrt{x^2+1}}$.

解 令 $x=\tan u$, 于是

$$\int\frac{dx}{(2x^2+1)\sqrt{x^2+1}}=\int\frac{\cos u}{1+\sin^2 u}\,du=\int\frac{1}{1+\sin^2 u}\,d\sin u=\arctan(\sin u)+C=\arctan\frac{x}{\sqrt{1+x^2}}+C.$$

第 5 章

定积分及其应用

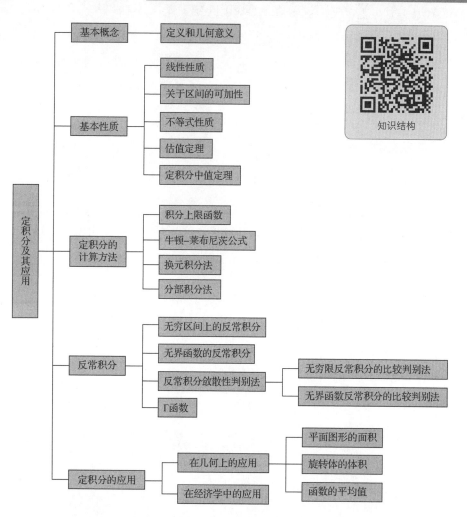

知识结构

- 定积分及其应用
  - 基本概念 —— 定义和几何意义
  - 基本性质
    - 线性性质
    - 关于区间的可加性
    - 不等式性质
    - 估值定理
    - 定积分中值定理
  - 定积分的计算方法
    - 积分上限函数
    - 牛顿–莱布尼茨公式
    - 换元积分法
    - 分部积分法
  - 反常积分
    - 无穷区间上的反常积分
    - 无界函数的反常积分
    - 反常积分敛散性判别法
      - 无穷限反常积分的比较判别法
      - 无界函数反常积分的比较判别法
    - Γ函数
  - 定积分的应用
    - 在几何上的应用
      - 平面图形的面积
      - 旋转体的体积
      - 函数的平均值
    - 在经济学中的应用

二、 重点与考点分析

（一）本章重点内容介绍

1. 定积分的概念

设函数 $y = f(x)$ 在 $[a, b]$ 上有界，在 $[a, b]$ 内任意插入 $n-1$ 个分点

$$a = x_0 < x_1 < \cdots < x_{n-1} < x_n = b,$$

将 $[a, b]$ 分成 n 个小区间 $[x_{i-1}, x_i]$ $(i = 1, 2, \cdots, n)$，每个小区间的长度记为 $\Delta x_i = x_i - x_{i-1}$ $(i = 1, 2, \cdots, n)$，在每个小区间上任取一点 $\xi_i \in [x_{i-1}, x_i]$，作乘积 $f(\xi_i)\Delta x_i$，再求和 $\sum\limits_{i=1}^{n} f(\xi_i)\Delta x_i$. 记 $\lambda = \max\limits_{1 \le i \le n}\{\Delta x_i\}$，若 $\lim\limits_{\lambda \to 0} \sum\limits_{i=1}^{n} f(\xi_i)\Delta x_i$ 存在，且极限值与 $[a, b]$ 的分法以及点 $\xi_i \in [x_{i-1}, x_i]$ 的选取都无关，则称函数 $f(x)$ 在 $[a, b]$ 上可积，此极限值为函数 $f(x)$ 在 $[a, b]$ 上的定积分，记作 $\int_a^b f(x)\mathrm{d}x$，即 $\int_a^b f(x)\mathrm{d}x = \lim\limits_{\lambda \to 0} \sum\limits_{i=1}^{n} f(\xi_i)\Delta x_i$，其中 $f(x)$ 称为被积函数，x 称为积分变量，$f(x)\mathrm{d}x$ 称为被积表达式，$[a, b]$ 称为积分区间，a 为积分下限，b 为积分上限，$\sum\limits_{i=1}^{n} f(\xi_i)\Delta x_i$ 称为 $f(x)$ 在 $[a, b]$ 上的积分和.

本章重点内容介绍

2. 定积分的几何意义

当函数 $f(x)$ 在 $[a, b]$ 上非负时，定积分 $\int_a^b f(x)\mathrm{d}x$ 表示曲线 $y = f(x)$ 和直线 $x = a$，$x = b$ 及 x 轴所围成的曲边梯形的面积.

当函数 $f(x)$ 在 $[a, b]$ 上非正时，定积分 $\int_a^b f(x)\mathrm{d}x$ 的值是一个负值，这时可以理解为由曲线 $y = f(x)$ 和直线 $x = a, x = b$ 及 x 轴所围成的曲边梯形（在 x 轴的下方）的面积的相反数.

当函数 $f(x)$ 在 $[a, b]$ 上有正有负时，定积分 $\int_a^b f(x)\mathrm{d}x$ 表示由曲线 $y = f(x)$ 和直线 $x = a, x = b$ 及 x 轴所围成的图形各部分面积的代数和.

3. 定积分的性质

假设下列提到的函数均在给定区间上可积.

（1）$\int_a^b [f(x) \pm g(x)]\mathrm{d}x = \int_a^b f(x)\mathrm{d}x \pm \int_a^b g(x)\mathrm{d}x.$

进一步推广为

$$\int_a^b [f_1(x) \pm f_2(x) \pm \cdots \pm f_n(x)]\mathrm{d}x = \int_a^b f_1(x)\mathrm{d}x \pm \int_a^b f_2(x)\mathrm{d}x \pm \cdots \pm \int_a^b f_n(x)\mathrm{d}x.$$

（2）$\int_a^b kf(x)\mathrm{d}x = k\int_a^b f(x)\mathrm{d}x$（$k$ 是常数）.

（3）设 a,b,c 是 3 个任意的实数，则 $\int_a^b f(x)\mathrm{d}x = \int_a^c f(x)\mathrm{d}x + \int_c^b f(x)\mathrm{d}x$.

（4）若在 $[a,b]$ 上有 $f(x) \geqslant 0$，则 $\int_a^b f(x)\mathrm{d}x \geqslant 0$.

（5）若在 $[a,b]$ 上有 $f(x) \leqslant g(x)$，则 $\int_a^b f(x)\mathrm{d}x \leqslant \int_a^b g(x)\mathrm{d}x$.

（6）（估值定理）设 M 和 m 分别是函数 $f(x)$ 在 $[a,b]$ 上的最大值和最小值，则

$$m(b-a) \leqslant \int_a^b f(x)\mathrm{d}x \leqslant M(b-a).$$

（7）（定积分中值定理）设函数 $f(x)$ 在 $[a,b]$ 上连续，则在 $[a,b]$ 上至少存在一点 ξ，使 $\int_a^b f(x)\mathrm{d}x = f(\xi)(b-a)$.

4. 积分上限函数

积分 $\int_a^x f(t)\mathrm{d}t$ 定义了一个在 $[a,b]$ 上的函数，称为积分上限函数，记作 $F(x) = \int_a^x f(t)\mathrm{d}t, x \in [a,b]$.

5. 积分基本定理

定理 1　设 $f(x)$ 在 $[a,b]$ 上连续，令 $F(x) = \int_a^x f(t)\mathrm{d}t$，则 $F'(x) = f(x)$.

定理 2（牛顿–莱布尼茨公式）　设 $f(x)$ 在 $[a,b]$ 上连续，且 $F(x)$ 为 $f(x)$ 的一个原函数，则

$$\int_a^b f(x)\mathrm{d}x = F(b) - F(a).$$

上述公式称为微积分基本公式. 它揭示了定积分与被积函数的原函数之间的关系，同时给出了求定积分的简单有效的方法：将求极限转化为求原函数. 因此，我们只要找到被积函数的一个原函数，就可解决定积分的计算问题.

6. 定积分的计算

定理 1（定积分的换元积分公式）　如果函数 $f(x)$ 在 $[a,b]$ 上连续，函数 $x = \varphi(t)$ 满足条件

（1）当 $t \in [\alpha,\beta]$（或 $t \in [\beta,\alpha]$）时，$a \leqslant \varphi(t) \leqslant b$；

（2）$\varphi(t)$ 在 $[\alpha,\beta]$（或 $[\beta,\alpha]$）上有连续的导数，且 $\varphi'(t) \neq 0$；

（3）$\varphi(\alpha) = a, \varphi(\beta) = b$，

则有定积分换元公式

$$\int_a^b f(x)\mathrm{d}x = \int_\alpha^\beta f[\varphi(t)]\varphi'(t)\mathrm{d}t.$$

定理 2（定积分的分部积分公式）　设 $u(x)$ 和 $v(x)$ 在 $[a,b]$ 上具有连续的导数，则

$$\int_a^b u(x)v'(x)\mathrm{d}x = [u(x)v(x)]\Big|_a^b - \int_a^b u'(x)v(x)\mathrm{d}x,$$

简记为

$$\int_a^b u\,dv = (uv)\Big|_a^b - \int_a^b v\,du.$$

7. 反常积分的定义

定义 1(无穷区间上的反常积分) 设函数 $f(x)$ 在无穷区间 $[a,+\infty)$ 上连续，任取 $b>a$，如果极限 $\lim\limits_{b\to+\infty}\int_a^b f(x)\,dx$ 存在，则称该极限值为函数 $f(x)$ 在无穷区间 $[a,+\infty)$ 上的反常积分，记作 $\int_a^{+\infty} f(x)\,dx$，即

$$\int_a^{+\infty} f(x)\,dx = \lim_{b\to+\infty}\int_a^b f(x)\,dx.$$

此时也称反常积分 $\int_a^{+\infty} f(x)\,dx$ 收敛；若极限不存在，则称反常积分 $\int_a^{+\infty} f(x)\,dx$ 发散.

类似地，我们可以定义函数 $f(x)$ 在 $(-\infty,b]$ 上的反常积分 $\int_{-\infty}^b f(x)\,dx$，即

$$\int_{-\infty}^b f(x)\,dx = \lim_{a\to-\infty}\int_a^b f(x)\,dx.$$

若右端极限存在，则称反常积分 $\int_{-\infty}^b f(x)\,dx$ 收敛；否则，称反常积分 $\int_{-\infty}^b f(x)\,dx$ 发散.

我们还可以定义函数 $f(x)$ 在 $(-\infty,+\infty)$ 上的反常积分 $\int_{-\infty}^{+\infty} f(x)\,dx$，即

$$\int_{-\infty}^{+\infty} f(x)\,dx = \int_{-\infty}^c f(x)\,dx + \int_c^{+\infty} f(x)\,dx = \lim_{a\to-\infty}\int_a^c f(x)\,dx + \lim_{b\to+\infty}\int_c^b f(x)\,dx.$$

其中，c 是任意常数，a 是小于 c 的任意数，b 是大于 c 的任意数. 反常积分 $\int_{-\infty}^{+\infty} f(x)\,dx$ 只有当上述等式右端两极限都存在时才收敛，如果有一个极限不存在，则称该反常积分发散.

定义 2(无界函数的反常积分) 设函数 $f(x)$ 在区间 $(a,b]$ 上连续，点 a 为 $f(x)$ 的瑕点. 取 $a<t<b$，如果极限 $\lim\limits_{t\to a^+}\int_t^b f(x)\,dx$ 存在，则称此极限为函数 $f(x)$ 在区间 $(a,b]$ 上的反常积分，记作 $\int_a^b f(x)\,dx = \lim\limits_{t\to a^+}\int_t^b f(x)\,dx$. 此时称反常积分 $\int_a^b f(x)\,dx$ 收敛. 如果上述极限不存在，则称反常积分 $\int_a^b f(x)\,dx$ 发散.

类似地，设函数 $f(x)$ 在区间 $[a,b)$ 上连续，点 b 为 $f(x)$ 的瑕点. 取 $a<t<b$，如果极限 $\lim\limits_{t\to b^-}\int_a^t f(x)\,dx$ 存在，则称此极限为函数 $f(x)$ 在区间 $[a,b)$ 上的反常积分，记作 $\int_a^b f(x)\,dx = \lim\limits_{t\to b^-}\int_a^t f(x)\,dx$. 此时称反常积分 $\int_a^b f(x)\,dx$ 收敛. 如果上述极限不存在，则称

反常积分 $\int_a^b f(x)\mathrm{d}x$ 发散.

设函数 $f(x)$ 在区间 $[a,b]$ 上除点 $c(a < c < b)$ 外连续，点 c 为 $f(x)$ 的瑕点. 如果两个反常积分 $\int_a^c f(x)\mathrm{d}x$ 和 $\int_c^b f(x)\mathrm{d}x$ 都收敛，则定义

$$\int_a^b f(x)\mathrm{d}x = \int_a^c f(x)\mathrm{d}x + \int_c^b f(x)\mathrm{d}x = \lim_{t\to c^-}\int_a^t f(x)\mathrm{d}x + \lim_{t\to c^+}\int_t^b f(x)\mathrm{d}x.$$

此时称反常积分 $\int_a^b f(x)\mathrm{d}x$ 收敛；否则，称反常积分 $\int_a^b f(x)\mathrm{d}x$ 发散.

8. 反常积分敛散性判别法

（1）无穷限反常积分敛散性判别法

定理 1（比较判别法 1） 设 $f(x),g(x)$ 在 $[a,+\infty)$ 内连续，对 $\forall x \in [a,+\infty)$，有 $0 \leqslant f(x) \leqslant g(x)$，则

① 当 $\int_a^{+\infty} g(x)\mathrm{d}x$ 收敛时，$\int_a^{+\infty} f(x)\mathrm{d}x$ 也收敛；

② 当 $\int_a^{+\infty} f(x)\mathrm{d}x$ 发散时，$\int_a^{+\infty} g(x)\mathrm{d}x$ 也发散.

定理 2（比较判别法的极限形式 1） 设 $f(x),g(x)$ 在 $[a,+\infty)$ 内连续，对 $\forall x \in [a,+\infty)$，有 $f(x) \geqslant 0$，$g(x) > 0$，且 $\lim\limits_{x\to+\infty}\dfrac{f(x)}{g(x)} = l$，则

① 当 $0 < l < +\infty$ 时，$\int_a^{+\infty} f(x)\mathrm{d}x$ 与 $\int_a^{+\infty} g(x)\mathrm{d}x$ 同时收敛同时发散；

② 当 $l = 0$ 时，由 $\int_a^{+\infty} g(x)\mathrm{d}x$ 收敛可推知 $\int_a^{+\infty} f(x)\mathrm{d}x$ 收敛，由 $\int_a^{+\infty} f(x)\mathrm{d}x$ 发散可推知 $\int_a^{+\infty} g(x)\mathrm{d}x$ 也发散；

③ 当 $l = +\infty$ 时，由 $\int_a^{+\infty} f(x)\mathrm{d}x$ 收敛可推知 $\int_a^{+\infty} g(x)\mathrm{d}x$ 收敛，由 $\int_a^{+\infty} g(x)\mathrm{d}x$ 发散可推知 $\int_a^{+\infty} f(x)\mathrm{d}x$ 也发散.

定理 3（比较判别法 2） 设 $f(x)$ 在 $[a,+\infty)(a>0)$ 上连续，则

① 当 $0 \leqslant f(x) \leqslant \dfrac{1}{x^p}, x \in [a,+\infty)$ 且 $p > 1$ 时，$\int_a^{+\infty} f(x)\mathrm{d}x$ 收敛；

② 当 $f(x) \geqslant \dfrac{1}{x^p}, x \in [a,+\infty)$ 且 $p \leqslant 1$ 时，$\int_a^{+\infty} f(x)\mathrm{d}x$ 发散.

定理 4（比较判别法的极限形式 2） 设 $f(x)$ 在 $[a,+\infty)$ 上连续，对 $\forall x \in [a,+\infty)$，有 $f(x) \geqslant 0$，且 $\lim\limits_{x\to+\infty} x^p f(x) = l$，则

① 当 $0 \leqslant l < +\infty$ 且 $p > 1$ 时，$\int_a^{+\infty} f(x)\mathrm{d}x$ 收敛；

② 当 $0 < l \leqslant +\infty$ 且 $p \leqslant 1$ 时，$\int_a^{+\infty} f(x)\mathrm{d}x$ 发散.

（2）无界函数反常积分敛散性判别法

定理5（比较判别法1） 设 $f(x), g(x)$ 在 $(a,b]$ 上连续，瑕点同为 $x=a$，且对 $\forall x \in (a,b]$，有 $0 \leqslant f(x) \leqslant g(x)$，则

① 当 $\int_a^b g(x)\mathrm{d}x$ 收敛时，$\int_a^b f(x)\mathrm{d}x$ 也收敛；

② 当 $\int_a^b f(x)\mathrm{d}x$ 发散时，$\int_a^b g(x)\mathrm{d}x$ 也发散.

定理6（比较判别法的极限形式1） 设 $f(x), g(x)$ 在 $(a,b]$ 上连续，瑕点同为 $x=a$，对 $\forall x \in (a,b]$，有 $f(x) \geqslant 0, g(x) > 0$，且 $\lim\limits_{x \to a^+} \dfrac{f(x)}{g(x)} = l$，则

① 当 $0 < l < +\infty$ 时，$\int_a^b f(x)\mathrm{d}x$ 与 $\int_a^b g(x)\mathrm{d}x$ 同时收敛同时发散；

② 当 $l=0$ 时，由 $\int_a^b g(x)\mathrm{d}x$ 收敛可推知 $\int_a^b f(x)\mathrm{d}x$ 收敛，由 $\int_a^b f(x)\mathrm{d}x$ 发散可推知 $\int_a^b g(x)\mathrm{d}x$ 也发散；

③ 当 $l=+\infty$ 时，由 $\int_a^b f(x)\mathrm{d}x$ 收敛可推知 $\int_a^b g(x)\mathrm{d}x$ 收敛，由 $\int_a^b g(x)\mathrm{d}x$ 发散可推知 $\int_a^b f(x)\mathrm{d}x$ 也发散.

定理7（比较判别法2） 设 $f(x)$ 在 $(a,b]$ 上连续，点 a 为 $f(x)$ 的瑕点，则

① 当 $0 \leqslant f(x) \leqslant \dfrac{1}{(x-a)^p}, x \in (a,b]$，且 $0 < p < 1$ 时，$\int_a^b f(x)\mathrm{d}x$ 收敛；

② 当 $f(x) \geqslant \dfrac{1}{(x-a)^p}, x \in (a,b]$，且 $p \geqslant 1$ 时，$\int_a^b f(x)\mathrm{d}x$ 发散.

定理8（比较判别法的极限形式2） 设 $f(x)$ 在 $(a,b]$ 上连续，点 a 为 $f(x)$ 的瑕点，对 $\forall x \in (a,b]$，有 $f(x) \geqslant 0$，且 $\lim\limits_{x \to a^+}(x-a)^p f(x) = l$，则

① 当 $0 \leqslant l < +\infty$ 且 $0 < p < 1$ 时，$\int_a^b f(x)\mathrm{d}x$ 收敛；

② 当 $0 < l \leqslant +\infty$ 且 $p \geqslant 1$ 时，$\int_a^b f(x)\mathrm{d}x$ 发散.

9. Γ 函数

（1）Γ 函数的定义：含参变量 x 的反常积分 $\Gamma(x) = \int_0^{+\infty} t^{x-1}\mathrm{e}^{-t}\mathrm{d}t\,(x > 0)$，称为 Γ 函数.

（2）Γ 函数的性质：① $\Gamma(x+1) = x\Gamma(x)$；② $\Gamma(1) = 1$；③ $\Gamma(n+1) = n!$；
④ $\Gamma\left(\dfrac{1}{2}\right) = \sqrt{\pi}$.

10. 定积分的应用

(1) 设 D 由 $y=f(x)\geqslant 0, x=a, x=b(a<b)$ 及 x 轴围成，则 D 的面积为

$$A = \int_a^b f(x)\,\mathrm{d}x.$$

(2) 设 D 由曲线 $y=f(x), y=g(x), x=a, x=b(a<b)$ 围成，则 D 的面积为

$$A = \int_a^b |f(x)-g(x)|\,\mathrm{d}x.$$

同样地，若 D 由曲线 $x=\psi_1(y), x=\psi_2(y), y=c, y=d(c<d)$ 围成，则 D 的面积为

$$A = \int_c^d |\psi_1(y)-\psi_2(y)|\,\mathrm{d}y.$$

(3) 设 D 由 $r=r(\theta)(\alpha\leqslant\theta\leqslant\beta), \theta=\alpha, \theta=\beta$ 围成，则 D 的面积为

$$A = \frac{1}{2}\int_\alpha^\beta r^2(\theta)\,\mathrm{d}\theta.$$

(4) 设 D 由 $r=r_1(\theta), r=r_2(\theta)\left[r_1(\theta)\leqslant r_2(\theta), \alpha\leqslant\theta\leqslant\beta\right], \theta=\alpha, \theta=\beta$ 围成，则 D 的面积为 $A = \dfrac{1}{2}\int_\alpha^\beta\left[r_2^2(\theta)-r_1^2(\theta)\right]\mathrm{d}\theta.$

(5) 设 $L: y=f(x)(a\leqslant x\leqslant b)$，则 L 绕 x 轴旋转一周所得旋转体的体积为

$$V = \pi\int_a^b f^2(x)\,\mathrm{d}x.$$

(6) 设 $L: y=f(x), 0<a\leqslant x\leqslant b$，则 L 绕 y 轴旋转一周所得旋转体的体积为

$$V = 2\pi\int_a^b x|f(x)|\,\mathrm{d}x.$$

11. 定积分在经济学中的应用

已知边际成本求总成本、已知边际收益求总收益，以及已知某经济变量的变化率求该变量等问题，是定积分应用于经济方面较常见的典型问题.

(1) 若已知生产某种产品的固定成本为 C_0，边际成本 $MC=C'(x)$，其中 x 是该产品的产量，则生产该产品的总成本函数是 $C(x) = C_0 + \int_0^x C'(t)\,\mathrm{d}t.$

(2) 若已知销售某种商品的边际收益 $MR=R'(x)$，其中 x 是该商品的销售量，则销售该商品的总收益函数是 $R(x) = \int_0^x R'(t)\,\mathrm{d}t.$

(3) 边际利润 $L'(x) = R'(x)-C'(x)$.

利润函数

$$L(x) = R(x)-C(x) = \int_0^x R'(t)\,\mathrm{d}t - \left[\int_0^x C'(t)\,\mathrm{d}t + C_0\right] = \int_0^x L'(t)\,\mathrm{d}t - C_0.$$

(4) 若已知某产品的总产量 Q 的变化率是时间 t 的连续函数 $f(t)$，即 $Q'(t)=f(t)$，则从时间 t_0 到时间 t_1 期间该产品的总产量的增加值为 $\Delta Q = \int_{t_0}^{t_1} f(t)\,\mathrm{d}t.$

(5) 如果已知 t_0 时的总产量为 Q_0，则总产量函数为 $Q(t) = Q_0 + \int_{t_0}^t f(u)\,\mathrm{d}u.$

（二）考研大纲要求

（1）了解定积分的概念和基本性质，了解定积分中值定理，理解积分上限函数并会求它的导数，掌握牛顿-莱布尼茨公式及定积分的换元积分法和分部积分法.

考研大纲要求

（2）会利用定积分计算平面图形的面积、旋转体的体积和函数的平均值，会利用定积分求解简单的经济应用问题.

（3）理解反常积分的概念，了解反常积分收敛的比较判别法，会计算反常积分.

（三）本章知识小结

1. 关于定积分

（1）定积分的本质是一种特殊形式和式的极限，但是大家要理解定积分中的极限和函数极限之间的联系与区别，最大的区别在于函数极限$\lim\limits_{x\to a}f(x)$中，对每一个极限变量x来说，$f(x)$的值是唯一确定的，而对积分和的极限而言，每一个λ，并不唯一对应积分和的一个值，这使积分和的极限要比通常的函数极限复杂得多. 此外，大家要注意定义的逆用，对于积分和的极限，大家要能够利用定积分的定义，转化成定积分，从而利用定积分的知识来解决积分和的极限问题.

（2）定积分的计算主要利用牛顿-莱布尼茨公式，该公式把定积分和不定积分联系起来. 在用换元法计算定积分时，一旦得到了用新变量表示的原函数后，不必做变量还原，而只需要用新的积分限代入并求其差值就可以了，这是定积分换元积分法与不定积分换元积分法的区别.

2. 关于定积分的应用

在用定积分解决实际问题时，微元法是解决问题的主要方法. 大家要正确地找出所求量的微元. 通常情况下，微元应根据所求量的严格定义来选取.

三、 典型例题与方法归纳

例1 计算$\lim\limits_{n\to\infty}\dfrac{1}{n}\left[(n+1)(n+2)\cdots(n+n)\right]^{\frac{1}{n}}$.

解 $\lim\limits_{n\to\infty}\dfrac{1}{n}\left[(n+1)(n+2)\cdots(n+n)\right]^{\frac{1}{n}}=\lim\limits_{n\to\infty}\left[\dfrac{(n+1)(n+2)\cdots(n+n)}{n^{n}}\right]^{\frac{1}{n}}$

$$=\lim\limits_{n\to\infty}\left[\left(1+\dfrac{1}{n}\right)\left(1+\dfrac{2}{n}\right)\cdots\left(1+\dfrac{n}{n}\right)\right]^{\frac{1}{n}}$$

$$=e^{\lim\limits_{n\to\infty}\frac{1}{n}\sum\limits_{i=1}^{n}\ln\left(1+\frac{i}{n}\right)}=e^{\int_{0}^{1}\ln(1+x)\,dx},$$

因为$\displaystyle\int_{0}^{1}\ln(1+x)\,dx=\left[x\ln(1+x)\right]\Big|_{0}^{1}-\int_{0}^{1}\dfrac{x}{1+x}dx=2\ln2-1=\ln\dfrac{4}{e}$，所以原式$=\dfrac{4}{e}$.

【方法归纳】 （1）大家要熟练掌握定积分的定义，学习建立定积分概念的基本思想. 在求解上述形式和式的极限时, 大家首先需要想到转化成定积分来求.

(2) 设 $f(x)$ 在 $[0,1]$ 上可积, 则可做如下操作.

分法: 等分, $[0,1] = \left[0, \dfrac{1}{n}\right] \cup \left[\dfrac{1}{n}, \dfrac{2}{n}\right] \cup \cdots \cup \left[\dfrac{n-1}{n}, \dfrac{n}{n}\right]$, 其中 $\Delta x_i = \dfrac{1}{n} (1 \leqslant i \leqslant n)$.

取法: 取 $\xi_i = \dfrac{i}{n}$ 或 $\xi_i = \dfrac{i-1}{n} (1 \leqslant i \leqslant n)$, 注意到此时 $\lambda \to 0$ 与 $n \to \infty$ 等价, 所以有

$$\lim_{n \to \infty} \frac{1}{n} \sum_{i=1}^{n} f\left(\frac{i}{n}\right) = \int_0^1 f(x) \, dx \text{ 或} \lim_{n \to \infty} \frac{1}{n} \sum_{i=1}^{n} f\left(\frac{i-1}{n}\right) = \int_0^1 f(x) \, dx.$$

利用上述关系, 就可以将该类型和式的极限转化成定积分的形式, 从而应用定积分达到求极限的目的.

例 2 设 $f(x)$ 连续, 且 $\lim\limits_{x \to 0} \dfrac{f(x)}{x} = 2$, $F(x) = \displaystyle\int_0^x t^{n-1} f(x^n - t^n) \, dt$, 求 $\lim\limits_{x \to 0} \dfrac{F(x)}{x^{2n}}$.

解 由 $\lim\limits_{x \to 0} \dfrac{f(x)}{x} = 2$, 得 $f(0) = 0, f'(0) = 2$.

$$F(x) = \int_0^x t^{n-1} f(x^n - t^n) \, dt = -\frac{1}{n} \int_0^x f(x^n - t^n) \, d(x^n - t^n)$$

$$\xlongequal{u = x^n - t^n} -\frac{1}{n} \int_{x^n}^0 f(u) \, du = \frac{1}{n} \int_0^{x^n} f(u) \, du,$$

于是 $\lim\limits_{x \to 0} \dfrac{F(x)}{x^{2n}} = \lim\limits_{x \to 0} \dfrac{x^{n-1} f(x^n)}{2nx^{2n-1}} = \dfrac{1}{2n} \lim\limits_{x \to 0} \dfrac{f(x^n) - f(0)}{x^n} = \dfrac{1}{2n} f'(0) = \dfrac{1}{n}$.

例 3 (2016104) $\lim\limits_{x \to 0} \dfrac{\displaystyle\int_0^x t \ln(1 + t \sin t) \, dt}{1 - \cos x^2} = \underline{\qquad\qquad}$.

解 $\lim\limits_{x \to 0} \dfrac{\displaystyle\int_0^x t \ln(1 + t \sin t) \, dt}{1 - \cos x^2} = \lim\limits_{x \to 0} \dfrac{\displaystyle\int_0^x t \ln(1 + t \sin t) \, dt}{\dfrac{1}{2} x^4} = \lim\limits_{x \to 0} \dfrac{x \ln(1 + x \sin x)}{2x^3} = \dfrac{1}{2}$.

例 4 (2017210) 计算 $\lim\limits_{x \to 0^+} \dfrac{\displaystyle\int_0^x \sqrt{x - t} \, e^t \, dt}{\sqrt{x^3}}$.

解 $\lim\limits_{x \to 0^+} \dfrac{\displaystyle\int_0^x \sqrt{x - t} \, e^t \, dt}{\sqrt{x^3}} = \lim\limits_{x \to 0^+} \dfrac{-e^x \displaystyle\int_x^0 \sqrt{u} \, e^{-u} \, du}{\sqrt{x^3}} (\text{令} \, u = x - t)$

$$= \lim_{x \to 0^+} \frac{e^x \displaystyle\int_0^x \sqrt{u} \, e^{-u} \, du + e^x \sqrt{x} \, e^{-x}}{\dfrac{3}{2} \sqrt{x}} = \lim_{x \to 0^+} \frac{e^x \displaystyle\int_0^x \sqrt{u} \, e^{-u} \, du + \sqrt{x}}{\dfrac{3}{2} \sqrt{x}}$$

$$= \frac{2}{3} \lim_{x \to 0^+} \frac{e^x \displaystyle\int_0^x \sqrt{u} \, e^{-u} \, du}{\sqrt{x}} + \frac{2}{3} = \frac{2}{3}.$$

例 5(2020104,2020204) 当 $x \to 0^+$ 时, 下列无穷小量中最高阶的是(　　).

A. $\displaystyle\int_0^x (e^{t^2} - 1) \mathrm{d}t$　　B. $\displaystyle\int_0^x \ln(1 + \sqrt{t^3}) \mathrm{d}t$　　C. $\displaystyle\int_0^{\sin x} \sin t^2 \mathrm{d}t$　　D. $\displaystyle\int_0^{1-\cos x} \sqrt{\sin^3 t}\, \mathrm{d}t$

解 当 $x \to 0^+$ 时:

A 项, $\left[\displaystyle\int_0^x (e^{t^2} - 1) \mathrm{d}t\right]' = e^{x^2} - 1 \sim x^2$, 所以 $\displaystyle\int_0^x (e^{t^2} - 1) \mathrm{d}t$ 是 x 的 3 阶无穷小;

B 项, $\left[\displaystyle\int_0^x \ln(1 + \sqrt{t^3}) \mathrm{d}t\right]' = \ln(1 + \sqrt{x^3}) \sim x^{\frac{3}{2}}$, 所以 $\displaystyle\int_0^x \ln(1 + \sqrt{t^3}) \mathrm{d}t$ 是 x 的 $\dfrac{5}{2}$ 阶无穷小;

C 项, $\left[\displaystyle\int_0^{\sin x} \sin t^2 \mathrm{d}t\right]' = \sin(\sin^2 x) \cdot \cos x \sim x^2$, 所以 $\displaystyle\int_0^{\sin x} \sin t^2 \mathrm{d}t$ 是 x 的 3 阶无穷小;

D 项, $\left[\displaystyle\int_0^{1-\cos x} \sqrt{\sin^3 t}\, \mathrm{d}t\right]' = (1 - \cos x)^{\frac{3}{2}} \sin x \sim \left(\dfrac{1}{2}\right)^{\frac{3}{2}} x^4$, 所以 $\displaystyle\int_0^{1-\cos x} \sqrt{\sin^3 t}\, \mathrm{d}t$ 是 x 的 5 阶无穷小.

故应选 D.

【方法归纳】 求解变限积分的导数, 需要熟练运用微积分学基本定理, 同时需要注意当变限积分的上限或者下限是函数时, 求导要用到复合函数的链式求导法则.

(1) $\dfrac{\mathrm{d}}{\mathrm{d}x} \displaystyle\int_a^x f(x) \mathrm{d}t = f(x)$.

(2) $\dfrac{\mathrm{d}}{\mathrm{d}x} \displaystyle\int_x^a f(t) \mathrm{d}t = -\dfrac{\mathrm{d}}{\mathrm{d}x} \displaystyle\int_a^x f(t) \mathrm{d}t = -f(x)$.

(3) $\dfrac{\mathrm{d}}{\mathrm{d}x} \displaystyle\int_a^{\varphi(x)} f(t) \mathrm{d}t = f[\varphi(x)] \varphi'(x)$.

(4) $\dfrac{\mathrm{d}}{\mathrm{d}x} \displaystyle\int_{\varphi_1(x)}^{\varphi_2(x)} f(t) \mathrm{d}t = f[\varphi_2(x)] \varphi'_2(x) - f[\varphi_1(x)] \varphi'_1(x)$.

(5) $\displaystyle\int_a^x f(x) \mathrm{d}x$ 中, 被积表达式中的 x 与积分限所含的 x 不同; $\displaystyle\int_a^x f(x,t) \mathrm{d}t$ 中, 被积表达式中的 x 与积分限所含的 x 相同.

(6) 变积分限函数在极限计算、变积分限函数求导、定积分计算、微分方程等中都有非常重要的应用, 使用时首先将表达式中所含的积分限变量处理掉, 再求导数.

例 6(2018104) 设函数 $f(x)$ 具有二阶连续导数. 若曲线 $y = f(x)$ 过点 $(0,0)$ 且与曲线 $y = 2^x$ 在点 $(1,2)$ 处相切, 则 $\displaystyle\int_0^1 x f''(x) \mathrm{d}x = \underline{\qquad}$.

解 由曲线 $y = f(x)$ 过点 $(0,0)$ 且与曲线 $y = 2^x$ 在点 $(1,2)$ 处相切可知

$$f(0) = 0, f(1) = 2, f'(1) = (2^x)'\big|_{x=1} = (2^x \ln 2)\big|_{x=1} = 2\ln 2,$$

则 $\displaystyle\int_0^1 x f''(x) \mathrm{d}x = \int_0^1 x \mathrm{d}f'(x) = [x f'(x)]\big|_0^1 - \int_0^1 f'(x) \mathrm{d}x = 2\ln 2 - f(x)\big|_0^1 = 2\ln 2 - 2$.

例 7(2019204) 已知函数 $f(x) = x\int_1^x \frac{\sin t^2}{t}\mathrm{d}t$，则 $\int_0^1 f(x)\mathrm{d}x = $ _____.

解 由分部积分法可得

$$\int_0^1 f(x)\mathrm{d}x = \int_0^1 x\left(\int_1^x \frac{\sin t^2}{t}\mathrm{d}t\right)\mathrm{d}x = \int_0^1 \left(\int_1^x \frac{\sin t^2}{t}\mathrm{d}t\right)\mathrm{d}\frac{x^2}{2}$$

$$= \left(\frac{x^2}{2}\int_1^x \frac{\sin t^2}{t}\mathrm{d}t\right)\Big|_0^1 - \int_0^1 \frac{x^2}{2}\mathrm{d}\left(\int_1^x \frac{\sin t^2}{t}\mathrm{d}t\right)$$

$$= -\int_0^1 \frac{x^2}{2}\frac{\sin x^2}{x}\mathrm{d}x = -\frac{1}{2}\int_0^1 x\sin x^2\mathrm{d}x$$

$$= \frac{1}{4}\cos x^2\Big|_0^1 = \frac{1}{4}(\cos 1 - 1),$$

故应填 $\frac{1}{4}(\cos 1 - 1)$.

【方法归纳】 (1)计算定积分，首先考虑利用换元积分法与分部积分法，有些题目需要反复多次运用分部积分法，还有可能求得一个方程，利用解方程求得所要求的积分. 当被积函数含有导数时，一般使用分部积分法计算；当被积函数以变积分限函数表示，且被积函数无法积出来时，一般使用分部积分法计算.

(2)利用对称区间上的奇、偶函数的积分性质进行计算.

(3)利用周期函数积分的性质.

(4)比较定积分的大小是一种常考题型，若积分区间相同，则比较定积分的大小转化成比较被积函数的大小.

例 8(2016104) 若反常积分 $\int_0^{+\infty} \frac{1}{x^a(1+x)^b}\mathrm{d}x$ 收敛，

例 8

则( ).

A. $a<1$ 且 $b>1$ B. $a>1$ 且 $b>1$

C. $a<1$ 且 $a+b>1$ D. $a>1$ 且 $a+b>1$

解 $\int_0^{+\infty} \frac{1}{x^a(1+x)^b}\mathrm{d}x = \int_0^1 \frac{1}{x^a(1+x)^b}\mathrm{d}x + \int_1^{+\infty} \frac{1}{x^a(1+x)^b}\mathrm{d}x$

$$= I_1 + I_2.$$

对 $I_1 = \int_0^1 \frac{1}{x^a(1+x)^b}\mathrm{d}x$，$x=0$ 是瑕点，由 $\lim\limits_{x\to 0^+} x^a\frac{1}{x^a(1+x)^b} = 1$ 知，当 $a<1$ 时 I_1 收敛.

对 $I_2 = \int_1^{+\infty} \frac{1}{x^a(1+x)^b}\mathrm{d}x$，由 $\lim\limits_{x\to +\infty} x^{a+b}\frac{1}{x^a(1+x)^b} = 1$ 知，当 $a+b>1$ 时 I_2 收敛.

因此，当 $a<1$ 且 $a+b>1$ 时反常积分 $\int_0^{+\infty} \frac{1}{x^a(1+x)^b}\mathrm{d}x$ 收敛.

故应选 C.

例9(2016204) 反常积分 ① $\int_{-\infty}^{0} \frac{1}{x^2} e^{\frac{1}{x}} dx$ 和 ② $\int_{0}^{+\infty} \frac{1}{x^2} e^{\frac{1}{x}} dx$ 的敛散性为(   ).

A. ①收敛，②收敛

B. ①收敛，②发散

C. ①发散，②收敛

D. ①发散，②发散

解 ① $\int_{-\infty}^{0} \frac{1}{x^2} e^{\frac{1}{x}} dx = -\int_{-\infty}^{0} e^{\frac{1}{x}} d\left(\frac{1}{x}\right) = -e^{\frac{1}{x}} \Big|_{-\infty}^{0} = -(\lim_{x\to 0^{-}} e^{\frac{1}{x}} - \lim_{x\to -\infty} e^{\frac{1}{x}}) = -(0-1) = 1$，

收敛.

② $\int_{0}^{+\infty} \frac{1}{x^2} e^{\frac{1}{x}} dx = -\int_{0}^{+\infty} e^{\frac{1}{x}} d\left(\frac{1}{x}\right) = -e^{\frac{1}{x}} \Big|_{0}^{+\infty} = -(\lim_{x\to +\infty} e^{\frac{1}{x}} - \lim_{x\to 0^{+}} e^{\frac{1}{x}}) = +\infty$，发散.

故应选 B.

例10(2017204) $\int_{0}^{+\infty} \frac{\ln(1+x)}{(1+x)^2} dx = $ _____.

解 $\int_{0}^{+\infty} \frac{\ln(1+x)}{(1+x)^2} dx = \int_{0}^{+\infty} \ln(1+x) d\left(-\frac{1}{1+x}\right)$

$= \left[-\frac{1}{1+x}\ln(1+x)\right] \Big|_{0}^{+\infty} + \int_{0}^{+\infty} \frac{1}{(1+x)^2} dx$

$= \left[-\frac{1}{1+x}\ln(1+x)\right] \Big|_{0}^{+\infty} - \frac{1}{1+x} \Big|_{0}^{+\infty}$

$= 0 + 1 = 1.$

例11(2019204) 下列反常积分发散的是(   ).

A. $\int_{0}^{+\infty} xe^{-x} dx$

B. $\int_{0}^{+\infty} xe^{-x^2} dx$

C. $\int_{0}^{+\infty} \frac{\arctan x}{1+x^2} dx$

D. $\int_{0}^{+\infty} \frac{x}{1+x^2} dx$

解 对于 A 选项，$\int_{0}^{+\infty} xe^{-x} dx = \int_{0}^{+\infty} x d(-e^{-x}) = -xe^{-x} \Big|_{0}^{+\infty} + \int_{0}^{+\infty} e^{-x} dx = -e^{-x} \Big|_{0}^{+\infty} = 1.$

对于 B 选项，$\int_{0}^{+\infty} xe^{-x^2} dx = -\frac{1}{2} e^{-x^2} \Big|_{0}^{+\infty} = \frac{1}{2}.$

对于 C 选项，$\int_{0}^{+\infty} \frac{\arctan x}{1+x^2} dx = \frac{1}{2} (\arctan x)^2 \Big|_{0}^{+\infty} = \frac{\pi^2}{8}.$

对于 D 选项，$\int_{0}^{+\infty} \frac{x}{1+x^2} dx = \frac{1}{2}\ln(1+x^2) \Big|_{0}^{+\infty} = +\infty$，发散.

故应选 D.

例12(2020204) $\int_{0}^{1} \frac{\arcsin\sqrt{x}}{\sqrt{x(1-x)}} dx = $ _____.

A. $\frac{\pi^2}{4}$

B. $\frac{\pi^2}{8}$

C. $\frac{\pi}{4}$

D. $\frac{\pi}{8}$

解 令 $t = \sqrt{x}$，则 $x = t^2$，$dx = 2t dt$.

$\int_{0}^{1} \frac{\arcsin\sqrt{x}}{\sqrt{x(1-x)}} dx = 2\int_{0}^{1} \frac{\arcsin t}{\sqrt{1-t^2}} dt = 2\int_{0}^{1} \arcsin t d\arcsin t = (\arcsin t)^2 \Big|_{0}^{1} = \frac{\pi^2}{4}$，故应选 A.

【方法归纳】 反常积分是相对于正常积分而言的. 对于反常积分，有以下结论成立. 设 $f(x) \geqslant 0$.

(1) 若 $\lim\limits_{x \to +\infty} x^k f(x) = \lambda$，则当 $k>1, 0 \leqslant \lambda < +\infty$ 时，$\int_a^{+\infty} f(x)\,\mathrm{d}x$ 收敛；当 $k \leqslant 1, 0 < \lambda \leqslant +\infty$ 时，$\int_a^{+\infty} f(x)\,\mathrm{d}x$ 发散.

(2) 若 $\lim\limits_{x \to -\infty} |x|^k f(x) = \lambda$，则当 $k>1, 0 \leqslant \lambda < +\infty$ 时，$\int_{-\infty}^a f(x)\,\mathrm{d}x$ 收敛；当 $k \leqslant 1, 0 < \lambda \leqslant +\infty$ 时，$\int_{-\infty}^a f(x)\,\mathrm{d}x$ 发散.

(3) 对于 $\int_{-\infty}^{+\infty} f(x)\,\mathrm{d}x$，要先考虑其敛散性. 若反常积分 $\int_{-\infty}^{+\infty} f(x)\,\mathrm{d}x$ 发散，则不可使用奇偶性；若反常积分 $\int_{-\infty}^{+\infty} f(x)\,\mathrm{d}x$ 收敛，则可使用奇偶性. 例如，$\int_{-\infty}^{+\infty} \dfrac{x}{1+x^2}\mathrm{d}x$ 发散，因为 $\int_{-\infty}^0 \dfrac{x}{1+x^2}\mathrm{d}x$ 与 $\int_0^{+\infty} \dfrac{x}{1+x^2}\mathrm{d}x$ 都发散. 又如 $\int_{-\infty}^{+\infty} \dfrac{1}{1+x^2}\mathrm{d}x = 2\int_0^{+\infty} \dfrac{1}{1+x^2}\mathrm{d}x = 2\arctan x \Big|_0^{+\infty} = \pi$.

(4) 设 $\lim\limits_{x \to a^+} (x-a)^k f(x) = \lambda$，则当 $0<k<1, 0 \leqslant \lambda < +\infty$ 时，反常积分 $\int_a^b f(x)\,\mathrm{d}x$ 收敛；当 $k \geqslant 1, 0 < \lambda \leqslant +\infty$ 时，反常积分 $\int_a^b f(x)\,\mathrm{d}x$ 发散.

(5) 设 $\lim\limits_{x \to b^-} (b-x)^k f(x) = \lambda$，则当 $0<k<1, 0 \leqslant \lambda < +\infty$ 时，反常积分 $\int_a^b f(x)\,\mathrm{d}x$ 收敛；当 $k \geqslant 1, 0 < \lambda \leqslant +\infty$ 时，反常积分 $\int_a^b f(x)\,\mathrm{d}x$ 发散.

四、习题全解

同步习题 5.1

 基础题

1. 利用定积分的几何意义，求下列定积分的值.

(1) $\int_0^R \sqrt{R^2 - x^2}\,\mathrm{d}x$. 　　(2) $\int_0^1 (x+1)\,\mathrm{d}x$. 　　(3) $\int_{-\pi}^{\pi} \sin x\,\mathrm{d}x$.

解 (1) 由定积分的几何意义知，$\int_0^R \sqrt{R^2 - x^2}\,\mathrm{d}x$ 表示圆心在点 $(0,0)$、半径为 R 的圆在第一象限内的面积，因此，$\int_0^R \sqrt{R^2 - x^2}\,\mathrm{d}x = \dfrac{1}{4}\pi R^2$.

(2) 由定积分的几何意义知, $\int_0^1 (x+1)\mathrm{d}x$ 表示上底为 1、下底为 2、高为 1 的梯形的面积, 因此, $\int_0^1 (x+1)\mathrm{d}x = \dfrac{3}{2}$.

(3) 由定积分的几何意义知, $\int_{-\pi}^{\pi} \sin x\,\mathrm{d}x$ 表示 $y=\sin x$ 的图形在区间 $[-\pi,\pi]$ 上与 x 轴所围部分面积的代数和, 根据 $\sin x$ 的图形的特点知, 其面积的代数和为零, 因此, $\int_{-\pi}^{\pi} \sin x\,\mathrm{d}x = 0.$

2. 不计算定积分, 比较下列定积分的大小 (在横线上填 "$\geqslant$" 或 "$\leqslant$").

(1) $\int_1^2 x^2\mathrm{d}x$ _____ $\int_1^2 x^3\mathrm{d}x.$　　　　(2) $\int_4^3 \ln^2 x\,\mathrm{d}x$ _____ $\int_4^3 \ln^3 x\,\mathrm{d}x.$

(3) $\int_0^1 \sin x\,\mathrm{d}x$ _____ $\int_0^1 \sin^2 x\,\mathrm{d}x.$　　　　(4) $\int_0^1 \mathrm{e}^x\mathrm{d}x$ _____ $\int_0^1 \mathrm{e}^{2x}\mathrm{d}x.$

解 (1) $\leqslant$. 当 $x \in [1,2]$ 时, $x^2 \leqslant x^3$, 所以 $\int_1^2 x^2\mathrm{d}x \leqslant \int_1^2 x^3\mathrm{d}x.$

(2) $\geqslant$. 当 $x \in [3,4]$ 时, $\ln x \geqslant 1$, 故 $\ln^3 x \geqslant \ln^2 x$, 所以 $\int_4^3 \ln^2 x\,\mathrm{d}x \geqslant \int_4^3 \ln^3 x\,\mathrm{d}x.$

(3) $\geqslant$. 当 $x \in [0,1]$ 时, $0 \leqslant \sin x \leqslant 1$, 故 $\sin x \geqslant \sin^2 x$, 所以 $\int_0^1 \sin x\,\mathrm{d}x \geqslant \int_0^1 \sin^2 x\,\mathrm{d}x.$

(4) $\leqslant$. 当 $x \in [0,1]$ 时, $\mathrm{e}^x \geqslant 1$, 故 $\mathrm{e}^x \leqslant \mathrm{e}^{2x}$, 所以 $\int_0^1 \mathrm{e}^x\mathrm{d}x \leqslant \int_0^1 \mathrm{e}^{2x}\mathrm{d}x.$

3. 不计算定积分, 估计下列各式的值.

(1) $\int_{-1}^1 (x^2+1)\mathrm{d}x.$　　　　(2) $\int_{\frac{\pi}{4}}^{\frac{5\pi}{4}} (1+\sin^2 x)\mathrm{d}x.$

解 (1) 在 $[-1,1]$ 上, $0 \leqslant x^2 \leqslant 1$, $1 \leqslant x^2+1 \leqslant 2$, 所以 $2 \leqslant \int_{-1}^1 (x^2+1)\mathrm{d}x \leqslant 4.$

(2) 在 $\left[\dfrac{\pi}{4}, \dfrac{5\pi}{4}\right]$ 上, $1 \leqslant 1+\sin^2 x \leqslant 2$, 所以 $\pi \leqslant \int_{\frac{\pi}{4}}^{\frac{5\pi}{4}} (1+\sin^2 x)\mathrm{d}x \leqslant 2\pi.$

提高题

1. 设 $a < b$, 问: a,b 取什么值时, 定积分 $\int_a^b (x-x^2)\mathrm{d}x$ 取最大值?

解 根据定积分的几何意义, 要使定积分 $\int_a^b (x-x^2)\mathrm{d}x$ 取得最大值, 需要使由曲线 $f(x)=x-x^2$ 和直线 $x=a, x=b$ 及 x 轴所围成的图形的面积代数和达到最大. 再根据 $f(x)=x-x^2$ 的图形的性质可知, 当 $a=0, b=1$ 时, 可使面积代数和达到最大.

2. 设 $I_1 = \int_0^{\frac{\pi}{4}} x\mathrm{d}x, I_2 = \int_0^{\frac{\pi}{4}} \sqrt{x}\,\mathrm{d}x, I_3 = \int_0^{\frac{\pi}{4}} \sin x\,\mathrm{d}x$, 比较 I_1, I_2, I_3 的大小.

在区间 $\left[0, \dfrac{\pi}{4}\right]$ 内, $\sin x \leqslant x \leqslant \sqrt{x}$, 因此, $I_3 < I_1 < I_2$.

3. 将极限 $\lim\limits_{n \to \infty} \ln \sqrt[n]{\left(1 + \dfrac{1}{n}\right)^2 \left(1 + \dfrac{2}{n}\right)^2 \cdots \left(1 + \dfrac{n}{n}\right)^2}$ 用定积分表示.

 $\ln \sqrt[n]{\left(1 + \dfrac{1}{n}\right)^2 \left(1 + \dfrac{2}{n}\right)^2 \cdots \left(1 + \dfrac{n}{n}\right)^2} = \sum\limits_{k=1}^{n} \left[2\ln\left(1 + \dfrac{k}{n}\right) \right] \cdot \dfrac{1}{n}$, 此式可以看作

函数 $2\ln(1+x)$ 在 $[0,1]$ 上的积分和. 由 $2\ln(1+x)$ 在 $[0,1]$ 上连续, 从而在 $[0,1]$ 上可

积, 因此, $\lim\limits_{n \to \infty} \ln \sqrt[n]{\left(1 + \dfrac{1}{n}\right)^2 \left(1 + \dfrac{2}{n}\right)^2 \cdots \left(1 + \dfrac{n}{n}\right)^2} = 2\displaystyle\int_0^1 \ln(1+x)\,\mathrm{d}x$.

同步习题 5.2

基础题

1. 求下列函数的导数.

(1) $\displaystyle\int_0^x \dfrac{1}{2 + \sin t}\mathrm{d}t$. 　　　　(2) $\displaystyle\int_x^{-1} \mathrm{e}^{3t} \sin t\,\mathrm{d}t$.

(3) $\displaystyle\int_1^{x^3} t^2 \mathrm{e}^t \mathrm{d}t$. 　　　　(4) $\displaystyle\int_{\sin x}^{\cos x} \mathrm{e}^{-t^2}\mathrm{d}t$.

 (1) $\left(\displaystyle\int_0^x \dfrac{1}{2 + \sin t}\mathrm{d}t\right)' = \dfrac{1}{2 + \sin x}$.

(2) $\left(\displaystyle\int_x^{-1} \mathrm{e}^{3t} \sin t\,\mathrm{d}t\right)' = \left(-\displaystyle\int_{-1}^x \mathrm{e}^{3t} \sin t\,\mathrm{d}t\right)' = -\mathrm{e}^{3x} \sin x$.

(3) $\left(\displaystyle\int_1^{x^3} t^2 \mathrm{e}^t \mathrm{d}t\right)' = x^6 \mathrm{e}^{x^3} \cdot (x^3)' = 3x^8 \mathrm{e}^{x^3}$.

(4) $\left(\displaystyle\int_{\sin x}^{\cos x} \mathrm{e}^{-t^2}\mathrm{d}t\right)' = \mathrm{e}^{-\cos^2 x} \cdot (\cos x)' - \mathrm{e}^{-\sin^2 x} \cdot (\sin x)' = -\mathrm{e}^{-\cos^2 x} \sin x - \mathrm{e}^{-\sin^2 x} \cos x$.

2. 求下列极限.

(1) $\lim\limits_{x \to 0} \dfrac{\displaystyle\int_0^x \sin t^2 \mathrm{d}t}{x^3}$. 　　　　(2) $\lim\limits_{x \to 0} \dfrac{\displaystyle\int_0^{x^2} \arctan\sqrt{t}\,\mathrm{d}t}{x^2}$.

 (1) $\lim\limits_{x \to 0} \dfrac{\displaystyle\int_0^x \sin t^2 \mathrm{d}t}{x^3} = \lim\limits_{x \to 0} \dfrac{\sin x^2}{3x^2} = \dfrac{1}{3}$.

(2) $\lim\limits_{x \to 0} \dfrac{\displaystyle\int_0^{x^2} \arctan\sqrt{t}\,\mathrm{d}t}{x^2} = \lim\limits_{x \to 0} \dfrac{\arctan|x| \cdot 2x}{2x} = \lim\limits_{x \to 0} \arctan|x| = 0$.

3. 计算下列定积分.

(1) $\int_0^1 (4x^3 - 2x)\,\mathrm{d}x.$

(2) $\int_1^2 \sqrt{x}\,\mathrm{d}x.$

(3) $\int_{e-1}^2 \frac{1}{x+1}\mathrm{d}x.$

(4) $\int_{-2}^2 x\cos x\,\mathrm{d}x.$

(5) $\int_{-\frac{\pi}{2}}^{\frac{\pi}{2}} \cos^2 x\,\mathrm{d}x.$

(6) $\int_0^\pi \sqrt{1-\sin^2 x}\,\mathrm{d}x.$

(7) $\int_{-1}^1 |x|\,\mathrm{d}x.$

(8) $\int_0^\pi \sqrt{1+\cos 2x}\,\mathrm{d}x.$

 **解** (1) $\int_0^1 (4x^3 - 2x)\,\mathrm{d}x = (x^4 - x^2)\Big|_0^1 = 0.$

(2) $\int_1^2 \sqrt{x}\,\mathrm{d}x = \frac{2}{3}x^{\frac{3}{2}}\Big|_1^2 = \frac{2}{3}(2\sqrt{2} - 1).$

(3) $\int_{e-1}^2 \frac{1}{x+1}\mathrm{d}x = \ln(x+1)\Big|_{e-1}^2 = \ln 3 - \ln e = \ln 3 - 1.$

(4) $\int_{-2}^2 x\cos x\,\mathrm{d}x = 0$(奇函数在对称区间上的积分等于零).

(5) $\int_{-\frac{\pi}{2}}^{\frac{\pi}{2}} \cos^2 x\,\mathrm{d}x = \int_{-\frac{\pi}{2}}^{\frac{\pi}{2}} \frac{\cos 2x + 1}{2}\mathrm{d}x = \left(\frac{1}{4}\sin 2x + \frac{1}{2}x\right)\Big|_{-\frac{\pi}{2}}^{\frac{\pi}{2}} = \frac{\pi}{2}.$

(6) $\int_0^\pi \sqrt{1-\sin^2 x}\,\mathrm{d}x = \int_0^\pi |\cos x|\,\mathrm{d}x = \int_{-\frac{\pi}{2}}^{\frac{\pi}{2}} |\cos x|\,\mathrm{d}x = 2\int_0^{\frac{\pi}{2}} \cos x\,\mathrm{d}x = 2.$

(7) $\int_{-1}^1 |x|\,\mathrm{d}x = 2\int_0^1 x\,\mathrm{d}x = 1.$

(8) $\int_0^\pi \sqrt{1+\cos 2x}\,\mathrm{d}x = \int_0^\pi \sqrt{2\cos^2 x}\,\mathrm{d}x = \sqrt{2}\int_0^\pi |\cos x|\,\mathrm{d}x = 2\sqrt{2}.$

4. 设 $f(x) = \begin{cases} x^2, & -1 \leqslant x \leqslant 0, \\ x-1, & 0 < x \leqslant 1, \end{cases}$ 求 $\int_{-\frac{1}{2}}^{\frac{1}{2}} f(x)\,\mathrm{d}x.$

解 $\int_{-\frac{1}{2}}^{\frac{1}{2}} f(x)\,\mathrm{d}x = \int_{-\frac{1}{2}}^0 x^2\,\mathrm{d}x + \int_0^{\frac{1}{2}} (x-1)\,\mathrm{d}x = \frac{1}{3}x^3\Big|_{-\frac{1}{2}}^0 + \left(\frac{1}{2}x^2 - x\right)\Big|_0^{\frac{1}{2}} = -\frac{1}{3}.$

5. 计算下列定积分.

(1) $\int_0^1 x e^{x^2}\,\mathrm{d}x.$

(2) $\int_1^{e^2} \frac{1}{x\sqrt{1+\ln x}}\mathrm{d}x.$

(3) $\int_{\frac{1}{\pi}}^{\frac{2}{\pi}} \frac{1}{x^2}\sin\frac{1}{x}\mathrm{d}x.$

(4) $\int_0^1 \frac{1}{e^x + e^{-x}}\mathrm{d}x.$

(5) $\int_1^e \frac{\ln x}{x}\mathrm{d}x.$

(6) $\int_4^9 \frac{\sqrt{x}}{\sqrt{x}-1}\mathrm{d}x.$

(7) $\int_0^1 \frac{1}{\sqrt{4+5x}-1}\mathrm{d}x.$

(8) $\int_0^3 \frac{x}{1+\sqrt{x+1}}\mathrm{d}x.$

$(9) \int_0^{\frac{\pi}{2}} \sin x \cos^3 x \, dx.$ $(10) \int_{-2}^{2} (x-1) \sqrt{4-x^2} \, dx.$

解 $(1) \int_0^1 x e^{x^2} dx = \frac{1}{2} \int_0^1 e^{x^2} dx^2 = \frac{1}{2} e^{x^2} \Big|_0^1 = \frac{1}{2}(e-1).$

$(2) \int_1^{e^2} \frac{1}{x\sqrt{1+\ln x}} dx = \int_1^{e^2} \frac{1}{\sqrt{1+\ln x}} d(\ln x + 1) = (2\sqrt{\ln x + 1}) \Big|_1^{e^2} = 2(\sqrt{3}-1).$

$(3) \int_{\frac{1}{\pi}}^{\frac{2}{\pi}} \frac{1}{x^2} \sin \frac{1}{x} dx = -\int_{\frac{1}{\pi}}^{\frac{2}{\pi}} \sin \frac{1}{x} d\frac{1}{x} = \cos \frac{1}{x} \Big|_{\frac{1}{\pi}}^{\frac{2}{\pi}} = 1.$

$(4) \int_0^1 \frac{1}{e^x + e^{-x}} dx = \int_0^1 \frac{e^x}{e^{2x}+1} dx = \arctan e^x \Big|_0^1 = \arctan e - \frac{\pi}{4}.$

$(5) \int_1^e \frac{\ln x}{x} dx = \int_1^e \ln x \, d\ln x = \frac{\ln^2 x}{2} \Big|_1^e = \frac{1}{2}.$

$(6) \int_4^9 \frac{\sqrt{x}}{\sqrt{x}-1} dx \xlongequal{t=\sqrt{x}} 2\int_2^3 \frac{t^2}{t-1} dt = 2\int_2^3 \left(t+1+\frac{1}{t-1}\right) dt = 7 + 2\ln 2.$

$(7) \int_0^1 \frac{1}{\sqrt{4+5x}-1} dx \xlongequal{t=\sqrt{4+5x}} \frac{2}{5}(t+\ln|t-1|) \Big|_2^3 = \frac{2}{5}(1+\ln 2).$

$(8) \int_0^3 \frac{x}{1+\sqrt{x+1}} dx \xlongequal{t=\sqrt{x+1}} \int_1^2 (t-1) 2t \, dt = \left(\frac{2t^3}{3}-t^2\right) \Big|_1^2 = \frac{5}{3}.$

$(9) \int_0^{\frac{\pi}{2}} \sin x \cos^3 x \, dx = -\int_0^{\frac{\pi}{2}} \cos^3 x \, d\cos x = -\frac{\cos^4 x}{4} \Big|_0^{\frac{\pi}{2}} = \frac{1}{4}.$

$(10) \int_{-2}^{2} (x-1)\sqrt{4-x^2} \, dx = -2\int_0^2 \sqrt{4-x^2} \, dx = -2 \times \frac{\pi}{4} \times 2^2 = -2\pi.$ （利用定积分的几何意义.）

6. 计算下列定积分.

$(1) \int_0^1 x e^{-x} dx.$ $(2) \int_0^{\sqrt{\ln 2}} x^3 e^{x^2} dx.$

$(3) \int_1^e (x+1) \ln x \, dx.$ $(4) \int_{\frac{1}{e}}^{e} |\ln x| \, dx.$

$(5) \int_0^{\frac{\pi}{2}} x \sin x \, dx.$ $(6) \int_0^{\frac{\sqrt{3}}{2}} \arccos x \, dx.$

解 $(1) \int_0^1 x e^{-x} dx = -\int_0^1 x \, de^{-x} = -(x e^{-x}) \Big|_0^1 + \int_0^1 e^{-x} dx = 1 - \frac{2}{e}.$

$(2) \int_0^{\sqrt{\ln 2}} x^3 e^{x^2} dx \xlongequal{t=x^2} \frac{1}{2}\int_0^{\ln 2} t e^t dt = \frac{1}{2}\int_0^{\ln 2} t \, de^t = \frac{1}{2}\left[(t e^t) \Big|_0^{\ln 2} - \int_0^{\ln 2} e^t dt\right] = \ln 2 - \frac{1}{2}.$

$(3) \int_1^e (x+1) \ln x \, dx = \int_1^e \ln x \, d\frac{x^2+2x}{2} = \left(\frac{x^2+2x}{2}\ln x\right) \Big|_1^e - \int_1^e \frac{x+2}{2} dx = \frac{1}{4}(e^2+5).$

$(4) \int_{\frac{1}{e}}^{e} |\ln x| \, dx = -\int_{\frac{1}{e}}^{1} \ln x dx + \int_{1}^{e} \ln x dx = -(x\ln x - x) \Big|_{\frac{1}{e}}^{1} + (x\ln x - x) \Big|_{1}^{e} = 2 - \frac{2}{e}$.

$(5) \int_{0}^{\frac{\pi}{2}} x \sin x dx = -\int_{0}^{\frac{\pi}{2}} x d\cos x = -(x\cos x) \Big|_{0}^{\frac{\pi}{2}} + \int_{0}^{\frac{\pi}{2}} \cos x dx = 1.$

$(6) \int_{0}^{\frac{\sqrt{3}}{2}} \arccos x dx = (x\arccos x) \Big|_{0}^{\frac{\sqrt{3}}{2}} - \int_{0}^{\frac{\sqrt{3}}{2}} x d\arccos x = \frac{\sqrt{3}}{12}\pi + \int_{0}^{\frac{\sqrt{3}}{2}} \frac{x}{\sqrt{1-x^2}} dx = \frac{\sqrt{3}}{12}\pi + \frac{1}{2}$.

提高题

1. 证明：$\int_{0}^{t} x^3 f(x^2) \, dx = \frac{1}{2} \int_{0}^{t^2} x f(x) \, dx.$

证明 $\int_{0}^{t} x^3 f(x^2) \, dx = \frac{1}{2} \int_{0}^{t} x^2 f(x^2) \, dx^2 \xrightarrow{y = x^2} \frac{1}{2} \int_{0}^{t^2} y f(y) \, dy = \frac{1}{2} \int_{0}^{t^2} x f(x) \, dx.$

2. 设 $f(x) = \ln x - \int_{1}^{e} f(x) \, dx$, 证明：$\int_{1}^{e} f(x) \, dx = \frac{1}{e}$.

证明 令 $\int_{1}^{e} f(x) \, dx = A$, 则 $f(x) = \ln x - A$, 所以

$A = \int_{1}^{e} f(x) \, dx = \int_{1}^{e} (\ln x - A) \, dx = A + 1 - Ae,\ A = \frac{1}{e},\ 即 \int_{1}^{e} f(x) \, dx = \frac{1}{e}$.

3. 用定积分的定义求下列极限.

$(1) \lim_{n\to\infty} \left(\frac{n}{n^2+1} + \frac{n}{n^2+2^2} + \cdots + \frac{n}{n^2+n^2} \right).$

$(2) \lim_{n\to\infty} \left(\frac{1}{n+1} + \frac{1}{n+2} + \cdots + \frac{1}{n+n} \right).$

提高题 3(1)

解 $(1) \lim_{n\to\infty} \left(\frac{n}{n^2+1} + \frac{n}{n^2+2^2} + \cdots + \frac{n}{n^2+n^2} \right) = \lim_{n\to\infty} \sum_{i=1}^{n} \frac{1}{1 + \left(\frac{i}{n} \right)^2}$ ·

$\frac{1}{n} = \int_{0}^{1} \frac{1}{1+x^2} dx = \frac{\pi}{4}$.

$(2) \lim_{n\to\infty} \left(\frac{1}{n+1} + \frac{1}{n+2} + \cdots + \frac{1}{n+n} \right) = \lim_{n\to\infty} \sum_{i=1}^{n} \frac{1}{1 + \frac{i}{n}} \cdot \frac{1}{n} = \int_{0}^{1} \frac{1}{1+x} dx = \ln(x+1) \Big|_{0}^{1} = \ln 2.$

4. 设 $f(x)$ 为 $[0, +\infty)$ 上的连续函数, 且 $f(x) > 0$, 证明：当

$x > 0$ 时, 函数 $\varphi(x) = \dfrac{\displaystyle\int_{0}^{x} t f(t) \, dt}{\displaystyle\int_{0}^{x} f(t) \, dt}$ 单调增加.

提高题 4

证明 $\varphi'(x) = \dfrac{xf(x)\displaystyle\int_0^x f(t)\,\mathrm{d}t - f(x)\displaystyle\int_0^x tf(t)\,\mathrm{d}t}{\left[\displaystyle\int_0^x f(t)\,\mathrm{d}t\right]^2} = \dfrac{f(x)\left[x\displaystyle\int_0^x f(t)\,\mathrm{d}t - \displaystyle\int_0^x tf(t)\,\mathrm{d}t\right]}{\left[\displaystyle\int_0^x f(t)\,\mathrm{d}t\right]^2},$

由于 $f(t) > 0, t \in [0,x]$，所以 $tf(t) < xf(t)$，$\displaystyle\int_0^x tf(t)\,\mathrm{d}t < \int_0^x xf(t)\,\mathrm{d}t = x\int_0^x f(t)\,\mathrm{d}t$，

从而 $\varphi'(x) = \dfrac{f(x)\left[x\displaystyle\int_0^x f(t)\,\mathrm{d}t - \displaystyle\int_0^x tf(t)\,\mathrm{d}t\right]}{\left[\displaystyle\int_0^x f(t)\,\mathrm{d}t\right]^2} > 0.$ 因此，当 $x > 0$ 时，函数 $\varphi(x) = \dfrac{\displaystyle\int_0^x tf(t)\,\mathrm{d}t}{\displaystyle\int_0^x f(t)\,\mathrm{d}t}$

单调增加.

5. 设 $f(x)$ 是周期为 2 的连续函数.

(1) 证明：对任意的实数 t，有 $\displaystyle\int_t^{t+2} f(x)\,\mathrm{d}x = \int_0^2 f(x)\,\mathrm{d}x$.

(2) 证明：$G(x) = \displaystyle\int_0^x \left[f(t) - \int_t^{t+2} f(s)\,\mathrm{d}s\right]\mathrm{d}t$ 是周期为 2 的周期函数.

证明 (1) 由 $f(x)$ 是周期为 2 的连续函数知，$F(t) = \displaystyle\int_t^{t+2} f(x)\,\mathrm{d}x$ 在 $(-\infty, +\infty)$ 上可导，且 $F'(t) = f(t+2) - f(t) \equiv 0$ 在 $(-\infty, +\infty)$ 上成立. 这表明 $F(t)$ 的取值恒等于一个常数. 由于 $F(0) = \displaystyle\int_0^2 f(x)\,\mathrm{d}x$，故对任何实数 t 都有

$$F(t) = \int_t^{t+2} f(x)\,\mathrm{d}x = F(0) = \int_0^2 f(x)\,\mathrm{d}x.$$

(2) 要证明 $G(x)$ 是周期为 2 的周期函数，就是要证明对任何 x 都有 $G(x+2) - G(x) = 0$. 利用 (1) 中已经证明的结论得

$$
\begin{aligned}
G(x+2) - G(x) &= \int_0^{x+2}\left[2f(t) - \int_t^{t+2} f(s)\,\mathrm{d}s\right]\mathrm{d}t - \int_0^x \left[2f(t) - \int_t^{t+2} f(s)\,\mathrm{d}s\right]\mathrm{d}t \\
&= \int_x^{x+2}\left[2f(t) - \int_t^{t+2} f(s)\,\mathrm{d}s\right]\mathrm{d}t \\
&= 2\int_x^{x+2} f(t)\,\mathrm{d}t - \int_x^{x+2}\left[\int_t^{t+2} f(s)\,\mathrm{d}s\right]\mathrm{d}t \\
&= 2\int_x^{x+2} f(t)\,\mathrm{d}t - \int_x^{x+2}\left[\int_0^2 f(s)\,\mathrm{d}s\right]\mathrm{d}t \\
&= 2\int_x^{x+2} f(t)\,\mathrm{d}t - \int_0^2 f(s)\,\mathrm{d}s\int_x^{x+2}\mathrm{d}t \\
&= 2\int_x^{x+2} f(t)\,\mathrm{d}t - 2\int_0^2 f(s)\,\mathrm{d}s \\
&= 2\int_0^2 f(t)\,\mathrm{d}t - 2\int_0^2 f(s)\,\mathrm{d}s \equiv 0,
\end{aligned}
$$

故得证.

同步习题 5.3

1. 计算下列反常积分.

$(1) \int_1^{+\infty} \frac{1}{x^3} dx.$　　　　$(2) \int_0^{-\infty} e^{3x} dx.$　　　　$(3) \int_0^{+\infty} x e^{-x^2} dx.$

$(4) \int_1^{+\infty} \frac{\ln x}{x^2} dx.$　　　$(5) \int_0^{+\infty} \frac{1}{\sqrt{x}(x+4)} dx.$　　　$(6) \int_0^1 \ln x dx.$

$(7) \int_1^2 \frac{1}{(x-1)^{\alpha}} dx (0 < \alpha < 1).$

解　$(1) \int_1^{+\infty} \frac{1}{x^3} dx = \left(-\frac{1}{2x^2} \right) \Big|_1^{+\infty} = \frac{1}{2}.$

$(2) \int_0^{-\infty} e^{3x} dx = \frac{1}{3} e^{3x} \Big|_0^{-\infty} = -\frac{1}{3}.$

$(3) \int_0^{+\infty} x e^{-x^2} dx = -\frac{1}{2} \int_0^{+\infty} e^{-x^2} d(-x^2) = -\frac{1}{2} e^{-x^2} \Big|_0^{+\infty} = \frac{1}{2}.$

$(4) \int_1^{+\infty} \frac{\ln x}{x^2} dx = -\int_1^{+\infty} \ln x d\frac{1}{x} = -\frac{\ln x}{x} \Big|_1^{+\infty} + \int_1^{+\infty} \frac{1}{x^2} dx = \left(-\frac{1}{x} \right) \Big|_1^{+\infty} = 1.$

$(5) \int_0^{+\infty} \frac{1}{\sqrt{x}(x+4)} dx \xlongequal{t=\sqrt{x}} \int_0^{+\infty} \frac{2}{t^2+4} dt = \arctan\frac{t}{2} \Big|_0^{+\infty} = \frac{\pi}{2}.$

$(6) \int_0^1 \ln x dx = (x\ln x) \Big|_0^1 - \int_0^1 x \cdot \frac{1}{x} dx = -1.$

$(7) \int_1^2 \frac{1}{(x-1)^{\alpha}} dx = \frac{1}{1-\alpha} (x-1)^{1-\alpha} \Big|_1^2 = \frac{1}{1-\alpha}.$

2. 判断下列反常积分的敛散性，收敛的求出值.

$(1) \int_{-\infty}^0 \frac{dx}{2-x}.$　　$(2) \int_0^2 \frac{1}{x^2} dx.$　　$(3) \int_0^{+\infty} \sin x dx.$　　$(4) \int_{-1}^1 \frac{1}{\sqrt{1-x^2}} dx.$

解　$(1) \int_{-\infty}^0 \frac{dx}{2-x} = -\ln|2-x| \Big|_{-\infty}^0 = \infty$，故原反常积分发散.

$(2) \int_0^2 \frac{1}{x^2} dx = -\frac{1}{x} \Big|_0^2 = \infty$，故原反常积分发散.

$(3) \int_0^{+\infty} \sin x dx = -\cos x \Big|_0^{+\infty}$ 不存在，故原反常积分发散.

$(4) \int_{-1}^1 \frac{1}{\sqrt{1-x^2}} dx = 2\int_0^1 \frac{1}{\sqrt{1-x^2}} dx = 2\arcsin x \Big|_0^1 = \pi$，故原反常积分收敛.

3. 计算下列积分.

$(1) \displaystyle\int_0^{+\infty} x^5 e^{-x^2} dx.$ 　　　　$(2) \displaystyle\int_0^{+\infty} x^2 e^{-x^2} dx.$ 　　　　$(3) \displaystyle\int_0^{+\infty} x^5 e^{-x} dx.$

$(4) \displaystyle\int_0^{+\infty} \sqrt{x}\, e^{-x} dx.$ 　　　　$(5) \displaystyle\int_1^{+\infty} \frac{\ln x}{(1+x)^2} dx.$ 　　　　$(6) \displaystyle\int_{-\infty}^{+\infty} \frac{1}{x^2+2x+2} dx.$

$(7) \displaystyle\int_0^1 x\ln x\, dx.$ 　　　　$(8) \displaystyle\int_0^{+\infty} e^{-ax} dx\,(a>0).$ 　　　　$(9) \displaystyle\int_1^2 \frac{x}{\sqrt{x-1}} dx.$

$(10) \displaystyle\int_0^1 \frac{x}{\sqrt{1-x^2}} dx.$

解 $(1) \displaystyle\int_0^{+\infty} x^5 e^{-x^2} dx \xlongequal{t=x^2} \int_0^{+\infty} t^{\frac{5}{2}} e^{-t} \cdot \frac{1}{2\sqrt{t}} dt = \frac{1}{2}\int_0^{+\infty} t^2 e^{-t} dt = \frac{1}{2}\Gamma(3) = 1.$

$(2) \displaystyle\int_0^{+\infty} x^2 e^{-x^2} dx \xlongequal{t=x^2} \int_0^{+\infty} t e^{-t} \cdot \frac{1}{2\sqrt{t}} dt = \frac{1}{2}\int_0^{+\infty} t^{\frac{1}{2}} e^{-t} dt = \frac{1}{2}\Gamma\left(\frac{3}{2}\right)$

$$= \frac{1}{2}\cdot\frac{1}{2}\Gamma\left(\frac{1}{2}\right) = \frac{\sqrt{\pi}}{4}.$$

$(3) \displaystyle\int_0^{+\infty} x^5 e^{-x} dx = \Gamma(6) = 5! = 120.$

$(4) \displaystyle\int_0^{+\infty} \sqrt{x}\, e^{-x} dx = \Gamma\left(\frac{3}{2}\right) = \frac{1}{2}\Gamma\left(\frac{1}{2}\right) = \frac{\sqrt{\pi}}{2}.$

$(5) \displaystyle\int_1^{+\infty} \frac{\ln x}{(1+x)^2} dx = -\int_1^{+\infty} \ln x\, d\left(\frac{1}{1+x}\right) = -\frac{\ln x}{1+x}\Big|_1^{+\infty} + \int_1^{+\infty} \frac{1}{x(1+x)} dx$

$$= \int_1^{+\infty} \frac{1}{x(1+x)} dx = \int_1^{+\infty} \left(\frac{1}{x} - \frac{1}{1+x}\right) dx$$

$$= \ln\frac{x}{1+x}\Big|_1^{+\infty} = 0 - \ln\frac{1}{2} = \ln 2.$$

$(6) \displaystyle\int_{-\infty}^{+\infty} \frac{1}{x^2+2x+2} dx = \int_{-\infty}^{+\infty} \frac{1}{(x+1)^2+1} dx = \arctan(x+1)\Big|_{-\infty}^{+\infty} = \frac{\pi}{2} - \left(-\frac{\pi}{2}\right) = \pi.$

$(7) \displaystyle\int_0^1 x\ln x\, dx = \frac{1}{2}\int_0^1 \ln x\, d(x^2) = \frac{1}{2}(x^2\ln x)\Big|_0^1 - \frac{1}{2}\int_0^1 x^2 \cdot \frac{1}{x} dx = 0 - \frac{1}{4} = -\frac{1}{4}.$

$(8) \displaystyle\int_0^{+\infty} e^{-ax} dx = -\frac{1}{a} e^{-ax}\Big|_0^{+\infty} = \frac{1}{a}.$

$(9) \displaystyle\int_1^2 \frac{x}{\sqrt{x-1}} dx \xlongequal{t=\sqrt{x-1}} \int_0^1 \frac{t^2+1}{t} \cdot 2t\, dt = 2\int_0^1 (t^2+1) dt = \frac{8}{3}.$

$(10) \displaystyle\int_0^1 \frac{x}{\sqrt{1-x^2}} dx = -\sqrt{1-x^2}\Big|_0^1 = 1.$

4. 讨论下列反常积分的敛散性.

$(1) \displaystyle\int_0^{+\infty} \frac{1}{\sqrt[3]{x^4+1}} dx.$ 　　　　$(2) \displaystyle\int_0^{+\infty} \frac{1}{1+\sqrt{x}} dx.$ 　　　　$(3) \displaystyle\int_1^{+\infty} \frac{x\arctan x}{1+x^3} dx.$

$(4) \int_1^{+\infty} \dfrac{x}{\mathrm{e}^x - 1} \mathrm{d}x.$　　　$(5) \int_0^{\pi} \dfrac{\sin x}{\sqrt{x^3}} \mathrm{d}x.$　　　$(6) \int_0^1 \dfrac{1}{\sqrt{x}\ln x} \mathrm{d}x.$

$(7) \int_0^1 \dfrac{\ln x}{1-x} \mathrm{d}x.$　　　$(8) \int_0^1 \dfrac{\arctan x}{1-x^3} \mathrm{d}x.$

解　（1）因为 $\lim\limits_{x \to +\infty} x^{\frac{4}{3}} \cdot \dfrac{1}{\sqrt[3]{x^4+1}} = 1$，$p = \dfrac{4}{3} > 1$，所以 $\int_0^{+\infty} \dfrac{1}{\sqrt[3]{x^4+1}} \mathrm{d}x$ 收敛.

（2）因为 $\lim\limits_{x \to +\infty} x^{\frac{1}{2}} \cdot \dfrac{1}{1+\sqrt{x}} = 1$，$p = \dfrac{1}{2} < 1$，所以 $\int_0^{+\infty} \dfrac{1}{1+\sqrt{x}} \mathrm{d}x$ 发散.

（3）因为 $\lim\limits_{x \to +\infty} x^2 \cdot \dfrac{x\arctan x}{1+x^3} = \dfrac{\pi}{2}$，$p = 2 > 1$，所以 $\int_1^{+\infty} \dfrac{x\arctan x}{1+x^3} \mathrm{d}x$ 收敛.

（4）因为 $\lim\limits_{x \to +\infty} x^2 \cdot \dfrac{x}{\mathrm{e}^x - 1} = 0$，$p = 2 > 1$，所以 $\int_1^{+\infty} \dfrac{x}{\mathrm{e}^x - 1} \mathrm{d}x$ 收敛.

（5）因为 $\lim\limits_{x \to 0^+} \dfrac{\frac{\sin x}{x^{\frac{3}{2}}}}{\frac{1}{x^{\frac{1}{2}}}} = \lim\limits_{x \to 0^+} \dfrac{\sin x}{x} = 1$，而 $\int_0^{\pi} \dfrac{1}{x^{\frac{1}{2}}} \mathrm{d}x$ 收敛，由比较判别法可知原积分

收敛.

（6）$\int_0^1 \dfrac{1}{\sqrt{x}\ln x} \mathrm{d}x = \int_0^{\frac{1}{2}} \dfrac{1}{\sqrt{x}\ln x} \mathrm{d}x + \int_{\frac{1}{2}}^1 \dfrac{1}{\sqrt{x}\ln x} \mathrm{d}x$，因为 $\lim\limits_{x \to 1^+} \dfrac{\frac{1}{\sqrt{x}\ln x}}{\frac{1}{x-1}} = \lim\limits_{x \to 1^+} \dfrac{x-1}{\sqrt{x}\ln x} = 1$，而 $\int_{\frac{1}{2}}^1 \dfrac{\mathrm{d}x}{x-1}$

发散，由比较判别法可知 $\int_{\frac{1}{2}}^1 \dfrac{1}{\sqrt{x}\ln x} \mathrm{d}x$ 发散，所以原积分发散.

（7）因为 $\lim\limits_{x \to 0^+} \dfrac{\frac{\ln x}{1-x}}{\frac{1}{x^{\frac{1}{2}}}} = \lim\limits_{x \to 0^+} \dfrac{\sqrt{x}\ln x}{1-x} = 0$，而 $\int_0^1 \dfrac{1}{x^{\frac{1}{2}}} \mathrm{d}x$ 收敛，由比较判别法可知原积分收敛.

（8）因为 $\lim\limits_{x \to 1^-} \dfrac{\frac{\arctan x}{1-x^3}}{\frac{1}{1-x}} = \lim\limits_{x \to 1^-} \dfrac{\arctan x}{1+x+x^2} = \dfrac{\pi}{12}$，而 $\int_0^1 \dfrac{1}{1-x} \mathrm{d}x$ 发散，由比较判别法可知原

积分发散.

5. 讨论反常积分 $\int_{\mathrm{e}}^{+\infty} \dfrac{1}{x\ln^k x} \mathrm{d}x$ 的敛散性，k 为常数.

提高题1

解 $\int_e^{+\infty} \frac{1}{x \ln^k x} dx = \int_e^{+\infty} \frac{1}{\ln^k x} d\ln x = \begin{cases} \ln\ln x \big|_e^{+\infty} = +\infty, & k = 1, \\ \frac{1}{1-k} \ln^{1-k} x \big|_e^{+\infty} = +\infty, & k < 1, \\ \frac{1}{1-k} \ln^{1-k} x \big|_e^{+\infty} = \frac{1}{1-k}, & k > 1, \end{cases}$

因此, 当 $k \leq 1$ 时, 原反常积分发散; 当 $k > 1$ 时, 原反常积分收敛, 且此时

$$\int_e^{+\infty} \frac{1}{x \ln^k x} dx = \frac{1}{k-1}.$$

提高题

1. 计算由曲线 $y = \dfrac{1}{x^2 + 2x + 2}(x \geq 0)$ 和直线 $x = 0, y = 0$ 所围成的无界图形的面积.

解 $\int_0^{+\infty} \frac{1}{x^2 + 2x + 2} dx = \int_0^{+\infty} \frac{1}{(x+1)^2 + 1} d(x+1)$

$= \arctan(x+1) \big|_0^{+\infty}$

$= \frac{\pi}{2} - \frac{\pi}{4} = \frac{\pi}{4}.$

2. 证明: 反常积分 $\int_a^b \dfrac{dx}{(x-a)^q}$ 当 $q < 1$ 时收敛, 当 $q \geq 1$ 时发散.

证明 当 $q = 1$ 时, $\int_a^b \frac{dx}{x-a} = \ln(x-a) \big|_a^b = \ln(b-a) - \lim_{x \to a^+} \ln(x-a) = +\infty.$

当 $q \neq 1$ 时, $\int_a^b \frac{dx}{(x-a)^q} = \frac{(x-a)^{1-q}}{1-q} \Big|_a^b = \begin{cases} \dfrac{(b-a)^{1-q}}{1-q}, & q < 1, \\ +\infty, & q > 1. \end{cases}$

因此, 当 $q < 1$ 时, 反常积分 $\int_a^b \dfrac{dx}{(x-a)^q}$ 收敛, 其值为 $\dfrac{(b-a)^{1-q}}{1-q}$; 当 $q \geq 1$ 时, 反常积分 $\int_a^b \dfrac{dx}{(x-a)^q}$ 发散.

3. 计算下列反常积分.

(1) $\int_0^{\frac{\pi}{2}} \ln\sin x \, dx.$ 　　　　　(2) $\int_0^{+\infty} \dfrac{1}{(1+x^2)(1+x^\alpha)} dx (\alpha \geq 0).$

解 (1) 令 $I = \int_0^{\frac{\pi}{2}} \ln\sin x \, dx$, 利用结论 $\int_0^{\frac{\pi}{2}} f(\sin x) dx = \int_0^{\frac{\pi}{2}} f(\cos x) dx$ 和 $\int_0^{\pi} f(\sin x) dx = 2\int_0^{\frac{\pi}{2}} f(\sin x) dx$, 可得

$$2I = \int_0^{\frac{\pi}{2}} \ln\sin x \, dx + \int_0^{\frac{\pi}{2}} \ln\cos x \, dx = \int_0^{\frac{\pi}{2}} \ln\sin x \cos x \, dx$$

$$= \int_0^{\frac{\pi}{2}} \ln\left(\frac{1}{2}\sin 2x\right) dx = \int_0^{\frac{\pi}{2}} \ln\sin 2x \, dx - \frac{\pi}{2}\ln 2$$

$$\xlongequal{t=2x} \frac{1}{2}\int_0^{\pi} \ln\sin t \, dt - \frac{\pi}{2}\ln 2$$

$$= \int_0^{\frac{\pi}{2}} \ln\sin t \, dt - \frac{\pi}{2}\ln 2 = I - \frac{\pi}{2}\ln 2,$$

解得 $I = -\frac{\pi}{2}\ln 2$.

(2) 易知 $\int_0^{+\infty} \frac{1}{(1+x^2)(1+x^\alpha)} dx = \int_0^1 \frac{1}{(1+x^2)(1+x^\alpha)} dx + \int_1^{+\infty} \frac{1}{(1+x^2)(1+x^\alpha)} dx$,

$$\int_1^{+\infty} \frac{1}{(1+x^2)(1+x^\alpha)} dx \xlongequal{x=\frac{1}{t}} -\int_1^0 \frac{1}{t^2} \frac{1}{(1+t^{-2})(1+t^{-\alpha})} dt = \int_0^1 \frac{x^\alpha}{(1+x^2)(1+x^\alpha)} dx,$$

所以

$$\int_0^{+\infty} \frac{1}{(1+x^2)(1+x^\alpha)} dx = \int_0^1 \frac{1}{(1+x^2)(1+x^\alpha)} dx + \int_0^1 \frac{x^\alpha}{(1+x^2)(1+x^\alpha)} dx$$

$$= \int_0^1 \frac{1}{1+x^2}\left(\frac{1}{1+x^\alpha} + \frac{x^\alpha}{1+x^\alpha}\right) dx = \int_0^1 \frac{1}{1+x^2} dx = \frac{\pi}{4}.$$

同步习题 5.4

1. 求由下列曲线和直线所围成的平面图形的面积.

(1) $y = e^x, y = e^{-x}, x = 1$.

(2) $y = 2x, y = x^3$.

(3) $y = \cos x, x = 0, x = 2\pi, y = 0$.

(4) $y = x^2, y = 3x+4$.

(5) $xy = 1, y = x, y = 2$.

(6) 求由曲线 $y = e^x$ 和该曲线的过原点的切线及 y 轴所围成的图形的面积.

(7) 设曲线的极坐标方程为 $r = e^{a\theta} (a>0)$, 求该曲线上相应于 θ 从 0 变到 2π 的一段弧与极轴所围成的图形的面积.

解 (1) 所求面积为 $\int_0^1 (e^x - e^{-x}) dx = (e^x + e^{-x}) \Big|_0^1 = e + e^{-1} - 2$.

（2）由 $\begin{cases} y=2x, \\ y=x^3 \end{cases}$ 得交点坐标为 $(0,0),(\sqrt{2},2\sqrt{2}),(-\sqrt{2},-2\sqrt{2})$，根据对称性可知

围成的平面图形的面积为 $2\int_0^{\sqrt{2}}(2x-x^3)\mathrm{d}x = 2\left(x^2-\dfrac{1}{4}x^4\right)\Big|_0^{\sqrt{2}} = 2.$

（3）由对称性可得所求面积为 $4\int_0^{\frac{\pi}{2}}\cos x\mathrm{d}x = 4\sin x\Big|_0^{\frac{\pi}{2}} = 4.$

（4）由 $\begin{cases} y=x^2, \\ y=3x+4 \end{cases}$ 得交点坐标为 $(-1,1)$ 和 $(4,16)$，故所围成的平面图形的面积为

$$\int_{-1}^4(3x+4-x^2)\mathrm{d}x = \left(\dfrac{3}{2}x^2+4x-\dfrac{1}{3}x^3\right)\Big|_{-1}^4 = \dfrac{125}{6}.$$

（5）由 $\begin{cases} xy=1, \\ y=x \end{cases}$ 得交点坐标为 $(1,1)$ 和 $(-1,-1)$（舍去），则所求面积为 $\int_1^2\left(y-\dfrac{1}{y}\right)\mathrm{d}y$

$= \left(\dfrac{1}{2}y^2-\ln y\right)\Big|_1^2 = \dfrac{3}{2}-\ln 2.$

（6）曲线 $y=\mathrm{e}^x$ 在任意一点 (x_0,y_0) 处的切线方程为 $y=\mathrm{e}^{x_0}(x-x_0)+y_0$，则过原点的

切线满足 $0=\mathrm{e}^{x_0}(0-x_0)+y_0$，又 $y_0=\mathrm{e}^{x_0}$，可得 $x_0=1$，过点 $(1,\mathrm{e})$ 的切线方程为 $y=\mathrm{e}x$，

故所求面积为 $\int_0^1(\mathrm{e}^x-\mathrm{e}x)\mathrm{d}x = \left(\mathrm{e}^x-\dfrac{\mathrm{e}}{2}x^2\right)\Big|_0^1 = \dfrac{\mathrm{e}}{2}-1.$

（7）所求面积为 $\dfrac{1}{2}\int_0^{2\pi}(\mathrm{e}^{a\theta})^2\mathrm{d}\theta = \dfrac{1}{4a}\mathrm{e}^{2a\theta}\Big|_0^{2\pi} = \dfrac{1}{4a}(\mathrm{e}^{4\pi a}-1).$

2. 求下列旋转体的体积.

（1）求由曲线 $y=x^2$ 和直线 $x=1,y=0$ 所围成的图形分别绕 x 轴与 y 轴旋转所得旋转体的体积.

（2）求圆 $x^2+(y-5)^2=16$ 绕 x 轴旋转所得旋转体的体积.

(解) （1）绕 x 轴旋转所得旋转体的体积 $V_x = \pi\int_0^1 x^4\mathrm{d}x = \dfrac{\pi}{5}$，绕 y 轴旋转所得旋转

体的体积 $V_y = \pi\int_0^1(\sqrt{y})^2\mathrm{d}y = \dfrac{\pi}{2}.$

（2）$V = \pi\int_{-4}^4(5+\sqrt{16-x^2})^2\mathrm{d}x - \pi\int_{-4}^4(5-\sqrt{16-x^2})^2\mathrm{d}x = 20\pi\int_{-4}^4\sqrt{16-x^2}\mathrm{d}x,$

令 $x=4\sin t, t\in\left[0,\dfrac{\pi}{2}\right]$，则 $V = 640\pi\int_0^{\frac{\pi}{2}}\cos^2 t\mathrm{d}t = 640\pi\cdot\dfrac{\pi}{2}\cdot\dfrac{1}{2} = 160\pi^2.$

3. 某企业生产某种产品，产量为 Q（单位：t）时边际成本为 $MC=\dfrac{1}{50}Q+30$（万元/t），

固定成本为 900 万元，问：产量为多少时平均成本最低？最低平均成本为多少？

(解) 由题意得固定成本 $C_0=900$（万元），则成本函数

$$C(Q) = C_0 + \int_0^Q MC\mathrm{d}Q = 900 + \int_0^Q\left(\dfrac{1}{50}Q+30\right)\mathrm{d}Q = \dfrac{1}{100}Q^2+30Q+900,$$

从而平均成本为 $\overline{C}=\dfrac{C(Q)}{Q}=\dfrac{Q}{100}+30+\dfrac{900}{Q}$. 令 $\overline{C}'=\dfrac{1}{100}-\dfrac{900}{Q^2}=0$，解得唯一驻点 $Q=300(\mathrm{t})$.

又 $\overline{C}''(300)=\dfrac{1\,800}{Q^3}\Big|_{Q=300}=\dfrac{1}{15\,000}>0$，根据实际意义知，产量为 300t 时平均成本最低，

最低平均成本为 $\overline{C}(300)=\dfrac{300}{100}+30+\dfrac{900}{300}=36(\text{万元}/\mathrm{t})$.

4. 在某地，当消费者的个人平均收入为 x 元时，消费支出 $W(x)$ 的变化率为 $W'(x)=\dfrac{15}{\sqrt{x}}$. 当个人平均收入由 3 600 元增加到 4 900 元时，消费支出增加多少？

解　当个人平均收入由 3 600 元增加到 4 900 元时，消费支出增加值为

$$\Delta W=W(4\,900)-W(3\,600)=\int_{3\,600}^{4\,900}\dfrac{15}{\sqrt{x}}\mathrm{d}x=30\sqrt{x}\ \Big|_{3\,600}^{4\,900}=300(\text{元}).$$

5. 假设某产品的边际收益 $MR=130-8Q$（万元/万台），边际成本 $MC=0.6Q^2-2Q+10$（万元/万台），固定成本为 10 万元，产量 Q 以万台为单位.

(1) 求总成本函数和总利润函数.

(2) 求产量由 4 万台增加到 5 万台时利润的变化量.

(3) 求利润最大时的产量，并求最大利润.

解　(1) 由题意得固定成本 $C_0=10$（万元），则总成本函数

$$C(Q)=C_0+\int_0^Q MC\mathrm{d}Q=10+\int_0^Q(0.6Q^2-2Q+10)\mathrm{d}Q=0.2Q^3-Q^2+10Q+10.$$

总收益函数为

$$R(Q)=\int_0^Q MR\mathrm{d}Q=\int_0^Q(130-8Q)\mathrm{d}Q=130Q-4Q^2,$$

从而总利润函数为

$$L(Q)=R(Q)-C(Q)=130Q-4Q^2-(0.2Q^3-Q^2+10Q+10)=120Q-3Q^2-0.2Q^3-10.$$

(2) 产量由 4 万台增加到 5 万台时，利润的变化量

$$\Delta L=L(5)-L(4)=(120Q-3Q^2-0.2Q^3-10)\ \Big|_4^5=80.8(\text{万元}).$$

(3) 边际利润为 $L'(Q)=MR-MC=130-8Q-(0.6Q^2-2Q+10)=120-6Q-0.6Q^2$. 令 $L'(Q)=120-6Q-0.6Q^2=0$，得 $Q=10$. 又 $L''(10)=-6-1.2\times10=-18<0$，根据实际意义知，当产量 $Q=10$（万台）时，利润最大，最大利润为

$$L(10)=120\times10-3\times10^2-0.2\times10^3-10=690(\text{万元}).$$

提高题

1. 设储蓄边际倾向（即储蓄额 S 的变化率）是平均收入 y 的函数 $S'(y)=0.3-\dfrac{1}{10\sqrt{y}}$，求平均收入从 4 900 元增加到 6 400 元时储蓄的增加额.

解 当平均收入从 4 900 元增加到 6 400 元时, 储蓄的增加额为

$$\Delta S = S(6\ 400) - S(4\ 900) = \int_{4\ 900}^{6\ 400} \left(0.3 - \frac{1}{10\sqrt{y}}\right) dy = \left(0.3y - \frac{1}{5}\sqrt{y}\right)\Big|_{4\ 900}^{6\ 400} = 448(\text{元}).$$

2. 某产品的边际成本为 $MC = 0.3Q^2 - Q + 15.2$, 边际收益为 $MR = 158 - 7Q$, 其中 Q 为产量(单位: 百台). 设固定成本为 15 万元, 求总成本函数、总收益函数和总利润函数.

解 总成本函数为

$$C(Q) = C_0 + \int_0^Q MC dQ = 15 + \int_0^Q (0.3Q^2 - Q + 15.2) dQ$$
$$= 15 + 0.1Q^3 - 0.5Q^2 + 15.2Q.$$

总收益函数为

$$R(Q) = \int_0^Q MR dQ = \int_0^Q (158 - 7Q) dQ = 158Q - 3.5Q^2.$$

总利润函数为

$$L(Q) = R(Q) - C(Q) = 158Q - 3.5Q^2 - (15 + 0.1Q^3 - 0.5Q^2 + 15.2Q)$$
$$= 142.8Q - 3Q^2 - 15 - 0.1Q^3.$$

3. 已知某产品的边际成本和边际收入函数分别是产量 Q (单位: t) 的函数, $MC = C'(Q) = Q^2 - 4Q + 6$ (万元/t), $MR = R'(Q) = 30 - 2Q$ (万元/t), 回答下列问题.

(1) 产量由 6t 增加到 9t 时成本与收入各增加多少?

(2) 产量由 6t 增加到 9t 平均成本与平均收入各为多少?

(3) 求固定成本 $C(0) = 5$ 万元时的成本函数、收入函数及利润函数.

提高题 3

(4) 产量为多少时, 利润最大?

(5) 求利润最大时的成本、收入及利润.

解 (1) 产量由 6t 增加到 9t 时, 成本增加额为

$$\int_6^9 MC dQ = \int_6^9 (Q^2 - 4Q + 6) dQ = \left(\frac{Q^3}{3} - 2Q^2 + 6Q\right)\Big|_6^9 = 99(\text{万元});$$

产量由 6t 增加到 9t 时, 收入增加额为

$$\int_6^9 MR dQ = \int_6^9 (30 - 2Q) dQ = (30Q - Q^2)\Big|_6^9 = 45(\text{万元}).$$

(2) 产量由 6t 增加到 9t 时, 平均成本为 $\bar{C} = \frac{99}{3} = 33$(万元/t), 平均收入为 $\bar{R} = \frac{45}{3} = 15$(万元/t).

(3) 固定成本 $C(0) = 5$ 万元时的成本函数为

$$C(Q) = C_0 + \int_0^Q C'(Q) dQ = 5 + \int_0^Q (Q^2 - 4Q + 6) dQ = \frac{Q^3}{3} - 2Q^2 + 6Q + 5,$$

收入函数为 $R(Q)=\int_0^Q R'(Q)\mathrm{d}Q=\int_0^Q(30-2Q)\mathrm{d}Q=30Q-Q^2$,

利润函数为 $L(Q)=R(Q)-C(Q)=30Q-Q^2-\left(\dfrac{Q^3}{3}-2Q^2+6Q+5\right)=-\dfrac{Q^3}{3}+Q^2+24Q-5$.

(4) 令 $L'(Q)=-Q^2+2Q+24=0$, 解得 $Q=6$, $Q=-4$(舍去). 又

$$L''(6)=(-2Q+2)\big|_{Q=6}=-10<0,$$

所以当产量为 6t 时, 利润最大.

(5) 利润最大时, 产量 $Q=6(\mathrm{t})$, 此时的成本为 $C(6)=\dfrac{6^3}{3}-2\times6^2+6\times6+5=41$(万元),

收入为 $R(6)=30\times6-6^2=144$(万元), 利润为 $L(6)=-\dfrac{6^3}{3}+6^2+24\times6-5=103$(万元).

第5章总复习题

1. 选择题: (1)~(5)小题, 每小题 4 分, 共 20 分. 下列每小题给出的 4 个选项中, 只有一个选项是符合题目要求的.

(1)(2021305) 当 $x\to0$ 时, $\int_0^{x^2}(e^{t^3}-1)\mathrm{d}t$ 是 x^7 的(　　)

A. 低阶无穷小　　　　　　B. 等价无穷小

C. 高阶无穷小　　　　　　D. 同阶但非等价无穷小

解 结合积分上限函数的求导公式, 运用洛必达法则, 得

$$\lim_{x\to0}\frac{\int_0^{x^2}(e^{t^3}-1)\mathrm{d}t}{x^7}=\lim_{x\to0}\frac{(e^{x^6}-1)\cdot(x^2)'}{7x^6}=\lim_{x\to0}\frac{x^6\cdot2x}{7x^6}=0,$$

所以, 当 $x\to0$ 时, $\int_0^{x^2}(e^{t^3}-1)\mathrm{d}t$ 是 x^7 的高阶无穷小, 故应选 C.

(2)(2020304) 设奇函数 $f(x)$ 在 $(-\infty,+\infty)$ 上具有连续导数, 则(　　).

A. $\int_0^x[\cos f(t)+f'(t)]\mathrm{d}t$ 是奇函数　　B. $\int_0^x[\cos f(t)+f'(t)]\mathrm{d}t$ 是偶函数

C. $\int_0^x[\cos f'(t)+f(t)]\mathrm{d}t$ 是奇函数　　D. $\int_0^x[\cos f'(t)+f(t)]\mathrm{d}t$ 是偶函数

解 因为 $f(x)$ 为奇函数, 所以 $f'(x)$ 为偶函数. 又因为 $\cos f(-x)=\cos[-f(x)]=\cos f(x)$, 所以 $\cos f(x)$ 为偶函数, 从而 $\cos f(x)+f'(x)$ 为偶函数.

记 $F(x)=\int_0^x[\cos f(t)+f'(t)]\mathrm{d}t$, 得 $F'(x)=\cos f(x)+f'(x)$, 可知 $F'(x)$ 为偶函数.

又因为 $F(0)=0$, 所以 $F(x)=\int_0^x[\cos f(t)+f'(t)]\mathrm{d}t$ 是奇函数, 故应选 A.

(3)(2018304) 设 $M=\int_{-\frac{\pi}{2}}^{\frac{\pi}{2}}\dfrac{(1+x)^2}{1+x^2}\mathrm{d}x, N=\int_{-\frac{\pi}{2}}^{\frac{\pi}{2}}\dfrac{1+x}{e^x}\mathrm{d}x, K=\int_{-\frac{\pi}{2}}^{\frac{\pi}{2}}(1+\sqrt{\cos x})\mathrm{d}x$, 则

( ).

    A. $M>N>K$ B. $M>K>N$ C. $K>M>N$ D. $K>N>M$

解 这是在同一区间 $\left[-\dfrac{\pi}{2},\dfrac{\pi}{2}\right]$ 上比较 3 个定积分, 其被积函数均连续, 故只需比较被积函数. 先利用奇、偶函数在对称区间上的定积分的性质化简

$$M=\int_{-\frac{\pi}{2}}^{\frac{\pi}{2}}\frac{(1+x)^2}{1+x^2}\mathrm{d}x=\int_{-\frac{\pi}{2}}^{\frac{\pi}{2}}1\mathrm{d}x+\int_{-\frac{\pi}{2}}^{\frac{\pi}{2}}\frac{2x}{1+x^2}\mathrm{d}x=\int_{-\frac{\pi}{2}}^{\frac{\pi}{2}}1\mathrm{d}x.$$

现只需在 $\left[-\dfrac{\pi}{2},\dfrac{\pi}{2}\right]$ 上比较 $1,\dfrac{1+x}{\mathrm{e}^x}$, $1+\sqrt{\cos x}$ 的大小, 易知

$$1<1+\sqrt{\cos x}\Rightarrow M=\int_{-\frac{\pi}{2}}^{\frac{\pi}{2}}1\mathrm{d}x<\int_{-\frac{\pi}{2}}^{\frac{\pi}{2}}(1+\sqrt{\cos x})\mathrm{d}x=K.$$

下面证明 $\dfrac{1+x}{\mathrm{e}^x}<1\left(x\in\left[-\dfrac{\pi}{2},\dfrac{\pi}{2}\right],x\neq0\right)$.

$$\frac{1+x}{\mathrm{e}^x}<1\Leftrightarrow \mathrm{e}^x>1+x\Leftrightarrow \mathrm{e}^x-x-1>0.$$

方法 1 设 $f(x)=\mathrm{e}^x-x-1$, 则 $f'(x)=\mathrm{e}^x-1\begin{cases}<0, & x<0,\\=0, & x=0,\\>0, & x>0,\end{cases}$

故 $f(x)>f(0)x=0(x\neq0)$.

方法 2 设 $f(x)=\mathrm{e}^x-x-1$, 用泰勒公式得

$$f(x)=f(0)x+f'(0)x+\frac{1}{2}f''(\xi)x^2=\frac{1}{2}\mathrm{e}^\xi>0(\xi \text{ 介于 } 0 \text{ 和 } x \text{ 之间}),$$

故有 $f(x)=\mathrm{e}^x-x-1>0(x\neq0)$.

方法 3 直接考察 $g(x)=\dfrac{1+x}{\mathrm{e}^x}$ 的单调性.

$g'(x)=-\dfrac{x}{\mathrm{e}^x}\begin{cases}>0, & x<0,\\=0, & x=0,\\<0, & x>0,\end{cases}$ 故 $g(x)<g(0)=1(x\neq0)$, 即 $\dfrac{1+x}{\mathrm{e}^x}<1$. 所以 $N=\int_{-\frac{\pi}{2}}^{\frac{\pi}{2}}\dfrac{1+x}{\mathrm{e}^x}\mathrm{d}x$

$<\int_{-\frac{\pi}{2}}^{\frac{\pi}{2}}1\mathrm{d}x=M$. 因此, $K>M>N$, 故应选 C.

(4) (2011304) 设 $I=\int_0^{\frac{\pi}{4}}\ln\sin x\mathrm{d}x,J=\int_0^{\frac{\pi}{4}}\ln\cot x\mathrm{d}x,K=\int_0^{\frac{\pi}{4}}\ln\cos x\mathrm{d}x$, 则 I,J,K 的大小关系为( ).

    A. $I<J<K$ B. $I<K<J$ C. $J<I<K$ D. $K<J<I$

解 当 $0<x<\dfrac{\pi}{4}$ 时, $0<\sin x<\cos x<1<\cot x$.

因为 $\ln x$ 为 $(0,+\infty)$ 上的单调增加函数, 所以

$$\ln\sin x < \ln\cos x < \ln\cot x, x \in \left(0, \frac{\pi}{4}\right).$$

故 $\int_0^{\frac{\pi}{4}} \ln\sin x \, dx < \int_0^{\frac{\pi}{4}} \ln\cos x \, dx < \int_0^{\frac{\pi}{4}} \ln\cot x \, dx$，即 $I<K<J$，

故应选 B.

（5）（2009304）设函数 $y=f(x)$ 在区间 $[-1,3]$ 上的

图形如图 5.1 所示，则函数 $F(x) = \int_0^x f(t) \, dt$ 的图形为

图 5.2 中的（　　）.

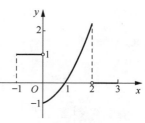

图 5.1

解 由 $y=f(x)$ 的图形可以看出，$f(x)$ 在 $[-1,3]$

上有界，且只有两个间断点 $x=0$ 和 $x=2$，则 $f(x)$ 在 $[-1,3]$ 上可积，从而 $F(x) = \int_0^x f(t) \, dt$ 应为连续函数，所以排除 B 项. 又由 $F(x) = \int_0^x f(t) \, dt$ 可知，$F(0)=0$，排除 C

项. A 项与 D 项中的 $F(x)$ 在 $[-1,0]$ 上不同，由 $F(x) = \int_0^x 1 \, dt = x, x \in [-1,0]$，排除 A

项，故应选 D.

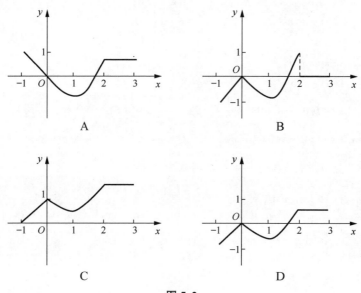

图 5.2

2. 填空题：（6）~（10）小题，每小题 4 分，共 20 分.

（6）（2019304）已知函数 $f(x) = \int_1^x \sqrt{1+t^4} \, dt$，则 $\int_0^1 x^2 f(x) \, dx = $ _____.

解 由已知条件可得 $f'(x) = \sqrt{1+x^4}, f(1)=0$. 由分部积分法可得

$$\int_0^1 x^2 f(x)\,\mathrm{d}x = \frac{1}{3}\int_0^1 f(x)\,\mathrm{d}x^3 = \left[\frac{x^3}{3}f(x)\right]\Big|_0^1 - \frac{1}{3}\int_0^1 x^3\,\mathrm{d}f(x)$$

$$= -\frac{1}{3}\int_0^1 x^3\sqrt{1+x^4}\,\mathrm{d}x = -\frac{1}{3}\cdot\frac{1}{4}\cdot\frac{2}{3}(1+x^4)^{\frac{3}{2}}\Big|_0^1$$

$$= \frac{1}{18}(1-2\sqrt{2}).$$

(7)(2017304) $\displaystyle\int_{-\pi}^{\pi}\left(\sin^3 x + \sqrt{\pi^2 - x^2}\right)\mathrm{d}x = $ _____.

解 $\displaystyle\int_{-\pi}^{\pi}\left(\sin^3 x + \sqrt{\pi^2 - x^2}\right)\mathrm{d}x = 2\int_0^{\pi}\sqrt{\pi^2 - x^2}\,\mathrm{d}x\,(奇偶性) = 2\cdot\frac{1}{4}\pi\cdot\pi^2 = \frac{\pi^3}{2}.$

(8)(2016304) 极限 $\displaystyle\lim_{n\to\infty}\frac{1}{n^2}\left(\sin\frac{1}{n} + 2\sin\frac{2}{n} + \cdots + n\sin\frac{n}{n}\right) = $ _____.

解 $\displaystyle\lim_{n\to\infty}\frac{1}{n^2}\left(\sin\frac{1}{n} + 2\sin\frac{2}{n} + \cdots + n\sin\frac{n}{n}\right) = \lim_{n\to\infty}\frac{1}{n}\sum_{n=1}^{\infty}\frac{i}{n}\sin\frac{i}{n} = \int_0^1 x\sin x\,\mathrm{d}x = \sin 1 - \cos 1.$

(9)(2015304) 设函数 $f(x)$ 连续, $\varphi(x) = \displaystyle\int_0^{x^2}xf(t)\,\mathrm{d}t$, 若 $\varphi(1) = 1, \varphi'(1) = 5$, 则 $f(1) = $ _____.

解 $\varphi(x) = x\displaystyle\int_0^{x^2}f(t)\,\mathrm{d}t$, 由 $\varphi(1) = 1$ 知,

$\displaystyle\int_0^1 f(t)\,\mathrm{d}t = 1.$ 又 $\varphi'(x) = \displaystyle\int_0^{x^2}f(t)\,\mathrm{d}t + 2x^2 f(x^2)$,

由 $\varphi'(1) = 5$ 知 $5 = \displaystyle\int_0^1 f(t)\,\mathrm{d}t + 2f(1) = 1 + 2f(1)$, 故

$f(1) = 2.$

(10)(2014304) 设 D 是由曲线 $xy + 1 = 0$ 与直线 $x + y = 0$ 及 $y = 2$ 围成的有界区域, 则 D 的面积为 _____.

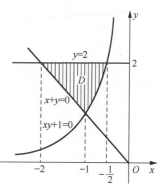

图 5.3

解 曲线 $xy + 1 = 0$ 与直线 $x + y = 0$ 及 $y = 2$ 围成的区域如图 5.3 所示, 则 D 的面积为

$$S = \int_{-2}^{-1}(2+x)\,\mathrm{d}x + \int_{-1}^{-\frac{1}{2}}\left(2 + \frac{1}{x}\right)\mathrm{d}x = \frac{3}{2} - \ln 2.$$

3. 解答题: (11)~(16)小题, 每小题 10 分, 共 60 分. 解答时应写出文字说明、证明过程或演算步骤.

(11)(2019310) 设 n 是正整数, 记 S_n 为曲线 $y = \mathrm{e}^{-x}\sin x\,(0 \leqslant x \leqslant n\pi)$ 与 x 轴之间图形的面积, 求 S_n, 并求 $\displaystyle\lim_{n\to\infty}S_n$.

总复习题(11)

解 因 $\sin x$ 是变号的, 所以该图形的面积

$$S_n = \int_0^{n\pi}\mathrm{e}^{-x}|\sin x|\,\mathrm{d}x.$$

当 $2n\pi<x<(2n+1)\pi$ 时，$\sin x>0$；当 $(2n+1)\pi<x<(2n+2)\pi$ 时，$\sin x<0$. 下面分别求 S_{2n} 与 S_{2n+1}.

$$S_{2n}=\int_0^{2n\pi}\mathrm{e}^{-x}|\sin x|\,\mathrm{d}x=\sum_{k=0}^{n-1}\left[\int_{2k\pi}^{(2k+1)\pi}\mathrm{e}^{-x}\sin x\mathrm{d}x-\int_{(2k+1)\pi}^{(2k+2)\pi}\mathrm{e}^{-x}\sin x\mathrm{d}x\right].$$

$$\int\mathrm{e}^{-x}\sin x\mathrm{d}x=-\int\sin x\,\mathrm{d}\mathrm{e}^{-x}=-\mathrm{e}^{-x}\sin x+\int\mathrm{e}^{-x}\cos x\mathrm{d}x$$
$$=-\mathrm{e}^{-x}\sin x-\int\cos x\,\mathrm{d}\mathrm{e}^{-x}=-\mathrm{e}^{-x}\sin x-\mathrm{e}^{-x}\cos x-\int\mathrm{e}^{-x}\sin x\mathrm{d}x,$$

$$\int\mathrm{e}^{-x}\sin x\mathrm{d}x=-\frac{1}{2}\mathrm{e}^{-x}(\sin x+\cos x)+C,$$

$$\int_{k\pi}^{(k+1)\pi}\mathrm{e}^{-x}\sin x\mathrm{d}x=-\frac{1}{2}\mathrm{e}^{-x}(\sin x+\cos x)\Big|_{k\pi}^{(k+1)\pi}=\frac{1}{2}(-1)^k\mathrm{e}^{-k\pi}(1+\mathrm{e}^{-\pi}),$$

代入 S_{2n} 得

$$S_{2n}=\sum_{k=0}^{n-1}\frac{1}{2}(-1)^{2k}\mathrm{e}^{-2k\pi}(1+\mathrm{e}^{-\pi})-\sum_{k=0}^{n-1}\frac{1}{2}(-1)^{2k+1}\mathrm{e}^{-(2k+1)\pi}(1+\mathrm{e}^{-\pi})$$
$$=\frac{1}{2}\left[\sum_{k=0}^{n-1}\mathrm{e}^{-2k\pi}+\sum_{k=0}^{n-1}\mathrm{e}^{-(2k+1)\pi}\right](1+\mathrm{e}^{-\pi})=\frac{1}{2}\left[\frac{1-\mathrm{e}^{-2n\pi}}{1-\mathrm{e}^{-2\pi}}+\frac{1-\mathrm{e}^{-2n\pi}}{1-\mathrm{e}^{-2\pi}}\mathrm{e}^{-\pi}\right](1+\mathrm{e}^{-\pi})$$
$$=\frac{1}{2}\frac{(1-\mathrm{e}^{-2n\pi})(1+\mathrm{e}^{-\pi})}{1-\mathrm{e}^{-\pi}}.$$

同理有

$$S_{2n+1}=S_{2n}+\int_{2n\pi}^{(2n+1)\pi}\mathrm{e}^{-x}|\sin x|\,\mathrm{d}x=S_{2n}+\int_{2n\pi}^{(2n+1)\pi}\mathrm{e}^{-x}\sin x\mathrm{d}x$$
$$=S_{2n}+\frac{1}{2}(-1)^{2n}\mathrm{e}^{-2n\pi}(1+\mathrm{e}^{-\pi})=S_{2n}+\frac{1}{2}\mathrm{e}^{-2n\pi}(1+\mathrm{e}^{-\pi}).$$

$$\lim_{n\to\infty}S_n=\lim_{n\to\infty}S_{2n}=\lim_{n\to\infty}S_{2n+1}=\frac{1+\mathrm{e}^{-\pi}}{2(1-\mathrm{e}^{-\pi})}.$$

(12)（2017310）求 $\lim\limits_{n\to\infty}\sum\limits_{k=1}^{n}\frac{k}{n^2}\ln\left(1+\frac{k}{n}\right)$.

解 $\lim\limits_{n\to\infty}\sum\limits_{k=1}^{n}\frac{k}{n^2}\ln\left(1+\frac{k}{n}\right)=\lim\limits_{n\to\infty}\frac{1}{n}\sum\limits_{k=1}^{n}\frac{k}{n}\ln\left(1+\frac{k}{n}\right)=\int_0^1 x\ln(1+x)\,\mathrm{d}x$

$$=\frac{1}{2}\int_0^1\ln(1+x)\,\mathrm{d}(x^2-1)$$
$$=\left[\frac{1}{2}(x^2-1)\ln(1+x)\right]\Big|_0^1-\int_0^1\frac{x^2-1}{2}\cdot\frac{1}{1+x}\mathrm{d}x$$
$$=-\int_0^1\frac{x-1}{2}\mathrm{d}x=-\frac{(x-1)^2}{4}\Big|_0^1=\frac{1}{4}.$$

(13)（2016310）设函数 $f(x)$ 连续，且满足 $\int_0^x f(x-t)\mathrm{d}t=\int_0^x(x-t)f(t)\mathrm{d}t+\mathrm{e}^{-x}-1$，求 $f(x)$.

解 令 $u = x - t$，则 $\int_0^x f(x-t)\,dt = \int_x^0 f(u)(-du) = \int_0^x f(u)\,du$，代入方程可得

$$\int_0^x f(u)\,du = x\int_0^x f(t)\,dt - \int_0^x tf(t)\,dt + e^{-x} - 1,$$

两边同时对 x 求导得 $f(x) = \int_0^x f(t)\,dt - e^{-x}$.

由 $f(x)$ 连续，可知 $\int_0^x f(t)\,dt$ 可导，从而 $f(x)$ 也可导，故对上式两边再对 x 求导，得 $f'(x) = f(x) + e^{-x}$. 在 $f(x) = \int_0^x f(t)\,dt - e^{-x}$ 两边令 $x = 0$，可得 $f(0) = -1$，解微分方程 $f'(x) = f(x) + e^{-x}$ 可得 $f(x) = -\dfrac{e^x + e^{-x}}{2}$（用到第6章知识）.

(14)（2014310）设函数 $f(x),g(x)$ 在 $[a,b]$ 上连续，且 $f(x)$ 单调增加，$0 \le g(x) \le 1$，证明：

① $0 \le \int_a^x g(t)\,dt \le x - a, x \in [a,b]$；

② $\int_a^{a+\int_a^b g(t)dt} f(x)\,dx \le \int_a^b f(x)g(x)\,dx.$

证明 ①由 $0 \le g(x) \le 1$ 得

$$0 \le \int_a^x g(t)\,dt \le \int_a^x 1\,dt = x - a, x \in [a,b].$$

② 设 $F(u) = \int_a^u f(x)g(x)\,dx - \int_a^{a+\int_a^u g(t)dt} f(x)\,dx$，只需要证明 $F(b) \ge 0$，显然 $F(a) = 0$，所以只需要证明 $F(u)$ 单调增加.

$$F'(u) = f(u)g(u) - f\left[a + \int_a^u g(t)\,dt\right]g(u) = g(u)\left\{f(u) - f\left[a + \int_a^u g(t)\,dt\right]\right\}.$$

由①的结论 $0 \le \int_a^x g(t)\,dt \le x - a$ 可知，$a \le a + \int_a^x g(t)\,dt \le x$，即

$$a \le a + \int_a^u g(t)\,dt \le u.$$

又 $f(x)$ 单调增加，则 $f(u) \ge f\left[a + \int_a^u g(t)\,dt\right]$. 因此，$F'(u) \ge 0, F(b) \ge 0$.

故 $\int_a^{a+\int_a^b g(t)dt} f(x)\,dx \le \int_a^b f(x)g(x)\,dx.$

(15)（2013310）设 D 是由曲线 $y = x^{\frac{1}{3}}$ 和直线 $x = a(a>0)$ 及 x 轴所围成的平面图形，V_x, V_y 是 D 分别绕 x 轴和 y 轴旋转一周所得旋转体的体积，若 $V_y = 10V_x$，求 a 的值.

解 $V_x = \pi\int_0^a x^{\frac{2}{3}}\,dx = \dfrac{3\pi a^{\frac{5}{3}}}{5}$，$V_y = \pi a^{\frac{7}{3}} - \pi\int_0^{a^{\frac{1}{3}}} y^6\,dy = \pi a^{\frac{7}{3}} - \dfrac{\pi a^{\frac{7}{3}}}{7} = \dfrac{6\pi a^{\frac{7}{3}}}{7}$.

因为 $V_y = 10V_x$，即 $\dfrac{6\pi a^{\frac{7}{3}}}{7} = 10 \cdot \dfrac{3\pi a^{\frac{5}{3}}}{5}$，解得 $a = 7\sqrt{7}$.

(16)(2010110)① 比较 $\int_0^1 |\ln t|\ln^n(1+t)\,dt$ 与 $\int_0^1 t^n|\ln t|\,dt\,(n=1,2,\cdots)$ 的大小.

② 记 $u_n=\int_0^1 |\ln t|\ln^n(1+t)\,dt\,(n=1,2,\cdots)$，求极限 $\lim\limits_{n\to\infty}u_n$.

解 ① 当 $0\le t\le1$ 时，因为 $0\le\ln(1+t)\le t$，所以

$$0\le|\ln t|\ln^n(1+t)\le t^n|\ln t|,$$

从而有

$$\int_0^1 |\ln t|\ln^n(1+t)\,dt\le\int_0^1 t^n|\ln t|\,dt.$$

② 方法1　由①知

$$0\le u_n=\int_0^1 |\ln t|\ln^n(1+t)\,dt\le\int_0^1 t^n|\ln t|\,dt,$$

$$\int_0^1 t^n|\ln t|\,dt=-\int_0^1 t^n\ln t\,dt=-\left(\frac{t^{n+1}}{t+1}\ln t\right)\Big|_0^1+\frac{1}{n+1}\int_0^1 t^n\,dt=\frac{1}{(n+1)^2},$$

所以 $\lim\limits_{n\to\infty}\int_0^1 t^n|\ln t|\,dt=0$. 由夹逼准则知 $\lim\limits_{n\to\infty}u_n=0$.

方法2　由于 $\ln x$ 为单调增加函数，则当 $t\in[0,1]$ 时，$\ln(1+t)\le\ln2$，从而有

$$0\le u_n=\int_0^1 |\ln t|\ln^n(1+t)\,dt\le\ln^n2\cdot\int_0^1 |\ln t|\,dt.$$

又

$$\int_0^1 |\ln t|\,dt=-\int_0^1 \ln t\,dt=-(t\ln t)\Big|_0^1+\int_0^1 dt=1,$$

且 $\lim\limits_{n\to\infty}\ln^n2=0$，由夹逼准则知 $\lim\limits_{n\to\infty}u_n=0$.

方法3　由①知

$$0\le u_n=\int_0^1 |\ln t|\ln^n(1+t)\,dt\le\int_0^1 t^n|\ln t|\,dt,$$

又因为 $\lim\limits_{t\to0^+}t\ln t=\lim\limits_{t\to0^+}\dfrac{\ln t}{\dfrac{1}{t}}=\lim\limits_{t\to0^+}\dfrac{\dfrac{1}{t}}{-\dfrac{1}{t^2}}=0$，且 $t\ln t$ 在 $(0,1]$ 上连续，则 $t\ln t$ 在 $(0,1]$ 上有界，

从而存在 $M>0$，使

$$0\le|t\ln t|\le M,\,t\in(0,1],$$

$\int_0^1 t^n|\ln t|\,dt\le M\int_0^1 t^{n-1}\,dt=\dfrac{M}{n}$，由 $\lim\limits_{n\to\infty}\dfrac{M}{n}=0$ 及夹逼准则知 $\lim\limits_{n\to\infty}u_n=0$.

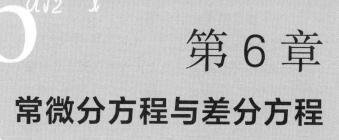

第6章
常微分方程与差分方程

一、知识结构

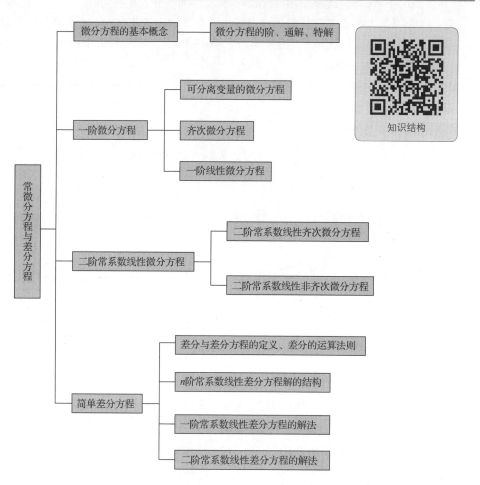

二、 重点与考点分析

（一）本章重点内容介绍

1. 微分方程基本概念

（1）微分方程：含有自变量、未知函数及其导数或微分的方程称为微分方程. 当未知函数是一元函数时，称这样的微分方程为常微分方程.

本章重点内容介绍

（2）微分方程的阶：微分方程中所含的导数或微分的最高阶数称为微分方程的阶.

（3）微分方程的解：使微分方程成立的函数称为微分方程的解，不含任意常数的解称为微分方程的特解；若微分方程的解中所含的相互独立的任意常数的个数与微分方程的阶数相等，称此解为微分方程的通解.

（4）定解条件与初值条件：能确定通解中任意常数的条件称为定解条件. 最常用的定解条件是初值条件，以 $y(x)$ 为未知函数的 n 阶微分方程的初值条件为

$$y(x_0)=y_0, y'(x_0)=y_1, \cdots, y^{(n-1)}(x_0)=y_{n-1},$$

其中 $x_0, y_0, \cdots, y_{n-1}$ 是任意给定的常数.

2. 一阶微分方程求解

（1）可分离变量的微分方程.

形式　形如 $\dfrac{\mathrm{d}y}{\mathrm{d}x}=f(x)g(y)$ 的一阶微分方程称为可分离变量的微分方程.

解法　先分离变量，再两边积分，即

$$\frac{\mathrm{d}y}{\mathrm{d}x}=f(x)g(y) \Rightarrow \frac{\mathrm{d}y}{g(y)}=f(x)\mathrm{d}x \Rightarrow \int \frac{\mathrm{d}y}{g(y)}=\int f(x)\mathrm{d}x+C.$$

（2）齐次微分方程.

形式　形如 $\dfrac{\mathrm{d}y}{\mathrm{d}x}=g\left(\dfrac{y}{x}\right)$ 的一阶微分方程称为齐次微分方程.

解法　令 $u=\dfrac{y}{x}$，则 $\dfrac{\mathrm{d}y}{\mathrm{d}x}=u+x\dfrac{\mathrm{d}u}{\mathrm{d}x}$，代入微分方程得 $u+x\dfrac{\mathrm{d}u}{\mathrm{d}x}=g(u)$，这是可分离变量的微分方程，可得 $\displaystyle\int \frac{\mathrm{d}u}{g(u)-u}=\int \frac{\mathrm{d}x}{x}+C.$

（3）一阶线性齐次微分方程.

形式　形如 $\dfrac{\mathrm{d}y}{\mathrm{d}x}+P(x)y=0$ 的方程称为一阶线性齐次微分方程，通解公式为

$$y=C\mathrm{e}^{-\int P(x)\mathrm{d}x}.$$

（4）一阶线性非齐次微分方程.

形式　形如 $\dfrac{\mathrm{d}y}{\mathrm{d}x}+P(x)y=Q(x)$ 的方程称为一阶线性非齐次微分方程，通解公式为

$$y = \mathrm{e}^{-\int P(x)\,\mathrm{d}x}\left[\int Q(x)\,\mathrm{e}^{\int P(x)\,\mathrm{d}x}\mathrm{d}x + C\right].$$

3. 高阶线性微分方程的概念与性质

$$y^{(n)}+a_1(x)y^{(n-1)}+a_2(x)y^{(n-2)}+\cdots+a_{n-1}(x)y'+a_n(x)y=0. \quad ①$$

$$y^{(n)}+a_1(x)y^{(n-1)}+a_2(x)y^{(n-2)}+\cdots+a_{n-1}(x)y'+a_n(x)y=f(x). \quad ②$$

（1）基本概念：①式称为 n 阶齐次线性微分方程；若 $f(x)\neq 0$，②式称为 n 阶非齐次线性微分方程.

（2）解的结构：若 $y_1(x),y_2(x),\cdots,y_n(x)$ 是①式的 n 个线性无关的解，则①式的通解可表示为 $c_1y_1(x)+c_2y_2(x)+\cdots+c_ny_n(x)$；②式的通解可表示为 $\tilde{y}(x)+c_1y_1(x)+c_2y_2(x)+\cdots+c_ny_n(x)$，其中 $\tilde{y}(x)$ 是②式的某一特解.

（3）①式和②式解的常用性质：

若 $y_1(x),y_2(x),\cdots,y_s(x)$ 是①式的 s 个解，则 $c_1y_1(x)+c_2y_2(x)+\cdots+c_sy_s(x)$ 仍然是①式的解；

若 $y_1(x)$ 是①式的解，$\tilde{y}(x)$ 是②式的解，则 $\tilde{y}(x)+y_1(x)$ 是②式的解；

若 $\tilde{y}(x)$ 和 $\tilde{z}(x)$ 都是②式的解，则 $\tilde{z}(x)-\tilde{y}(x)$ 是①式的解；

若 $f(x)=f_1(x)+f_2(x)$，且有方程

$$y^{(n)}+a_1(x)y^{(n-1)}+a_2(x)y^{(n-2)}+\cdots+a_{n-1}(x)y'+a_n(x)y=f_1(x), \quad ③$$

$$y^{(n)}+a_1(x)y^{(n-1)}+a_2(x)y^{(n-2)}+\cdots+a_{n-1}(x)y'+a_n(x)y=f_2(x), \quad ④$$

假设 $\widetilde{y_1}(x)$ 是③式的解，$\widetilde{y_2}(x)$ 是④式的解，则 $\tilde{y}(x)=\widetilde{y_1}(x)+\widetilde{y_2}(x)$ 是②式的解.

4. 二阶常系数线性微分方程求解

（1）二阶常系数线性齐次微分方程 $y''+py'+qy=0$（其中 p，q 为常数）的通解的求解步骤：首先，求解原方程的特征方程 $r^2+pr+q=0$，得 r_1 和 r_2；然后，分以下 3 种情况确定原方程的解.

情况 1：$\Delta=p^2-4q>0$，则 $r_1\neq r_2$，原方程的通解为 $y=C_1\mathrm{e}^{r_1x}+C_2\mathrm{e}^{r_2x}$.

情况 2：$\Delta=p^2-4q=0$，则 $r_1=r_2$，原方程的通解为 $y=(C_1+C_2x)\mathrm{e}^{r_1x}$.

情况 3：$\Delta=p^2-4q<0$，则 $r_{1,2}=\alpha\pm\mathrm{i}\beta$，原方程的通解为 $y=\mathrm{e}^{\alpha x}(C_1\cos\beta x+C_2\sin\beta x)$.

（2）二阶常系数线性非齐次微分方程 $y''+py'+qy=f(x)$（其中 p,q 为常数）的特解的求解方法，主要是待定系数法，这种方法依赖函数 $f(x)$ 的形式，下面分 3 种情况说明.

① $f(x)=P_m(x)\mathrm{e}^{\lambda x}$［其中 $P_m(x)$ 是 m 次多项式］.

情况 1：若 λ 不是原方程对应齐次方程的特征方程的根，令 $\tilde{y}(x)=Q_m(x)\mathrm{e}^{\lambda x}$，代入原方程比较系数确定多项式 $Q_m(x)$ 的各项系数.

情况 2：若 λ 是原方程对应齐次方程的特征方程的单根，令 $\tilde{y}(x)=xQ_m(x)\mathrm{e}^{\lambda x}$，代入原方程比较系数确定多项式 $Q_m(x)$ 的各项系数.

情况 3：若 λ 是原方程对应齐次方程的特征方程的重根，令 $\tilde{y}(x)=x^2Q_m(x)\mathrm{e}^{\lambda x}$，

代入原方程比较系数确定多项式 $Q_m(x)$ 的各项系数.

②$f(x) = e^{\lambda x}[P_l(x)\cos\omega x + Q_s(x)\sin\omega x]$，其中 $P_l(x)$ 和 $Q_s(x)$ 分别是 l,s 次多项式，令 $n = \max\{l,s\}$.

情况1：若 $\lambda \pm i\omega$ 不是原方程对应齐次方程的特征方程的根，令

$$\tilde{y}(x) = e^{\lambda x}[A_n(x)\cos\omega x + B_n(x)\sin\omega x],$$

代入原方程比较系数确定多项式 $A_n(x)$ 和 $B_n(x)$ 的各项系数.

情况2：若 $\lambda \pm i\omega$ 是原方程对应齐次方程的特征方程的根，令

$$\tilde{y}(x) = xe^{\lambda x}[A_n(x)\cos\omega x + B_n(x)\sin\omega x],$$

代入原方程比较系数确定多项式 $A_n(x)$ 和 $B_n(x)$ 的各项系数.

5. 差分与差分方程

（1）差分的概念

定义1 设函数 $y = f(x)$ 在非负整数集合上有定义，记 $y_x = f(x)$（x 为非负整数），则 $y_{x+1} - y_x = f(x+1) - f(x)$，称为 y_x 的一阶差分，记为 Δy_x，即 $\Delta y_x = y_{x+1} - y_x$.

对一阶差分再求差分，得

$$\Delta(\Delta y_x) = \Delta y_{x+1} - \Delta y_x = (y_{x+2} - y_{x+1}) - (y_{x+1} - y_x) = y_{x+2} - 2y_{x+1} + y_x,$$

称为 y_x 的二阶差分，记为 $\Delta^2 y_x$，即 $\Delta^2 y_x = \Delta(\Delta y_x) = y_{x+2} - 2y_{x+1} + y_x$.

一般地，函数 y_x 的 $n-1$ 阶差分的差分 $\Delta(\Delta^{n-1} y_x)$ 称为 y_x 的 n 阶差分，记为 $\Delta^n y_x$.

（2）差分的运算法则

下列各式中 a,b,k 均为常数.

① $\Delta(a) = 0$.

② $\Delta(ky_x) = k\Delta y_x$.

③ $\Delta(ay_x + bz_x) = a\Delta y_x + b\Delta z_x$.

④ $\Delta(y_x z_x) = y_{x+1}\Delta z_x + z_x\Delta y_x = y_x\Delta z_x + z_{x+1}\Delta y_x$.

⑤ $\Delta\left(\dfrac{y_x}{z_x}\right) = \dfrac{z_x\Delta y_x - y_x\Delta z_x}{z_{x+1}z_x}$.

（3）差分方程

定义2 含有未知函数的差分或表示未知函数不同时刻值的符号（至少两个）的方程，称为差分方程. 方程中未知函数 y_x 最大下标与最小下标的差称为差分方程的**阶**.

方程 $y_{x+n} + a_1(x)y_{x+n-1} + \cdots + a_n(x)y_x = f(x)$ 称为 n 阶线性差分方程，其中未知函数及未知函数的差分都是一次的；否则，称为 n 阶非线性差分方程. 若 $a_i(x)$（$i = 1,2,\cdots,n$）为常数，则称为 n 阶常系数线性差分方程.

满足差分方程的函数称为差分方程的解. 对于 n 阶差分方程，含有 n 个相互独立的任意常数的解称为差分方程的通解，差分方程中不含有任意常数的解称为差分方程的特解. 同微分方程一样，差分方程也有初值问题，要确定 n 阶差分方程的特解，需要 n 个初值条件.

（4）n 阶常系数线性差分方程解的结构

n 阶常系数线性差分方程的一般形式为

$$y_{x+n}+a_1y_{x+n-1}+\cdots+a_ny_x=f(x)\ (a_i\ 为常数,\ i=1,2,\cdots,n),$$

如果 $f(x)\equiv0$，则上式称为 n 阶常系数线性齐次差分方程；如果 $f(x)\neq0$，则上式称为 n 阶常系数线性非齐次差分方程.

定理 1 如果 $y_1(x),y_2(x),\cdots,y_n(x)$ 都是 n 阶常系数线性齐次差分方程的解，则对于任意常数 $C_1,C_2,\cdots,C_n$，$Y_x=C_1y_1(x)+C_2y_2(x)+\cdots+C_ny_n(x)$ 也是 n 阶常系数线性齐次差分方程的解. 如果 $y_1(x),y_2(x),\cdots,y_n(x)$ 线性无关，则 $Y_x=C_1y_1(x)+C_2y_2(x)+\cdots+C_ny_n(x)$ 是 n 阶常系数线性齐次差分方程的通解.

定理 2 如果 $Y_x=C_1y_1(x)+C_2y_2(x)+\cdots+C_ny_n(x)$ 是 n 阶常系数线性齐次差分方程的通解，y_x^* 是对应的 n 阶常系数线性非齐次差分方程的一个特解，则 n 阶常系数线性非齐次差分方程的通解为 $y_x=Y_x+y_x^*$.

定理 3（叠加原理） 设 $y_1^*(x)$ 是方程 $y_{x+n}+a_1y_{x+n-1}+\cdots+a_ny_x=f_1(x)$ 的特解，$y_2^*(x)$ 是方程 $y_{x+n}+a_1y_{x+n-1}+\cdots+a_ny_x=f_2(x)$ 的特解，则 $y_x^*=y_1^*(x)+y_2^*(x)$ 是方程 $y_{x+n}+a_1y_{x+n-1}+\cdots+a_ny_x=f_1(x)+f_2(x)$ 的特解.

（5）一阶常系数线性差分方程的解法

一阶常系数线性非齐次差分方程的一般形式为 $y_{x+1}-ay_x=f(x)\ (a\neq0)$，对应的一阶常系数线性齐次差分方程为 $y_{x+1}-ay_x=0\ (a\neq0)$.

①一阶常系数线性齐次差分方程 $y_{x+1}-ay_x=0$ 的通解为

$$y_x=Ca^x\ (C\ 为任意常数).$$

②设一阶常系数线性非齐次差分方程 $y_{x+1}-ay_x=f(x)$ 的特解为 y_x^*.

（i）$f(x)=A$，A 是已知常数，通解为

$$y_x=Y_x+y_x^*=\begin{cases}Ca^x+\dfrac{A}{1-a}, & a\neq1,\\[2mm] Ca^x+Ax, & a=1.\end{cases}$$

（ii）$f(x)=Ad^x$，A 是已知常数，通解为

$$y_x=Y_x+y_x^*=\begin{cases}Ca^x+\dfrac{Ad^x}{d-a}, & d\neq a,\\[2mm] Ca^x+Axd^{x-1}, & d=a.\end{cases}$$

（iii）$f(x)=(a_0+a_1x+\cdots+a_nx^n)d^x$，是多项式乘指数函数型.

当 $d=1$ 时，$y_x^*=x^s(b_0+b_1x+\cdots+b_nx^n)$，其中 $s=\begin{cases}0, & a\neq1,\\ 1, & a=1.\end{cases}$

当 $d\neq1$ 时，$y_x^*=x^s(b_0+b_1x+\cdots+b_nx^n)d^x$，其中 $s=\begin{cases}0, & d\neq a,\\ 1, & d=a.\end{cases}$

（6）二阶常系数线性差分方程的解法

二阶常系数线性非齐次差分方程的一般形式为 $y_{x+2}+ay_{x+1}+by_x=f(x)$（$b\neq0$），对应的齐次差分方程为 $y_{x+2}+ay_{x+1}+by_x=0$（$b\neq0$）.

① 对应的齐次方程 $y_{x+2}+ay_{x+1}+by_x=0$ 的通解的求法.

特征方程为 $\lambda^2+a\lambda+b=0$，特征根为 $\lambda_{1,2}=\dfrac{-a\pm\sqrt{a^2-4b}}{2}$.

根据特征根的情况，有以下结论.

（i）特征方程有两个相异的实根 $\lambda_1\neq\lambda_2$，通解为 $y_x=C_1\lambda_1^x+C_2\lambda_2^x$.

（ii）特征方程有两个相等的实根 $\lambda_1=\lambda_2=-\dfrac{a}{2}$，通解为 $y_x=(C_1+C_2x)\left(-\dfrac{a}{2}\right)^x$.

（iii）特征方程有一对共轭复根 $\lambda_1=\alpha+\mathrm{i}\beta,\lambda_2=\alpha-\mathrm{i}\beta$. 设 $r=\sqrt{\alpha^2+\beta^2}$，$\theta=\arctan\dfrac{\beta}{\alpha}$ $\left(\alpha=0\text{ 时，}\theta=\dfrac{\pi}{2}\right)$，则 $\lambda_{1,2}=r(\cos\theta\pm\mathrm{i}\sin\theta)$，通解为 $y_x=r^x(C_1\sin\theta x+C_2\cos\theta x)$.

② 二阶常系数线性非齐次差分方程 $y_{x+2}+ay_{x+1}+by_x=f(x)$ 与一阶常系数线性非齐次差分方程类似，这里仅给出 $f(x)$ 为以下两种常见形式时，求特解 y_x^* 的方法.

（i）$f(x)=a_0+a_1x+\cdots+a_nx^n$，即 $y_{x+2}+ay_{x+1}+by_x=a_0+a_1x+\cdots+a_nx^n$，此种情况下 $y_x^*=x^s(b_0+b_1x+\cdots+b_nx^n)$，其中 $b_i(i=0,1,\cdots,n)$ 为待定系数，

$$s=\begin{cases}0, & 1\text{ 不是特征方程的根，}\\1, & 1\text{ 是特征方程的单根，}\\2, & 1\text{ 是特征方程的重根.}\end{cases}$$

把 y_x^* 代入方程 $y_{x+2}+ay_{x+1}+by_x=a_0+a_1x+\cdots+a_nx^n$，比较系数可确定出 $b_0,b_1,\cdots,b_n$.

（ii）$f(x)=Ad^x$（A，d 是已知常数且 $d\neq1$），即 $y_{x+2}+ay_{x+1}+by_x=Ad^x$，此种情况下 $y_x^*=kx^sd^x$，其中 k 是待定系数，

$$s=\begin{cases}0, & d\text{ 不是特征方程的根，}\\1, & d\text{ 是特征方程的单根，}\\2, & d\text{ 是特征方程的重根.}\end{cases}$$

把 y_x^* 代入方程 $y_{x+2}+ay_{x+1}+by_x=Ad^x$，比较系数可确定出 k，并相应地得到

$$y_x^*=\begin{cases}\dfrac{Ad^x}{d^2+ad+b}, & d^2+ad+b\neq0,\\[2mm]\dfrac{Axd^{x-1}}{2d+a}, & d^2+ad+b=0,2d+a\neq0,\\[2mm]\dfrac{Ax^2d^{x-2}}{2}, & d^2+ad+b=0,2d+a=0.\end{cases}$$

（二）考研大纲要求

（1）了解微分方程及其阶、解、通解、初值条件和特解等概念.

考研大纲要求

（2）掌握可分离变量的微分方程、齐次微分方程和一阶线性微分方程的求解方法.

（3）理解线性微分方程解的性质及解的结构.

（4）掌握二阶常系数线性齐次微分方程的解法，并会解某些高于二阶的常系数线性齐次微分方程.

（5）会解自由项为多项式、指数函数、正弦函数、余弦函数及它们的和与积的二阶常系数线性非齐次微分方程.

（6）了解差分与差分方程及其通解与特解等概念.

（7）掌握一阶常系数线性差分方程的求解方法.

（8）会用微分方程求解简单的经济应用问题.

（三）本章知识小结

1. 关于一阶微分方程的求解

在求解一阶微分方程时，大家首先要分清方程的类型（可分离变量的微分方程、齐次微分方程、一阶线性非齐次微分方程），然后确定解法. 对于一阶线性非齐次微分方程，大家既要会用通解公式求解，又要会用常数变易法求解.

2. 关于二阶常系数线性非齐次微分方程

二阶常系数线性非齐次微分方程的通解包括两部分，关键是求它的一个特解，大家要熟练掌握自由项为多项式、指数函数、正弦函数、余弦函数以及它们的和与积的特解形式，这是这部分的重点.

3. 关于差分方程

对于一阶和二阶常系数线性非齐次差分方程，大家要能够根据自由项的形式熟练写出特解的形式，然后根据解的结构，写出通解.

■ 三、 典型例题与方法归纳

例 1 求微分方程 $(1+y)\mathrm{d}x+(x+y^2+y^3)\mathrm{d}y=0$ 的通解.

解 将原方程化为 $\dfrac{\mathrm{d}y}{\mathrm{d}x}=-\dfrac{1+y}{x+y^2+y^3}$，这不是可直接求解的方程，但是

$$\frac{\mathrm{d}x}{\mathrm{d}y}=-\frac{x+y^2+y^3}{1+y}\Rightarrow\frac{\mathrm{d}x}{\mathrm{d}y}+\frac{1}{1+y}x=-y^2,$$

将其视为以 $x(y)$ 为未知函数的微分方程，是一阶非齐次线性微分方程，故通解为

$$x=\mathrm{e}^{-\int\frac{1}{1+y}\mathrm{d}y}\left[-\int y^2\mathrm{e}^{\int\frac{1}{1+y}\mathrm{d}y}\mathrm{d}y+C\right]=\frac{1}{1+y}\left[-\int y^2(1+y)\,\mathrm{d}y+C\right]=\frac{1}{1+y}\left(-\frac{y^3}{3}-\frac{y^4}{4}+C\right).$$

例 2 求微分方程 $e^{-y}\left(\dfrac{dy}{dx}+1\right)=xe^x$ 的通解.

解 将原方程化为 $\dfrac{dy}{dx}+1=xe^{x+y}$，此方程形式简单，但并不是可以直接求解的类型. 令 $u=x+y$，代入方程可得 $\dfrac{du}{dx}=xe^u$，这是可分离变量的微分方程，解得 $-e^{-u}=\dfrac{x^2}{2}+C$，故原方程的通解为 $\dfrac{x^2}{2}+e^{-(x+y)}+C=0$.

【方法归纳】 （1）求解一阶微分方程时，一般先将方程写成 $\dfrac{dy}{dx}=f(x,y)$ 的形式，再判断其是否为可分离变量方程、齐次方程、一阶线性方程、伯努利方程 4 种形式，这 4 种形式的方程都有固定的求解办法.

（2）若一阶微分方程不能转化成已知类型的方程，可考虑以下 3 种办法.

①变换自变量和因变量，即考虑方程 $\dfrac{dx}{dy}=g(x,y)$ 的方程类型.

②选取适当的变量代换将方程化为可解类型的方程，例如：$\dfrac{dy}{dx}=f(ax+by+c)$，可令 $u=ax+by+c$；$x^2\dfrac{dy}{dx}=f(xy)$，可令 $u=xy$；$\dfrac{dy}{dx}=xf\left(\dfrac{y}{x^2}\right)$，可令 $u=\dfrac{y}{x^2}$ 等. 变量代换没有固定的方法，需要大量积累经验.

例 3（2020204） 设 $y=y(x)$ 满足 $y''+2y'+y=0$ 且 $y(0)=0$，$y'(0)=1$，则 $\displaystyle\int_0^{+\infty}y(x)\,dx=$ _____.

解 特征方程为 $r^2+2r+1=0$，其根为 $r_1=r_2=-1$，故对应的齐次方程的通解为
$$y=(C_1+C_2x)e^{-x}.$$
由 $y(0)=0$，$y'(0)=1$，可得 $C_1=0$，$C_2=1$，故 $y=xe^{-x}$. 所以
$$\int_0^{+\infty}y(x)\,dx=\int_0^{+\infty}xe^{-x}\,dx=(-xe^{-x}-e^{-x})\,\Big|_0^{+\infty}=1.$$

例 4（2020104） 设函数 $f(x)$ 满足 $f''(x)+af'(x)+f(x)=0(a>0)$，且 $f(0)=m$，$f'(0)=n$，则 $\displaystyle\int_0^{+\infty}f(x)\,dx=($ _____ $)$.

解 特征方程为 $r^2+ar+1=0$. 下面分类讨论（注意已知 $a>0$）.

（1）若 $\Delta=a^2-4>0$，即 $a>2$，则 $r_1+r_2=-a$，$r_1r_2=1$，所以 $r_1<0,r_2<0$，方程的通解为 $f(x)=C_1e^{r_1x}+C_2e^{r_2x}$，$f'(x)=C_1r_1e^{r_1x}+C_2r_2e^{r_2x}$.
$$\lim_{x\to+\infty}f(x)=\lim_{x\to+\infty}f'(x)=0.$$

（2）若 $\Delta=a^2-4=0$，即 $a=2$，则 $r_1=r_2<0$.
方程的通解为 $f(x)=(C_1+C_2x)e^{r_1x}$，$f'(x)=(C_1r_1+C_2+C_2r_1x)e^{r_1x}$.

$$\lim_{x \to +\infty} f(x) = \lim_{x \to +\infty} f'(x) = 0.$$

（3）若 $\Delta = a^2 - 4 < 0$，即 $a < 2$，则 $r_{1,2} = \alpha \pm \beta i$，其中 $\begin{cases} \alpha = -\dfrac{a}{2}, \\ \beta = \dfrac{\sqrt{4-a^2}}{2}. \end{cases}$

原方程的通解为

$$f(x) = e^{\alpha x}(C_1 \cos\beta x + C_2 \sin\beta x),$$
$$f'(x) = e^{\alpha x}[(\alpha C_1 + C_2)\cos\beta x + (\alpha C_2 - C_1)\sin\beta x].$$
$$\lim_{x \to +\infty} f(x) = \lim_{x \to +\infty} f'(x) = 0.$$

综上，有 $\lim\limits_{x \to +\infty} f(x) = \lim\limits_{x \to +\infty} f'(x) = 0$.

所以

$$\int_0^{+\infty} f(x)\,dx = -\int_0^{+\infty} [af'(x) + f''(x)]\,dx = -[af(x) + f'(x)]\Big|_0^{+\infty}$$
$$= af(0) + f'(0) = n + am.$$

例 5 求微分方程 $y'' - 2y' + y = \sin^2 x$ 的通解.

解 特征方程为 $r^2 - 2r + 1 = 0$，其根为 $r_1 = r_2 = 1$，故对应的齐次方程的通解为

$$y = (C_1 + C_2 x)e^x.$$

由于 $f(x) = \sin^2 x = \dfrac{1}{2} - \dfrac{1}{2}\cos 2x$，所以考虑将原方程拆分成两个方程各自求解. 设

$$\tilde{y} = \tilde{y}_1 + \tilde{y}_2 = A + B\cos 2x + C\sin 2x,$$

代入方程比较系数得 $A = \dfrac{1}{2}, B = \dfrac{3}{50}, C = \dfrac{2}{25}$，从而

$$\tilde{y} = \dfrac{1}{2} + \dfrac{3}{50}\cos 2x + \dfrac{2}{25}\sin 2x,$$

故原方程的通解为

$$y = (C_1 + C_2 x)e^x + \dfrac{1}{2} + \dfrac{3}{50}\cos 2x + \dfrac{2}{25}\sin 2x.$$

【方法归纳】 （1）求解二阶微分方程时，首先判断方程是否为有固定求解方法的线性方程.

（2）对于常系数线性非齐次微分方程 $y'' + py' + qy = f(x)$，若函数 $f(x)$ 不是指数函数、多项式函数、三角函数的乘积，而是这几类函数的加减形式，则可以考虑分别求每一项对应的解，再将所有的解加起来则得到原方程的特解.

例 6（1989107） 设 $f(x) = \sin x - \displaystyle\int_0^x (x-t)f(t)\,dt$，其中 $f(x)$ 为连续函数，求函数 $f(x)$ 的表达式.

解 原方程可写为

$$f(x) = \sin x - x\int_0^x f(t)\,dt + \int_0^x tf(t)\,dt,$$

两边对 x 求导可得

$$f'(x) = \cos x - \int_0^x f(t)\,dt - xf(x) + xf(x) = \cos x - \int_0^x f(t)\,dt,$$

两边对再 x 求导可得 $f''(x) = -\sin x - f(x)$，即

$$f''(x) + f(x) = -\sin x.$$

这是一个二阶常系数非齐次线性方程，易求得

$$f(x) = C_1 \sin x + C_2 \cos x + \frac{x}{2}\cos x.$$

注意到 $f(0) = 0$ 和 $f'(0) = 1$，可得 $C_1 = \dfrac{1}{2}, C_2 = 0$，故

$$f(x) = \frac{1}{2}\sin x + \frac{x}{2}\cos x.$$

例7 设函数 $x(t)$ 在 $(-\infty, +\infty)$ 上连续，$x'(0)$ 存在，且 $x(t)$ 满足关系式 $x(t+s) = x(t) \cdot x(s)$，求函数 $x(t)$ 的表达式.

例7及方法归纳

解 由已知条件易知 $x(0) = 1$，且对于 $\forall h \neq 0$，有

$$\frac{x(t+h) - x(t)}{h} = \frac{x(t)\left[x(h) - 1\right]}{h} = \frac{x(t)\left[x(h) - x(0)\right]}{h},$$

两边取极限即得

$$x'(t) = \lim_{h \to 0}\frac{x(t+h) - x(t)}{h} = \lim_{h \to 0}\frac{x(t)\left[x(h) - x(0)\right]}{h} = x(t)x'(0).$$

求解微分方程 $x'(t) = x(t)x'(0)$ 得 $x(t) = Ce^{x'(0)t}$，代入 $x(0) = 1$，解得 $C = 1$，故所求函数表达式为 $x(t) = e^{x'(0)t}$.

【方法归纳】 (1)若所给题目中的积分项含有未知函数(积分方程)，可通过求导将所给等式化成微分方程. 需要注意的是，积分方程是隐含初值条件的，我们需要将积分下限代入确定未知函数的初值，即积分方程确定的是微分方程满足初值条件的解.

(2)一些经典的抽象函数可以借助常微分方程去求解表达式，如 $f(x+y) = f(x)f(y), f(xy) = f(x) + f(y), f(x+y) = \dfrac{f(x) + f(y)}{1 - f(x)f(y)}$ 等.

例8(1996107) 设对任意 $x > 0$，曲线 $y = f(x)$ 上点 $(x, f(x))$ 处的切线在 y 轴上的截距等于 $\dfrac{1}{x}\displaystyle\int_0^x f(t)\,dt$，求 $f(x)$ 的一般表达式.

解 曲线 $y = f(x)$ 在点 $(x, f(x))$ 处的切线方程为

$$Y - f(x) = f'(x)(X - x),$$

令 $X = 0$，得截距 $Y = f(x) - xf'(x)$.

由题意知

$$\frac{1}{x}\int_0^x f(t)\,dt = f(x) - xf'(x),$$

即

$$\int_0^x f(t)\,\mathrm{d}t = xf(x) - x^2 f'(x).$$

两边对 x 求导并化简整理得

$$xf''(x) + f'(x) = 0,$$

即 $\dfrac{\mathrm{d}}{\mathrm{d}x}\big[xf'(x)\big] = 0$，故 $xf'(x) = C_1$. 易求得 $f(x)$ 的一般表达式为 $f(x) = C_1\ln x + C_2$.

例 9（1997303） 差分方程 $y_{t+1} - y_t = t2^t$ 的通解为_____.

解 对应的齐次差分方程为 $y_{t+1} - y_t = 0$，特征根为 $\lambda = 1$，所以通解为 $\tilde{y}_t = C$. 因方程的右边项 $f(t) = t2^t$，故设非齐次方程的特解为 $y_t^* = (At + B)2^t$，代入方程有

$$(At + 2A + B)2^t = t2^t,$$

得 $A = 1, B = -2$，特解为 $y_t^* = (t - 2)2^t$.

所以差分方程的通解为 $y_t = C + (t - 2)2^t$.

例 10（1998303） 差分方程 $2y_{t+1} + 10y_t - 5t = 0$ 的通解为_____.

解 差分方程的标准形式为 $y_{t+1} + 5y_t = \dfrac{5}{2}t$，对应的齐次差分方程为 $y_{t+1} + 5y_t = 0$，

特征根为 $\lambda = -5$，所以通解为 $\tilde{y}_t = C \cdot (-5)^t$. 因方程的右边项 $f(t) = \dfrac{5}{2}t$，故设非齐次

方程的特解为 $y_t^* = At + B$，代入方程有

$$6At + A + 6B = \frac{5}{2}t,$$

得 $A = \dfrac{5}{12}$，$B = -\dfrac{5}{72}$，特解为 $y_t^* = \dfrac{5}{12}\left(t - \dfrac{1}{6}\right)$.

所以差分方程的通解为 $y_t = C \cdot (-5)^t + \dfrac{5}{12}\left(t - \dfrac{1}{6}\right)$.

■ 四、 习题全解

同步习题 6.1

基础题

1. 下列方程中，哪些是一阶线性微分方程？哪些是二阶常系数线性微分方程？

（1）$2y\mathrm{d}x + (100 + x)\mathrm{d}y = 0$. 　（2）$x'(t) + 2x(t) = 0$.

（3）$(y')^2 + 3xy = 4\sin x$. 　（4）$y'' = 3y - \cos x + \mathrm{e}^x$.

（5）$xy' + x^3 y = 2x - 1$. 　（6）$y'' - 2y' + 3x^2 = 0$.

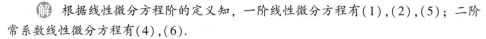 根据线性微分方程阶的定义知，一阶线性微分方程有(1)，(2)，(5)；二阶常系数线性微分方程有(4)，(6).

2. 指出下列微分方程的阶.

(1) $x^2\mathrm{d}y-y\mathrm{d}x=0$.   (2) $x(y')^2-5xy'+y=0$.

(3) $y^{(4)}+yy'-2y=x$.   (4) $y'+(y'')^2=x+y$.

(5) $\dfrac{\mathrm{d}y}{\mathrm{d}x}=x^2+y^2$.   (6) $\dfrac{\mathrm{d}r}{\mathrm{d}\theta}+r=\sin^2\theta$.

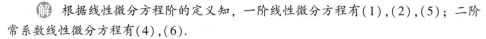 根据线性微分方程阶的定义进行判断. (1) 1 阶. (2) 1 阶. (3) 4 阶. (4) 2 阶. (5) 1 阶. (6) 1 阶.

3. 下列各小题中，所给函数是否是其对应的微分方程的解？是特解还是通解？

(1) $y=5x^2$，$xy'=2y$.   (2) $y=Ce^{-2x}+\dfrac{1}{4}e^{2x}$，$y'+2y=e^{2x}$.

(3) $y=\dfrac{C}{x}$，$y'=\ln x$.   (4) $y=e^x-\cos x+C$，$y''=\cos x+e^x$.

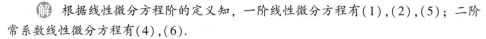 (1) 由 $y=5x^2$ 得 $y'=10x$，$xy'=10x^2=2y$，故 $y=5x^2$ 是所给微分方程的解. 由于不含任意常数，所以 $y=5x^2$ 是所给微分方程的特解.

(2) 由 $y=Ce^{-2x}+\dfrac{1}{4}e^{2x}$ 得 $y'=-2Ce^{-2x}+\dfrac{1}{2}e^{2x}$，$y'+2y=e^{2x}$，故 $y=Ce^{-2x}+\dfrac{1}{4}e^{2x}$ 是所给微分方程的解. 由于其中包含任意常数 C，所以 $y=Ce^{-2x}+\dfrac{1}{4}e^{2x}$ 是所给微分方程的通解.

(3) 由 $y=\dfrac{C}{x}$ 得 $y'=-\dfrac{C}{x^2}\neq\ln x$，故 $y=\dfrac{C}{x}$ 不是所给微分方程的解.

(4) 由 $y=e^x-\cos x+C$ 得 $y'=e^x+\sin x$，$y''=e^x+\cos x$，故 $y=e^x-\cos x+C$ 是所给微分方程的解. 但是它只含有一个任意常数，所以它既不是特解也不是通解.

4. 证明函数 $y=Ce^{-x}+x-1$ 是微分方程 $y'+y=x$ 的通解，并求满足初值条件 $y\big|_{x=0}=2$ 的特解.

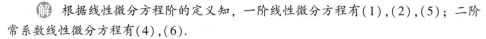 由 $y=Ce^{-x}+x-1$ 得 $y'=-Ce^{-x}+1$，故 $y'+y=x$. 又因为 C 为任意常数，所以函数 $y=Ce^{-x}+x-1$ 是微分方程 $y'+y=x$ 的通解. 代入 $y(0)=2$ 得 $C=3$，故满足初值条件 $y\big|_{x=0}=2$ 的特解为 $y=3e^{-x}+x-1$.

提高题

1. 证明 $e^y+C_1=(x+C_2)^2$ 是微分方程 $y''+(y')^2=2e^{-y}$ 的通解，并求满足初值条件 $y\big|_{x=0}=0$，$y'\big|_{x=0}=\dfrac{1}{2}$ 的特解.

解 对 $e^y + C_1 = (x+C_2)^2$ 两边求导可得 $e^y y' = 2(x+C_2)$，再求导可得 $[y''+(y')^2]e^y = 2$，即 $y''+(y')^2 = 2e^{-y}$. 又因为 C_1，C_2 是相互独立的，所以 $e^y + C_1 = (x+C_2)^2$ 是微分方程 $y''+(y')^2 = 2e^{-y}$ 的通解.

代入 $y \mid_{x=0} = 0$，$y' \mid_{x=0} = \dfrac{1}{2}$ 可得 $\begin{cases} 1+C_1 = C_2^2, \\ \dfrac{1}{2} = 2C_2, \end{cases}$ 解得 $C_1 = -\dfrac{15}{16}$，$C_2 = \dfrac{1}{4}$. 故微分方程满足初值条件 $y \mid_{x=0} = 0$，$y' \mid_{x=0} = \dfrac{1}{2}$ 的特解为 $e^y = x^2 + \dfrac{x}{2} + 1$.

2. 已知函数 $y_1 = e^x$ 和 $y_2 = xe^x$ 均为二阶微分方程 $y''-2y'+y=0$ 的解，判断 $y_3 = C_1 y_1 + C_2 y_2 = C_1 e^x + C_2 xe^x$（$C_1$，$C_2$ 为任意常数）是否为 $y''-2y'+y=0$ 的通解.

解 由已知条件可得 $y_1''-2y_1'+y_1 = 0$，$y_2''-2y_2'+y_2 = 0$，将 $y_3 = C_1 y_1 + C_2 y_2$ 代入方程可得

$$y_3''-2y_3'+y_3 = C_1 y_1'' + C_2 y_2'' - 2(C_1 y_1' + C_2 y_2') + C_1 y_1 + C_2 y_2$$
$$= C_1(y_1''-2y_1'+y_1) + C_2(y_2''-2y_2'+y_2) = 0,$$

所以 $y_3 = C_1 y_1 + C_2 y_2 = C_1 e^x + C_2 xe^x$ 是方程的解. 另外，这里的 C_1，C_2 是相互独立的任意常数，故 $y_3 = C_1 y_1 + C_2 y_2 = C_1 e^x + C_2 xe^x$ 是方程 $y''-2y'+y=0$ 的通解.

同步习题 6.2

基础题

1. 指出下列一阶微分方程的类型.

（1）$xy' = \dfrac{e^x}{y}$.　　　　（2）$y' = 6x^2 y$.　　　　（3）$y' = \dfrac{x^2+y^2}{2xy}$.

（4）$3x^2 + 2x - 5y' = 0$.　　　（5）$y' = \dfrac{y+x\ln x}{x}$.

 解　（1）是可分离变量的微分方程.

（2）既是可分离变量的微分方程，又是一阶线性齐次微分方程.

（3）是齐次微分方程.

（4）既是可分离变量的微分方程，又是一阶线性非齐次微分方程.

（5）是一阶线性非齐次微分方程.

2. 求下列方程的通解或特解.

（1）$(1+y^2)\,\mathrm{d}x = x\,\mathrm{d}y$.　　　（2）$e^{2x}\,\mathrm{d}y - (y+1)\,\mathrm{d}x = 0$.

（3）$\cos\theta + r\sin\theta\,\dfrac{\mathrm{d}\theta}{\mathrm{d}r} = 0$.　　　（4）$(1+x)\,\mathrm{d}y - (1-y)\,\mathrm{d}x = 0$.

(5) $y' = e^{x-2y}$, $y(0) = 0$.　(6) $x\mathrm{d}y + y\ln y\mathrm{d}x = 0$, $y\big|_{x=1} = 1$.

解 (1) 原方程分离变量得 $\dfrac{\mathrm{d}x}{x} = \dfrac{\mathrm{d}y}{1+y^2}$, 两边积分得 $\arctan y = \ln x + \ln C$, 整理得原方程的通解为 $y = \tan(\ln Cx)$, C 为任意常数.

(2) 原方程分离变量得 $\dfrac{\mathrm{d}y}{1+y} = e^{-2x}\mathrm{d}x$, 两边积分得 $\ln|1+y| = -\dfrac{1}{2}e^{-2x} + C$, 所以原方程的通解为 $\ln|1+y| = -\dfrac{1}{2}e^{-2x} + C$, C 为任意常数.

(3) 原方程分离变量得 $-\tan\theta\mathrm{d}\theta = \dfrac{\mathrm{d}r}{r}$, 两边积分得 $\ln|\cos\theta| = \ln|r| - \ln|C|$, 所以原方程的通解为 $r = C\cos\theta$, C 为任意常数.

(4) 原方程分离变量得 $\dfrac{\mathrm{d}y}{1-y} = \dfrac{\mathrm{d}x}{1+x}$, 两边积分得 $\ln|(1+x)(1-y)| = \ln|C|$, 所以原方程的通解为 $(1+x)(1-y) = C$, C 为任意常数.

(5) 原方程分离变量得 $e^{2y}\mathrm{d}y = e^x\mathrm{d}x$, 两边积分得 $\dfrac{1}{2}e^{2y} = e^x + C$, 由 $y(0) = 0$ 解得 $C = -\dfrac{1}{2}$, 所以所求特解为 $e^{2y} = 2e^x - 1$.

(6) 原方程分离变量得 $\dfrac{\mathrm{d}y}{y\ln y} = -\dfrac{\mathrm{d}x}{x}$, 两边积分得 $\ln\ln y + \ln x = \ln C$, 所以原方程的通解为 $x\ln y = C$. 由 $y(1) = 1$ 解得 $C = 0$, 所以所求特解为 $y = 1$.

3. 求下列齐次方程的通解或特解.

(1) $(x+2y)\mathrm{d}x - x\mathrm{d}y = 0$.

(2) $3xy^2\mathrm{d}y - (2y^3 - x^3)\mathrm{d}x = 0$.

(3) $x\mathrm{d}y - (y + \sqrt{x^2+y^2})\mathrm{d}x = 0$, $x > 0$.

(4) $\left(x\sin\dfrac{y}{x} - y\cos\dfrac{y}{x}\right)\mathrm{d}x + x\cos\dfrac{y}{x}\mathrm{d}y = 0$.

(5) $xy' - y = x\tan\dfrac{y}{x}$, $y\big|_{x=1} = \dfrac{\pi}{2}$.

解 (1) 原方程可化为 $\dfrac{\mathrm{d}y}{\mathrm{d}x} = 1 + \dfrac{2y}{x}$, 令 $u = \dfrac{y}{x}$, 则有 $\dfrac{\mathrm{d}u}{\mathrm{d}x} = \dfrac{1+u}{x}$. 分离变量得 $\dfrac{\mathrm{d}u}{1+u} = \dfrac{\mathrm{d}x}{x}$, 两边积分得 $\ln(1+u) = \ln x + \ln C$, 所以 $1+u = Cx$. 将 $u = \dfrac{y}{x}$ 代入, 得原方程的通解为 $x + y = Cx^2$, C 为任意常数.

(2) 原方程可化为 $\dfrac{\mathrm{d}y}{\mathrm{d}x} = \dfrac{2y}{3x} - \dfrac{x^2}{3y^2}$, 令 $u = \dfrac{y}{x}$, 则有 $\dfrac{\mathrm{d}u}{\mathrm{d}x} = -\dfrac{1+u^3}{3xu^2}$. 分离变量得 $\dfrac{3u^2\mathrm{d}u}{1+u^3} = -\dfrac{\mathrm{d}x}{x}$, 两边积分得 $\ln(1+u^3) + \ln x = \ln C$, 所以原方程的通解为 $x + xu^3 = C$. 将 $u = \dfrac{y}{x}$ 代入, 得原

方程的通解为 $x^3+y^3=Cx^2$，C 为任意常数.

(3)原方程可化为 $\dfrac{\mathrm{d}y}{\mathrm{d}x}=\dfrac{y}{x}+\dfrac{\sqrt{x^2+y^2}}{x}$，令 $u=\dfrac{y}{x}$，则有 $\dfrac{\mathrm{d}u}{\mathrm{d}x}=\dfrac{\sqrt{1+u^2}}{x}$. 分离变量得

$\dfrac{\mathrm{d}u}{\sqrt{1+u^2}}=\dfrac{\mathrm{d}x}{x}$，两边积分得 $\ln(u+\sqrt{1+u^2})=\ln x+\ln C$，将 $u=\dfrac{y}{x}$代入，得原方程的通解为

$y+\sqrt{x^2+y^2}=Cx^2$，$x>0$，C 为任意常数.

(4)原方程可化为 $\dfrac{\mathrm{d}y}{\mathrm{d}x}=\dfrac{y\cos\dfrac{y}{x}-x\sin\dfrac{y}{x}}{x\cos\dfrac{y}{x}}$，令 $u=\dfrac{y}{x}$，则有 $\dfrac{\mathrm{d}u}{\mathrm{d}x}=-\dfrac{\tan u}{x}$，分离变量得

$\dfrac{\mathrm{d}u}{\tan u}=-\dfrac{\mathrm{d}x}{x}$，两边积分得 $\ln|\sin u|+\ln|x|=\ln|C|$，所以 $x\sin u=C$. 将 $u=\dfrac{y}{x}$代入，

得原方程的通解为 $x\sin\dfrac{y}{x}=C$，C 为任意常数.

(5)原方程可化为 $\dfrac{\mathrm{d}y}{\mathrm{d}x}=\dfrac{y}{x}+\tan\dfrac{y}{x}$，令 $u=\dfrac{y}{x}$，则有 $\dfrac{\mathrm{d}u}{\mathrm{d}x}=\dfrac{\tan u}{x}$，

分离变量得 $\dfrac{\mathrm{d}u}{\tan u}=\dfrac{\mathrm{d}x}{x}$，两边积分得 $\ln|\sin u|-\ln|x|=\ln|C|$，

所以 $\sin u=Cx$. 将 $u=\dfrac{y}{x}$代入，得原方程的通解为 $\sin\dfrac{y}{x}=Cx$，C

基础题3(5)

为任意常数. $x=1$ 时 $y=\dfrac{\pi}{2}$，由此可得 $C=1$. 所以原方程满足初值

条件的特解为 $\sin\dfrac{y}{x}=x$.

4. 求下列方程的通解或特解.

(1)$y'=3x^2y$，$y(0)=2$.　　(2)$y'=\mathrm{e}^{x^2}+2xy$.

(3)$\dfrac{\mathrm{d}y}{\mathrm{d}x}+2y=x\mathrm{e}^x$.　　　　(4)$(1+x^2)y'=\arctan x$.

(5)$\dfrac{\mathrm{d}y}{\mathrm{d}x}=\dfrac{y}{2x-y^2}$.　　　　(6)$x\dfrac{\mathrm{d}y}{\mathrm{d}x}-2y=x^3\mathrm{e}^x$，$y(1)=0$.

解 (1)这是一阶线性齐次微分方程，由公式得其通解为 $y=C\mathrm{e}^{x^3}$. 代入初值条件得 $C=2$，所以原方程满足初值条件的特解为 $y=2\mathrm{e}^{x^3}$.

(2)这是一阶线性非齐次微分方程，由公式得其通解为

$$y=\mathrm{e}^{x^2}\left(\int \mathrm{e}^{x^2}\cdot \mathrm{e}^{-x^2}\mathrm{d}x+C\right)=\mathrm{e}^{x^2}(x+C)，\ C \text{ 为任意常数}.$$

(3)这是一阶线性非齐次微分方程，由公式得其通解为

$$y=\mathrm{e}^{-2x}\left(\int x\mathrm{e}^x\cdot \mathrm{e}^{2x}\mathrm{d}x+C\right)=\mathrm{e}^{-2x}\left(\frac{1}{3}x\mathrm{e}^{3x}-\frac{1}{9}\mathrm{e}^{3x}+C\right)，\ C \text{ 为任意常数}.$$

（4）原方程可化为 $\dfrac{\mathrm{d}y}{\mathrm{d}x}=\dfrac{\arctan x}{1+x^2}$，所以原方程的通解为

$$y=\int\frac{\arctan x}{1+x^2}\mathrm{d}x+C=\frac{1}{2}\arctan^2 x+C，C\text{ 为任意常数}.$$

（5）原方程可化为 $\dfrac{\mathrm{d}x}{\mathrm{d}y}-\dfrac{2}{y}x=-y$，这是一阶线性非齐次微分方程，由公式得其通解为

$$x=\mathrm{e}^{\int\frac{2}{y}\mathrm{d}y}\left(-\int y\mathrm{e}^{-\int\frac{2}{y}\mathrm{d}y}\mathrm{d}y+C\right)=y^2(-\ln|y|+C)，C\text{ 为任意常数}.$$

（6）原方程可化为 $\dfrac{\mathrm{d}y}{\mathrm{d}x}-\dfrac{2}{x}y=x^2\mathrm{e}^x$，这是一阶线性非齐次微分方程，由公式得其通解为

$$y=\mathrm{e}^{\int\frac{2}{x}\mathrm{d}x}\left(\int x^2\mathrm{e}^x\mathrm{e}^{-\int\frac{2}{x}\mathrm{d}x}\mathrm{d}x+C\right)=x^2(\mathrm{e}^x+C)，C\text{ 为任意常数}.$$

代入初值条件得 $C=-\mathrm{e}$，所以原方程满足初值条件的特解为 $y=x^2(\mathrm{e}^x-\mathrm{e})$.

提高题

1. 微分方程 $y'=\dfrac{y(1-x)}{x}$ 的通解是_____.

解 原方程分离变量得 $\dfrac{\mathrm{d}y}{y}=\dfrac{1-x}{x}\mathrm{d}x$，两边积分得 $\ln|y|=\ln|x|-x+\ln|C|$，所以原方程的通解为 $y=Cx\mathrm{e}^{-x}$，C 为任意常数.

2. 微分方程 $xy'+y=0$ 满足条件 $y(1)=1$ 的解是_____.

解 原方程分离变量得 $\dfrac{\mathrm{d}y}{y}=-\dfrac{1}{x}\mathrm{d}x$，两边积分得 $\ln|y|=-\ln|x|+\ln|C|$，所以原方程的通解为 $xy=C$，代入初值条件可得 $C=1$，所求特解为 $y=\dfrac{1}{x}$.

3. 微分方程 $xy'+y(\ln x-\ln y)=0$ 满足条件 $y(1)=\mathrm{e}^3$ 的解为 $y=$_____.

解 由已知条件得 $y'=\dfrac{y}{x}\ln\dfrac{y}{x}$，这是齐次微分方程，令 $u=\dfrac{y}{x}$，代入原方程得

$$u'=\frac{u(\ln u-1)}{x}\Rightarrow\frac{\mathrm{d}u}{u(\ln u-1)}=\frac{\mathrm{d}x}{x},$$

解得 $\ln|\ln u-1|=\ln x+C$，即 $\ln u-1=Cx$，进而得 $\ln\dfrac{y}{x}-1=Cx$，代入 $y(1)=\mathrm{e}^3$ 得 $C=2$，故 $\ln\dfrac{y}{x}-1=2x$，从而 $y=x\mathrm{e}^{2x+1}$.

4. 过点 $\left(\dfrac{1}{2},0\right)$ 且满足关系式 $y'\arcsin x+\dfrac{y}{\sqrt{1-x^2}}=1$ 的曲线方程为_____.

原方程可化为 $y' + \dfrac{y}{\sqrt{1-x^2}\arcsin x} = \dfrac{1}{\arcsin x}$，这是一阶线性非齐次微分方程，

由公式得其通解为 $y\arcsin x = x + C$，代入初值条件可得 $C = -\dfrac{1}{2}$，故所求曲线方程为

$y\arcsin x = x - \dfrac{1}{2}$.

同步习题 6.3

基础题

1. 求下列二阶常系数线性齐次微分方程的通解.

（1）$y'' - 3y' - 4y = 0$.　　　　　　（2）$y'' + y' = 0$.

（3）$y'' + y = 0$.　　　　　　　　　（4）$y'' - 4y' + 5y = 0$.

 （1）特征方程为 $r^2 - 3r - 4 = 0$，特征根为 $r_1 = -1, r_2 = 4$，所以通解为 $y = C_1 e^{-x} + C_2 e^{4x}$，$C_1, C_2$ 为任意常数.

（2）特征方程为 $r^2 + r = 0$，特征根为 $r_1 = 0, r_2 = -1$，所以通解为 $y = C_1 + C_2 e^{-x}$，C_1, C_2 为任意常数.

（3）特征方程为 $r^2 + 1 = 0$，特征根为 $r_1 = i, r_2 = -i$，所以通解为 $y = C_1 \cos x + C_2 \sin x$，$C_1, C_2$ 为任意常数.

（4）特征方程为 $r^2 - 4r + 5 = 0$，特征根为 $r_1 = 2 + i, r_2 = 2 - i$，所以通解为 $y = e^{2x}(C_1 \cos x + C_2 \sin x)$，$C_1, C_2$ 为任意常数.

2. 求下列二阶常系数线性齐次微分方程满足初值条件的特解.

（1）$y'' - 4y' + 3y = 0$，$y\big|_{x=0} = 6$，$y'\big|_{x=0} = 10$.

（2）$y'' + 25y = 0$，$y\big|_{x=0} = 2$，$y'\big|_{x=0} = 5$.

 （1）特征方程为 $r^2 - 4r + 3 = 0$，特征根为 $r_1 = 1, r_2 = 3$，所以通解为 $y = C_1 e^x + C_2 e^{3x}$，C_1, C_2 为任意常数. 代入初值条件得 $C_1 = 4, C_2 = 2$，故满足初值条件的特解为 $y = 4e^x + 2e^{3x}$.

（2）特征方程为 $r^2 + 25 = 0$，特征根为 $r_1 = 5i, r_2 = -5i$，所以通解为 $y = C_1 \cos 5x + C_2 \sin 5x$. 代入初值条件得 $C_1 = 2, C_2 = 1$，故满足初值条件的特解为 $y = 2\cos 5x + \sin 5x$.

3. 求下列二阶常系数线性非齐次微分方程的通解或满足初值条件的特解.

（1）$y'' + y' = 2x + 1$.　　　　　（2）$y'' + y' = 2e^x$，$y\big|_{x=0} = 0$，$y'\big|_{x=0} = 0$.

 （1）原方程对应的齐次方程的特征方程为 $r^2 + r = 0$，特征根为 $r_1 = 0$，$r_2 = -1$，所以原方程对应的齐次方程的通解为 $y_1 = C_1 + C_2 e^{-x}$. 自由项为 $f(x) = 2x + 1$，由于 $\lambda = 0$

是原方程对应的齐次方程的特征根，故设原方程的特解为 $y^* = x(ax+b)$，则 $(y^*)' = 2ax+b$，$(y^*)'' = 2a$，代入原方程得 $a=1, b=-1$，故 $y^* = x^2-x$. 所以原方程的通解为 $y = C_1 + C_2 e^{-x} + x^2 - x$.

（2）原方程对应的齐次方程的特征方程为 $r^2 + r = 0$，特征根为 $r_1 = 0$，$r_2 = -1$，所以原方程对应的齐次方程的通解为 $y_1 = C_1 + C_2 e^{-x}$. 自由项为 $f(x) = 2e^x$，由于 $\lambda = 1$ 不是原方程对应的齐次方程的特征根，故设原方程的特解为 $y^* = ae^x$，则 $(y^*)' = (y^*)'' = ae^x$，代入原方程得 $a=1$，故 $y^* = e^x$. 所以原方程的通解为 $y = y^* + y_1 = C_1 + C_2 e^{-x} + e^x$. 代入初值条件得 $C_1 = -2, C_2 = 1$，故原方程满足初值条件的特解为 $y = -2 + e^{-x} + e^x$.

提高题

1. 求微分方程 $y'' - 2y' - e^{2x} = 0$ 满足条件 $y(0) = 1, y'(0) = 1$ 的解.

解 原方程对应的齐次方程的特征方程为 $r^2 - 2r = 0$，特征根为 $r_1 = 0, r_2 = 2$，所以原方程对应的齐次方程的通解为 $y_1 = C_1 + C_2 e^{2x}$. 自由项为 $f(x) = e^{2x}$，由于 $\lambda = 2$ 是原方程对应的齐次方程的特征根，故设原方程的特解为 $y^* = axe^{2x}$，则 $(y^*)' = a(2x+1)e^{2x}$，$(y^*)'' = 4a(x+1)e^{2x}$，代入原方程得 $a = \dfrac{1}{2}$，故 $y^* = \dfrac{1}{2}xe^{2x}$. 所以原方程的通解为 $y = y^* + y_1 = C_1 + C_2 e^{2x} + \dfrac{1}{2}xe^{2x}$. 代入初值条件得 $C_1 = \dfrac{3}{4}, C_2 = \dfrac{1}{4}$，故原方程满足初值条件的特解为 $y = \dfrac{3}{4} + \dfrac{1}{4}(1+2x)e^{2x}$.

2. 已知 $y_1 = e^{3x} - xe^{2x}$，$y_2 = e^x - xe^{2x}$，$y_3 = -xe^{2x}$ 是某二阶常系数线性非齐次微分方程的 3 个解，求该方程的通解.

解 $y_1 - y_3 = e^{3x}$，$y_2 - y_3 = e^x$，根据二阶线性微分方程解的结构可知，原方程对应的二阶线性齐次微分方程的通解为 $y = C_1 e^x + C_2 e^{3x}$. 根据二阶线性非齐次微分方程解的结构可知，原方程的通解为 $y = C_1 e^x + C_2 e^{3x} - xe^{2x}$.

提高题 2

同步习题 6.4

基础题

1. 指出下列差分方程的阶数.

（1）$5y_{x+1} - y_x = \sin x$.　　　（2）$y_{x+2} + 2y_{x+1} = x$.

（3）$y_{x+3} + y_{x+1} + y_x = 0$.　　　（4）$y_{x+2} - y_{x+1} = y_x$.

解 (1)1阶. (2)1阶. (3)3阶. (4)2阶.

2. 计算下列函数的二阶差分.

(1) $y=e^{3x}$.　　　　　　　　(2) $y=3x^2-4x+2$.

(3) $y=\sin2x$.　　　　　　　　(4) $y=\log_a x(a>0,\ a\neq1)$.

解 (1) $\Delta y_x=y_{x+1}-y_x=e^{3(x+1)}-e^{3x}=(e^3-1)e^{3x}$,

$\Delta^2 y_x=\Delta y_{x+1}-\Delta y_x=(e^3-1)e^{3(x+1)}-(e^3-1)e^{3x}=(e^3-1)^2e^{3x}$.

(2)根据差分的性质有

$\Delta y_x=3\Delta(x^2)-4\Delta(x)+\Delta(2)=3(2x+1)-4+0=6x-1$,

$\Delta^2 y_x=\Delta y_{x+1}-\Delta y_x=[6(x+1)-1]-(6x-1)=6$.

(3)由和差化积公式得 $\Delta y_x=\sin2(x+1)-\sin2x=2\cos(2x+1)\sin1$,

$\Delta^2 y_x=\Delta y_{x+1}-\Delta y_x=2\cos[2(x+1)+1]\sin1-2\cos(2x+1)\sin1=-4\sin^2 1\cdot\sin(2x+2)$.

(4) $\Delta y_x=\log_a(x+1)-\log_a x=\log_a\left(1+\dfrac{1}{x}\right)$,

$\Delta^2 y_x=\Delta y_{x+1}-\Delta y_x=\log_a\left(1+\dfrac{1}{x+1}\right)-\log_a\left(1+\dfrac{1}{x}\right)=\log_a\dfrac{x(x+2)}{(x+1)^2}$.

3. 已知 $y_x=e^x$ 是方程 $y_{x+1}+ay_{x-1}=2e^x$ 的一个解，求 a.

解 由题意得 $e^{x+1}+ae^{x-1}=2e^x$，即 $e^2+a=2e$，故 $a=e(2-e)$.

4. 解下列差分方程.

(1) $5y_x=2y_{x-1}$.　　　　　　(2) $2y_{x+1}-3y_x=0,\ y_0=1$.

(3) $y_{x+2}+3y_{x+1}+2y_x=0$.　　(4) $y_{x+2}+6y_{x+1}+9y_x=0$.

解 (1)特征方程为 $5\lambda-2=0$，特征根为 $\lambda=\dfrac{2}{5}$，故所求通解为 $y_x=C\left(\dfrac{2}{5}\right)^x$.

(2)特征方程为 $2\lambda-3=0$，特征根为 $\lambda=\dfrac{3}{2}$，故所求通解为 $y_x=C\left(\dfrac{3}{2}\right)^x$.

由 $y_0=1$，得 $C=1$，故原方程满足初值条件的特解为 $y_x=\left(\dfrac{3}{2}\right)^x$.

(3)特征方程为 $\lambda^2+3\lambda+2=(\lambda+1)(\lambda+2)=0$，特征根为 $\lambda_1=-1$，$\lambda_2=-2$，故所求通解为 $y_x=C_1(-1)^x+C_2(-2)^x$.

(4)特征方程为 $\lambda^2+6\lambda+9=(\lambda+3)^2=0$，特征根为 $\lambda_1=\lambda_2=-3$，故所求通解为 $y_x=(C_1+C_2 x)(-3)^x$.

5. 某高校的扇形教室的座位是这样安排的：每一排比前一排多两个座位，已知第一排有28个座位.

(1)若用 y_n 表示第 n 排的座位数，试写出用 y_n 表示 y_{n+1} 的公式.

(2)第10排的座位有多少个？

(3)若扇形教室共有20排座位，那么该教室一共有多少个座位？

解 (1) 由题意得 $y_{n+1}=y_n+2$, $y_1=28$.

(2) 原方程对应的齐次方程为 $y_{n+1}-y_n=0$, 其特征方程为 $\lambda-1=0$, 特征根为 $\lambda=1$, 齐次方程的通解为 $Y_n=C$. 由于 1 是特征方程的根, 所以原方程的特解可设为

$$y_n^*=An.$$

代入原方程, 并比较两端同次幂的系数, 可得 $A=2$. 所以原方程的一个特解为

$$y_n^*=2n.$$

原方程的通解为 $y_n=Y_n+y_n^*=C+2n$, 由 $y_1=28$, 得 $C=26$, 故原方程满足初值条件的特解为 $y_n=26+2n$. 当 $n=10$ 时, $y_n=26+2\times10=46(个)$.

(3) 若扇形教室共有 20 排, 则

$$y_1+y_2+\cdots+y_{20}=26\times20+2\times(1+2+\cdots+20)=520+2\times\frac{20\times(20+1)}{2}=940(个).$$

提高题

1. 解下列差分方程.

(1) $2y_{x+1}+10y_x-5x=0$.

(2) $y_{x+1}-5y_x=4$, $y_0=\dfrac{4}{3}$.

(3) $y_{x+1}-\dfrac{1}{2}y_x=\left(\dfrac{5}{2}\right)^x$, $y_0=-1$.

(4) $y_{x+2}-3y_{x+1}+2y_x=3\cdot5^x$.

(5) $y_{x+2}-3y_{x+1}-4y_x=4$, $y_0=3$, $y_1=-2$.

(6) $y_{x+2}+3y_{x+1}-\dfrac{7}{4}y_x=9$, $y_0=6$, $y_1=3$.

解 (1) 原方程可化为 $y_{x+1}+5y_x=\dfrac{5x}{2}$, 其齐次方程为 $y_{x+1}+5y_x=0$, 特征方程为 $\lambda+5=0$, 特征根为 $\lambda=-5$, 齐次方程的通解为 $Y_x=C\cdot(-5)^x$. 由于 $d=1$ 不是特征方程的根, 所以原方程的特解可设为

$$y_x^*=b_1x+b_0,$$

代入原方程, 并比较两端同次幂的系数, 可得

$$\begin{cases}6b_1=\dfrac{5}{2}, \\ b_1+6b_0=0\end{cases}\Rightarrow\begin{cases}b_1=\dfrac{5}{12}, \\ b_0=-\dfrac{5}{72}.\end{cases}$$

因此, 原方程的通解为 $y_x=C\cdot(-5)^x+\dfrac{5}{12}x-\dfrac{5}{72}$.

（2）原方程的齐次方程为 $y_{x+1}-5y_x=0$，特征方程为 $\lambda-5=0$，特征根为 $\lambda=5$，齐次方程的通解为 $Y_x=C\cdot 5^x$. $a=5\neq 1$，特解为 $y_x^*=\dfrac{A}{1-a}=\dfrac{4}{1-5}=-1$，所以原方程的通解为 $y_x=C\cdot 5^x-1$. 又 $y_0=\dfrac{4}{3}$，得 $C=\dfrac{7}{3}$，所以特解为 $y_x=\dfrac{7}{3}\cdot 5^x-1$.

（3）对应的齐次方程为 $y_{x+1}-\dfrac{1}{2}y_x=0$，特征方程为 $\lambda-\dfrac{1}{2}=0$，特征根为 $\lambda=\dfrac{1}{2}$，齐次方程的通解为 $Y_x=C\cdot\left(\dfrac{1}{2}\right)^x$.

又 $d=\dfrac{5}{2}\neq\dfrac{1}{2}=a$，特解为 $y_x^*=\dfrac{Ad^x}{d-a}=\dfrac{\left(\dfrac{5}{2}\right)^x}{\dfrac{5}{2}-\dfrac{1}{2}}=\dfrac{1}{2}\left(\dfrac{5}{2}\right)^x$，所以原方程的通解为

$$y_x=C\cdot\left(\frac{1}{2}\right)^x+\frac{1}{2}\left(\frac{5}{2}\right)^x.$$

初值条件为 $y_0=-1$，则 $-1=C+\dfrac{1}{2}$，得 $C=-\dfrac{3}{2}$. 方程的特解为

$$y_x=-\frac{3}{2}\cdot\left(\frac{1}{2}\right)^x+\frac{1}{2}\left(\frac{5}{2}\right)^x.$$

（4）对应的齐次方程 $y_{x+2}-3y_{x+1}+2y_x=0$ 的特征方程为 $\lambda^2-3\lambda+2=0$，特征根为 $\lambda_1=2$，$\lambda_2=1$，从而齐次方程的通解为 $Y_x=C_1+C_2 2^x$.

由于 $d=5$ 不是特征根，设特解为 $y_x^*=k\cdot 5^x$，代入原方程得 $k=\dfrac{1}{4}$，从而原方程的通解为

$$y_x=C_1+C_2 2^x+\frac{1}{4}\cdot 5^x.$$

（5）对应的齐次方程 $y_{x+2}-3y_{x+1}-4y_x=0$ 的特征方程为 $\lambda^2-3\lambda-4=0$，特征根为 $\lambda_1=4$，$\lambda_2=-1$，从而齐次方程的通解为 $Y_x=C_1(-1)^x+C_2 4^x$.

由于 $d=1$ 不是特征根，设特解为 $y_x^*=b_0$，代入原方程得 $b_0=-\dfrac{2}{3}$，从而原方程的通解为

$$y_x=C_1(-1)^x+C_2 4^x-\frac{2}{3}.$$

由 $y_0=3$，$y_1=-2$ 得 $\begin{cases}C_1+C_2-\dfrac{2}{3}=3,\\[2mm]-C_1+4C_2-\dfrac{2}{3}=-2,\end{cases}$ 解得 $\begin{cases}C_1=\dfrac{16}{5},\\[2mm]C_2=\dfrac{7}{15},\end{cases}$ 所以所求特解为

$$y_x = \frac{16}{5} \cdot (-1)^x + \frac{7}{15} \cdot 4^x - \frac{2}{3}.$$

(6)对应的齐次方程 $y_{x+2} + 3y_{x+1} - \frac{7}{4}y_x = 0$ 的特征方程为 $\lambda^2 + 3\lambda - \frac{7}{4} = 0$，特征根为

$\lambda_1 = \frac{1}{2}, \lambda_2 = -\frac{7}{2}$，从而齐次方程的通解为 $Y_x = C_1\left(-\frac{7}{2}\right)^x + C_2\left(\frac{1}{2}\right)^x.$

由于 $d = 1$ 不是特征根，设特解为 $y_x^* = b_0$，代入原方程得 $b_0 = 4$，从而原方程的通解为

$$y_x = C_1\left(-\frac{7}{2}\right)^x + C_2\left(\frac{1}{2}\right)^x + 4.$$

由 $y_0 = 6, y_1 = 3$ 得 $\begin{cases} C_1 + C_2 + 4 = 6, \\ -\frac{7}{2}C_1 + \frac{1}{2}C_2 + 4 = 3, \end{cases}$ 解得 $\begin{cases} C_1 = \frac{1}{2}, \\ C_2 = \frac{3}{2}, \end{cases}$ 所以所求特解为

$$y_x = \frac{1}{2}\left(-\frac{7}{2}\right)^x + \frac{3}{2}\left(\frac{1}{2}\right)^x + 4.$$

2. 试验证 $y_x = C_1 3^x + C_2 (-2)^x$（$C_1, C_2$ 为任意常数）是差分方程 $y_{x+2} - y_{x+1} - 6y_x = 0$ 的解，并求满足初值条件 $y_0 = 0, y_1 = 1$ 的特解.

证明 将 $y_{x+2} = C_1 3^{x+2} + C_2 (-2)^{x+2}, y_{x+1} = C_1 3^{x+1} + C_2 (-2)^{x+1}$ 代入差分方程得

$$\begin{aligned} y_{x+2} - y_{x+1} - 6y_x &= C_1 3^{x+2} + C_2 (-2)^{x+2} - [C_1 3^{x+1} + C_2 (-2)^{x+1}] - 6[C_1 3^x + C_2 (-2)^x] \\ &= 3^x(9C_1 - 3C_1 - 6C_1) + (-2)^x(4C_2 + 2C_2 - 6C_2) \\ &= 0, \end{aligned}$$

故得证.

由 $y_0 = 0, y_1 = 1$ 得 $\begin{cases} C_1 + C_2 = 0, \\ 3C_1 - 2C_2 = 1, \end{cases}$ 解得 $C_1 = \frac{1}{5}, C_2 = -\frac{1}{5}$，故所求特解为 $y_x = \frac{3^x}{5} - \frac{(-2)^x}{5}.$

3. 设 a, b 为非零常数且 $1 + a \neq 0$，试验证通过变换 $z_x = y_x - \frac{b}{1+a}$ 可将非齐次方程 $y_{x+1} + ay_x = b$ 化为齐次方程，并求解 y_x.

解 由 $z_x = y_x - \frac{b}{1+a}$ 得 $y_x = z_x + \frac{b}{1+a}$，原方程化为

$$z_{x+1} + \frac{b}{1+a} + az_x + a\frac{b}{1+a} = b,$$

即齐次方程 $z_{x+1} + az_x = 0$，特征方程为 $\lambda + a = 0, \lambda = -a$，所以 $z_x = C(-a)^x$，从而 $y_x = C(-a)^x + \frac{b}{1+a}.$

4. 已知 $x_1=a, x_2=b, x_{n+2}=\dfrac{x_{n+1}+x_n}{2}(n=1,2,\cdots)$，求通项 x_n 及 $\lim\limits_{n\to\infty}x_n$.

解 将 $x_{n+2}=\dfrac{x_{n+1}+x_n}{2}$ 改写成

$$x_{n+2}-\frac{1}{2}x_{n+1}-\frac{1}{2}x_n=0.$$

该方程为二阶常系数齐次线性差分方程. 它的特征方程为 $\lambda^2-\dfrac{1}{2}\lambda-\dfrac{1}{2}=0$，特征根为 $\lambda_1=1, \lambda_2=-\dfrac{1}{2}$. 故齐次线性差分方程的通解为

$$x_n=C_1+C_2\left(-\frac{1}{2}\right)^n(C_1,C_2\text{为待定常数}).$$

将初值条件 $x_1=a, x_2=b$ 代入上述通解，得到 $\begin{cases}C_1-\dfrac{1}{2}C_2=a,\\[2mm]C_1+\dfrac{1}{4}C_2=b,\end{cases}$ 解得 $C_1=\dfrac{a+2b}{3}$，

$C_2=\dfrac{4}{3}(b-a)$. 故所求通项为 $x_n=\dfrac{a+2b}{3}+\dfrac{b-a}{3}\left(-\dfrac{1}{2}\right)^{n-2}$，且 $\lim\limits_{n\to\infty}x_n=\dfrac{a+2b}{3}$.

第6章总复习题

1. 选择题：(1)~(3)小题，每小题 4 分，共 12 分. 下列每小题给出的 4 个选项中，只有一个选项是符合题目要求的.

(1)(2019304)已知微分方程 $y''+ay'+by=ce^x$ 的通解为 $y=(C_1+C_2x)e^{-x}+e^x$，则 a, b,c 依次为（　　）.

A. 1,0,1 　　　　B. 1,0,2 　　　　C. 2,1,3 　　　　D. 2,1,4

解 由二阶线性微分方程通解的结构知，$y=(C_1+C_2x)e^{-x}$ 是原方程相应的齐次方程 $y''+ay'+by=0$ 的通解，$y=e^{-x}$ 和 $y=xe^{-x}$ 是方程的两个线性无关解，该方程的特征根是 $r_1=r_2=1$（重根），特征方程是 $(r+1)^2=0$，即 $r^2+2r+1=0$，而方程 $y''+ay'+by=0$ 的特征方程是 $r^2+ar+b=0$，于是 $a=2$，$b=1$，原方程为 $y''+2y'+y=ce^x$.

再由通解的结构知，$y^*=e^x$ 是特解，代入原方程得 $e^x+2e^x+e^x=ce^x$，$c=4$，原方程为 $y''+2y'+y=4e^x$，故应选 D.

(2)(2010304)设 y_1,y_2 是一阶线性非齐次微分方程 $y'+p(x)y=q(x)$ 的两个特解，若常数 λ,μ 使 $\lambda y_1+\mu y_2$ 是该方程的解，使 $\lambda y_1-\mu y_2$ 是该方程对应的齐次方程的解，则（　　）.

A. $\lambda = \dfrac{1}{2}, \mu = \dfrac{1}{2}$　　　　　　　B. $\lambda = -\dfrac{1}{2}, \mu = -\dfrac{1}{2}$

C. $\lambda = \dfrac{2}{3}, \mu = \dfrac{1}{3}$　　　　　　　D. $\lambda = \dfrac{2}{3}, \mu = \dfrac{2}{3}$

解 因为 $\lambda y_1 - \mu y_2$ 是方程 $y' + p(x)y = 0$ 的解，所以
$$(\lambda y_1 - \mu y_2)' + p(x)(\lambda y_1 - \mu y_2) = 0,$$
即
$$\lambda [y_1' + p(x)y_1] - \mu [y_2' + p(x)y_2] = 0.$$

由已知条件可得 $(\lambda - \mu)q(x) = 0$，因为 $q(x) \neq 0$，所以 $\lambda - \mu = 0$.

又 $\lambda y_1 + \mu y_2$ 是方程 $y' + p(x)y = q(x)$ 的解，所以
$$(\lambda y_1 + \mu y_2)' + p(x)(\lambda y_1 + \mu y_2) = q(x),$$
即 $\lambda [y_1' + p(x)y_1] + \mu [y_2' + p(x)y_2] = q(x)$.

由已知条件可得 $(\lambda + \mu)q(x) = q(x)$，因为 $q(x) \neq 0$，所以 $\lambda + \mu = 1$.

解得 $\lambda = \dfrac{1}{2}, \mu = \dfrac{1}{2}$，故应选 A.

(3)(2006304)设线性非齐次微分方程 $y' + P(x)y = Q(x)$ 有两个不同的解 $y_1(x)$，$y_2(x)$，C 为任意常数，则该方程的通解是(　　).

A. $C[y_1(x) - y_2(x)]$　　　　　　　B. $y_1(x) + C[y_1(x) - y_2(x)]$

C. $C[y_1(x) + y_2(x)]$　　　　　　　D. $y_1(x) + C[y_1(x) + y_2(x)]$

解 由于 $y_1(x) - y_2(x)$ 是对应齐次线性微分方程 $y' + P(x)y = 0$ 的非零解，所以它的通解是 $Y = C[y_1(x) - y_2(x)]$，故原方程的通解为 $y = y_1(x) + Y = y_1(x) + C[y_1(x) - y_2(x)]$，应选 B.

2. 填空题：(4)~(10)小题，每小题4分，共28分.

(4)(2018304)设函数 $y = f(x)$ 满足 $f(x + \Delta x) - f(x) = 2xf(x)\Delta x + o(\Delta x)$，且 $f(0) = 2$，则 $f(1) = $ _____ .

解 $\dfrac{f(x + \Delta x) - f(x)}{\Delta x} = 2xf(x) + \dfrac{o(\Delta x)}{\Delta x}$，令 $\Delta x \to 0$，等式两边取极限，根据导数定义可得 $f'(x) = 2xf(x)$，这是一阶线性齐次微分方程 $y' = 2xy$. $\dfrac{\mathrm{d}y}{y} = 2x\mathrm{d}x$，$y = Ce^{x^2}$，$y(0) = f(0) = 2 \Rightarrow C = 2$，即 $y = 2e^{x^2}$，故 $f(1) = 2e$.

(5)(2018304)差分方程 $\Delta^2 y_x - y_x = 5$ 的通解是 _____ .

解 本题涉及二阶差分的概念，我们将所给差分方程转化为一阶常系数线性差分方程来求解.

$\Delta^2 y_x = y_{x+2} - 2y_{x+1} + y_x$，原方程变为 $y_{x+2} - 2y_{x+1} = 5$.

对应齐次方程的通解为 $\overline{y}_x = C \cdot 2^x$，由于 $d = 1$ 不是特征根，非齐次方程的特解可

设为 $y_x^* = A$，则有 $A - 2A = 5$，得 $A = -5$. 所求通解为 $y_x = -5 + C \cdot 2^x$.

(6)(2017304)差分方程 $y_{t+1} - 2y_t = 2^t$ 的通解为 $y_t = $ _____.

解 齐次方程的通解为 $\bar{y_t} = C \cdot 2^t$. 由于 $d = 2$ 是特征根，设非齐次方程的特解为 $y_t^* = at2^t$，将 y_t^* 代入方程 $y_{t+1} - 2y_t = 2^t$ 得 $2a = 1$，即 $a = \dfrac{1}{2}$. 所求通解为 $y = C \cdot 2^t + \dfrac{1}{2}t \cdot 2^t$.

(7)(2015304)设函数 $y = f(x)$ 是微分方程 $y'' + y' - 2y = 0$ 的解，且在 $x = 0$ 处 y 取得极值 3，则 $y = $ _____.

解 本题是求微分方程满足初值条件 $y(0) = 3$，$y'(0) = 0$ 的特解.

由题意知微分方程 $y'' + y' - 2y = 0$ 对应的特征方程为 $r^2 + r - 2 = 0$，解得特征根 $r_1 = 1$，$r_2 = -2$.

微分方程的通解为 $y = C_1 e^x + C_2 e^{-2x}$，代入初值条件 $y(0) = 3, y'(0) = 0$，有 $\begin{cases} C_1 + C_2 = 3, \\ C_1 - 2C_2 = 0, \end{cases}$ 解得 $C_1 = 2$，$C_2 = 1$，所以 $y = 2e^x + e^{-2x}$.

(8)(2014104)微分方程 $y'' - y' + \dfrac{1}{4}y = 0$ 的通解为 $y = $ _____.

解 方程 $y'' - y' + \dfrac{1}{4}y = 0$ 的特征方程为 $r^2 - r + \dfrac{1}{4} = 0$，特征根为 $r_{1,2} = \dfrac{1}{2}$，则所求的通解为 $y = (C_1 + C_2 x)e^{\frac{1}{2}x}$，其中 C_1, C_2 为任意常数.

(9)(2008304)微分方程 $xy' + y = 0$ 满足条件 $y(1) = 1$ 的特解 $y = $ _____.

解 分离变量，得 $\dfrac{dy}{y} = -\dfrac{1}{x}dx$，两边积分得
$$\ln|y| = -\ln|x| + \ln C, xy = C.$$

利用条件 $y(1) = 1$ 可得 $C = 1$，故满足条件的特解为 $y = \dfrac{1}{x}$.

(10)(2007304)微分方程 $\dfrac{dy}{dx} = \dfrac{y}{x} - \dfrac{1}{2}\left(\dfrac{y}{x}\right)^3$ 满足 $y(1) = 1$ 的特解 $y = $ _____.

解 令 $u = \dfrac{y}{x}$，则原方程变为 $u + x\dfrac{du}{dx} = u - \dfrac{1}{2}u^3$，即 $\dfrac{du}{u^3} = -\dfrac{dx}{2x}$，两边积分得
$$-\dfrac{1}{2u^2} = -\dfrac{1}{2}\ln x - \dfrac{1}{2}\ln C,$$

即 $x = \dfrac{1}{C}e^{\frac{x^2}{y^2}}$，将 $y(1) = 1$ 代入可得 $C = e$，故满足条件的特解为 $ex = e^{\frac{x^2}{y^2}}$，即 $y = \dfrac{x}{\sqrt{\ln x + 1}}$，$x > e^{-1}$.

3. 解答题：(11)~(16)小题，每小题 10 分，共 60 分. 解答时应写出文字说明、证明过程或演算步骤.

(11)(2020310) 设函数 $y=f(x)$ 满足 $y''+2y'+5y=0$，且 $f(0)=1,f'(0)=-1$，求 $f(x)$ 的表达式.

总复习题(12)

解 特征方程为 $r^2+2r+5=0$，解得 $r_{1,2}=-1\pm2i$，则 $f(x)=e^{-x}(C_1\cos2x+C_2\sin2x)$. 由 $f(0)=1,f'(0)=-1$，得 $C_1=1,C_2=0$，故 $f(x)=e^{-x}\cos2x$.

(12)(2019310) 设函数 $y(x)$ 是微分方程 $y'-xy=\dfrac{1}{2\sqrt{x}}e^{\frac{x^2}{2}}$ 满足条件 $y(1)=\sqrt{e}$ 的特解，求 $y(x)$.

解 $y'-xy=\dfrac{1}{2\sqrt{x}}e^{\frac{x^2}{2}}$ 是一阶线性非齐次微分方程，由通解公式知 $y=e^{\int x dx}\left(\displaystyle\int \dfrac{1}{2\sqrt{x}}e^{\frac{1}{2}x^2}e^{-\int x dx}dx+C\right)=e^{\frac{1}{2}x^2}(\sqrt{x}+C)$，由 $y(1)=\sqrt{e}$ 知 $C=0$，因此，特解为 $y(x)=\sqrt{x}e^{\frac{1}{2}x^2}$.

(13)(2009310) 设曲线 $y=f(x)$，其中 $f(x)$ 是可导函数，且 $f(x)>0$. 已知曲线 $y=f(x)$ 与直线 $y=0,x=1$ 及 $x=t(t>1)$ 所围成的曲边梯形绕 x 轴旋转一周所得的立体的体积是该曲边梯形面积值的 πt 倍，求该曲线的方程.

解 旋转体的体积为 $V=\pi\displaystyle\int_1^t f^2(x)dx$，曲边梯形的面积为 $S=\displaystyle\int_1^t f(x)dx$，由题意知 $V=\pi tS$，因而 $\pi\displaystyle\int_1^t f^2(x)dx=\pi t\displaystyle\int_1^t f(x)dx$，即

$$\int_1^t f^2(x)dx=t\int_1^t f(x)dx.$$

两边对 t 求导可得 $f^2(t)=\displaystyle\int_1^t f(x)dx+tf(t)$，再对 t 求导并整理得

$$2f(t)f'(t)-f(t)-tf'(t)=f(t),$$

化简可得 $[2f(t)-t]f'(t)=2f(t)$，变形为 $\dfrac{dt}{dy}+\dfrac{1}{2y}t=1$，解得 $t=C\cdot y^{-\frac{1}{2}}+\dfrac{2}{3}y$.

在体积表达式中令 $t=1$，有 $f^2(1)-f(1)=0$，因为 $f(t)>0$，所以 $f(1)=1$.

将 $y(1)=f(1)=1$ 代入 $t=C\cdot y^{-\frac{1}{2}}+\dfrac{2}{3}y$，得 $C=\dfrac{1}{3}$，进而得 $t=\dfrac{1}{3}\left(\dfrac{1}{\sqrt{y}}+2y\right)$.

所以该曲线的方程为 $2y+\dfrac{1}{\sqrt{y}}-3x=0$.

(14)(2006308) 在 xOy 坐标平面上，连续曲线 L 过点 $M(1,0)$，其上任意点 $P(x,y)$ $(x\neq0)$ 处的切线斜率与直线 OP 的斜率之差等于 ax（常数 $a>0$）.

①求 L 的方程.

②当 L 与直线 $y=ax$ 所围成的平面图形的面积为 $\dfrac{8}{3}$ 时，确定 a 的值.

（解）①设曲线 L 的方程为 $y=f(x)$，则由题设可得 $y'-\dfrac{y}{x}=ax$. 这是一阶线性微分方程，代入通解公式得

$$y = e^{\int \frac{1}{x}dx}\left(\int axe^{-\int \frac{1}{x}dx}dx + C\right)$$

$$= x(ax+C) = ax^2 + Cx.$$

又 $f(1)=0$，所以 $C=-a$，故曲线 L 的方程为 $y=ax^2-ax(x\neq 0)$.

②L 与直线 $y=ax(x>0)$ 所围成的平面图形如图 6.1 所示.

$$D = \int_0^2 [ax-(ax^2-ax)]dx = a\int_0^2 (2x-x^2)dx$$

$$= \frac{4}{3}a = \frac{8}{3},$$

故 $a=2$.

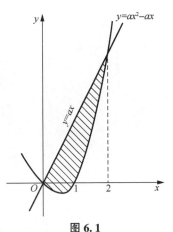

图 6.1

（15）（2003309）设 $F(x)=f(x)g(x)$，其中 $f(x)$，$g(x)$ 在 $(-\infty,+\infty)$ 内满足以下条件：$f'(x)=g(x)$，$g'(x)=f(x)$，且 $f(0)=0$，$f(x)+g(x)=2e^x$.

①求 $F(x)$ 所满足的一阶微分方程.

②求出 $F(x)$ 的表达式.

（解）①由已知条件易得 $F'(x)=f'(x)g(x)+f(x)g'(x)=f^2(x)+g^2(x)$，进而可得 $F'(x)=[f(x)+g(x)]^2-2f(x)g(x)$，所以 $F(x)$ 所满足的一阶微分方程是 $F'(x)+2F(x)=4e^{2x}$，初值条件为 $F(0)=f(0)g(0)=0$.

②由①知 $F(x)$ 满足一阶线性微分方程 $F'(x)+2F(x)=4e^{2x}$，代入通解公式得

$$F(x) = e^{-\int 2dx}\left(\int 4e^{2x}\cdot e^{\int 2dx}dx + C\right) = e^{-2x}\left(\int 4e^{4x}dx + C\right) = e^{2x}+Ce^{-2x}.$$

由 $F(0)=0$ 可得 $0=1+C$，解得 $C=-1$，故 $F(x)=e^{2x}-e^{-2x}$.

（16）（1998307）设函数 $f(x)$ 在 $[1,+\infty)$ 上连续. 若由曲线 $y=f(x)$ 和直线 $x=1$，$x=t(t>1)$ 及 x 轴所围成的平面图形绕 x 轴旋转一周所形成的旋转体的体积为 $V(t)=\dfrac{\pi}{3}[t^2f(t)-f(1)]$，求 $y=f(x)$ 所满足的微分方程，并求该微分方程满足条件 $y|_{x=2}=\dfrac{2}{9}$ 的解.

（解）依题意得 $V(t)=\pi\displaystyle\int_1^t f^2(x)dx = \dfrac{\pi}{3}[t^2f(t)-f(1)]$，即

$$3\int_1^t f^2(x)\,\mathrm{d}x = t^2 f(t) - f(1).$$

两边对 t 求导，得 $3f^2(t) = 2tf(t) + t^2 f'(t)$，将该式改写为 $x^2 y' = 3y^2 - 2xy$，即 $y' = 3\left(\dfrac{y}{x}\right)^2 - 2\dfrac{y}{x}$. 令 $\dfrac{y}{x} = u$，则有 $x\dfrac{\mathrm{d}u}{\mathrm{d}x} = 3u(u-1)$，分离变量并积分得 $\dfrac{u-1}{u} = Cx^3$，所以 $y - x = Cx^3 y$. 由初值条件 $y\big|_{x=2} = \dfrac{2}{9}$ 得 $C = -1$，从而所求特解为 $y - x = -x^3 y$，即 $y = \dfrac{x}{1+x^3}$.

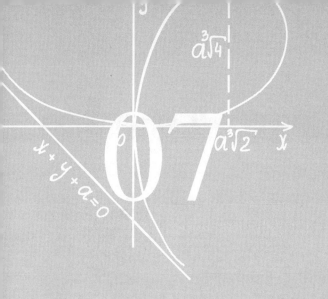

第 7 章

无穷级数

■ 一、 知识结构

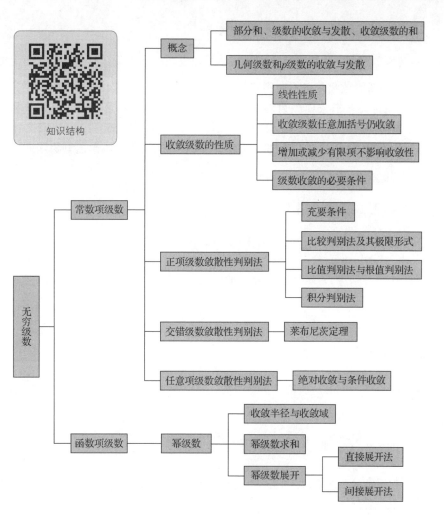

知识结构

- 概念
  - 部分和、级数的收敛与发散、收敛级数的和
  - 几何级数和p级数的收敛与发散

- 收敛级数的性质
  - 线性性质
  - 收敛级数任意加括号仍收敛
  - 增加或减少有限项不影响收敛性
  - 级数收敛的必要条件

- 常数项级数

- 正项级数敛散性判别法
  - 充要条件
  - 比较判别法及其极限形式
  - 比值判别法与根值判别法
  - 积分判别法

- 交错级数敛散性判别法
  - 莱布尼茨定理

- 任意项级数敛散性判别法
  - 绝对收敛与条件收敛

- 无穷级数

- 函数项级数
  - 幂级数
    - 收敛半径与收敛域
    - 幂级数求和
    - 幂级数展开
      - 直接展开法
      - 间接展开法

二、 重点与考点分析

（一）本章重点内容介绍

1. 常数项级数

（1）级数收敛即部分和数列 $\{s_n\}$ 有极限，故级数的敛散性与数列的极限有密切的联系. 判定级数收敛只需证明数列 $\{s_n\}$ 有极限即可，并不需要求出其极限.

本章重点内容介绍

（2）级数收敛的必要条件：若级数 $\sum_{n=1}^{\infty} u_n$ 收敛，则 $\lim_{n\to\infty} u_n = 0$. 其逆否命题非常重要，判别一个级数收敛与否，往往首先考虑通项是否趋于 $0(n\to\infty)$. 若 $\lim_{n\to\infty} u_n \neq 0$，则级数 $\sum_{n=1}^{\infty} u_n$ 发散；若 $\lim_{n\to\infty} u_n = 0$，并不能保证级数 $\sum_{n=1}^{\infty} u_n$ 收敛，需用其他判别法来判定级数是否收敛.

（3）若级数 $\sum_{n=1}^{\infty} u_n$ 加括号后所形成的新级数发散，则原级数必定发散；而由加括号后所形成的新级数收敛，不能判定原级数的敛散性.

（4）利用定义求常数项级数的和，通常将通项拆成两项之差，从前 n 项和中消去中间各项，仅剩首尾两项.

（5）利用级数收敛的必要条件可以判断通项的极限为零. 求解这种极限的一般步骤如下：①将欲求的极限作为无穷级数的通项 u_n；② 判别 $\sum_{n=1}^{\infty} u_n$ 收敛，得 $\lim_{n\to\infty} u_n = 0$.

2. 正项级数敛散性判别法

（1）定理：正项级数 $\sum_{n=1}^{\infty} u_n$ 收敛的充分必要条件是其部分和数列 $\{s_n\}$ 有界.

（2）（比较判别法）设有两个正项级数 $\sum_{n=1}^{\infty} u_n$ 及 $\sum_{n=1}^{\infty} v_n$，而且 $u_n \leqslant v_n (n=1,2,\cdots)$.

① 如果级数 $\sum_{n=1}^{\infty} v_n$ 收敛，则级数 $\sum_{n=1}^{\infty} u_n$ 也收敛.

② 如果级数 $\sum_{n=1}^{\infty} u_n$ 发散，则级数 $\sum_{n=1}^{\infty} v_n$ 也发散.

推论 设 $\sum_{n=1}^{\infty} u_n$ 和 $\sum_{n=1}^{\infty} v_n$ 都是正项级数，且存在正整数 N，使当 $n \geqslant N$ 时，有 $u_n \leqslant kv_n(k>0)$ 成立，则

① 如果级数 $\sum_{n=1}^{\infty} v_n$ 收敛，则级数 $\sum_{n=1}^{\infty} u_n$ 收敛；

② 如果级数 $\sum_{n=1}^{\infty} u_n$ 发散，则级数 $\sum_{n=1}^{\infty} v_n$ 发散.

(3)（比较判别法的极限形式）设 $\sum\limits_{n=1}^{\infty} u_n$ 和 $\sum\limits_{n=1}^{\infty} v_n$ 都是正项级数，且 $\lim\limits_{n\to\infty}\dfrac{u_n}{v_n}=l.$

①如果 $0<l<+\infty$，则级数 $\sum\limits_{n=1}^{\infty} u_n$ 和 $\sum\limits_{n=1}^{\infty} v_n$ 同时收敛或同时发散.

② 如果 $l=0$，若 $\sum\limits_{n=1}^{\infty} v_n$ 收敛，则 $\sum\limits_{n=1}^{\infty} u_n$ 收敛；若 $\sum\limits_{n=1}^{\infty} u_n$ 发散，则 $\sum\limits_{n=1}^{\infty} v_n$ 发散.

③如果 $l=+\infty$，若 $\sum\limits_{n=1}^{\infty} u_n$ 收敛，则 $\sum\limits_{n=1}^{\infty} v_n$ 收敛；若 $\sum\limits_{n=1}^{\infty} v_n$ 发散，则 $\sum\limits_{n=1}^{\infty} u_n$ 发散.

(4)（比值判别法，达郎贝尔判别法）设 $\sum\limits_{n=1}^{\infty} u_n$ 是正项级数，且 $\lim\limits_{n\to\infty}\dfrac{u_{n+1}}{u_n}=\rho$，则

①当 $\rho<1$ 时，级数 $\sum\limits_{n=1}^{\infty} u_n$ 收敛；

②当 $\rho>1$ 时，级数 $\sum\limits_{n=1}^{\infty} u_n$ 发散；

③当 $\rho=1$ 时，级数 $\sum\limits_{n=1}^{\infty} u_n$ 可能收敛，也可能发散.

(5)（根值判别法，柯西判别法）设 $\sum\limits_{n=1}^{\infty} u_n$ 是正项级数，且 $\lim\limits_{n\to\infty}\sqrt[n]{u_n}=\rho$，则

①当 $\rho<1$ 时，级数 $\sum\limits_{n=1}^{\infty} u_n$ 收敛；

②当 $\rho>1$ 时，级数 $\sum\limits_{n=1}^{\infty} u_n$ 发散；

③当 $\rho=1$ 时，级数 $\sum\limits_{n=1}^{\infty} u_n$ 可能收敛，也可能发散.

(6)（积分判别法）设 $f(x)$ 为 $[1,+\infty)$ 上的非负减函数，则正项级数 $\sum\limits_{n=1}^{\infty} f(n)$ 与反常积分 $\int_1^{+\infty} f(x)\mathrm{d}x$ 同时收敛或同时发散.

注 判别一个正项级数的敛散性，一般而言，可按以下步骤进行考虑.
①检查一般项，若 $\lim\limits_{n\to\infty}u_n\neq0$，可判定级数发散；若 $\lim\limits_{n\to\infty}u_n=0$，则根据通项特点，考虑比较判别法、比值判别法或根值判别法.
②用比值（根值）判别法判定，若比值（根值）极限为 1，则改用其他判别法.
③检查正项级数的部分和是否有界或判别部分和是否有极限.

3. 交错级数敛散性判别法

(1)（莱布尼茨定理）如果交错级数 $\sum\limits_{n=1}^{\infty}(-1)^{n-1}u_n$ 满足条件

① $u_n\geqslant u_{n+1}>0(n=1,2,\cdots)$；

② $\lim\limits_{n\to\infty}u_n=0$，则交错级数收敛，且其和 $s\leqslant u_1$，余项的绝对值 $|r_n|\leqslant u_{n+1}$.

(2)判定交错级数敛散性的一般步骤：首先看 $\lim\limits_{n\to\infty}u_n$ 是否为零. 若 $\lim\limits_{n\to\infty}u_n\neq0$，则级

数发散. 若 $\lim\limits_{n\to\infty}u_n=0$，则先判定 $\sum\limits_{n=1}^{\infty}|u_n|$ 是否收敛，若收敛，则级数 $\sum\limits_{n=1}^{\infty}u_n$ 绝对收敛；若发散，则利用莱布尼茨定理判别 $\sum\limits_{n=1}^{\infty}u_n$ 条件收敛，或用定义求 $\lim\limits_{n\to\infty}s_n$. 但若是用正项级数的比值判别法或根值判别法来判定 $\sum\limits_{n=1}^{\infty}|u_n|$ 发散，则可断定原级数 $\sum\limits_{n=1}^{\infty}u_n$ 也发散. 这是因为用正项级数的比值判别法或根值判别法判定 $\sum\limits_{n=1}^{\infty}|u_n|$ 发散的理论根据是通项不趋于零.

4. 幂级数

(1)（阿贝尔定理）如果幂级数 $\sum\limits_{n=0}^{\infty}a_nx^n$ 在 $x=x_0(x_0\neq0)$ 处收敛，则对所有满足不等式 $|x|<|x_0|$ 的 x，幂级数 $\sum\limits_{n=0}^{\infty}a_nx^n$ 绝对收敛；反之，如果幂级数 $\sum\limits_{n=0}^{\infty}a_nx^n$ 在 $x=x_0$ 处发散，则对所有满足不等式 $|x|>|x_0|$ 的 x，幂级数 $\sum\limits_{n=0}^{\infty}a_nx^n$ 发散.

(2)阿贝尔定理是判定幂级数收敛的基本定理，根据定理可知幂级数敛散性的特点：当 $|x|<R$ 时，幂级数绝对收敛；当 $|x|>R$ 时，幂级数发散；当 $|x|=R$ 时，幂级数可能收敛也可能发散.

(3)幂级数和函数的求法：主要利用逐项求导和逐项积分的方法. 利用幂级数可以求某些常数项级数的和，这是考研的重点.

(4)函数的幂级数展开：大家要熟练掌握 e^x, $\sin x$, $\cos x$, $\ln(1+x)$, $(1+x)^{\alpha}$, $\dfrac{1}{1+x}$, $\dfrac{1}{1-x}$ 的麦克劳林展开式，会用它们将一些简单函数间接展开成幂级数.

（二）考研大纲要求

(1)理解常数项级数收敛、发散以及收敛级数的和的概念，掌握级数的基本性质及收敛的必要条件.

(2)掌握几何级数和 p 级数的收敛与发散的条件.

(3)掌握正项级数敛散性的比较判别法、比值判别法、根值判别法，会用积分判别法.

考研大纲要求

(4)掌握交错数的莱布尼茨判别法.

(5)了解任意项级数绝对收敛与条件收敛的概念以及绝对收敛与收敛的关系.

(6)理解幂级数的收敛半径的概念，并掌握幂级数的收敛半径、收敛区间及收敛域的求法.

(7)了解幂级数在其收敛区间内的基本性质（和函数的连续性、逐项求导和逐项积分），会求一些幂级数在收敛区间内的和函数，并会由此求出某些数项级数的和.

（8）掌握 $e^x, \sin x, \cos x, \ln(1+x)$ 及 $(1+x)^\alpha$ 的麦克劳林展开式，会用它们将一些简单函数间接展开为幂级数.

（三）本章知识小结

1. 常数项级数

（1）有关定义：包括级数、部分和、交错级数、正项级数、任意项级数、收敛、发散、收敛级数的和、条件收敛、绝对收敛等.

（2）性质：

①有限项的改变不影响级数的敛散性；

②收敛级数的项任意加括号后所形成的新级数仍收敛，且和不变；

③收敛级数的和级数、差级数收敛；

④级数收敛的必要条件是通项的极限等于 $0(n \to \infty)$.

（3）收敛判别法：

①正项级数可用部分和法、比较判别法、比值判别法、根值判别法、积分判别法等；

②交错级数可用莱布尼茨判别法.

2. 函数项级数与幂级数

（1）有关定义：包括函数项级数、幂级数、收敛域、和函数、收敛区间与收敛半径等.

（2）幂级数展开的条件、步骤.

（3）幂级数求和.

三、 典型例题与方法归纳

例 1 判别级数 $\displaystyle\sum_{n=1}^{\infty} \frac{1}{n(n+4)}$ 是否收敛，若收敛，求其和.

解 记 $s_n = \displaystyle\sum_{k=1}^{n} \frac{1}{k(k+4)}$，则

$$s_n = \sum_{k=1}^{n} \frac{1}{k(k+4)} = \frac{1}{4}\sum_{k=1}^{n}\left(\frac{1}{k}-\frac{1}{k+4}\right) = \frac{1}{4}\left(1+\frac{1}{2}+\frac{1}{3}+\frac{1}{4}-\frac{1}{n+1}-\frac{1}{n+2}-\frac{1}{n+3}-\frac{1}{n+4}\right)$$

$$s = \lim_{n\to\infty} s_n = \lim_{n\to\infty}\frac{1}{4}\left(1+\frac{1}{2}+\frac{1}{3}+\frac{1}{4}-\frac{1}{n+1}-\frac{1}{n+2}-\frac{1}{n+3}-\frac{1}{n+4}\right) = \frac{25}{48},$$

所以级数 $\displaystyle\sum_{n=1}^{\infty} \frac{1}{n(n+4)}$ 收敛，且其和 $s = \dfrac{25}{48}$.

【方法归纳】 利用定义判定级数的敛散性，就是求出级数的前 n 项和 s_n，然后计算 $\lim\limits_{n\to\infty} s_n$ 即可.

例 2 判别级数 $\displaystyle\sum_{n=1}^{\infty}\left[\frac{1}{n^p}-\ln\left(1+\frac{1}{n^p}\right)\right](p>0)$ 是否收敛.

解 因为 $\lim\limits_{x\to 0}\dfrac{x-\ln(1+x)}{x^2}=\dfrac{1}{2}$，所以 $\lim\limits_{n\to\infty}\dfrac{\dfrac{1}{n^p}-\ln\left(1+\dfrac{1}{n^p}\right)}{\dfrac{1}{n^{2p}}}=\dfrac{1}{2}$，$\sum\limits_{n=1}^{\infty}\left[\dfrac{1}{n^p}-\ln\left(1+\dfrac{1}{n^p}\right)\right](p>$

$0)$ 与 $\sum\limits_{n=1}^{\infty}\dfrac{1}{n^{2p}}$ 的敛散性一致. 又当 $p>\dfrac{1}{2}$ 时，$\sum\limits_{n=1}^{\infty}\dfrac{1}{n^{2p}}$ 收敛，当 $p\leqslant\dfrac{1}{2}$ 时，$\sum\limits_{n=1}^{\infty}\dfrac{1}{n^{2p}}$ 发散，

故当 $p>\dfrac{1}{2}$ 时，$\sum\limits_{n=1}^{\infty}\left[\dfrac{1}{n^p}-\ln\left(1+\dfrac{1}{n^p}\right)\right]$ 收敛，当 $p\leqslant\dfrac{1}{2}$ 时，$\sum\limits_{n=1}^{\infty}\left[\dfrac{1}{n^p}-\ln\left(1+\dfrac{1}{n^p}\right)\right]$ 发散.

例 3(2005304) 设 $a_n>0,n=1,2,\cdots$. 若 $\sum\limits_{n=1}^{\infty}a_n$ 发散，$\sum\limits_{n=1}^{\infty}(-1)^{n-1}a_n$ 收敛，则下列结论正确的是( ).

A. $\sum\limits_{n=1}^{\infty}a_{2n-1}$ 收敛，$\sum\limits_{n=1}^{\infty}a_{2n}$ 发散

B. $\sum\limits_{n=1}^{\infty}a_{2n}$ 收敛，$\sum\limits_{n=1}^{\infty}a_{2n-1}$ 发散

C. $\sum\limits_{n=1}^{\infty}(a_{2n-1}+a_{2n})$ 收敛

D. $\sum\limits_{n=1}^{\infty}(a_{2n-1}-a_{2n})$ 收敛

解 级数 $\sum\limits_{n=1}^{\infty}(a_{2n-1}-a_{2n})$ 是将收敛级数 $\sum\limits_{n=1}^{\infty}(-1)^{n-1}a_n$ 的各项不改变顺序且相邻两项合并为一项构成的新级数，由收敛级数的性质知该级数收敛，故应选 D.

【方法归纳】 熟练掌握收敛级数的性质，可以快速判定级数的敛散性.

例 4(2006304) 若级数 $\sum\limits_{n=1}^{\infty}a_n$ 收敛，则( ).

A. $\sum\limits_{n=1}^{\infty}|a_n|$ 收敛

B. $\sum\limits_{n=1}^{\infty}(-1)^n a_n$ 收敛

C. $\sum\limits_{n=1}^{\infty}a_n a_{n+1}$ 收敛

D. $\sum\limits_{n=1}^{\infty}\dfrac{a_n+a_{n+1}}{2}$ 收敛

解 $\sum\limits_{n=1}^{\infty}a_{n+1}$ 是从收敛级数 $\sum\limits_{n=1}^{\infty}a_n$ 中去掉第一项 a_1 所得到的级数，从而也是收敛的. 级数 $\sum\limits_{n=1}^{\infty}\dfrac{a_n+a_{n+1}}{2}$ 的一般项 $\dfrac{a_n+a_{n+1}}{2}$ 是两个收敛级数 $\sum\limits_{n=1}^{\infty}a_n$ 与 $\sum\limits_{n=1}^{\infty}a_{n+1}$ 的一般项的线性组合，由收敛级数的线性运算性质知 $\sum\limits_{n=1}^{\infty}\dfrac{a_n+a_{n+1}}{2}$ 必收敛，故应选 D.

例 5(2013304) 设 $\{a_n\}$ 为正项数列，下列选项中正确的是( ).

A. 若 $a_n>a_{n+1}$，则 $\sum\limits_{n=1}^{\infty}(-1)^{n-1}a_n$ 收敛

B. 若 $\sum\limits_{n=1}^{\infty}(-1)^{n-1}a_n$ 收敛，则 $a_n>a_{n+1}$

C. 若 $\sum\limits_{n=1}^{\infty}a_n$ 收敛，则存在常数 $p>1$，使 $\lim\limits_{n\to\infty}n^p a_n$ 存在

D. 若存在常数 $p>1$，使 $\lim\limits_{n\to\infty}n^p a_n$ 存在，则 $\sum\limits_{n=1}^{\infty}a_n$ 收敛

🈂️ 直接考察 D 项，由于存在常数 $p>1$，使 $\lim\limits_{n\to\infty}n^p a_n=b$，于是存在正整数 N，使当 $n>N$ 时，有 $|n^p a_n-b|<1$，由此即知 $|n^p a_n|\leqslant|b|+1$，进而有 $|a_n|\leqslant\dfrac{|b|+1}{n^p}$．利用 $\sum\limits_{n=1}^{\infty}\dfrac{1}{n^p}$ 当 $p>1$ 时收敛及比较判别法可得级数 $\sum\limits_{n=1}^{\infty}|a_n|$ 收敛，即 $\sum\limits_{n=1}^{\infty}a_n$ 绝对收敛，故应选 D．

例 6（2011304） 设 $\{u_n\}$ 为数列，则下列命题中正确的是（　　）．

A. 若 $\sum\limits_{n=1}^{\infty}u_n$ 收敛，则 $\sum\limits_{n=1}^{\infty}(u_{2n-1}+u_{2n})$ 收敛

B. 若 $\sum\limits_{n=1}^{\infty}(u_{2n-1}+u_{2n})$ 收敛，则 $\sum\limits_{n=1}^{\infty}u_n$ 收敛

C. 若 $\sum\limits_{n=1}^{\infty}u_n$ 收敛，则 $\sum\limits_{n=1}^{\infty}(u_{2n-1}-u_{2n})$ 收敛

D. 若 $\sum\limits_{n=1}^{\infty}(u_{2n-1}-u_{2n})$ 收敛，则 $\sum\limits_{n=1}^{\infty}u_n$ 收敛

🈂️ 由于级数 $\sum\limits_{n=1}^{\infty}(u_{2n-1}+u_{2n})$ 是级数 $\sum\limits_{n=1}^{\infty}u_n$ 经过加括号所构成的，由收敛级数的性质知，当 $\sum\limits_{n=1}^{\infty}u_n$ 收敛时，$\sum\limits_{n=1}^{\infty}(u_{2n-1}+u_{2n})$ 收敛，故应选 A．

【方法归纳】 利用"对收敛级数的项任意加括号后所得级数仍然收敛"的性质，可以快速得到答案．

例 7（2004104） 设 $\sum\limits_{n=1}^{\infty}a_n$ 为正项级数，下列结论中正确的是（　　）．

A. 若 $\lim\limits_{n\to\infty}na_n=0$，则级数 $\sum\limits_{n=1}^{\infty}a_n$ 发散

B. 若存在非零常数 λ，使 $\lim\limits_{n\to\infty}na_n=\lambda$，则级数 $\sum\limits_{n=1}^{\infty}a_n$ 发散

C. 若级数 $\sum\limits_{n=1}^{\infty}a_n$ 收敛，则 $\lim\limits_{n\to\infty}n^2 a_n=0$

D. 若级数 $\sum\limits_{n=1}^{\infty}a_n$ 发散，则存在非零常数 λ，使 $\lim\limits_{n\to\infty}na_n=\lambda$

🈂️ 本题实际上是正项级数 $\sum\limits_{n=1}^{\infty}a_n$ 的敛散性与无穷小 a_n 的阶的关系问题．B 项中，$\lim\limits_{n\to\infty}na_n=\lambda$，即 $\lim\limits_{n\to\infty}\dfrac{a_n}{\dfrac{1}{n}}=\lambda\neq0$，故级数 $\sum\limits_{n=1}^{\infty}a_n$ 发散，应选 B．

例 8（2018104） $\sum\limits_{n=0}^{\infty}(-1)^n\dfrac{2n+3}{(2n+1)!}=$ _____．

A. $\sin1+\cos1$　　　B. $2\sin1+\cos1$　　　C. $2\sin1+2\cos1$　　　D. $2\sin1+3\cos1$

🔑 根据该级数的特点与题目设置的选项，可以考虑用分解法并用 $\sin x$ 及 $\cos x$ 的幂级数展开式来求该常数项级数的和.

$$\sum_{n=0}^{\infty} (-1)^n \frac{2n+3}{(2n+1)!} = \sum_{n=0}^{\infty} (-1)^n \frac{2n+1+2}{(2n+1)!}$$
$$= \sum_{n=0}^{\infty} \frac{(-1)^n}{(2n)!} + 2 \sum_{n=0}^{\infty} \frac{(-1)^n}{(2n+1)!}$$
$$= \cos 1 + 2\sin 1,$$

故应选 B.

例 9 (2012110) 求幂级数 $\displaystyle\sum_{n=0}^{\infty} \frac{4n^2+4n+3}{2n+1} x^{2n}$ 的收敛域及和函数.

🔑 (1) 记 $\displaystyle\sum_{n=0}^{\infty} \frac{4n^2+4n+3}{2n+1} x^{2n} = \sum_{n=0}^{\infty} u_n(x)$，则 $\displaystyle\lim_{n\to\infty} \left| \frac{u_{n+1}(x)}{u_n(x)} \right| = x^2$.

当 $x^2 < 1$，即 $|x| < 1$ 时，幂级数收敛；当 $|x| > 1$ 时，幂级数发散. 所以收敛半径 $R=1$，收敛区间为 $(-1,1)$. 又当 $x = \pm 1$ 时幂级数发散(在 $n\to\infty$ 时，一般项趋于无穷大)，因此，收敛域为 $(-1,1)$.

(2) 求和函数. 先进行分解.

$$\sum_{n=0}^{\infty} \frac{4n^2+4n+3}{2n+1} x^{2n} = \sum_{n=0}^{\infty} \frac{(2n+1)^2+2}{2n+1} x^{2n} = \sum_{n=0}^{\infty} (2n+1) x^{2n} + \sum_{n=0}^{\infty} \frac{2}{2n+1} x^{2n} = s_1(x) + s_2(x).$$

$$s_1(x) = \sum_{n=0}^{\infty} (2n+1) x^{2n} = \sum_{n=0}^{\infty} (x^{2n+1})' = \left(\sum_{n=0}^{\infty} x^{2n+1} \right)' = \left(\frac{x}{1-x^2} \right)' = \frac{1+x^2}{(1-x^2)^2} (|x| < 1).$$

$$x s_2(x) = 2 \sum_{n=0}^{\infty} \frac{x^{2n+1}}{2n+1} \Rightarrow [x s_2(x)]' = 2 \sum_{n=0}^{\infty} x^{2n} = \frac{2}{1-x^2} \Rightarrow x s_2(x) = \int_0^x \frac{2}{1-t^2} dt = \ln \frac{1+x}{1-x} \Rightarrow$$

$$s_2(x) = \frac{1}{x} \ln \frac{1+x}{1-x} (0 < |x| < 1), \quad s_2(0) = 2.$$

又 $s_1(0) = 1$，故和函数 $s(x) = s_1(x) + s_2(x) = \begin{cases} \dfrac{1+x^2}{(1-x^2)^2} + \dfrac{1}{x} \ln \dfrac{1+x}{1-x}, & |x| < 1,\ x \neq 0, \\ 3, & x = 0. \end{cases}$

【方法归纳】 幂级数求和主要利用逐项求导和逐项积分，大家务必熟练掌握这种方法.

例 10 (2006112) 将函数 $f(x) = \dfrac{x}{2+x-x^2}$ 展开成 x 的幂级数.

🔑 $f(x) = \dfrac{x}{2+x-x^2} = \dfrac{x}{(x+1)(2-x)}$

$$= \frac{1}{3} \left(\frac{2}{2-x} - \frac{1}{1+x} \right) = \frac{1}{3} \left(\frac{1}{1-\dfrac{x}{2}} - \frac{1}{1+x} \right)$$

例 10

$$= \frac{1}{3} \sum_{n=0}^{\infty} \left(\frac{x}{2} \right)^n - \frac{1}{3} \sum_{n=0}^{\infty} (-1)^n x^n$$

$$= \frac{1}{3} \sum_{n=0}^{\infty} \left[(-1)^{n+1} + \frac{1}{2^n} \right] x^n \ (\ |x| < 1).$$

例 11(1995306) 将函数 $f(x) = \ln(1-x-2x^2)$ 展开成 x 的幂级数, 并指出其收敛区间.

解 由 $1-x-2x^2 = (1-2x)(1+x)$ 知, $f(x) = \ln(1-x-2x^2) = \ln(1-2x) + \ln(1+x)$.

$\ln(1+x) = x - \dfrac{x^2}{2} + \dfrac{x^3}{3} - \cdots + (-1)^{n+1} \dfrac{x^n}{n} + \cdots$, 其收敛区间为 $(-1,1)$.

$\ln(1-2x) = -2x - \dfrac{(-2x)^2}{2} + \dfrac{(-2x)^3}{3} - \cdots + (-1)^{n+1} \dfrac{(-2x)^n}{n} + \cdots$, 其收敛区间为 $\left(-\dfrac{1}{2}, \dfrac{1}{2} \right)$.

于是

$$f(x) = \ln(1-x-2x^2) = \sum_{n=1}^{\infty} \left[(-1)^{n+1} \frac{x^n}{n} + (-1)^{n+1} \frac{(-2x)^n}{n} \right]$$

$$= \sum_{n=1}^{\infty} \frac{(-1)^{n+1} - 2^n}{n} x^n,$$

其收敛区间为 $\left(-\dfrac{1}{2}, \dfrac{1}{2} \right)$.

四、习题全解

同步习题 7.1

基础题

1. 回答下列问题.

(1) 若级数 $\displaystyle\sum_{n=1}^{\infty} u_n$ 发散, k 为一常数, 那么级数 $\displaystyle\sum_{n=1}^{\infty} k u_n$ 一定发散吗? 请举例说明.

(2) 若级数 $\displaystyle\sum_{n=1}^{\infty} a_n$ 发散, 级数 $\displaystyle\sum_{n=1}^{\infty} b_n$ 收敛, 则级数 $\displaystyle\sum_{n=1}^{\infty} (a_n + b_n)$ 是发散还是收敛?

(3) 若级数 $\displaystyle\sum_{n=1}^{\infty} a_n$ 与 $\displaystyle\sum_{n=1}^{\infty} b_n$ 都发散, 则级数 $\displaystyle\sum_{n=1}^{\infty} (a_n + b_n)$ 一定发散吗? 请举例说明.

(4) 若级数 $\displaystyle\sum_{n=1}^{\infty} (a_n + b_n)$ 收敛, 则级数 $\displaystyle\sum_{n=1}^{\infty} a_n$ 与 $\displaystyle\sum_{n=1}^{\infty} b_n$ 是否都收敛?

解 (1) 级数 $\displaystyle\sum_{n=1}^{\infty} k u_n$ 不一定发散. 当 $k=0$ 时, 级数 $\displaystyle\sum_{n=1}^{\infty} k u_n$ 收敛; 当 $k \neq 0$ 时,

级数 $\sum\limits_{n=1}^{\infty} ku_n$ 发散.

(2)级数 $\sum\limits_{n=1}^{\infty} (a_n+b_n)$ 发散. 假设级数 $\sum\limits_{n=1}^{\infty} (a_n+b_n)$ 收敛, 则 $\sum\limits_{n=1}^{\infty} a_n = \sum\limits_{n=1}^{\infty} \left[(a_n+b_n)-b_n \right]$

$= \sum\limits_{n=1}^{\infty} (a_n+b_n) - \sum\limits_{n=1}^{\infty} b_n$ 收敛, 与 $\sum\limits_{n=1}^{\infty} a_n$ 发散矛盾.

(3)级数 $\sum\limits_{n=1}^{\infty} (a_n+b_n)$ 不一定发散. 例如, 级数 $\sum\limits_{n=1}^{\infty} a_n = \sum\limits_{n=1}^{\infty} (-1)^n$ 发散, 级数

$\sum\limits_{n=1}^{\infty} b_n = \sum\limits_{n=1}^{\infty} (-1)^{n-1}$ 发散, 但级数 $\sum\limits_{n=1}^{\infty} (a_n+b_n)$ 收敛.

(4)级数 $\sum\limits_{n=1}^{\infty} a_n$ 与 $\sum\limits_{n=1}^{\infty} b_n$ 不一定都收敛. 例如, 级数 $\sum\limits_{n=1}^{\infty} a_n = \sum\limits_{n=1}^{\infty} (-1)^n$, $\sum\limits_{n=1}^{\infty} b_n =$

$\sum\limits_{n=1}^{\infty} (-1)^{n-1}$, 级数 $\sum\limits_{n=1}^{\infty} (a_n+b_n)$ 收敛, 但级数 $\sum\limits_{n=1}^{\infty} a_n$ 与 $\sum\limits_{n=1}^{\infty} b_n$ 都发散.

2. 写出下列级数的一般项.

(1)$1+\dfrac{1}{2}+\dfrac{1}{4}+\dfrac{1}{8}+\cdots$. (2)$\dfrac{2}{1}-\dfrac{3}{2}+\dfrac{4}{3}-\dfrac{5}{4}+\cdots$.

(3)$\dfrac{1}{2}+\dfrac{1}{1+2^3}+\dfrac{1}{1+3^3}+\dfrac{1}{1+4^3}+\cdots$. (4)$\dfrac{1}{\ln 2}+\dfrac{1}{2\ln 3}+\dfrac{1}{3\ln 4}+\cdots$.

解 (1)$u_n = \dfrac{1}{2^{n-1}}$.

(2)$u_n = (-1)^{n-1} \dfrac{n+1}{n}$.

(3)$u_n = \dfrac{1}{1+n^3}$.

(4)$u_n = \dfrac{1}{n\ln(n+1)}$.

3. 写出下列级数的前5项.

(1)$\sum\limits_{n=1}^{\infty} \dfrac{(-1)^n+1}{n}$. (2)$\sum\limits_{n=1}^{\infty} \dfrac{2n-1}{2^n}$. (3)$\sum\limits_{n=1}^{\infty} (\sqrt{n+1}-\sqrt{n})$.

解 (1)$0,1,0,\dfrac{1}{2},0$.

(2)$\dfrac{1}{2},\dfrac{3}{4},\dfrac{5}{8},\dfrac{7}{16},\dfrac{9}{32}$.

(3)$\sqrt{2}-1,\sqrt{3}-\sqrt{2},2-\sqrt{3},\sqrt{5}-2,\sqrt{6}-\sqrt{5}$.

4. 讨论下列级数的敛散性.

(1)$a,a,a,a,\cdots (a\neq 0)$. (2)$\sum\limits_{n=1}^{\infty} \left[\dfrac{1}{2^n}+\dfrac{(-1)^n}{7^n} \right]$.

$(3) \displaystyle\sum_{n=1}^{\infty} \sqrt{\dfrac{n+1}{2n-1}}.$ $\qquad\qquad$ $(4) \displaystyle\sum_{n=1}^{\infty} \sin\dfrac{n\pi}{2}.$

解 (1) 因为 $\lim\limits_{n\to\infty} u_n = a \neq 0$,所以级数发散.

(2) $\displaystyle\sum_{n=1}^{\infty}\left[\dfrac{1}{2^n}+\dfrac{(-1)^n}{7^n}\right] = \sum_{n=1}^{\infty}\dfrac{1}{2^n} + \sum_{n=1}^{\infty}\dfrac{(-1)^n}{7^n}$,级数 $\displaystyle\sum_{n=1}^{\infty}\dfrac{1}{2^n}$ 和 $\displaystyle\sum_{n=1}^{\infty}\dfrac{(-1)^n}{7^n}$ 是公比分别为

$\dfrac{1}{2}$ 和 $-\dfrac{1}{7}$ 的等比级数,所以原级数收敛.

(3) 因为 $\lim\limits_{n\to\infty} u_n = \lim\limits_{n\to\infty} \sqrt{\dfrac{n+1}{2n-1}} = \sqrt{\dfrac{1}{2}} \neq 0$,所以级数发散.

(4) 因为 $\lim\limits_{n\to\infty} u_n = \lim\limits_{n\to\infty} \sin\dfrac{n\pi}{2}$ 不存在,所以级数发散.

5. 已知级数前 n 项的部分和 s_n 如下,求出级数的一般项与级数和.

$(1) s_n = \dfrac{n}{n+1}.$ $\qquad\qquad$ $(2) s_n = \arctan n.$

解 (1) $u_n = s_n - s_{n-1} = \dfrac{n}{n+1} - \dfrac{n-1}{n} = \dfrac{1}{n(n+1)}$. $s = \lim\limits_{n\to\infty} s_n = \lim\limits_{n\to\infty}\dfrac{n}{n+1} = 1$.

(2) $u_n = s_n - s_{n-1} = \arctan n - \arctan(n-1) = \arctan\dfrac{1}{1+n(n-1)}$. $s = \lim\limits_{n\to\infty} s_n = \lim\limits_{n\to\infty}\arctan n = \dfrac{\pi}{2}$.

6. 判别下列级数的敛散性.

$(1) \left(\dfrac{1}{2}+\dfrac{1}{3}\right) + \left(\dfrac{1}{2^2}+\dfrac{1}{3^2}\right) + \left(\dfrac{1}{2^3}+\dfrac{1}{3^3}\right) + \cdots + \left(\dfrac{1}{2^n}+\dfrac{1}{3^n}\right) + \cdots.$

$(2) \dfrac{1}{1\cdot4} + \dfrac{1}{4\cdot7} + \dfrac{1}{7\cdot10} + \cdots + \dfrac{1}{(3n-2)(3n+1)} + \cdots.$

解 $(1) s_n = \left(\dfrac{1}{2}+\dfrac{1}{3}\right) + \left(\dfrac{1}{2^2}+\dfrac{1}{3^2}\right) + \left(\dfrac{1}{2^3}+\dfrac{1}{3^3}\right) + \cdots + \left(\dfrac{1}{2^n}+\dfrac{1}{3^n}\right)$

$\qquad = \left(\dfrac{1}{2}+\dfrac{1}{2^2}+\cdots+\dfrac{1}{2^n}\right) + \left(\dfrac{1}{3}+\dfrac{1}{3^2}+\cdots+\dfrac{1}{3^n}\right) = \left(1-\dfrac{1}{2^n}\right) + \dfrac{1}{2}\cdot\left(1-\dfrac{1}{3^n}\right),$

$\lim\limits_{n\to\infty} s_n = \lim\limits_{n\to\infty}\left[\left(1-\dfrac{1}{2^n}\right) + \dfrac{1}{2}\cdot\left(1-\dfrac{1}{3^n}\right)\right] = \dfrac{3}{2}$,故原级数收敛.

(2) 因为

$$s_n = \dfrac{1}{1\cdot4} + \dfrac{1}{4\cdot7} + \dfrac{1}{7\cdot10} + \cdots + \dfrac{1}{(3n-2)(3n+1)}$$

$$= \dfrac{1}{3}\left(1-\dfrac{1}{4} + \dfrac{1}{4}-\dfrac{1}{7} + \dfrac{1}{7}-\dfrac{1}{10} + \cdots + \dfrac{1}{3n-2}-\dfrac{1}{3n+1}\right) = \dfrac{1}{3}\left(1-\dfrac{1}{3n+1}\right),$$

$\lim\limits_{n\to\infty} s_n = \lim\limits_{n\to\infty}\dfrac{1}{3}\left(1-\dfrac{1}{3n+1}\right) = \dfrac{1}{3}$,故原级数收敛.

提高题

1. 判别下列级数的敛散性，如果收敛，求出其和.

(1) $\displaystyle\sum_{n=1}^{\infty}\left[\frac{1}{3^n}+(-1)^{n-1}\frac{3}{2^{n-1}}\right]$.　　　　(2) $\displaystyle\sum_{n=1}^{\infty}\left[\frac{3}{(n+1)(n+2)}+\left(1+\frac{1}{n}\right)^{-n}\right]$.

解 (1) 由于级数 $\displaystyle\sum_{n=1}^{\infty}\frac{1}{3^n}$ 与 $\displaystyle\sum_{n=1}^{\infty}(-1)^{n-1}\frac{3}{2^{n-1}}$ 是公比分别为 $\frac{1}{3}$ 和 $-\frac{1}{2}$ 的等比级数，

所以 $\displaystyle\sum_{n=1}^{\infty}\frac{1}{3^n}$ 与 $\displaystyle\sum_{n=1}^{\infty}(-1)^{n-1}\frac{3}{2^{n-1}}$ 都收敛.

$$\sum_{n=1}^{\infty}\left[\frac{1}{3^n}+(-1)^{n-1}\frac{3}{2^{n-1}}\right]=\sum_{n=1}^{\infty}\frac{1}{3^n}+\sum_{n=1}^{\infty}(-1)^{n-1}\frac{3}{2^{n-1}},$$

故原级数收敛，且其和 $s=\dfrac{\frac{1}{3}}{1-\frac{1}{3}}+\dfrac{3}{1+\frac{1}{2}}=\dfrac{5}{2}$.

(2) 因为 $\displaystyle\lim_{n\to\infty}\left[\frac{3}{(n+1)(n+2)}+\left(1+\frac{1}{n}\right)^{-n}\right]=\lim_{n\to\infty}\frac{3}{(n+1)(n+2)}+\lim_{n\to\infty}\left(1+\frac{1}{n}\right)^{-n}=\frac{1}{e}\neq0$，

所以原级数发散.

2. 已知 $\displaystyle\sum_{n=1}^{\infty}(-1)^{n-1}a_n=2$，$\displaystyle\sum_{n=1}^{\infty}a_{2n-1}=5$，求级数 $\displaystyle\sum_{n=1}^{\infty}a_n$ 的和.

解 因为 $\displaystyle\sum_{n=1}^{\infty}(-1)^{n-1}a_n=\sum_{n=1}^{\infty}a_{2n-1}-\sum_{n=1}^{\infty}a_{2n}=5-\sum_{n=1}^{\infty}a_{2n}=2$，$\displaystyle\sum_{n=1}^{\infty}a_{2n}=3$，所以

$$\sum_{n=1}^{\infty}a_n=\sum_{n=1}^{\infty}a_{2n}+\sum_{n=1}^{\infty}a_{2n-1}=3+5=8.$$

3. 设有两条抛物线 $y=nx^2+\frac{1}{n}$ 和 $y=(n+1)x^2+\frac{1}{n+1}$，并设它们交点的横坐标的绝

对值为 a_n.

(1) 求这两条抛物线所围成的平面图形的面积 S_n.

(2) 求级数 $\displaystyle\sum_{n=1}^{\infty}\frac{S_n}{a_n}$ 的和.

解 (1) 解方程组 $\begin{cases}y=nx^2+\dfrac{1}{n},\\[2mm]y=(n+1)x^2+\dfrac{1}{n+1},\end{cases}$ 得 $x_{1,2}=\pm\dfrac{1}{\sqrt{n(n+1)}}$，所以 $a_n=\dfrac{1}{\sqrt{n(n+1)}}$.

两条抛物线所围成的平面图形的面积

$$S_n=\int_{-\frac{1}{\sqrt{n(n+1)}}}^{\frac{1}{\sqrt{n(n+1)}}}\left[nx^2+\frac{1}{n}-(n+1)x^2-\frac{1}{n+1}\right]dx=\frac{4}{3n(n+1)\sqrt{n(n+1)}}.$$

（2）由（1）有 $\dfrac{S_n}{a_n} = \dfrac{4}{3} \cdot \dfrac{1}{n(n+1)} = \dfrac{4}{3}\left(\dfrac{1}{n} - \dfrac{1}{n+1}\right)$，则 $\displaystyle\sum_{k=1}^{n} \dfrac{S_k}{a_k} = \dfrac{4}{3}\left(1 - \dfrac{1}{n+1}\right)$，从而

$$\sum_{n=1}^{\infty} \frac{S_n}{a_n} = \lim_{n\to\infty}\sum_{k=1}^{n}\frac{S_k}{a_k} = \lim_{n\to\infty}\frac{4}{3}\left(1 - \frac{1}{n+1}\right) = \frac{4}{3}.$$

同步习题 7.2

基础题

1. 用比较判别法判别下列级数的敛散性.

（1）$\displaystyle\sum_{n=1}^{\infty} \sin\frac{\pi}{n^2}$.

（2）$\displaystyle\sum_{n=1}^{\infty} \frac{n+1}{n^2+1}$.

（3）$\displaystyle\sum_{n=1}^{\infty} \frac{1}{n\sqrt{1+n}}$.

（4）$\displaystyle\sum_{n=1}^{\infty} \frac{1}{\ln(1+n)}$.

（1）因为 $\displaystyle\lim_{n\to\infty} \frac{\sin\dfrac{\pi}{n^2}}{\dfrac{1}{n^2}} = \pi$，而级数 $\displaystyle\sum_{n=1}^{\infty} \frac{1}{n^2}$ 收敛，故级数 $\displaystyle\sum_{n=1}^{\infty} \sin\frac{\pi}{n^2}$ 收敛.

（2）因为 $\displaystyle\lim_{n\to\infty} \frac{\dfrac{n+1}{n^2+1}}{\dfrac{1}{n}} = \lim_{n\to\infty} \frac{n^2+n}{n^2+1} = 1$，而级数 $\displaystyle\sum_{n=1}^{\infty} \frac{1}{n}$ 发散，故级数 $\displaystyle\sum_{n=1}^{\infty} \frac{n+1}{n^2+1}$ 发散.

（3）因为 $\displaystyle\lim_{n\to\infty} \frac{\dfrac{1}{n\sqrt{1+n}}}{\dfrac{1}{n^{\frac{3}{2}}}} = 1$，而级数 $\displaystyle\sum_{n=1}^{\infty} \frac{1}{n^{\frac{3}{2}}}$ 收敛，故级数 $\displaystyle\sum_{n=1}^{\infty} \frac{1}{n\sqrt{1+n}}$ 收敛.

（4）由 $\ln(1+n) < n$ 知 $\dfrac{1}{\ln(1+n)} > \dfrac{1}{n}$，而级数 $\displaystyle\sum_{n=1}^{\infty} \frac{1}{n}$ 发散，故级数 $\displaystyle\sum_{n=1}^{\infty} \frac{1}{\ln(1+n)}$ 发散.

2. 用比值判别法判别下列级数的敛散性.

（1）$\displaystyle\sum_{n=1}^{\infty} \frac{5^n n!}{n^n}$.

（2）$\displaystyle\sum_{n=1}^{\infty} n\sin\frac{1}{2^n}$.

（3）$\displaystyle\sum_{n=1}^{\infty} \frac{3^n}{n \cdot 2^n}$.

（4）$\displaystyle\sum_{n=1}^{\infty} \frac{n}{e^n}$.

（1）因为 $\displaystyle\lim_{n\to\infty} \frac{u_{n+1}}{u_n} = \lim_{n\to\infty}\left[\frac{5^{n+1}(n+1)!}{(n+1)^{n+1}} \cdot \frac{n^n}{5^n n!}\right] = \lim_{n\to\infty} 5\left(\frac{n}{n+1}\right)^n = \frac{5}{e} > 1$，所以级数

$\displaystyle\sum_{n=1}^{\infty}\frac{5^n n!}{n^n}$ 发散.

(2) 因为 $\displaystyle\lim_{n\to\infty}\frac{u_{n+1}}{u_n}=\lim_{n\to\infty}\frac{(n+1)\sin\dfrac{1}{2^{n+1}}}{n\sin\dfrac{1}{2^n}}=\lim_{n\to\infty}\frac{(n+1)\cdot\dfrac{1}{2^{n+1}}}{n\cdot\dfrac{1}{2^n}}=\frac{1}{2}<1$，所以级数 $\displaystyle\sum_{n=1}^{\infty}n\sin\frac{1}{2^n}$ 收敛.

(3) 因为 $\displaystyle\lim_{n\to\infty}\frac{u_{n+1}}{u_n}=\lim_{n\to\infty}\left[\frac{3^{n+1}}{(n+1)\cdot 2^{n+1}}\cdot\frac{n\cdot 2^n}{3^n}\right]=\lim_{n\to\infty}\frac{3n}{2(n+1)}=\frac{3}{2}>1$，所以级数

$\displaystyle\sum_{n=1}^{\infty}\frac{3^n}{n\cdot 2^n}$ 发散.

(4) 因为 $\displaystyle\lim_{n\to\infty}\frac{u_{n+1}}{u_n}=\lim_{n\to\infty}\left(\frac{n+1}{e^{n+1}}\cdot\frac{e^n}{n}\right)=\lim_{n\to\infty}\left(\frac{1}{e}\cdot\frac{n+1}{n}\right)=\frac{1}{e}<1$，所以级数 $\displaystyle\sum_{n=1}^{\infty}\frac{n}{e^n}$ 收敛.

3. 用根值判别法判别下列级数的敛散性.

(1) $\displaystyle\sum_{n=1}^{\infty}\left(\frac{n}{3n+1}\right)^n$.　　　　　(2) $\displaystyle\sum_{n=1}^{\infty}\left(\frac{n+1}{n\cdot 2^n}\right)^{n^2}$.

(3) $\displaystyle\sum_{n=1}^{\infty}\frac{3^n}{1+e^n}$.　　　　　(4) $\displaystyle\sum_{n=1}^{\infty}\frac{1}{\ln^n(1+n)}$.

解　(1) 因为 $\displaystyle\lim_{n\to\infty}\sqrt[n]{u_n}=\lim_{n\to\infty}\sqrt[n]{\left(\frac{n}{3n+1}\right)^n}=\lim_{n\to\infty}\frac{n}{3n+1}=\frac{1}{3}<1$，所以级数 $\displaystyle\sum_{n=1}^{\infty}\left(\frac{n}{3n+1}\right)^n$

收敛.

(2) 因为 $\displaystyle\lim_{n\to\infty}\sqrt[n]{u_n}=\lim_{n\to\infty}\sqrt[n]{\left(\frac{n+1}{n\cdot 2^n}\right)^{n^2}}=\lim_{n\to\infty}\frac{\left(1+\dfrac{1}{n}\right)^n}{2^n}=0<1$，所以级数 $\displaystyle\sum_{n=1}^{\infty}\left(\frac{n+1}{n\cdot 2^n}\right)^{n^2}$

收敛.

(3) 因为 $\displaystyle\lim_{n\to\infty}\sqrt[n]{u_n}=\lim_{n\to\infty}\sqrt[n]{\frac{3^n}{1+e^n}}=\lim_{n\to\infty}\frac{3}{\sqrt[n]{1+e^n}}=\frac{3}{e}>1$，所以级数 $\displaystyle\sum_{n=1}^{\infty}\frac{3^n}{1+e^n}$ 发散.

(4) 因为 $\displaystyle\lim_{n\to\infty}\sqrt[n]{u_n}=\lim_{n\to\infty}\sqrt[n]{\frac{1}{\ln^n(1+n)}}=\lim_{n\to\infty}\frac{1}{\ln(1+n)}=0<1$，所以级数 $\displaystyle\sum_{n=1}^{\infty}\frac{1}{\ln^n(1+n)}$

收敛.

4. 判别下列交错级数的敛散性.

(1) $\displaystyle\sum_{n=1}^{\infty}(-1)^{n-1}\frac{1}{\sqrt{n}}$.　　　　　(2) $\displaystyle\sum_{n=1}^{\infty}(-1)^{n-1}\frac{n}{3^{n-1}}$.

(3) $\displaystyle\sum_{n=1}^{\infty}(-1)^n\frac{n}{2n-1}$.　　　　　(4) $\displaystyle\sum_{n=2}^{\infty}(-1)^n\frac{1}{\ln n}$.

解　(1) $u_n=\dfrac{1}{\sqrt{n}}>0$，数列 $\{u_n\}$ 单调递减且 $\displaystyle\lim_{n\to\infty}u_n=0$，由莱布尼茨定理知级数

$\displaystyle\sum_{n=1}^{\infty}(-1)^{n-1}\frac{1}{\sqrt{n}}$ 收敛.

（2）$u_n=\dfrac{n}{3^{n-1}}>0$，设 $f(x)=\dfrac{x}{3^{x-1}}$，则 $f'(x)=\dfrac{1-x\ln 3}{3^{x-1}}<0$，$f(x)$ 在 $[1,+\infty)$ 上单调递

减，因而数列 $\{u_n\}$ 单调递减. 因为 $\lim\limits_{x\to+\infty}f(x)=\lim\limits_{x\to+\infty}\dfrac{x}{3^{x-1}}=\lim\limits_{x\to+\infty}\dfrac{1}{3^{x-1}\ln 3}=0$，所以 $\lim\limits_{n\to\infty}u_n=0$，

由莱布尼茨定理知级数 $\displaystyle\sum_{n=1}^{\infty}(-1)^{n-1}\frac{n}{3^{n-1}}$ 收敛.

（3）因为 $\lim\limits_{n\to\infty}u_n=\lim\limits_{n\to\infty}(-1)^n\dfrac{n}{2n-1}\neq 0$，所以级数 $\displaystyle\sum_{n=1}^{\infty}(-1)^n\frac{n}{2n-1}$ 发散.

（4）$u_n=\dfrac{1}{\ln n}>0$，数列 $\{u_n\}$ 单调递减且 $\lim\limits_{n\to\infty}u_n=0$，由莱布尼茨定理知级数 $\displaystyle\sum_{n=2}^{\infty}(-1)^n\frac{1}{\ln n}$

收敛.

5. 判别下列级数的敛散性. 如果收敛，请指出是绝对收敛还是条件收敛.

（1）$\displaystyle\sum_{n=1}^{\infty}\frac{\sin\frac{n\pi}{5}}{2^n}$.　　　　　　（2）$\displaystyle\sum_{n=1}^{\infty}\frac{(-1)^n 3^n}{n!}$.

（3）$\displaystyle\sum_{n=1}^{\infty}(-1)^n(\sqrt{n+1}-\sqrt{n})$.　（4）$\displaystyle\sum_{n=1}^{\infty}(-1)^{n-1}\frac{\sqrt{n}}{n+1}$.

解（1）因为 $|u_n|=\left|\dfrac{\sin\frac{n\pi}{5}}{2^n}\right|\leqslant\dfrac{1}{2^n}$，而级数 $\displaystyle\sum_{n=1}^{\infty}\frac{1}{2^n}$ 收敛，所以级数 $\displaystyle\sum_{n=1}^{\infty}\frac{\sin\frac{n\pi}{5}}{2^n}$ 绝

对收敛.

（2）因为 $\lim\limits_{n\to\infty}\dfrac{|u_{n+1}|}{|u_n|}=\lim\limits_{n\to\infty}\left[\dfrac{3^{n+1}}{(n+1)!}\cdot\dfrac{n!}{3^n}\right]=\lim\limits_{n\to\infty}\dfrac{3}{n+1}=0<1$，所以级数 $\displaystyle\sum_{n=1}^{\infty}\frac{(-1)^n 3^n}{n!}$ 绝

对收敛.

（3）先考察级数 $\displaystyle\sum_{n=1}^{\infty}|u_n|=\sum_{n=1}^{\infty}(\sqrt{n+1}-\sqrt{n})$. 因为 $s_n=$

$\displaystyle\sum_{k=1}^{n}(\sqrt{k+1}-\sqrt{k})=\sqrt{n+1}-1$，所以 $\lim\limits_{n\to\infty}s_n=\lim\limits_{n\to\infty}(\sqrt{n+1}-1)=+\infty$，

从而级数 $\displaystyle\sum_{n=1}^{\infty}|u_n|$ 发散.

基础题 5（3）

再考察级数 $\displaystyle\sum_{n=1}^{\infty}(-1)^n(\sqrt{n+1}-\sqrt{n})$. 因为 $\sqrt{n+1}-\sqrt{n}=$

$\dfrac{1}{\sqrt{n+1}+\sqrt{n}}>0$，数列 $\{\sqrt{n+1}-\sqrt{n}\}$ 单调递减且 $\lim\limits_{n\to\infty}(\sqrt{n+1}-\sqrt{n})=0$，所以由莱布尼茨定

理知级数 $\displaystyle\sum_{n=1}^{\infty}(-1)^n(\sqrt{n+1}-\sqrt{n})$ 收敛. 故级数 $\displaystyle\sum_{n=1}^{\infty}(-1)^n(\sqrt{n+1}-\sqrt{n})$ 条件收敛.

(4) 先考察级数 $\sum\limits_{n=1}^{\infty} |u_n| = \sum\limits_{n=1}^{\infty} \dfrac{\sqrt{n}}{n+1}$. 因为 $\dfrac{\sqrt{n}}{n+1} > \dfrac{1}{n+1}$, 而级数 $\sum\limits_{n=1}^{\infty} \dfrac{1}{n+1}$ 发散, 所以

级数 $\sum\limits_{n=1}^{\infty} |u_n|$ 发散.

再考察级数 $\sum\limits_{n=1}^{\infty} (-1)^{n-1} \dfrac{\sqrt{n}}{n+1}$. 因为 $\dfrac{\sqrt{n}}{n+1} > 0$, 数列 $\left\{ \dfrac{\sqrt{n}}{n+1} \right\}$ 单调递减且 $\lim\limits_{n\to\infty} \dfrac{\sqrt{n}}{n+1} = 0$,

所以由莱布尼茨定理知级数 $\sum\limits_{n=1}^{\infty} (-1)^{n-1} \dfrac{\sqrt{n}}{n+1}$ 收敛. 故级数 $\sum\limits_{n=1}^{\infty} (-1)^{n-1} \dfrac{\sqrt{n}}{n+1}$ 条件收敛.

6. 判别下列级数的敛散性.

(1) $\sum\limits_{n=1}^{\infty} \sin \dfrac{\pi}{2^n}$.　　　　　(2) $\sum\limits_{n=1}^{\infty} 2^n \sin \dfrac{\pi}{3^n}$.

(3) $\sum\limits_{n=1}^{\infty} \dfrac{\sqrt{n+1}}{n}$.　　　　　(4) $\sum\limits_{n=1}^{\infty} \left(1 - \cos \dfrac{1}{n} \right)$.

解 (1) 因为 $\lim\limits_{n\to\infty} \dfrac{\sin \dfrac{\pi}{2^n}}{\dfrac{1}{2^n}} = \pi$, 而级数 $\sum\limits_{n=1}^{\infty} \dfrac{1}{2^n}$ 收敛, 所以级数 $\sum\limits_{n=1}^{\infty} \sin \dfrac{\pi}{2^n}$ 收敛.

(2) 因为 $\lim\limits_{n\to\infty} \dfrac{u_{n+1}}{u_n} = \lim\limits_{n\to\infty} \dfrac{2^{n+1} \sin \dfrac{\pi}{3^{n+1}}}{2^n \sin \dfrac{\pi}{3^n}} = \lim\limits_{n\to\infty} \dfrac{2^{n+1} \dfrac{\pi}{3^{n+1}}}{2^n \dfrac{\pi}{3^n}} = \dfrac{2}{3} < 1$, 所以级数 $\sum\limits_{n=1}^{\infty} 2^n \sin \dfrac{\pi}{3^n}$ 收敛.

(3) 因为 $\dfrac{\sqrt{n+1}}{n} > \dfrac{1}{n}$, 而级数 $\sum\limits_{n=1}^{\infty} \dfrac{1}{n}$ 发散, 所以级数 $\sum\limits_{n=1}^{\infty} \dfrac{\sqrt{n+1}}{n}$ 发散.

(4) 因为 $\lim\limits_{n\to\infty} \dfrac{1 - \cos \dfrac{1}{n}}{\dfrac{1}{n^2}} = \dfrac{1}{2}$, 而级数 $\sum\limits_{n=1}^{\infty} \dfrac{1}{n^2}$ 收敛, 所以级数 $\sum\limits_{n=1}^{\infty} \left(1 - \cos \dfrac{1}{n} \right)$ 收敛.

提高题

1. 判别下列级数的敛散性.

(1) $\sum\limits_{n=1}^{\infty} \dfrac{n^2+1}{(2n^2-1)2^n}$.　　　　(2) $\sum\limits_{n=1}^{\infty} \dfrac{\left(1 + \dfrac{1}{n} \right)^n}{e^n}$.

(3) $\sum\limits_{n=1}^{\infty} \dfrac{n+1}{n^k+2}$ (k 为正整数).　(4) $\sum\limits_{n=1}^{\infty} \dfrac{x^n}{n^2}$.

解 （1）因为 $\lim\limits_{n\to\infty}\dfrac{u_{n+1}}{u_n}=\lim\limits_{n\to\infty}\dfrac{\dfrac{(n+1)^2+1}{[2(n+1)^2-1]2^{n+1}}}{\dfrac{n^2+1}{(2n^2-1)2^n}}=\lim\limits_{n\to\infty}\dfrac{(n^2+2n+2)(2n^2-1)}{2(n^2+1)(2n^2+4n+1)}=\dfrac{1}{2}<1$,

所以级数 $\sum\limits_{n=1}^{\infty}\dfrac{n^2+1}{(2n^2-1)2^n}$ 收敛.

（2）因为 $\lim\limits_{n\to\infty}\sqrt[n]{u_n}=\lim\limits_{n\to\infty}\sqrt[n]{\dfrac{\left(1+\dfrac{1}{n}\right)^n}{\mathrm{e}^n}}=\lim\limits_{n\to\infty}\dfrac{1+\dfrac{1}{n}}{\mathrm{e}}=\dfrac{1}{\mathrm{e}}<1$, 所以级数 $\sum\limits_{n=1}^{\infty}\dfrac{\left(1+\dfrac{1}{n}\right)^n}{\mathrm{e}^n}$ 收敛.

（3）当 $k=1$ 时，$\lim\limits_{n\to\infty}\dfrac{n+1}{n+2}=1\neq0$，级数 $\sum\limits_{n=1}^{\infty}\dfrac{n+1}{n+2}$ 发散.

当 $k=2$ 时，$\lim\limits_{n\to\infty}\dfrac{\dfrac{n+1}{n^2+2}}{\dfrac{1}{n}}=\lim\limits_{n\to\infty}\dfrac{n^2+n}{n^2+2}=1$，而级数 $\sum\limits_{n=1}^{\infty}\dfrac{1}{n}$ 发散，所以级数 $\sum\limits_{n=1}^{\infty}\dfrac{n+1}{n^2+2}$ 发散.

当 $k\geqslant3$ 时，$\lim\limits_{n\to\infty}\dfrac{\dfrac{n+1}{n^k+2}}{\dfrac{1}{n^2}}=\lim\limits_{n\to\infty}\dfrac{n^3+n^2}{n^k+2}=\begin{cases}1,&k=3,\\0,&k\geqslant4,\end{cases}$ 而级数 $\sum\limits_{n=1}^{\infty}\dfrac{1}{n^2}$ 收敛，所以级数

$\sum\limits_{n=1}^{\infty}\dfrac{n+1}{n^k+2}$ 收敛.

综上所述，当 $k=1,2$ 时，级数 $\sum\limits_{n=1}^{\infty}\dfrac{n+1}{n^k+2}$ 发散；当 $k\geqslant3$ 时，级数 $\sum\limits_{n=1}^{\infty}\dfrac{n+1}{n^k+2}$ 收敛.

（4）$\lim\limits_{n\to\infty}\left|\dfrac{u_{n+1}(x)}{u_n(x)}\right|=\lim\limits_{n\to\infty}\left|\dfrac{\dfrac{x^{n+1}}{(n+1)^2}}{\dfrac{x^n}{n^2}}\right|=\lim\limits_{n\to\infty}\dfrac{n^2}{(n+1)^2}\,|x|=|x|$，由比值判别法知，当

$|x|<1$ 时，级数收敛；当 $|x|>1$ 时，级数发散；当 $x=1$ 时，级数变为 $\sum\limits_{n=1}^{\infty}\dfrac{1}{n^2}$，收敛；当 $x=-1$ 时，级数变为 $\sum\limits_{n=1}^{\infty}\dfrac{(-1)^n}{n^2}$，收敛.

综上所述，当 $|x|>1$ 时，级数发散；当 $|x|\leqslant1$ 时，级数收敛.

2. 利用级数收敛的必要条件证明 $\lim\limits_{n\to\infty}\dfrac{n^n}{(n!)^2}=0$.

证明 考察级数 $\sum\limits_{n=1}^{\infty}\dfrac{n^n}{(n!)^2}$. 因为

提高题2

$$\lim_{n\to\infty}\frac{u_{n+1}}{u_n}=\lim_{n\to\infty}\left\{\frac{(n+1)^{n+1}}{[(n+1)!]^2}\cdot\frac{(n!)^2}{n^n}\right\}=\lim_{n\to\infty}\left[\frac{1}{n+1}\cdot\left(\frac{n+1}{n}\right)^n\right]=0<1,$$

所以级数 $\displaystyle\sum_{n=1}^{\infty}\frac{n^n}{(n!)^2}$ 收敛. 由级数收敛的必要条件知 $\displaystyle\lim_{n\to\infty}\frac{n^n}{(n!)^2}=0$.

3. 设 $a_n=\displaystyle\int_0^{\frac{\pi}{4}}\tan^n x\mathrm{d}x$.

(1) 求 $\displaystyle\sum_{n=1}^{\infty}\frac{1}{n}(a_n+a_{n+2})$ 的值.

(2) 证明：对任意的常数 $\lambda>0$，级数 $\displaystyle\sum_{n=1}^{\infty}\frac{a_n}{n^{\lambda}}$ 收敛.

解 (1) 因为 $a_n+a_{n+2}=\displaystyle\int_0^{\frac{\pi}{4}}\tan^n x\mathrm{d}x+\int_0^{\frac{\pi}{4}}\tan^{n+2}x\mathrm{d}x=\int_0^{\frac{\pi}{4}}\tan^n x(1+\tan^2 x)\mathrm{d}x$

$=\displaystyle\int_0^{\frac{\pi}{4}}\tan^n x\mathrm{d}\tan x=\frac{1}{n+1}$, 所以 $\displaystyle\sum_{n=1}^{\infty}\frac{1}{n}(a_n+a_{n+2})=\sum_{n=1}^{\infty}\frac{1}{n(n+1)}$. 级数 $\displaystyle\sum_{n=1}^{\infty}\frac{1}{n}(a_n+a_{n+2})$ 的

前 n 项和 $s_n=\displaystyle\sum_{k=1}^{n}\frac{1}{k(k+1)}=1-\frac{1}{n+1}$, 且 $\displaystyle\lim_{n\to\infty}s_n=1$, 故 $\displaystyle\sum_{n=1}^{\infty}\frac{1}{n}(a_n+a_{n+2})=1$.

(2) 因为 $a_n\leqslant a_n+a_{n+2}=\dfrac{1}{n+1}$, 所以 $\dfrac{a_n}{n^{\lambda}}<\dfrac{1}{n^{\lambda}(n+1)}<\dfrac{1}{n^{\lambda+1}}$. 由 $\lambda+1>1$ 知级数 $\displaystyle\sum_{n=1}^{\infty}\frac{1}{n^{\lambda+1}}$ 收

敛, 所以级数 $\displaystyle\sum_{n=1}^{\infty}\frac{a_n}{n^{\lambda}}$ 收敛.

同步习题 7.3

1. 选择题.

(1) 已知幂级数 $\displaystyle\sum_{n=1}^{\infty}a_n(x+1)^n$ 在 $x=1$ 处收敛, 则该幂级数在 $x=-2$ 处(　　).

　A. 条件收敛　　　　B. 绝对收敛　　　　C. 发散　　　　D. 无法确定敛散性

解 由幂级数 $\displaystyle\sum_{n=1}^{\infty}a_n(x+1)^n$ 在 $x=1$ 处收敛可知, 其收敛半径 $R\geqslant 1-(-1)=2$. 又

因为 $|-2-(-1)|=1<2$, 所以幂级数 $\displaystyle\sum_{n=1}^{\infty}a_n(x+1)^n$ 在 $x=-2$ 处绝对收敛. 故应选 B.

(2) 若级数 $\displaystyle\sum_{n=1}^{\infty}a_n$ 条件收敛, 则 $x=\sqrt{3}$ 与 $x=3$ 依次为幂级数 $\displaystyle\sum_{n=1}^{\infty}\frac{a_n}{n}(x-1)^n$ 的(　　).

　A. 收敛点、收敛点　　　　　　　B. 收敛点、发散点

C. 发散点、收敛点　　　　　　D. 发散点、发散点

 由级数 $\sum\limits_{n=1}^{\infty} a_n$ 条件收敛可得，幂级数 $\sum\limits_{n=1}^{\infty} a_n x^{n-1}$ 的收敛半径为 $R=1$. 因此，

幂级数 $\sum\limits_{n=1}^{\infty} a_n(x-1)^{n-1}$ 的收敛半径也是 $R=1$.

又因为 $\left[\sum\limits_{n=1}^{\infty} \dfrac{a_n}{n}(x-1)^n\right]' = \sum\limits_{n=1}^{\infty} a_n(x-1)^{n-1}$，幂级数逐项求导之后收敛半径不变，

所以幂级数 $\sum\limits_{n=1}^{\infty} \dfrac{a_n}{n}(x-1)^n$ 的收敛半径也是 $R=1$. 因此，$x=\sqrt{3}$ 与 $x=3$ 依次为幂级数

$\sum\limits_{n=1}^{\infty} \dfrac{a_n}{n}(x-1)^n$ 的收敛点和发散点. 故应选 B.

2. 填空题.

(1) 已知幂级数 $\sum\limits_{n=1}^{\infty} a_n x^n$ 的收敛半径为 $R=3$，则幂级数 $\sum\limits_{n=1}^{\infty} n a_n(x-1)^n$ 的收敛区

间为_____.

解 由于幂级数 $\sum\limits_{n=1}^{\infty} a_n x^n$ 的收敛半径为 $R=3$，幂级数逐项求导之后收敛半径不

变，所以幂级数 $\sum\limits_{n=1}^{\infty} n a_n(x-1)^n$ 的收敛半径也是 $R=3$. 因此，收敛区间为 $(-2,4)$.
故应填 $(-2,4)$.

(2) 设幂级数 $\sum\limits_{n=1}^{\infty} a_n(x+1)^n$ 在 $x=0$ 处收敛、在 $x=-2$ 处发散，则幂级数 $\sum\limits_{n=1}^{\infty} \dfrac{a_n}{2^n}(x-3)^n$

的收敛域为_____.

解 由幂级数 $\sum\limits_{n=1}^{\infty} a_n(x+1)^n$ 在 $x=0$ 处收敛、在 $x=-2$ 处发散，可知其收敛半径为

$R=1$，收敛域为 $(-2,0]$. 从而幂级数 $\sum\limits_{n=1}^{\infty} a_n x^n$ 的收敛半径为 $R=1$，收敛域为 $(-1,1]$.

又 $\sum\limits_{n=1}^{\infty} \dfrac{a_n}{2^n}(x-3)^n = \sum\limits_{n=1}^{\infty} a_n\left(\dfrac{x-3}{2}\right)^n$，由 $-1<\dfrac{x-3}{2}\leqslant 1$ 得 $1<x\leqslant 5$，所以幂级数 $\sum\limits_{n=1}^{\infty} \dfrac{a_n}{2^n}(x-3)^n$

的收敛域为 $(1,5]$. 故应填 $(1,5]$.

3. 求下列幂级数的收敛区间.

(1) $\sum\limits_{n=0}^{\infty} \dfrac{2^n}{n^2+1}x^n$.

(2) $\sum\limits_{n=1}^{\infty} \dfrac{x^n}{\ln(n+1)}$.

(3) $\sum\limits_{n=1}^{\infty} \dfrac{(x+1)^n}{n\cdot 5^n}$.

(4) $\sum\limits_{n=1}^{\infty} \dfrac{x^{2n-1}}{2^n}$.

解 (1) 因为 $\rho=\lim\limits_{n\to\infty}\left|\dfrac{a_{n+1}}{a_n}\right|=\lim\limits_{n\to\infty}\left[\dfrac{2^{n+1}}{(n+1)^2+1}\cdot\dfrac{n^2+1}{2^n}\right]=\lim\limits_{n\to\infty}\dfrac{2(n^2+1)}{n^2+2n+2}=2$，所以收敛

半径 $R=\dfrac{1}{\rho}=\dfrac{1}{2}$，收敛区间为 $\left(-\dfrac{1}{2},\dfrac{1}{2}\right)$.

(2)因为 $\rho=\lim\limits_{n\to\infty}\left|\dfrac{a_{n+1}}{a_n}\right|=\lim\limits_{n\to\infty}\dfrac{\ln(n+1)}{\ln(n+2)}=1$，所以收敛半径 $R=\dfrac{1}{\rho}=1$，收敛区间为 $(-1,1)$.

(3)因为 $\rho=\lim\limits_{n\to\infty}\left|\dfrac{a_{n+1}}{a_n}\right|=\lim\limits_{n\to\infty}\dfrac{n\cdot5^n}{(n+1)\cdot5^{n+1}}=\lim\limits_{n\to\infty}\dfrac{n}{5(n+1)}=\dfrac{1}{5}$，所以收敛半径 $R=\dfrac{1}{\rho}=$

5. 由 $-5<x+1<5$ 得 $-6<x<4$，故收敛区间为 $(-6,4)$.

(4)由于级数缺少偶次幂的项，所以直接应用比值判别法来求收敛区间.

$$\lim_{n\to\infty}\left|\dfrac{u_{n+1}(x)}{u_n(x)}\right|=\lim_{n\to\infty}\left|\dfrac{x^{2n+1}}{2^{n+1}}\cdot\dfrac{2^n}{x^{2n-1}}\right|=\dfrac{x^2}{2},$$

由比值判别法知，当 $\dfrac{x^2}{2}<1$ 时，级数收敛；当 $\dfrac{x^2}{2}>1$ 时，级数发散. 故收敛区间为 $(-\sqrt{2},\sqrt{2})$.

4. 求下列幂级数的收敛域.

(1) $\sum\limits_{n=0}^{\infty}\dfrac{2n+1}{n!}x^n$.

(2) $\sum\limits_{n=1}^{\infty}(-1)^{n-1}\dfrac{1}{n^2}x^{n-1}$.

(3) $\sum\limits_{n=1}^{\infty}\dfrac{(x-5)^n}{\sqrt{n}}$.

(4) $\sum\limits_{n=1}^{\infty}\dfrac{x^{2n+1}}{2n+1}$.

解 (1)因为 $\rho=\lim\limits_{n\to\infty}\left|\dfrac{a_{n+1}}{a_n}\right|=\lim\limits_{n\to\infty}\left[\dfrac{2n+3}{(n+1)!}\cdot\dfrac{n!}{2n+1}\right]=\lim\limits_{n\to\infty}\dfrac{2n+3}{(2n+1)(n+1)}=0$，所以收敛半径 $R=+\infty$，收敛域为 $(-\infty,+\infty)$.

(2)因为 $\rho=\lim\limits_{n\to\infty}\left|\dfrac{a_{n+1}}{a_n}\right|=\lim\limits_{n\to\infty}\dfrac{n^2}{(n+1)^2}=1$，所以收敛半径 $R=\dfrac{1}{\rho}=1$，收敛区间为 $(-1,1)$.

当 $x=1$ 时，级数变为 $\sum\limits_{n=1}^{\infty}(-1)^{n-1}\dfrac{1}{n^2}$，该级数收敛. 当 $x=-1$ 时，级数变为 $\sum\limits_{n=1}^{\infty}\dfrac{1}{n^2}$，该级数也收敛. 故原级数的收敛域为 $[-1,1]$.

(3)因为 $\rho=\lim\limits_{n\to\infty}\left|\dfrac{a_{n+1}}{a_n}\right|=\lim\limits_{n\to\infty}\dfrac{\sqrt{n}}{\sqrt{n+1}}=1$，所以收敛半径 $R=\dfrac{1}{\rho}=1$. 由 $-1<x-5<1$ 得 $4<x<6$，故收敛区间为 $(4,6)$.

当 $x=4$ 时，级数变为 $\sum\limits_{n=1}^{\infty}(-1)^n\dfrac{1}{\sqrt{n}}$，该级数收敛. 当 $x=6$ 时，级数变为 $\sum\limits_{n=1}^{\infty}\dfrac{1}{\sqrt{n}}$，该级数发散. 故原级数的收敛域为 $[4,6)$.

(4)由于级数缺少偶次幂的项，所以直接应用比值判别法来求收敛区间.

$$\lim_{n\to\infty}\left|\dfrac{u_{n+1}(x)}{u_n(x)}\right|=\lim_{n\to\infty}\left|\dfrac{x^{2n+3}}{2n+3}\cdot\dfrac{2n+1}{x^{2n+1}}\right|=\lim_{n\to\infty}\dfrac{2n+1}{2n+3}\cdot x^2=x^2,$$

由比值判别法知，当 $x^2<1$ 时，级数收敛；当 $x^2>1$ 时，级数发散. 故收敛区间为 $(-1,1)$.

当 $x=-1$ 时，级数变为 $\sum\limits_{n=1}^{\infty}\left(-\dfrac{1}{2n+1}\right)$，该级数发散；当 $x=1$ 时，级数变为 $\sum\limits_{n=1}^{\infty}\dfrac{1}{2n+1}$，该级数发散. 故原级数的收敛域为 $(-1,1)$.

5. 求下列幂级数的和函数.

(1) $\displaystyle\sum_{n=1}^{\infty} (-1)^{n-1} n x^{n-1}$.

(2) $\displaystyle\sum_{n=1}^{\infty} \frac{x^n}{n \cdot 4^n}$.

(3) $\displaystyle\sum_{n=1}^{\infty} (2n+1) x^n$.

(4) $\displaystyle\sum_{n=1}^{\infty} \left(\frac{1}{2n-1}-1\right) x^{2n-1}$.

解 (1) 易求幂级数 $\displaystyle\sum_{n=1}^{\infty} (-1)^{n-1} n x^{n-1}$ 的收敛域为 $(-1,1)$. 记幂级数的和函数为 $s(x)$, 则对于 $\forall x \in (-1,1)$, 有

$$s(x) = \sum_{n=1}^{\infty} (-1)^{n-1} n x^{n-1} = \sum_{n=1}^{\infty} \left[(-1)^{n-1} x^n\right]' = \left[\sum_{n=1}^{\infty} (-1)^{n-1} x^n\right]' = \left(\frac{x}{1+x}\right)' = \frac{1}{(1+x)^2}.$$

(2) 令 $t = \dfrac{x}{4}$, 则幂级数 $\displaystyle\sum_{n=1}^{\infty} \frac{x^n}{n \cdot 4^n} = \sum_{n=1}^{\infty} \frac{t^n}{n}$. 易求幂级数 $\displaystyle\sum_{n=1}^{\infty} \frac{t^n}{n}$ 的收敛域为 $[-1,1)$.

记 $s(t) = \displaystyle\sum_{n=1}^{\infty} \frac{t^n}{n}$, 则对于 $\forall x \in (-1,1)$, 对幂级数逐项求导可得

$$s'(t) = \left(\sum_{n=1}^{\infty} \frac{t^n}{n}\right)' = \sum_{n=1}^{\infty} \left(\frac{t^n}{n}\right)' = \sum_{n=1}^{\infty} t^{n-1} = \frac{1}{1-t},$$

所以 $s(t) = \displaystyle\int_0^t \frac{1}{1-t} \mathrm{d}t + s(0) = -\ln(1-t)$. 又幂级数 $\displaystyle\sum_{n=1}^{\infty} \frac{t^n}{n}$ 在 $t=-1$ 时收敛, 在 $t=1$ 时发散, 所以它的和函数为 $s(t) = \displaystyle\sum_{n=1}^{\infty} \frac{t^n}{n} = -\ln(1-t)\ (-1 \leqslant t < 1)$.

故幂级数 $\displaystyle\sum_{n=1}^{\infty} \frac{x^n}{n \cdot 4^n}$ 的和函数为 $\displaystyle\sum_{n=1}^{\infty} \frac{x^n}{n \cdot 4^n} = -\ln\left(1-\frac{x}{4}\right) = \ln\frac{4}{4-x}, x \in [-4,4)$.

(3) 易求幂级数 $\displaystyle\sum_{n=1}^{\infty} (2n+1) x^n$ 的收敛域为 $(-1,1)$. 记该幂级数的和函数为 $s(x)$, 则对于 $\forall x \in (-1,1)$, 有

$$s(x) = \sum_{n=1}^{\infty} (2n+1) x^n = 2x \sum_{n=1}^{\infty} n x^{n-1} + \sum_{n=1}^{\infty} x^n = 2x \sum_{n=1}^{\infty} (x^n)' + \sum_{n=1}^{\infty} x^n$$

$$= 2x \left(\sum_{n=1}^{\infty} x^n\right)' + \sum_{n=1}^{\infty} x^n = 2x \left(\frac{x}{1-x}\right)' + \frac{x}{1-x} = \frac{3x-x^2}{(1-x)^2}, x \in (-1,1).$$

(4) 记 $s(x) = \displaystyle\sum_{n=1}^{\infty} \left(\frac{1}{2n-1}-1\right) x^{2n-1} = \sum_{n=1}^{\infty} \frac{1}{2n-1} x^{2n-1} - \sum_{n=1}^{\infty} x^{2n-1}$.

考察幂级数 $\displaystyle\sum_{n=1}^{\infty} \frac{1}{2n-1} x^{2n-1}$ 和 $\displaystyle\sum_{n=1}^{\infty} x^{2n-1}$. 易求幂级数 $\displaystyle\sum_{n=1}^{\infty} \frac{1}{2n-1} x^{2n-1}$ 和 $\displaystyle\sum_{n=1}^{\infty} x^{2n-1}$ 的收敛域都是 $(-1,1)$. 记这两个幂级数的和函数分别为 $s_1(x)$ 和 $s_2(x)$, 则对于 $\forall x \in (-1,1)$, 有

$$s_1'(x) = \left(\sum_{n=1}^{\infty} \frac{1}{2n-1} x^{2n-1}\right)' = \sum_{n=1}^{\infty} \left(\frac{1}{2n-1} x^{2n-1}\right)' = \sum_{n=1}^{\infty} x^{2n-2} = \frac{1}{1-x^2},$$

$$s_1(x) = \int_0^x \frac{1}{1-t^2} \mathrm{d}t + s_1(0) = \frac{1}{2} \ln\frac{1+x}{1-x}, \quad s_2(x) = \sum_{n=1}^{\infty} x^{2n-1} = \frac{x}{1-x^2}.$$

所以 $s(x)=\sum_{n=1}^{\infty}\left(\frac{1}{2n-1}-1\right)x^{2n-1}=s_1(x)-s_2(x)=\frac{1}{2}\ln\frac{1+x}{1-x}-\frac{x}{1-x^2},x\in(-1,1)$.

提高题

1. 求下列幂级数的收敛域.

(1) $\sum_{n=0}^{\infty}\frac{1}{(2n)!!}x^n$.　　　　(2) $\sum_{n=1}^{\infty}\frac{3^n+(-2)^n}{n}(x+1)^n$.

解 (1)因为 $\rho=\lim_{n\to\infty}\left|\frac{a_{n+1}}{a_n}\right|=\lim_{n\to\infty}\frac{(2n)!!}{(2n+2)!!}=\lim_{n\to\infty}\frac{1}{2n+2}=0$,所以收敛半径 $R=+\infty$,

收敛域为 $(-\infty,+\infty)$.

(2)令 $t=x+1$,则幂级数 $\sum_{n=1}^{\infty}\frac{3^n+(-2)^n}{n}(x+1)^n$ 化为 $\sum_{n=1}^{\infty}\frac{3^n+(-2)^n}{n}t^n$.

由于 $3\sqrt[n]{\frac{1}{2n}}\leqslant\sqrt[n]{\frac{3^n+(-2)^n}{n}}\leqslant3\sqrt[n]{\frac{2}{n}}$,$\lim_{n\to\infty}3\sqrt[n]{\frac{2}{n}}=3$,$\lim_{n\to\infty}3\sqrt[n]{\frac{1}{2n}}=3$,所以 $\lim_{n\to\infty}\sqrt[n]{\frac{3^n+(-2)^n}{n}}$

$=3$. 因此,收敛半径 $R=\frac{1}{3}$. 当 $x+1=-\frac{1}{3}$,即 $x=-\frac{4}{3}$ 时,原级数为 $\sum_{n=1}^{\infty}\left[\frac{(-1)^n}{n}+\frac{1}{n}\cdot\left(\frac{2}{3}\right)^n\right]$,

该级数收敛. 当 $x+1=\frac{1}{3}$,即 $x=-\frac{2}{3}$ 时,原级数为 $\sum_{n=1}^{\infty}\left[\frac{1}{n}+\frac{1}{n}\cdot\left(-\frac{2}{3}\right)^n\right]$,该级数发

散. 故幂级数 $\sum_{n=1}^{\infty}\frac{3^n+(-2)^n}{n}(x+1)^n$ 的收敛域为 $\left[-\frac{4}{3},-\frac{2}{3}\right)$.

2. 求下列幂级数的和函数.

(1) $\sum_{n=1}^{\infty}n(n+1)x^n$.　　　　(2) $\sum_{n=1}^{\infty}\frac{x^{n+1}}{n(n+1)}$.

解 (1)易求幂级数 $\sum_{n=1}^{\infty}n(n+1)x^n$ 的收敛域为 $(-1,1)$. 记该幂级数的和函数为 $s(x)$,则对于 $\forall x\in(-1,1)$,有

$$s(x)=\sum_{n=1}^{\infty}n(n+1)x^n=x\sum_{n=1}^{\infty}n(n+1)x^{n-1}=x\sum_{n=1}^{\infty}(x^{n+1})''$$
$$=x\left(\sum_{n=1}^{\infty}x^{n+1}\right)''=x\left(\frac{x^2}{1-x}\right)''=\frac{2x}{(1-x)^3}.$$

(2)易求幂级数 $\sum_{n=1}^{\infty}\frac{x^{n+1}}{n(n+1)}$ 的收敛域为 $[-1,1]$. 记 $s(x)=\sum_{n=1}^{\infty}\frac{x^{n+1}}{n(n+1)}$,则对于 $\forall x\in(-1,1)$,有

$$s''(x)=\left[\sum_{n=1}^{\infty}\frac{x^{n+1}}{n(n+1)}\right]''=\sum_{n=1}^{\infty}\left[\frac{x^{n+1}}{n(n+1)}\right]''=\sum_{n=1}^{\infty}x^{n-1}=\frac{1}{1-x},$$

所以

$$s'(x) = \int_0^x \frac{1}{1-t}dt + s'(0) = -\ln(1-x),$$

$$s(x) = -\int_0^x \ln(1-t)dt + s(0) = (1-x)\ln(1-x) + x.$$

又原级数在 $x = \pm 1$ 处均收敛，故它的和函数为 $s(x) = (1-x)\ln(1-x) + x(-1 \leqslant x \leqslant 1)$.

3. 求幂级数 $1 + \sum_{n=1}^{\infty} (-1)^n \frac{x^{2n}}{2n}$ 的和函数 $s(x)$ 及其极值.

解 易求幂级数 $\sum_{n=1}^{\infty} (-1)^n \frac{x^{2n}}{2n}$ 的收敛域为 $(-1,1)$. 记 $s(x) = 1 + \sum_{n=1}^{\infty} (-1)^n \frac{x^{2n}}{2n}$,
则对于 $\forall x \in (-1,1)$，对幂级数逐项求导可得

$$s'(x) = \left[1 + \sum_{n=1}^{\infty} (-1)^n \frac{x^{2n}}{2n} \right]' = \sum_{n=1}^{\infty} \left[(-1)^n \frac{x^{2n}}{2n} \right]' = \sum_{n=1}^{\infty} (-1)^n x^{2n-1} = -\frac{x}{1+x^2},$$

故 $s(x) = \int_0^x \left(-\frac{t}{1+t^2} \right) dt + s(0) = 1 - \frac{1}{2}\ln(1+x^2), x \in (-1,1)$.

$s'(x) = -\frac{x}{1+x^2}$, $s''(x) = \frac{x^2-1}{1+x^2}$. 令 $s'(x) = 0$，解得唯一驻点 $x = 0$. 又 $s''(0) = -1 < 0$,
所以函数 $s(x)$ 在 $x = 0$ 处取极大值 $s(0) = 1$.

4. 求幂级数 $\sum_{n=1}^{\infty} (-1)^{n+1} \frac{x^{2n-1}}{2n-1}$ 的和函数，并求级数 $\sum_{n=1}^{\infty} \frac{(-1)^n}{2n-1} \left(\frac{1}{3} \right)^n$ 的和.

解 易求幂级数 $\sum_{n=1}^{\infty} (-1)^{n+1} \frac{x^{2n-1}}{2n-1}$ 的收敛域为 $[-1,1]$. 记 $s(x) = \sum_{n=1}^{\infty} (-1)^{n+1} \frac{x^{2n-1}}{2n-1}$,
则对于 $\forall x \in (-1,1)$，对幂级数逐项求导可得

$$s'(x) = \sum_{n=1}^{\infty} \left[(-1)^{n+1} \frac{x^{2n-1}}{2n-1} \right]' = \sum_{n=1}^{\infty} (-1)^{n+1} x^{2n-2} = \frac{1}{1+x^2},$$

故 $s(x) = \int_0^x \frac{1}{1+t^2}dt + s(0) = \arctan x$. 又原级数在 $x = \pm 1$ 处均收敛，所以它的和函数为

$$s(x) = \sum_{n=1}^{\infty} (-1)^{n+1} \frac{x^{2n-1}}{2n-1} = \arctan x, x \in [-1,1].$$

$$\sum_{n=1}^{\infty} \frac{(-1)^n}{2n-1} \left(\frac{1}{3} \right)^n = \frac{1}{\sqrt{3}} \sum_{n=1}^{\infty} \frac{(-1)^{n-1}}{2n-1} \left(-\frac{1}{\sqrt{3}} \right)^{2n-1} = \frac{1}{\sqrt{3}} s\left(-\frac{1}{\sqrt{3}} \right) = -\frac{\pi}{6\sqrt{3}}.$$

5. 求下列级数的和.

(1) $\sum_{n=1}^{\infty} n \left(\frac{1}{2} \right)^{n-1}$.   (2) $\sum_{n=0}^{\infty} \frac{(-1)^n (n^2-n+1)}{2^n}$.

解 (1) 考察幂级数 $\sum_{n=1}^{\infty} nx^{n-1}$. 易求此幂级数的收敛半径为
1. 当 $-1 < x < 1$ 时，

$$s(x) = \sum_{n=1}^{\infty} nx^{n-1} = \sum_{n=1}^{\infty} (x^n)' = \left(\sum_{n=1}^{\infty} x^n \right)' = \left(\frac{x}{1-x} \right)' = \frac{1}{(1-x)^2}.$$

提高题 5(2)

在上式中令 $x=\dfrac{1}{2}$，得 $\displaystyle\sum_{n=1}^{\infty} n\left(\dfrac{1}{2}\right)^{n-1}=s\left(\dfrac{1}{2}\right)=4$.

(2)考察幂级数 $\displaystyle\sum_{n=1}^{\infty} n(n-1)x^n$ 和 $\displaystyle\sum_{n=0}^{\infty} x^n$. 易求这两个幂级数的收敛半径均为1. 记这两个幂级数的和函数分别为 $s_1(x)$ 和 $s_2(x)$. 当 $-1<x<1$ 时，

$$s_1(x)=\sum_{n=1}^{\infty} n(n-1)x^n=x^2\sum_{n=1}^{\infty} n(n-1)x^{n-2}=x^2\left(\sum_{n=1}^{\infty} x^n\right)''=x^2\left(\frac{x}{1-x}\right)''=\frac{2x^2}{(1-x)^3},$$

$$s_2(x)=\sum_{n=0}^{\infty} x^n=\frac{1}{1-x},$$

所以 $\displaystyle\sum_{n=0}^{\infty}\frac{(-1)^n(n^2-n+1)}{2^n}=\sum_{n=1}^{\infty} n(n-1)\left(-\frac{1}{2}\right)^n+\sum_{n=0}^{\infty}\left(-\frac{1}{2}\right)^n=s_1\left(-\frac{1}{2}\right)+s_2\left(-\frac{1}{2}\right)=\frac{22}{27}.$

同步习题7.4

基础题

1. 将下列函数展开成 x 的幂级数，并求展开式成立的区间.

(1) $\dfrac{e^x-e^{-x}}{2}$.　　　　(2) $\ln(a+x)(a>0)$.

(3) $xa^x(a>0,a\neq1)$.　　　(4) $\sin^2 x$.

(5) $(1+x)\ln(1+x)$.　　　(6) $\dfrac{x}{\sqrt{1+x^2}}$.

 (1)由 $e^x=\displaystyle\sum_{n=0}^{\infty}\frac{x^n}{n!},x\in(-\infty,+\infty)$ 可得 $e^{-x}=\displaystyle\sum_{n=0}^{\infty}\frac{(-1)^n}{n!}x^n,x\in(-\infty,+\infty)$，故

$$\frac{e^x-e^{-x}}{2}=\frac{1}{2}\sum_{n=0}^{\infty}\frac{1-(-1)^n}{n!}x^n=\sum_{n=1}^{\infty}\frac{x^{2n-1}}{(2n-1)!},x\in(-\infty,+\infty).$$

(2)因为 $\ln(a+x)=\ln a+\ln\left(1+\dfrac{x}{a}\right)$，而 $\ln(1+x)=\displaystyle\sum_{n=1}^{\infty}\frac{(-1)^{n-1}}{n}x^n,x\in(-1,1]$，所以

$$\ln(a+x)=\ln a+\sum_{n=1}^{\infty}\frac{(-1)^{n-1}}{na^n}x^n,x\in(-a,a].$$

(3)因为 $e^x=\displaystyle\sum_{n=0}^{\infty}\frac{x^n}{n!},x\in(-\infty,+\infty)$，所以

$$xa^x=xe^{x\ln a}=x\sum_{n=0}^{\infty}\frac{(x\ln a)^n}{n!}=\sum_{n=0}^{\infty}\frac{\ln^n a}{n!}x^{n+1},x\in(-\infty,+\infty).$$

(4)方法1　因为 $\cos x=\displaystyle\sum_{n=0}^{\infty}\frac{(-1)^n}{(2n)!}x^{2n},x\in(-\infty,+\infty)$，所以

$$\sin^2 x = \frac{1}{2} - \frac{1}{2}\cos 2x = \frac{1}{2} - \frac{1}{2}\sum_{n=0}^{\infty}\frac{(-1)^n}{(2n)!}(2x)^{2n} = \sum_{n=1}^{\infty}\frac{(-1)^{n-1}}{2(2n)!}(2x)^{2n}, x\in(-\infty,+\infty).$$

方法 2　$(\sin^2 x)' = 2\sin x\cos x = \sin 2x = \sum_{n=1}^{\infty}\frac{(-1)^{n-1}}{(2n-1)!}(2x)^{2n-1}, x\in(-\infty,+\infty),$

将该式两端从 0 至 x 积分并逐项积分,得

$$\sin^2 x = \int_0^x (\sin^2 t)' \mathrm{d}t = \int_0^x \sum_{n=1}^{\infty}\frac{(-1)^{n-1}}{(2n-1)!}(2t)^{2n-1}\mathrm{d}t = \sum_{n=1}^{\infty}\frac{(-1)^{n-1}2^{2n-1}}{(2n)!}x^{2n}, x\in(-\infty,+\infty).$$

(5)方法 1　由 $\ln(1+x) = \sum_{n=1}^{\infty}\frac{(-1)^{n-1}}{n}x^n, x\in(-1,1]$ 得

$$(1+x)\ln(1+x) = \ln(1+x) + x\ln(1+x) = \sum_{n=1}^{\infty}\frac{(-1)^{n-1}}{n}x^n + x\sum_{n=1}^{\infty}\frac{(-1)^{n-1}}{n}x^n$$

$$= \sum_{n=1}^{\infty}\frac{(-1)^{n-1}}{n}x^n + \sum_{n=1}^{\infty}\frac{(-1)^{n-1}}{n}x^{n+1} = \sum_{n=1}^{\infty}\frac{(-1)^{n-1}}{n}x^n + \sum_{n=2}^{\infty}\frac{(-1)^n}{n-1}x^n$$

$$= x + \sum_{n=2}^{\infty}\left[\frac{(-1)^{n-1}}{n} + \frac{(-1)^n}{n-1}\right]x^n = x + \sum_{n=2}^{\infty}\frac{(-1)^n}{n(n-1)}x^n, x\in(-1,1].$$

方法 2　$[(1+x)\ln(1+x)]' = \ln(1+x) + 1 = 1 + \sum_{n=1}^{\infty}\frac{(-1)^{n-1}}{n}x^n, x\in(-1,1),$

将该式两端从 0 至 x 积分并逐项积分,得

$$(1+x)\ln(1+x) = x + \sum_{n=1}^{\infty}\frac{(-1)^{n-1}}{n(n+1)}x^{n+1} = x + \sum_{n=2}^{\infty}\frac{(-1)^n}{(n-1)n}x^n, x\in(-1,1).$$

当 $x=1$ 时,上式右端的幂级数收敛,且函数 $(1+x)\ln(1+x)$ 连续,所以

$$(1+x)\ln(1+x) = x + \sum_{n=2}^{\infty}\frac{(-1)^n x^n}{n(n-1)}, x\in(-1,1].$$

(6)在展开式 $\frac{1}{\sqrt{1+x}} = 1 + \sum_{n=1}^{\infty}(-1)^n\cdot\frac{1\cdot 3\cdot 5\cdot\cdots\cdot(2n-1)}{2\cdot 4\cdot 6\cdot\cdots\cdot(2n)}x^n, x\in(-1,1]$ 中用 x^2

替换 x,得 $\frac{1}{\sqrt{1+x^2}} = 1 + \sum_{n=1}^{\infty}(-1)^n\cdot\frac{1\cdot 3\cdot 5\cdot\cdots\cdot(2n-1)}{2\cdot 4\cdot 6\cdot\cdots\cdot(2n)}x^{2n}, x\in[-1,1],$

从而 $\frac{x}{\sqrt{1+x^2}} = x + \sum_{n=1}^{\infty}(-1)^n\cdot\frac{1\cdot 3\cdot 5\cdot\cdots\cdot(2n-1)}{2\cdot 4\cdot 6\cdot\cdots\cdot(2n)}x^{2n+1} = x + \sum_{n=1}^{\infty}\frac{(-1)^n(2n)!}{(n!)^2\cdot 2^{2n}}x^{2n+1}, x\in$

$[-1,1]$.

2. 将下列函数展开成 $x-2$ 的幂级数,并求展开式成立的区间.

$(1)\dfrac{1}{5-x}$.　　　　　　$(2)\ln x$.

解　$(1)\dfrac{1}{5-x} = \dfrac{1}{3-(x-2)} = \dfrac{1}{3\left(1-\dfrac{x-2}{3}\right)}$,因为 $\dfrac{1}{1-x} = \sum_{n=0}^{\infty}x^n[x\in(-1,1)]$,所以

$$\frac{1}{5-x} = \frac{1}{3}\sum_{n=0}^{\infty}\left(\frac{x-2}{3}\right)^n = \sum_{n=0}^{\infty}\frac{1}{3^{n+1}}(x-2)^n.$$

由 $-1 < \dfrac{x-2}{3} < 1$，可得 $-1 < x < 5$，所以展开式成立的区间为 $(-1, 5)$.

(2) $\ln x = \ln[2+(x-2)] = \ln 2 + \ln\left(1+\dfrac{x-2}{2}\right)$，因为 $\ln(1+x) = \displaystyle\sum_{n=1}^{\infty} \dfrac{(-1)^{n-1}}{n} x^n$，$x \in$

$(-1, 1]$，所以

$$\ln x = \ln 2 + \sum_{n=1}^{\infty} \dfrac{(-1)^{n-1}}{n}\left(\dfrac{x-2}{2}\right)^n = \ln 2 + \sum_{n=1}^{\infty} \dfrac{(-1)^{n-1}}{n \cdot 2^n}(x-2)^n.$$

由 $-1 < \dfrac{x-2}{2} \leqslant 1$，可得 $0 < x \leqslant 4$，所以展开式成立的区间为 $(0, 4]$.

3. 将函数 $f(x) = \cos x$ 展开成 $x+\dfrac{\pi}{3}$ 的幂级数.

解 $\cos x = \cos\left[\left(x+\dfrac{\pi}{3}\right)-\dfrac{\pi}{3}\right] = \dfrac{1}{2}\cos\left(x+\dfrac{\pi}{3}\right) + \dfrac{\sqrt{3}}{2}\sin\left(x+\dfrac{\pi}{3}\right)$.

在展开式 $\cos x = \displaystyle\sum_{n=0}^{\infty} \dfrac{(-1)^n}{(2n)!} x^{2n}$ 和 $\sin x = \displaystyle\sum_{n=0}^{\infty} \dfrac{(-1)^n}{(2n+1)!} x^{2n+1}$ 中用 $x+\dfrac{\pi}{3}$ 替换 x，并代入

上式得

$$\cos x = \dfrac{1}{2}\sum_{n=0}^{\infty} \dfrac{(-1)^n}{(2n)!}\left(x+\dfrac{\pi}{3}\right)^{2n} + \dfrac{\sqrt{3}}{2}\sum_{n=0}^{\infty} \dfrac{(-1)^n}{(2n+1)!}\left(x+\dfrac{\pi}{3}\right)^{2n+1}$$

$$= \dfrac{1}{2}\sum_{n=0}^{\infty} (-1)^n\left[\dfrac{1}{(2n)!}\left(x+\dfrac{\pi}{3}\right)^{2n} + \dfrac{\sqrt{3}}{(2n+1)!}\left(x+\dfrac{\pi}{3}\right)^{2n+1}\right], x \in (-\infty, +\infty).$$

4. 将函数 $f(x) = \dfrac{1}{x^2+3x+2}$ 展开成 $x+4$ 的幂级数.

解 $f(x) = \dfrac{1}{x+1} - \dfrac{1}{x+2} = \dfrac{1}{2} \cdot \dfrac{1}{1-\dfrac{x+4}{2}} - \dfrac{1}{3} \cdot \dfrac{1}{1-\dfrac{x+4}{3}} = \dfrac{1}{2}\sum_{n=0}^{\infty}\left(\dfrac{x+4}{2}\right)^n - \dfrac{1}{3}\sum_{n=0}^{\infty}\left(\dfrac{x+4}{3}\right)^n.$

其中，$\dfrac{x+4}{2} \in (-1, 1)$，$\dfrac{x+4}{3} \in (-1, 1)$，所以 $x \in (-6, -2)$. 于是

$$f(x) = \dfrac{1}{x^2+3x+2} = \dfrac{1}{2}\sum_{n=0}^{\infty}\left(\dfrac{x+4}{2}\right)^n - \dfrac{1}{3}\sum_{n=0}^{\infty}\left(\dfrac{x+4}{3}\right)^n$$

$$= \sum_{n=0}^{\infty}\left(\dfrac{1}{2^{n+1}} - \dfrac{1}{3^{n+1}}\right)(x+4)^n, x \in (-6, -2).$$

提高题

1. 验证函数 $y(x) = 1 + \dfrac{x^3}{3!} + \dfrac{x^6}{6!} + \cdots + \dfrac{x^{3n}}{(3n)!} + \cdots \ (-\infty < x < +\infty)$

满足微分方程 $y'' + y' + y = e^x$，并利用此结果求幂级数 $\displaystyle\sum_{n=0}^{\infty} \dfrac{x^{3n}}{(3n)!}$ 的

提高题 1

和函数.

解 (1) 因为 $y(x) = 1 + \dfrac{x^3}{3!} + \dfrac{x^6}{6!} + \cdots + \dfrac{x^{3n}}{(3n)!} + \cdots$,

$y'(x) = \dfrac{x^2}{2!} + \dfrac{x^5}{5!} + \cdots + \dfrac{x^{3n-1}}{(3n-1)!} + \cdots, y''(x) = x + \dfrac{x^4}{4!} + \cdots + \dfrac{x^{3n-2}}{(3n-2)!} + \cdots$,

以上 3 式相加得 $y''(x) + y'(x) + y(x) = \displaystyle\sum_{n=0}^{\infty} \dfrac{x^n}{n!} = e^x$, 所以函数 $y(x)$ 满足微分方程

$y'' + y' + y = e^x$.

(2) $y'' + y' + y = e^x$ 对应的齐次方程 $y'' + y' + y = 0$ 的特征方程为 $r^2 + r + 1 = 0$, 特征根为

$r_{1,2} = -\dfrac{1}{2} \pm \dfrac{\sqrt{3}}{2}\mathrm{i}$, 因此, 齐次方程的通解为 $Y = e^{-\frac{x}{2}}\left(C_1 \cos \dfrac{\sqrt{3}}{2}x + C_2 \sin \dfrac{\sqrt{3}}{2}x \right)$.

设微分方程 $y'' + y' + y = e^x$ 的特解为 $y^* = Ae^x$, 将其代入 $y'' + y' + y = e^x$, 得 $A = \dfrac{1}{3}$, 于

是 $y^* = \dfrac{1}{3}e^x$. 微分方程 $y'' + y' + y = e^x$ 的通解为

$$y = Y + y^* = e^{-\frac{x}{2}}\left(C_1 \cos \dfrac{\sqrt{3}}{2}x + C_2 \sin \dfrac{\sqrt{3}}{2}x \right) + \dfrac{1}{3}e^x.$$

由 (1) 知, 幂级数的和函数 $y(x)$ 满足 $y(0) = 1, y'(0) = 0$, 因而 $1 = C_1 + \dfrac{1}{3}, 0 = -\dfrac{1}{2}$

$C_1 + \dfrac{\sqrt{3}}{2}C_2 + \dfrac{1}{3}$, 解得 $C_1 = \dfrac{2}{3}, C_2 = 0$. 于是所求幂级数的和函数为 $y(x) = \dfrac{2}{3}e^{-\frac{x}{2}} \cos \dfrac{\sqrt{3}}{2}x +$

$\dfrac{1}{3}e^x (-\infty < x < +\infty)$.

2. 将函数 $f(x) = \dfrac{1}{4}\ln \dfrac{1+x}{1-x} + \dfrac{1}{2}\arctan x - x$ 展开成 x 的幂级数, 并求展开式成立的

区间.

解 $f'(x) = \dfrac{x^4}{1-x^4} = x^4 \displaystyle\sum_{n=0}^{\infty} x^{4n} = \sum_{n=1}^{\infty} x^{4n} (-1 < x < 1)$, 所以

$$f(x) = \int_0^x f'(t)\,\mathrm{d}t + f(0) = \int_0^x \left(\sum_{n=1}^{\infty} t^{4n} \right)\mathrm{d}t = \sum_{n=1}^{\infty} \int_0^x t^{4n}\,\mathrm{d}t$$

$$= \sum_{n=1}^{\infty} \dfrac{x^{4n+1}}{4n+1} (-1 < x < 1).$$

3. 将函数 $f(x) = \arctan \dfrac{1-2x}{1+2x}$ 展开成 x 的幂级数, 并求级数 $\displaystyle\sum_{n=0}^{\infty} \dfrac{(-1)^n}{2n+1}$ 的和.

解 $f'(x) = -\dfrac{2}{1+4x^2} = -2 \displaystyle\sum_{n=0}^{\infty} (-1)^n (4x^2)^n = -2 \sum_{n=0}^{\infty} (-1)^n 4^n x^{2n}, x \in \left(-\dfrac{1}{2}, \dfrac{1}{2} \right)$.

又 $f(0) = \dfrac{\pi}{4}$, 故

$$f(x) = f(0) + \int_0^x f'(t)\,\mathrm{d}t = \frac{\pi}{4} - 2\int_0^x \left[\sum_{n=0}^{\infty}(-1)^n 4^n t^{2n}\right]\mathrm{d}t$$

$$= \frac{\pi}{4} - 2\sum_{n=0}^{\infty}\frac{(-1)^n 4^n}{2n+1}x^{2n+1}, x \in \left(-\frac{1}{2},\frac{1}{2}\right).$$

由于级数 $\displaystyle\sum_{n=0}^{\infty}\frac{(-1)^n}{2n+1}$ 与 $\displaystyle\sum_{n=0}^{\infty}\frac{(-1)^{n+1}}{2n+1}$ 都收敛,故 $f(x) = \dfrac{\pi}{4} - 2\displaystyle\sum_{n=0}^{\infty}\frac{(-1)^n 4^n}{2n+1}x^{2n+1}$,

$x \in \left[-\dfrac{1}{2},\dfrac{1}{2}\right]$.

令 $x = \dfrac{1}{2}$,$f\left(\dfrac{1}{2}\right) = \arctan 0 = 0$. 又 $f\left(\dfrac{1}{2}\right) = \dfrac{\pi}{4} - 2\displaystyle\sum_{n=0}^{\infty}\frac{(-1)^n 4^n}{2n+1}\left(\frac{1}{2}\right)^{2n+1} = \dfrac{\pi}{4} - \displaystyle\sum_{n=0}^{\infty}\frac{(-1)^n}{2n+1}$,

故 $\displaystyle\sum_{n=0}^{\infty}\frac{(-1)^n}{2n+1} = \dfrac{\pi}{4} - f\left(\dfrac{1}{2}\right) = \dfrac{\pi}{4}$.

4. 设 y 由隐函数方程 $\displaystyle\int_0^x \mathrm{e}^{-t^2}\mathrm{d}t = y\mathrm{e}^{-x^2}$ 确定.

(1)证明:y 满足微分方程 $y' - 2xy = 1$.

(2)把 y 展开成 x 的幂级数.

(3)写出收敛域.

解 (1)在方程 $\displaystyle\int_0^x \mathrm{e}^{-t^2}\mathrm{d}t = y\mathrm{e}^{-x^2}$ 的两边对 x 求导,得 $\mathrm{e}^{-x^2} = y'\mathrm{e}^{-x^2} + y\mathrm{e}^{-x^2}(-2x)$,化简得 $y' - 2xy = 1$.

(2)设 $y = a_0 + a_1 x + a_2 x^2 + a_3 x^3 + a_4 x^4 + \cdots + a_n x^n + \cdots = \displaystyle\sum_{n=0}^{\infty}a_n x^n$,得

$$y' = a_1 + 2a_2 x + 3a_3 x^2 + 4a_4 x^3 + \cdots + na_n x^{n-1} + \cdots = \sum_{n=1}^{\infty}na_n x^{n-1},$$

$$2xy = 2a_0 x + 2a_1 x^2 + 2a_2 x^3 + 2a_3 x^4 + 2a_4 x^5 + \cdots + 2a_n x^{n+1} + \cdots = \sum_{n=0}^{\infty}2a_n x^{n+1},$$

$$y' - 2xy = a_1 + (2a_2 - 2a_0)x + (3a_3 - 2a_1)x^2 + (4a_4 - 2a_2)x^3 + \cdots + (na_n - 2a_{n-2})x^{n-1} + \cdots$$

$$= \sum_{n=1}^{\infty}na_n x^{n-1} - \sum_{n=0}^{\infty}2a_n x^{n+1} = a_1 + \sum_{n=2}^{\infty}(na_n - 2a_{n-2})x^{n-1}.$$

由(1)可知 $a_1 + \displaystyle\sum_{n=2}^{\infty}(na_n - 2a_{n-2})x^{n-1} = 1$,因此,$a_1 = 1$,$a_n = \dfrac{2}{n}a_{n-2}$.

又因为 y 由隐函数方程 $\displaystyle\int_0^x \mathrm{e}^{-t^2}\mathrm{d}t = y\mathrm{e}^{-x^2}$ 确定,所以当 $x = 0$ 时,$y = 0$,即 $a_0 = 0$.

当 $n = 2k-1$ 时,

$$a_{2k+1} = \frac{2}{2k+1}a_{2k-1} = \frac{2}{2k+1}\cdot\frac{2}{2k-1}a_{2k-3} = \cdots$$

$$= \frac{2}{2k+1}\cdot\frac{2}{2k-1}\cdot\frac{2}{2k-3}\cdot\cdots\cdot\frac{2}{3}a_1 = \frac{2^k}{(2k+1)!!}a_1 = \frac{2^k}{(2k+1)!!};$$

当 $n = 2k$ 时,

$$a_{2k} = \frac{2}{2k}a_{2k-2} = \frac{2}{2k} \cdot \frac{2}{2k-2}a_{2k-4} = \cdots$$

$$= \frac{2}{2k} \cdot \frac{2}{2k-2} \cdot \frac{2}{2k-4} \cdot \cdots \cdot \frac{2}{2}a_0 = \frac{2^k}{2 \cdot 4 \cdot 6 \cdot \cdots \cdot (2k)}a_0 = 0.$$

故 $y = \sum_{n=0}^{\infty} \frac{2^n}{(2n+1)!!}x^{2n+1}$.

(3) 因为 $\lim\limits_{n \to \infty}\left|\dfrac{u_{n+1}(x)}{u_n(x)}\right| = \lim\limits_{n \to \infty}\left|\dfrac{\dfrac{2^{n+1}}{1 \cdot 3 \cdot 5 \cdot \cdots \cdot (2n+3)}x^{2n+3}}{\dfrac{2^n}{1 \cdot 3 \cdot 5 \cdot \cdots \cdot (2n+1)}x^{2n+1}}\right| = \lim\limits_{n \to \infty}\dfrac{2x^2}{2n+3} = 0 < 1$，所以

收敛域为 $(-\infty, +\infty)$.

第 7 章总复习题

1. 选择题：(1)~(5)小题，每小题 4 分，共 20 分. 下列每小题给出的 4 个选项中，只有一个选项是符合题目要求的.

(1)(2020304) 设幂级数 $\sum\limits_{n=1}^{\infty} na_n(x-2)^n$ 的收敛区间为 $(-2,6)$，则 $\sum\limits_{n=1}^{\infty} a_n(x+1)^{2n}$ 的收敛区间为（   ）.

A. $(-2,6)$ B. $(-3,1)$ C. $(-5,3)$ D. $(-17,15)$

解 $\sum\limits_{n=1}^{\infty} na_n(x-2)^n$ 的收敛半径为 $\dfrac{6-(-2)}{2} = 4$，则 $\sum\limits_{n=1}^{\infty} na_n(x-2)^{2n-2}$ 的收敛半径

为 $\sqrt{4} = 2$. $\left(\sum\limits_{n=1}^{\infty} a_n(x+1)^{2n}\right)' = 2(x+1)\sum\limits_{n=1}^{\infty} na_n(x+1)^{2n-2}$ 的收敛半径为 2，进而可得

$\sum\limits_{n=1}^{\infty} a_n(x+1)^{2n}$ 的收敛半径为 2，所以幂级数 $\sum\limits_{n=1}^{\infty} a_n(x+1)^{2n}$ 的收敛区间为 $(-3,1)$. 故应选 B.

(2)(2019304) 若 $\sum\limits_{n=1}^{\infty} nu_n$ 绝对收敛，$\sum\limits_{n=1}^{\infty} \dfrac{v_n}{n}$ 条件收敛，则（   ）.

A. $\sum\limits_{n=1}^{\infty} u_n v_n$ 条件收敛   B. $\sum\limits_{n=1}^{\infty} u_n v_n$ 绝对收敛

C. $\sum\limits_{n=1}^{\infty} (u_n+v_n)$ 收敛   D. $\sum\limits_{n=1}^{\infty} (u_n+v_n)$ 发散

解 因为 $\sum\limits_{n=1}^{\infty} nu_n$ 绝对收敛，所以 $\sum\limits_{n=1}^{\infty} k(nu_n)$ 绝对收敛（其中 k 为非零常数）.

$\sum\limits_{n=1}^{\infty} \dfrac{v_n}{n}$ 条件收敛，由级数收敛的必要条件可知，$\lim\limits_{n \to \infty} \dfrac{v_n}{n} = 0$. 由数列极限的有界性

可知，存在常数 $M>0$，使 $\left|\dfrac{v_n}{n}\right| \leqslant M$. 所以 $\left|u_n v_n\right| = \left|n u_n \cdot \dfrac{v_n}{n}\right| \leqslant M\left|n u_n\right|$，而

$\displaystyle\sum_{n=1}^{\infty} M\left|n u_n\right|$ 收敛，由比较判别法可知，$\displaystyle\sum_{n=1}^{\infty}\left|u_n v_n\right|$ 收敛，即 $\displaystyle\sum_{n=1}^{\infty} u_n v_n$ 绝对收敛. 故应选 B.

(3)(2017304) 若级数 $\displaystyle\sum_{n=2}^{\infty}\left[\sin\dfrac{1}{n}-k\ln\left(1-\dfrac{1}{n}\right)\right]$ 收敛，则 k 的值为（　　）.

A. 1　　　　　　B. 2　　　　　　C. -1　　　　　　D. -2

解 利用泰勒展开式

$$\sin\dfrac{1}{n}-k\ln\left(1-\dfrac{1}{n}\right)=\dfrac{1}{n}-\dfrac{1}{6n^3}+\dfrac{k}{n}+\dfrac{k}{2n^2}+\dfrac{k}{3n^3}+o\left(\dfrac{1}{n^3}\right)$$

$$=\dfrac{1+k}{n}+\dfrac{k}{2n^2}-\dfrac{1}{6n^3}+\dfrac{k}{3n^3}+o\left(\dfrac{1}{n^3}\right),$$

要使级数收敛，必须 $1+k=0$，即 $k=-1$，故应选 C.

(4)(2016304) 级数 $\displaystyle\sum_{n=1}^{\infty}\left(\dfrac{1}{\sqrt{n}}-\dfrac{1}{\sqrt{n+1}}\right)\sin(n+k)$（$k$ 为常数）（　　）.

A. 绝对收敛　B. 条件收敛　　　　C. 发散　　　　　　D. 敛散性与 k 有关

解 由于 $\left|\left(\dfrac{1}{\sqrt{n}}-\dfrac{1}{\sqrt{n+1}}\right)\sin(n+k)\right| \leqslant \dfrac{1}{\sqrt{n}}-\dfrac{1}{\sqrt{n+1}}=\dfrac{\sqrt{n+1}-\sqrt{n}}{\sqrt{n(n+1)}}<\dfrac{1}{n\left(\sqrt{n+1}+\sqrt{n}\right)}<\dfrac{1}{n^{\frac{3}{2}}}$，

故应选 A.

(5)(2015304) 下列级数中发散的是（　　）.

A. $\displaystyle\sum_{n=1}^{\infty}\dfrac{n}{3^n}$　　B. $\displaystyle\sum_{n=1}^{\infty}\dfrac{1}{\sqrt{n}}\ln\left(1+\dfrac{1}{n}\right)$　　C. $\displaystyle\sum_{n=2}^{\infty}\dfrac{(-1)^n+1}{\ln n}$　　D. $\displaystyle\sum_{n=1}^{\infty}\dfrac{n!}{n^n}$

解 本题主要考查级数敛散性的判别.

对于选项 A，$\displaystyle\lim_{n\to\infty}\dfrac{u_{n+1}}{u_n}=\lim_{n\to\infty}\left(\dfrac{n+1}{3^{n+1}}\cdot\dfrac{3^n}{n}\right)=\dfrac{1}{3}<1$，由比值判别法可知，级数 $\displaystyle\sum_{n=1}^{\infty}\dfrac{n}{3^n}$

收敛.

对于选项 B，$\displaystyle\lim_{n\to\infty}\dfrac{\dfrac{1}{\sqrt{n}}\ln\left(1+\dfrac{1}{n}\right)}{\dfrac{1}{n^{\frac{3}{2}}}}=\lim_{n\to\infty}\dfrac{\ln\left(1+\dfrac{1}{n}\right)}{\dfrac{1}{n}}=1$，由比较判别法可知，级数

$\displaystyle\sum_{n=1}^{\infty}\dfrac{1}{\sqrt{n}}\ln\left(1+\dfrac{1}{n}\right)$ 收敛.

对于选项 D，$\displaystyle\lim_{n\to\infty}\dfrac{u_{n+1}}{u_n}=\lim_{n\to\infty}\left[\dfrac{(n+1)!}{(n+1)^{n+1}}\cdot\dfrac{n^n}{n!}\right]=\lim_{n\to\infty}\left(\dfrac{n}{n+1}\right)^n=\dfrac{1}{e}<1$，由比值判别法可

知，级数 $\sum\limits_{n=1}^{\infty} \dfrac{n!}{n^n}$ 收敛.

对于选项 C，$\sum\limits_{n=2}^{\infty} \dfrac{(-1)^n+1}{\ln n} = \sum\limits_{n=2}^{\infty} \dfrac{(-1)^n}{\ln n} + \sum\limits_{n=2}^{\infty} \dfrac{1}{\ln n}$，级数 $\sum\limits_{n=2}^{\infty} \dfrac{(-1)^n}{\ln n}$ 是交错级数，$\dfrac{1}{\ln n}$ 单

调递减，且 $\lim\limits_{n\to\infty} \dfrac{1}{\ln n}=0$，由莱布尼茨定理可知，级数 $\sum\limits_{n=2}^{\infty} \dfrac{(-1)^n}{\ln n}$ 收敛；对于级数 $\sum\limits_{n=2}^{\infty} \dfrac{1}{\ln n}$，

显然 $\ln n < n$，所以 $\dfrac{1}{\ln n} > \dfrac{1}{n}$，由级数 $\sum\limits_{n=2}^{\infty} \dfrac{1}{n}$ 发散可知级数 $\sum\limits_{n=2}^{\infty} \dfrac{1}{\ln n}$ 发散，因此，级数

$\sum\limits_{n=2}^{\infty} \dfrac{(-1)^n+1}{\ln n}$ 发散. 故应选 C.

2. 填空题：(6) ~ (10) 小题，每小题 4 分，共 20 分.

(6)(2009304) 幂级数 $\sum\limits_{n=1}^{\infty} \dfrac{e^n-(-1)^n}{n^2} x^n$ 的收敛半径为 _____.

解 令 $a_n = \dfrac{e^n-(-1)^n}{n^2}$，则

$$\lim\limits_{n\to\infty} \dfrac{a_{n+1}}{a_n} = \lim\limits_{n\to\infty} \dfrac{e^{n+1}-(-1)^{n+1}}{(n+1)^2} \cdot \dfrac{n^2}{e^n-(-1)^n} = \lim\limits_{n\to\infty} \dfrac{e+\left(-\dfrac{1}{e}\right)^n}{1-\left(-\dfrac{1}{e}\right)^n} \cdot \lim\limits_{n\to\infty} \dfrac{n^2}{(n+1)^2} = e,$$

所以收敛半径 $R = \dfrac{1}{e}$.

(7)(1999303) 级数 $\sum\limits_{n=1}^{\infty} n\left(\dfrac{1}{2}\right)^{n-1} = $ _____.

解 考虑幂级数 $s(x) = \sum\limits_{n=1}^{\infty} nx^{n-1}$，$-1 < x < 1$，对等式两边从 0 到 x 积分，

$$\int_0^x s(t)\,dt = \int_0^x \sum\limits_{n=1}^{\infty} nt^{n-1}\,dt = \sum\limits_{n=1}^{\infty} \int_0^x nt^{n-1}\,dt = \sum\limits_{n=1}^{\infty} x^n = \dfrac{x}{1-x} = -1 + \dfrac{1}{1-x},$$

所以 $s(x) = \left(-1 + \dfrac{1}{1-x}\right)' = \dfrac{1}{(1-x)^2}$，$-1 < x < 1$. 故 $\sum\limits_{n=1}^{\infty} n\left(\dfrac{1}{2}\right)^{n-1} = s\left(\dfrac{1}{2}\right) = 4$.

(8)(1993303) 级数 $\sum\limits_{n=0}^{\infty} \dfrac{\ln^n 3}{2^n}$ 的和为 _____.

解 $\sum\limits_{n=0}^{\infty} \dfrac{\ln^n 3}{2^n} = \sum\limits_{n=0}^{\infty} \left(\dfrac{\ln 3}{2}\right)^n = \dfrac{1}{1-\dfrac{\ln 3}{2}} = \dfrac{2}{2-\ln 3}$.

(9)(1992303) 幂级数 $\sum\limits_{n=1}^{\infty} \dfrac{(x-2)^{2n}}{n4^n}$ 的收敛域是 _____.

解 该幂级数的收敛半径为 $R = \lim\limits_{n\to\infty} \dfrac{a_n}{a_{n+1}} = \lim\limits_{n\to\infty} \dfrac{\dfrac{1}{n4^n}}{\dfrac{1}{(n+1)4^{n+1}}} = \lim\limits_{n\to\infty} \dfrac{4(n+1)}{n} = 4$，其收敛

区间为 $(x-2)^2 < 4$，即 $x \in (0,4)$. 当 $x=0$ 和 $x=4$ 时，级数均变为 $\sum\limits_{n=1}^{\infty} \dfrac{1}{n}$，发散，因而级数 $\sum\limits_{n=1}^{\infty} \dfrac{(x-2)^{2n}}{n4^n}$ 的收敛域为 $(0,4)$.

(10)(1989303) 幂级数 $\sum\limits_{n=0}^{\infty} \dfrac{x^n}{\sqrt{n+1}}$ 的收敛域是_____.

解 该幂级数的收敛半径为 $R = \lim\limits_{n\to\infty} \dfrac{a_n}{a_{n+1}} = \lim\limits_{n\to\infty} \dfrac{\frac{1}{\sqrt{n+1}}}{\frac{1}{\sqrt{n+2}}} = \lim\limits_{n\to\infty} \dfrac{\sqrt{n+2}}{\sqrt{n+1}} = 1$，当 $x=1$ 时，原级数为 $\sum\limits_{n=0}^{\infty} \dfrac{1}{\sqrt{n+1}}$，发散；当 $x=-1$ 时，由莱布尼茨定理知，级数 $\sum\limits_{n=0}^{\infty} (-1)^n \dfrac{1}{\sqrt{n+1}}$ 收敛，故级数 $\sum\limits_{n=0}^{\infty} \dfrac{x^n}{\sqrt{n+1}}$ 的收敛域为 $[-1,1)$.

3. 解答题：(11)~(16)小题，每小题10分，共60分. 解答时应写出文字说明、证明过程或演算步骤.

(11)(2021312) 设 n 为正整数，$y = y_n(x)$ 是微分方程 $xy' - (n+1)y = 0$ 满足条件 $y_n(1) = \dfrac{1}{n(n+1)}$ 的解.

① 求 $y_n(x)$.

② 求级数 $\sum\limits_{n=1}^{\infty} y_n(x)$ 的收敛域及和函数.

解 ① 已知方程为 $y' - \dfrac{n+1}{x}y = 0$，为一阶线性齐次微分方程，其通解为

$$y_n(x) = Ce^{\int \frac{n+1}{x}\mathrm{d}x} = Cx^{n+1},$$

代入初值条件 $y_n(1) = \dfrac{1}{n(n+1)}$，可得 $C = \dfrac{1}{n(n+1)}$，故 $y_n(x) = \dfrac{1}{n(n+1)}x^{n+1}$.

② 对于级数 $\sum\limits_{n=1}^{\infty} \dfrac{x^{n+1}}{n(n+1)}$，因为 $\rho = \lim\limits_{n\to\infty} \dfrac{\frac{1}{(n+1)(n+2)}}{\frac{1}{n(n+1)}} = 1$，所以其收敛半径 $R=1$.

当 $x = \pm 1$ 时，级数 $\sum\limits_{n=1}^{\infty} \dfrac{(\pm 1)^{n+1}}{n(n+1)}$ 均收敛，因此，级数 $\sum\limits_{n=1}^{\infty} \dfrac{x^{n+1}}{n(n+1)}$ 的收敛域为 $[-1,1]$.

设 $s(x) = \sum\limits_{n=1}^{\infty} \dfrac{x^{n+1}}{n(n+1)}$，则 $s'(x) = \sum\limits_{n=1}^{\infty} \dfrac{x^n}{n}, s''(x) = \sum\limits_{n=1}^{\infty} x^{n-1} = \dfrac{1}{1-x}$，从而有

$$s'(x) = \int_0^x s''(t)\,\mathrm{d}t + s'(0) = \int_0^x \dfrac{\mathrm{d}t}{1-t} = -\ln(1-x),$$

$$s(x) = \int_0^x s'(t)\,dt + s(0) = -\int_0^x \ln(1-t)\,dt = (1-x)\ln(1-x) + x, x \in [-1,1).$$

当 $x=1$ 时，$s(1) = \sum_{n=1}^{\infty} \frac{1}{n(n+1)} = \sum_{n=1}^{\infty} \left(\frac{1}{n} - \frac{1}{n+1} \right) = 1$，因此，和函数

$$s(x) = \begin{cases} (1-x)\ln(1-x) + x, & x \in [-1,1), \\ 1, & x = 1. \end{cases}$$

(12)(2018310) 已知 $\cos 2x - \dfrac{1}{(1+x)^2} = \sum_{n=0}^{\infty} a_n x^n (-1 < x < 1)$，求 a_n.

解 首先对函数 $\cos 2x$ 及 $\dfrac{1}{(1+x)^2}$ 做幂级数展开，然后合并同次幂的系数得到 a_n.

当 $x \in (-1,1)$ 时，$\cos 2x = \sum_{n=0}^{\infty} (-1)^n \dfrac{(2x)^{2n}}{(2n)!} = \sum_{n=0}^{\infty} (-1)^n \dfrac{2^{2n}}{(2n)!} x^{2n}$，$\dfrac{1}{1+x} = \sum_{n=0}^{\infty} (-1)^n x^n$，

$-\dfrac{1}{(1+x)^2} = \left(\dfrac{1}{1+x} \right)' = \left[\sum_{n=0}^{\infty} (-1)^n x^n \right]' = \sum_{n=1}^{\infty} (-1)^n n x^{n-1} = \sum_{n=0}^{\infty} (-1)^{n+1} (n+1) x^n.$

故 $\cos 2x - \dfrac{1}{(1+x)^2} = \sum_{n=0}^{\infty} (-1)^n \dfrac{2^{2n}}{(2n)!} x^{2n} + \sum_{n=0}^{\infty} (-1)^{n+1} (n+1) x^n.$

第一个展开式中只含 x 的偶次幂，第二个展开式中有 x 的偶次幂和奇次幂，所以应根据 n 的奇偶性分别讨论.

当 n 为奇数时，$a_n = n+1$；当 n 为偶数时，$a_n = (-1)^{\frac{n}{2}} \dfrac{2^n}{n!} - (n+1)$.

(13)(2017310) 若 $a_0 = 1, a_1 = 0, a_{n+1} = \dfrac{1}{n+1}(na_n + a_{n-1})(n = 1, 2, \cdots)$，$s(x)$ 为幂级数 $\sum_{n=0}^{\infty} a_n x^n$ 的和函数.

①证明 $\sum_{n=0}^{\infty} a_n x^n$ 的收敛半径不小于 1.

②证明 $(1-x)s'(x) - xs(x) = 0[x \in (-1,1)]$，并求 $s(x)$ 的表达式.

证明 ①将 $a_{n+1} = \dfrac{1}{n+1}(na_n + a_{n-1})$ 的两边同时减去 a_n，可得

$$a_{n+1} - a_n = -\frac{1}{n+1}(a_n - a_{n-1}),$$

进而有 $a_{n+1} - a_n = \left(-\dfrac{1}{n+1} \right) \cdot \left(-\dfrac{1}{n} \right) (a_{n-1} - a_{n-2}) = \cdots = \dfrac{(-1)^n}{(n+1)!}(a_1 - a_0) = \dfrac{(-1)^{n+1}}{(n+1)!}$，

从而有 $a_n = a_{n-1} + \dfrac{(-1)^n}{n!} = a_{n-2} + \dfrac{(-1)^{n-1}}{(n-1)!} + \dfrac{(-1)^n}{n!} = \cdots = \sum_{k=1}^{n} \dfrac{(-1)^k}{k!}$，

则 $\lim_{n \to \infty} \sqrt[n]{|a_n|} \leq \lim_{n \to \infty} \sqrt[n]{1 + \dfrac{1}{2!} + \cdots + \dfrac{1}{n!}} \leq \lim_{n \to \infty} \sqrt[n]{n} = 1$，故收敛半径 $R \geq 1$.

②由逐项求导公式可知 $s'(x) = \sum_{n=1}^{\infty} na_n x^{n-1}$，故

$$(1-x)s'(x)=(1-x)\sum_{n=1}^{\infty}na_nx^{n-1}$$

$$=\sum_{n=1}^{\infty}na_nx^{n-1}-\sum_{n=1}^{\infty}na_nx^n$$

$$=\sum_{n=0}^{\infty}(n+1)a_{n+1}x^n-\sum_{n=1}^{\infty}na_nx^n$$

$$=\sum_{n=1}^{\infty}\left[(n+1)a_{n+1}-na_n\right]x^n+a_1.$$

$xs(x)=\sum_{n=0}^{\infty}a_nx^{n+1}=\sum_{n=1}^{\infty}a_{n-1}x^n$，则

$$(1-x)s'(x)-xs(x)=\sum_{n=1}^{\infty}\left[(n+1)a_{n+1}-na_n-a_{n-1}\right]x^n+a_1.$$

由 $a_{n+1}=\dfrac{1}{n+1}(na_n+a_{n-1})$ 可知，$(n+1)a_{n+1}-na_n-a_{n-1}=0.$ 又由于 $a_1=0$，所以 $(1-x)$

$s'(x)-xs(x)=0[x\in(-1,1)].$ 解该微分方程得 $s(x)=\dfrac{Ce^{-x}}{1-x}$，由 $s(0)=a_0=1$ 可得 $C=$

1，从而 $s(x)=\dfrac{e^{-x}}{1-x},x\in(-1,1).$

(14)（2016310）求幂级数 $\displaystyle\sum_{n=0}^{\infty}\dfrac{x^{2n+2}}{(n+1)(2n+1)}$ 的收敛域及和

函数.

解　易求 $\displaystyle\sum_{n=0}^{\infty}\dfrac{x^{2n+2}}{(n+1)(2n+1)}$ 的收敛半径为 1，且当 $x=1$ 与

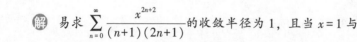

总复习题(14)

$x=-1$ 时，级数收敛，可知幂级数的收敛域为 $[-1,1].$

设 $s(x)=\displaystyle\sum_{n=0}^{\infty}\dfrac{x^{2n+2}}{(n+1)(2n+1)}$，两边对 x 求导可得 $s'(x)=\displaystyle\sum_{n=0}^{\infty}\dfrac{2x^{2n+1}}{2n+1}.$

两边再求导可得 $s''(x)=\displaystyle\sum_{n=0}^{\infty}2x^{2n}=\dfrac{2}{1-x^2}.$ 积分可得 $s'(x)=\ln\dfrac{1+x}{1-x}+C_1.$

由于 $s'(0)=0$，可知 $s'(x)=\ln(1+x)-\ln(1-x)$，再积分可得

$$s(x)=(1+x)\ln(1+x)+(1-x)\ln(1-x)+C_2.$$

由于 $s(0)=0$，可知 $s(x)=(1+x)\ln(1+x)+(1-x)\ln(1-x).$ 因此，

$$s(x)=(1+x)\ln(1+x)+(1-x)\ln(1-x),x\in[-1,1].$$

(15)（2014310）求幂级数 $\displaystyle\sum_{n=0}^{\infty}(n+1)(n+3)x^n$ 的收敛域及和函数.

解　由 $\displaystyle\lim_{n\to\infty}\left|\dfrac{a_{n+1}}{a_n}\right|=1$，可得幂级数 $\displaystyle\sum_{n=0}^{\infty}(n+1)(n+3)x^n$ 的收敛半径 $R=1.$ 当 $x=\pm1$ 时，

对应级数的一般项不趋于零，级数发散，所以幂级数的收敛域为 $(-1,1).$

设和函数 $s(x)=\displaystyle\sum_{n=0}^{\infty}(n+1)(n+3)x^n$，则

$$s(x) = \sum_{n=0}^{\infty} (n+1)(n+3)x^n = \sum_{n=0}^{\infty} (n+2)(n+1)x^n + \sum_{n=0}^{\infty} (n+1)x^n$$

$$= \left(\sum_{n=0}^{\infty} x^{n+2} \right)'' + \left(\sum_{n=0}^{\infty} x^{n+1} \right)' = \left(\frac{x^2}{1-x} \right)'' + \left(\frac{x}{1-x} \right)'$$

$$= \frac{3-x}{(1-x)^3}, x \in (-1,1).$$

(16)(2007310)将函数 $f(x) = \dfrac{1}{x^2-3x-4}$ 展开成 $x-1$ 的幂级数，并指出其收敛区间.

解 $f(x) = \dfrac{1}{x^2-3x-4} = \dfrac{1}{(x+1)(x-4)} = \dfrac{1}{5}\left(\dfrac{1}{x-4} - \dfrac{1}{x+1} \right)$

$$= \frac{1}{5}\left[\frac{1}{-3+(x-1)} - \frac{1}{2+(x-1)} \right]$$

$$= \frac{1}{5}\left[\left(-\frac{1}{3} \right) \cdot \frac{1}{1-\dfrac{x-1}{3}} - \frac{1}{2} \cdot \frac{1}{1+\dfrac{x-1}{2}} \right]$$

$$= \frac{1}{5}\left[\left(-\frac{1}{3} \right) \cdot \sum_{n=0}^{\infty} \left(\frac{x-1}{3} \right)^n - \frac{1}{2} \cdot \sum_{n=0}^{\infty} (-1)^n \left(\frac{x-1}{2} \right)^n \right]$$

$$= -\frac{1}{5}\left[\sum_{n=0}^{\infty} \frac{(x-1)^n}{3^{n+1}} + \sum_{n=0}^{\infty} (-1)^n \frac{(x-1)^n}{2^{n+1}} \right]$$

$$= -\frac{1}{5} \sum_{n=0}^{\infty} \left[\frac{1}{3^{n+1}} + \frac{(-1)^n}{2^{n+1}} \right](x-1)^n,$$

由 $|x-1|<2$ 得 $-1<x<3$，故收敛区间为 $(-1,3)$.

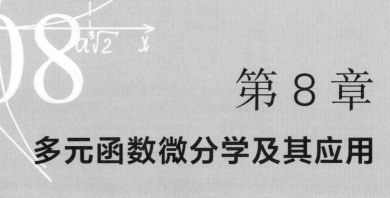

第 8 章

多元函数微分学及其应用

■ **一、知识结构**

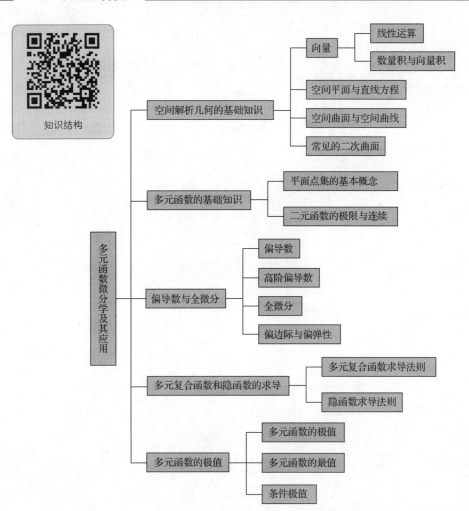

二、 重点与考点分析

（一）本章重点内容介绍

1. 多元函数微分学的基本概念

（1）二元函数的极限：设 $z=f(x,y)[(x,y)\in D]$，若对于 $\forall\varepsilon>0$，$\exists\delta>0$，使当 $0<\sqrt{(x-x_0)^2+(y-y_0)^2}<\delta$ 时，有 $|f(x,y)-A|<\varepsilon$ 成立，则称 A 为函数 $f(x,y)$ 当 $(x,y)\to(x_0,y_0)$ 时的极限，记为 $\lim\limits_{(x,y)\to(x_0,y_0)}f(x,y)=A$.

本章重点内容介绍

（2）二元函数的连续：设 $z=f(x,y)[(x,y)\in D]$，若 $\lim\limits_{(x,y)\to(x_0,y_0)}f(x,y)=f(x_0,y_0)$，则称函数 $f(x,y)$ 在点 (x_0,y_0) 处连续.

（3）二元函数的偏导数.

①若极限 $\lim\limits_{\Delta x\to0}\dfrac{f(x_0+\Delta x,y_0)-f(x_0,y_0)}{\Delta x}\left[\text{或}\lim\limits_{x\to x_0}\dfrac{f(x,y_0)-f(x_0,y_0)}{x-x_0}\right]$ 存在，则称函数 $z=f(x,y)$ 在点 (x_0,y_0) 处对 x 的偏导数存在，此极限值称为 $z=f(x,y)$ 在点 (x_0,y_0) 处对 x 的偏导数，可记为 $f_x'(x_0,y_0),z_x'\Big|_{\substack{x=x_0\\y=y_0}},\dfrac{\partial z}{\partial x}\Big|_{\substack{x=x_0\\y=y_0}}\text{或}\dfrac{\partial f}{\partial x}\Big|_{\substack{x=x_0\\y=y_0}}$.

②若极限 $\lim\limits_{\Delta y\to0}\dfrac{f(x_0,y_0+\Delta y)-f(x_0,y_0)}{\Delta y}\left[\text{或}\lim\limits_{y\to y_0}\dfrac{f(x_0,y)-f(x_0,y_0)}{y-y_0}\right]$ 存在，则称函数 $z=f(x,y)$ 在点 (x_0,y_0) 处对 y 的偏导数存在，此极限值称为 $z=f(x,y)$ 在点 (x_0,y_0) 处对 y 的偏导数，可记为 $f_y'(x_0,y_0),z_y'\Big|_{\substack{x=x_0\\y=y_0}},\dfrac{\partial z}{\partial y}\Big|_{\substack{x=x_0\\y=y_0}}\text{或}\dfrac{\partial f}{\partial y}\Big|_{\substack{x=x_0\\y=y_0}}$.

③若函数 $z=f(x,y)$ 在区域 D 内每一点 (x,y) 处对 x 和 y 的偏导数都存在，那么这两个偏导数就是 x 和 y 的函数，称它们分别为函数 $z=f(x,y)$ 对 x 和 y 的偏导函数，可分别记为 $f_x'(x,y),z_x',\dfrac{\partial z}{\partial x},\dfrac{\partial f}{\partial x}$ 和 $f_y'(x,y),z_y',\dfrac{\partial z}{\partial y},\dfrac{\partial f}{\partial y}$.（在不至于混淆的地方，我们将偏导函数简称为偏导数）.

（4）高阶偏导数：若函数 $z=f(x,y)$ 的偏导数 $\dfrac{\partial z}{\partial x}=f_x'(x,y)$ 和 $\dfrac{\partial z}{\partial y}=f_y'(x,y)$ 对 x 和 y 的偏导数仍然存在，则称它们为函数 $z=f(x,y)$ 的二阶偏导数. 二阶偏导数有以下两类.

①二阶纯偏导数：$\dfrac{\partial^2 z}{\partial x^2}=\dfrac{\partial}{\partial x}\left(\dfrac{\partial z}{\partial x}\right)=f_{xx}''(x,y),\dfrac{\partial^2 z}{\partial y^2}=\dfrac{\partial}{\partial y}\left(\dfrac{\partial z}{\partial y}\right)=f_{yy}''(x,y)$.

②二阶混合偏导数：$\dfrac{\partial^2 z}{\partial x\partial y}=\dfrac{\partial}{\partial y}\left(\dfrac{\partial z}{\partial x}\right)=f_{xy}''(x,y),\dfrac{\partial^2 z}{\partial y\partial x}=\dfrac{\partial}{\partial x}\left(\dfrac{\partial z}{\partial y}\right)=f_{yx}''(x,y)$.

(5)全微分：若函数 $z=f(x,y)$ 在点 (x,y) 处的全增量 $\Delta z=f(x+\Delta x,\ y+\Delta y)-f(x,y)$ 可表示成 $\Delta z=A\Delta x+B\Delta y+o(\rho)$，其中 $\rho=\sqrt{(\Delta x)^2+(\Delta y)^2}$，$A,B$ 为与 Δx 和 Δy 无关的常数，仅依赖 x 和 y，则称 $z=f(x,y)$ 在点 (x,y) 处可微，称其线性部分 $A\Delta x+B\Delta y$ 为函数 $z=f(x,y)$ 在点 (x,y) 处的全微分，记作 dz，即 $dz=df=A\Delta x+B\Delta y$，一般规定自变量的增量等于自变量的微分，因此，全微分也可记为 $dz=Adx+Bdy$. 若 $z=f(x,y)$ 在区域 D 内处处可微，则称 $z=f(x,y)$ 在区域 D 内可微，也称 $z=f(x,y)$ 是 D 内的可微函数.

关于可微，大家需要注意以下 3 点.

①若函数 $z=f(x,y)$ 在点 (x,y) 处可微，则函数 $z=f(x,y)$ 在点 (x,y) 处必连续且偏导数存在，进一步有 $dz=\dfrac{\partial z}{\partial x}\Delta x+\dfrac{\partial z}{\partial y}\Delta y$. (可微的必要条件.)

②若函数 $z=f(x,y)$ 在点 (x,y) 处偏导数连续，则函数 $z=f(x,y)$ 在点 (x,y) 可微. (可微的充分条件.)

③函数 $z=f(x,y)$ 在点 (x,y) 处可微 $\Leftrightarrow \lim\limits_{\rho\to 0}\dfrac{\Delta z-A\Delta x-B\Delta y}{\rho}=0$. (可微的充要条件.)

2. 多元函数微分学的基本理论

(1)设函数 $z=f(x,y)$ 在 xOy 坐标面的有界闭区域 D 上连续，则

①(最值定理)函数 $z=f(x,y)$ 在有界闭区域 D 上能取到最大值和最小值；

②(有界定理)函数 $z=f(x,y)$ 在有界闭区域 D 上有界；

③(介值定理)若 m 和 M 分别是 $z=f(x,y)$ 在有界闭区域 D 上的最小值和最大值，则对于任意介于 m 和 M 之间的数 c，必存在一点 $(x_0,y_0)\in D$，使 $f(x_0,y_0)=c$.

(2)函数 $z=f(x,y)$ 在点 (x_0,y_0) 处连续、偏导数存在、可微、偏导数连续的关系如下.

①偏导数连续 $\Rightarrow$ 可微 $\Rightarrow$ 连续且偏导数存在，箭头反向均推不出(充分不必要).

②连续和偏导数存在没有必然联系(既不充分也不必要).

③若二阶混合偏导数 $f''_{xy}(x,y)$ 和 $f''_{yx}(x,y)$ 连续，则 $f''_{xy}(x,y)=f''_{yx}(x,y)$.

3. 各类偏导数的计算

计算显函数 $z=f(x,y)$ 对某个变量的偏导数，只需将另一个变量看成常数，按照求导法则计算即可. 下面给出一些其他的求偏导数的情形.

(1)复合函数求偏导数，根据链式法则进行.

①$z=f(x,y)$，$\begin{cases}x=u(t),\\y=v(t),\end{cases}$ 则 $\dfrac{dz}{dt}=\dfrac{\partial f}{\partial x}\cdot\dfrac{du}{dt}+\dfrac{\partial f}{\partial y}\cdot\dfrac{dv}{dt}$.

②$z=f(u,\ v)$，$\begin{cases}u=u(x,y),\\v=v(x,y),\end{cases}$ 则 $\begin{cases}\dfrac{\partial z}{\partial x}=\dfrac{\partial f}{\partial u}\cdot\dfrac{\partial u}{\partial x}+\dfrac{\partial f}{\partial v}\cdot\dfrac{\partial v}{\partial x},\\[2mm]\dfrac{\partial z}{\partial y}=\dfrac{\partial f}{\partial u}\cdot\dfrac{\partial u}{\partial y}+\dfrac{\partial f}{\partial v}\cdot\dfrac{\partial v}{\partial y}.\end{cases}$

③$z = f(x, u, v)$, $\begin{cases} u = u(x, y), \\ v = v(x, y), \end{cases}$ 则 $\begin{cases} \dfrac{\partial z}{\partial x} = \dfrac{\partial f}{\partial x} + \dfrac{\partial f}{\partial u} \cdot \dfrac{\partial u}{\partial x} + \dfrac{\partial f}{\partial v} \cdot \dfrac{\partial v}{\partial x}, \\ \dfrac{\partial z}{\partial y} = \dfrac{\partial f}{\partial u} \cdot \dfrac{\partial u}{\partial y} + \dfrac{\partial f}{\partial v} \cdot \dfrac{\partial v}{\partial y}. \end{cases}$

（2）隐函数求偏导数：由方程 $F(x, y, z) = 0$ 确定的二元隐函数 $z = f(x, y)$，求解 $\dfrac{\partial z}{\partial x}$ 时可在 $F(x, y, z) = 0$ 两端对 x 求偏导数，得 $F_x' + F_z' \cdot \dfrac{\partial z}{\partial x} = 0$，故 $\dfrac{\partial z}{\partial x} = -\dfrac{F_x'}{F_z'}$. 同理可得 $\dfrac{\partial z}{\partial y} = -\dfrac{F_y'}{F_z'}$.

4. 多元函数的极值

（1）极值的概念：设二元函数 $z = f(x, y)$ 在区域 D 上有定义，$P_0(x_0, y_0)$ 是 D 的内点，若存在点 $P_0(x_0, y_0)$ 的邻域 $U(P_0) \subset D$，使对于该邻域内异于 P_0 的任意点 $P(x, y)$ 都有

$$f(x, y) < f(x_0, y_0) [f(x, y) > f(x_0, y_0)],$$

则称函数 $f(x, y)$ 在点 $P_0(x_0, y_0)$ 处有极大值（极小值），点 $P_0(x_0, y_0)$ 称为函数 $f(x, y)$ 的极大值点（极小值点）.

（2）无条件极值求解步骤：首先确定函数 $z = f(x, y)$ 的定义域和驻点 (x_0, y_0)（即满足 $\begin{cases} \dfrac{\partial z}{\partial x} = 0, \\ \dfrac{\partial z}{\partial y} = 0 \end{cases}$ 的点），再利用极值存在的充分条件判断驻点是否为极值点. 令 $A = f_{xx}''(x_0, y_0)$，$B = f_{xy}''(x_0, y_0)$，$C = f_{yy}''(x_0, y_0)$，具体判别准则如下.

①若 $AC - B^2 > 0$，则点 (x_0, y_0) 为函数 $z = f(x, y)$ 的极值点，并且当 $A > 0 (A < 0)$ 时，点 (x_0, y_0) 为函数 $z = f(x, y)$ 的极小值点（极大值点）.

②若 $AC - B^2 < 0$，则点 (x_0, y_0) 不是函数 $z = f(x, y)$ 的极值点.

③若 $AC - B^2 = 0$，则无法判断点 (x_0, y_0) 是否为函数 $z = f(x, y)$ 的极值点.

（3）条件极值求解步骤：求函数 $z = f(x, y)$ 在约束条件 $\varphi(x, y) = 0$ 下的极值，一般有以下两种求解方法.

①拉格朗日乘数法：设 $F(x, y, \lambda) = f(x, y) + \lambda \varphi(x, y)$，由 $\begin{cases} F_x' = f_x' + \lambda \varphi_x' = 0, \\ F_y' = f_y' + \lambda \varphi_y' = 0, \\ F_\lambda' = \varphi(x, y) = 0 \end{cases}$ 求出可能的极值点 (x_0, y_0)，再利用无条件极值判别法确定极值.

②转化为求一元函数的极值：由 $\varphi(x, y) = 0$ 求出 $y = y(x)$，代入 $z = f(x, y)$ 得 $z = f[x, y(x)]$，再求一元函数 $z = f[x, y(x)]$ 的极值即可.

5. 偏边际与偏弹性

（1）偏边际

n 元函数 $f(x_1, x_2, \cdots, x_n)$ 对 x_i 的偏导数 $f_{x_i}'(x_1, x_2, \cdots, x_n)$，称为 f 关于 x_i 的偏边际

函数$(i=1,2,\cdots,n)$，其在一点的值称为偏边际函数值.

（2）偏弹性

①定义：设 n 元函数 $u=f(x_1,x_2,\cdots,x_n)$ 在点 $(x_1,x_2,\cdots,x_n)$ 处对各变量的偏导数都存在，若 $f(x_1,x_2,\cdots,x_n)\neq 0$，称 $\dfrac{Eu}{Ex_i}=\dfrac{\partial f}{\partial x_i}\cdot\dfrac{x_i}{f(x_1,x_2,\cdots,x_n)}$ 为函数 f 在点 $(x_1,x_2,\cdots,x_n)$ 处关于 $x_i(i=1,2,\cdots,n)$ 的偏弹性，也常简称为弹性.

②偏弹性的经济学意义（以需求函数为例）.

设市场对 A 商品的需求量 Q_A 除了与 A 商品的价格 P_A 有关，还可能受其他 n 种商品的 $P_1,P_2,\cdots,P_n$ 的影响，则 A 商品的需求函数可表示为 $Q_A=f(P_1,P_2,\cdots,P_n)$. 在需求函数可偏导的情况下，称偏弹性 $\dfrac{EQ_A}{EP_i}=\dfrac{\partial Q_A}{\partial P_i}\cdot\dfrac{P_i}{Q_A}$ 为 A 商品的需求 Q_A 对 $P_i(i=1,2,\cdots,n)$ 的交叉弹性.

A 商品的需求量 Q_A 对第 i 种商品的价格 $P_i(i=1,2,\cdots,n)$ 的交叉弹性可能为正，也可能为负或零，视第 i 种商品是 A 商品的替代品、互补品或无关品而定. 一般来说，可分以下 3 种情况讨论：

若 $\dfrac{EQ_A}{EP_i}>0$，则第 i 种商品是 A 商品的替代品，随着第 i 种商品的提价，市场对 A 商品的需求量将上升；

若 $\dfrac{EQ_A}{EP_i}<0$，则第 i 种商品是 A 商品的互补品，随着第 i 种商品的提价，市场对 A 商品的需求量将下降；

若 $\dfrac{EQ_A}{EP_i}=0$，则第 i 种商品既不是 A 商品的替代品，也不是 A 商品的互补品，而是无关品.

对替代品而言，两种商品之间的可替代程度越大，交叉弹性越大；对互补品而言，两种商品的互补性越强，交叉弹性的绝对值越大.

（二）考研大纲要求

（1）了解多元函数的概念，了解二元函数的几何意义.

（2）了解二元函数的极限与连续的概念，了解有界闭区域上二元连续函数的性质.

（3）了解多元函数偏导数与全微分的概念，会求多元复合函数的一阶、二阶偏导数，会求全微分，了解隐函数存在定理，会求多元隐函数的偏导数.

考研大纲要求

（4）了解多元函数的极值和条件极值的概念，掌握多元函数极值存在的必要条件，了解二元函数极值存在的充分条件，会求二元函数的极值，会用拉格朗日乘数法求条件极值，会求简单多元函数的最大值和最小值，并会解决一些简单的应用问题.

（三）本章知识小结

1. 多元函数的极限与连续

多元函数的极限与连续问题，一般来说，它们的讨论主要用多元函数的极限与连续的定义. 这里应特别注意，极限的存在性是包含所有方向的逼近过程，而不像一元函数那样只考虑一个单方向或至多考虑两个单侧极限. 在说明多元函数极限不存在或不连续时，一般举反例说明.

2. 偏导数与全微分

这一部分内容最关键的是弄清楚偏导数、全微分及其关系，以及它们与连续性之间的关系. 函数在某点偏导数存在，其在该点不一定连续，这一点完全不同于一元函数.

多元函数偏导数的计算是重点，特别是多元复合函数的偏导数，链式法则要能熟练运用. 对于多元复合函数的高阶偏导数，求导时要多加小心.

3. 多元函数的极值与最值

对于多元函数的极值，大家要掌握极值存在的必要条件及充分条件，尤其要熟练掌握条件极值的求法. 对于多元函数的最值，在解题过程中，大家要注意判断解的有效性.

 三、 典型例题与方法归纳

例 1(2017204) 设函数 $f(x,y)$ 有一阶连续偏导数，且在任意点 (x,y) 处，都有 $\dfrac{\partial f}{\partial x}>0$，$\dfrac{\partial f}{\partial y}<0$，则（　　）.

A. $f(0,0)>f(1,1)$　　B. $f(0,0)<f(1,1)$　　C. $f(0,1)>f(1,0)$　　D. $f(0,1)<f(1,0)$

解 由 $\dfrac{\partial f}{\partial x}>0$，$\dfrac{\partial f}{\partial y}<0$ 可知函数 $f(x,y)$ 关于 x 单调增加、关于 y 单调减少，故 $f(0,y)<f(1,y)$，$f(x,0)>f(x,1)$，进而可得 $f(0,1)<f(0,0)<f(1,0)$，故应选 D.

例 2(2020104) 设函数 $f(x,y)=\displaystyle\int_{0}^{xy}\mathrm{e}^{xt^2}\mathrm{d}t$，则 $\left.\dfrac{\partial^2 f}{\partial x\partial y}\right|_{(1,1)}=$ _____.

解 $\dfrac{\partial f}{\partial y}=x\mathrm{e}^{x(xy)^2}=x\mathrm{e}^{x^3y^2}$，$\dfrac{\partial^2 f}{\partial y\partial x}=(3x^3y^2+1)\mathrm{e}^{x^3y^2}$，故 $\left.\dfrac{\partial^2 f}{\partial x\partial y}\right|_{(1,1)}=\left.\dfrac{\partial^2 f}{\partial y\partial x}\right|_{(1,1)}=4\mathrm{e}$，应填 $4\mathrm{e}$.

例 3(2020204) 设 $z=\arctan[xy+\sin(x+y)]$，则 $\left.\mathrm{d}z\right|_{(0,\pi)}=$ _____.

解 $\dfrac{\partial z}{\partial x}=\dfrac{1}{1+[xy+\sin(x+y)]^2}\cdot[y+\cos(x+y)]$，

$\dfrac{\partial z}{\partial y}=\dfrac{1}{1+[xy+\sin(x+y)]^2}\cdot[x+\cos(x+y)]$，

$\left.\dfrac{\partial z}{\partial x}\right|_{(0,\pi)}=\pi-1$，$\left.\dfrac{\partial z}{\partial y}\right|_{(0,\pi)}=-1$，$\left.\mathrm{d}z\right|_{(0,\pi)}=(\pi-1)\mathrm{d}x-\mathrm{d}y$，故应填 $(\pi-1)\mathrm{d}x-\mathrm{d}y$.

例 4(2015104) 若函数 $z=z(x,y)$ 由方程 $e^z+xyz+x+\cos x=2$ 确定, 则 $\mathrm{d}z\mid_{(0,1)}=$ _____.

例 4

解 设 $F(x,y,z)=e^z+xyz+x+\cos x-2$, 则 $F'_x=yz+1-\sin x$, $F'_y=xz, F'_z=e^z+xy$.

当 $x=0,y=1$ 时, 代入已知方程可得 $z=0$, 此时 $\dfrac{\partial z}{\partial x}=-\dfrac{F'_x}{F'_z}=$

$-1, \dfrac{\partial z}{\partial y}=-\dfrac{F'_y}{F'_z}=0$,

可得 $\mathrm{d}z\mid_{(0,1)}=-\mathrm{d}x$, 故应填 $-\mathrm{d}x$.

【方法归纳】 (1)常见的求偏导类型: 显函数求偏导、复合函数求偏导、隐函数(组)求偏导. 具体的求解方法可参考"本章重点内容介绍"部分.

(2)题中经常出现求偏导和正常的求导符号, 解题时需要准确识别自变量和因变量. 一般来说, 一个方程只能约束一个变量, 剩下的就是自由变量(即自变量).

例 5(2016210) 已知函数 $z=z(x,y)$ 由方程 $(x^2+y^2)z+\ln z+2(x+y+1)=0$ 确定, 求 $z=z(x,y)$ 的极值.

例 5

解 方程

$$(x^2+y^2)z+\ln z+2(x+y+1)=0 \quad ①$$

两边分别对 x,y 求偏导, 得

$$2xz+(x^2+y^2)\frac{\partial z}{\partial x}+\frac{1}{z}\frac{\partial z}{\partial x}+2=0, \quad ②$$

$$2yz+(x^2+y^2)\frac{\partial z}{\partial y}+\frac{1}{z}\frac{\partial z}{\partial y}+2=0, \quad ③$$

令 $\dfrac{\partial z}{\partial x}=\dfrac{\partial z}{\partial y}=0$, 得 $\begin{cases} xz+1=0, \\ yz+1=0, \end{cases}$ 从而 $y=x$.

故当 $x\neq 0$ 时, $\begin{cases} z=-\dfrac{1}{x}, \\ y=x, \end{cases}$ 代入①式可得 $x=-1,y=-1,z=1$; 当 $x=0$ 时无解.

②式两边分别对 x,y 求偏导、③式两边对 y 求偏导, 依次得

$$2z+2x\frac{\partial z}{\partial x}+2x\frac{\partial z}{\partial x}+(x^2+y^2)\frac{\partial^2 z}{\partial x^2}+\left(-\frac{1}{z^2}\right)\left(\frac{\partial z}{\partial x}\right)^2+\frac{1}{z}\frac{\partial^2 z}{\partial x^2}=0, \quad ④$$

$$2x\frac{\partial z}{\partial y}+2y\frac{\partial z}{\partial x}+(x^2+y^2)\frac{\partial^2 z}{\partial x\partial y}+\left(-\frac{1}{z^2}\right)\frac{\partial z}{\partial y}\cdot\frac{\partial z}{\partial x}+\frac{1}{z}\frac{\partial^2 z}{\partial x\partial y}=0, \quad ⑤$$

$$2z+2y\frac{\partial z}{\partial y}+2y\frac{\partial z}{\partial y}+(x^2+y^2)\frac{\partial^2 z}{\partial y^2}+\left(-\frac{1}{z^2}\right)\left(\frac{\partial z}{\partial y}\right)^2+\frac{1}{z}\frac{\partial^2 z}{\partial y^2}=0, \quad ⑥$$

将 $x=-1,y=-1,z=1$ 代入④式、⑤式、⑥式, 可解得 $A=\dfrac{\partial^2 z}{\partial x^2}=-\dfrac{2}{3}, B=\dfrac{\partial^2 z}{\partial x\partial y}=0$,

$C = \dfrac{\partial^2 z}{\partial y^2} = -\dfrac{2}{3}$，由于 $AC - B^2 > 0, A > 0$，故 $(-1, -1)$ 为极大值点，极大值为 $z = 1$.

例6 求函数 $g(x, y) = \sqrt{(1+x)^2 + (1+y)^2}$ 在条件 $x^2 + y^2 + xy = 3$ 下的最大值.

解 为了简化计算，将本题转化为求 $d(x, y) = (1+x)^2 + (1+y)^2$ 在约束条件 $x^2 + y^2 + xy = 3$ 下的最大值. 构造函数

$$F(x, y, \lambda) = (1+x)^2 + (1+y)^2 + \lambda(x^2 + y^2 + xy - 3),$$

令 $\begin{cases} F_x' = 2(1+x) + \lambda(2x+y) = 0, \\ F_y' = 2(1+y) + \lambda(2y+x) = 0, \\ F_\lambda' = x^2 + y^2 + xy - 3 = 0, \end{cases}$ 解得 $M_1(1,1), M_2(-1,-1), M_3(2,-1), M_4(-1,2)$.

$d(M_1) = 8, d(M_2) = 0, d(M_3) = 9, d(M_4) = 9$，故所求最大值为 $\sqrt{9}$.

例7 求函数 $z = f(x, y) = x^2 + 12xy + 2y^2$ 在区域 $D = \{(x, y) \mid 4x^2 + y^2 \leqslant 25\}$ 上的最值.

解 当 $4x^2 + y^2 < 25$ 时，由 $\begin{cases} z_x' = 2x + 12y = 0, \\ z_y' = 12x + 4y = 0, \end{cases}$ 解得 $x = y = 0$.

当 $4x^2 + y^2 = 25$ 时，设 $F(x, y, \lambda) = x^2 + 12xy + 2y^2 + \lambda(4x^2 + y^2 - 25)$，

由 $\begin{cases} F_x' = 2x + 12y + 8\lambda x = 0, \\ F_y' = 12x + 4y + 2\lambda y = 0, \\ F_\lambda' = 4x^2 + y^2 - 25 = 0, \end{cases}$ 解得 $\begin{cases} x = 2, \\ y = -3, \end{cases}$ 或 $\begin{cases} x = -2, \\ y = 3, \end{cases}$ 或 $\begin{cases} x = \dfrac{3}{2}, \\ y = 4, \end{cases}$ 或 $\begin{cases} x = -\dfrac{3}{2}, \\ y = -4. \end{cases}$

比较以上 5 个点的函数值，可得函数 $z = f(x, y)$ 的最小值为 $f(-2, 3) = f(2, -3) = -50$，最大值为 $f\left(\dfrac{3}{2}, 4\right) = f\left(-\dfrac{3}{2}, -4\right) = \dfrac{425}{4}$.

例8（2000306） 假设某企业在两个相互分割的市场上出售同一种产品，两个市场的需求函数分别是

$$P_1 = 18 - 2Q_1, \quad P_2 = 12 - Q_2,$$

其中 P_1 和 P_2 分别表示该产品在两个市场的价格（单位：万元/t），Q_1 和 Q_2 分别表示该产品在两个市场的销售量（即需求量，单位：t）. 该企业生产这种产品的总成本函数是 $C(Q) = 5 + 2Q$，其中 Q 表示该产品在两个市场的销售总量，即 $Q = Q_1 + Q_2$.

（1）如果该企业实行价格差别策略，试确定两个市场上该产品的销售量和价格，使该企业获得最大利润.

（2）如果该企业实行价格无差别策略，试确定两个市场上该产品的销售量及其统一的价格，使该企业的总利润最大化；并比较两种价格策略下的总利润大小.

解 （1）由题意，实行价格差别策略，总利润函数为

$$L = R - C(Q) = P_1 Q_1 + P_2 Q_2 - (5 + 2Q) = -2Q_1^2 - Q_2^2 + 16Q_1 + 10Q_2 - 5.$$

令 $\begin{cases} L_{Q_1}' = -4Q_1 + 16 = 0, \\ L_{Q_2}' = -2Q_2 + 10 = 0, \end{cases}$ 解得唯一驻点 $Q_1 = 4, Q_2 = 5$，对应的价格分别为 $P_1 = 10$（万元/t）和 $P_2 = 7$（万元/t）.

根据实际问题的性质知，该唯一驻点必是最大值点，从而求得最大利润为 $L_{\max}=$ 52(万元).

(2)若实行价格无差别策略，即 $P_1=P_2$，于是有约束条件 $2Q_1-Q_2=6$. 应用拉格朗日乘数法，构造拉格朗日函数

$$F(Q_1,Q_2,\lambda)=-2Q_1^2-Q_2^2+16Q_1+10Q_2-5+\lambda(2Q_1-Q_2-6),$$

令 $\begin{cases} F'_{Q_1}=-4Q_1+16+2\lambda=0, \\ F'_{Q_2}=-2Q_2+10-\lambda=0, \\ F'_\lambda=2Q_1-Q_2-6=0, \end{cases}$ 解得唯一驻点 $Q_1=5,Q_2=4$，对应的统一价格为 $P_1=P_2=8$

(万元/t).

根据实际问题的性质知，该唯一驻点必是最大值点，从而求得最大利润为 $L_{\max}=$ 49(万元).

综合(1)和(2)的结果可知，该企业实行差别定价所获得的最大总利润要大于统一定价时的最大总利润.

【方法归纳】 (1)若函数 $f(x,y)$ 在有界闭区域上连续，则一定存在最大值和最小值，求最值的步骤如下.

①先求出 $f(x,y)$ 可能的最值点：驻点、偏导数不存在的点、边界点.

②比较上述点的函数值，最大的即为最大值，最小的即为最小值.

(2)无条件极值和条件极值的求解在"本章重点内容介绍"部分已给出详细步骤，但有时所给的问题是无条件极值与条件极值的混合型，此时需要在区域内部进行无条件极值计算，在区域边界进行条件极值计算.

例9(2019210) 已知函数 $u(x,y)$ 满足 $2\dfrac{\partial^2 u}{\partial x^2}-2\dfrac{\partial^2 u}{\partial y^2}+3\dfrac{\partial u}{\partial x}+3\dfrac{\partial u}{\partial y}=0$，求 a,b 的值，使在变换 $u(x,y)=v(x,y)\mathrm{e}^{ax+by}$ 下，上述等式可化为函数 $v(x,y)$ 的不含一阶偏导数的等式.

解 $\dfrac{\partial u}{\partial x}=\left(\dfrac{\partial v}{\partial x}+av\right)\mathrm{e}^{ax+by}$，$\dfrac{\partial u}{\partial y}=\left(\dfrac{\partial v}{\partial y}+bv\right)\mathrm{e}^{ax+by}$.

$\dfrac{\partial^2 u}{\partial x^2}=\left(\dfrac{\partial^2 v}{\partial x^2}+a^2 v+2a\dfrac{\partial v}{\partial x}\right)\mathrm{e}^{ax+by}$，$\dfrac{\partial^2 u}{\partial y^2}=\left(\dfrac{\partial^2 v}{\partial y^2}+b^2 v+2b\dfrac{\partial v}{\partial y}\right)\mathrm{e}^{ax+by}$.

所以

$$2\dfrac{\partial^2 u}{\partial x^2}-2\dfrac{\partial^2 u}{\partial y^2}+3\dfrac{\partial u}{\partial x}+3\dfrac{\partial u}{\partial y}$$

$$=\left[2\dfrac{\partial^2 v}{\partial x^2}-2\dfrac{\partial^2 v}{\partial y^2}+(4a+3)\dfrac{\partial v}{\partial x}-(4b-3)\dfrac{\partial v}{\partial y}+(2a^2+3a)v-(2b^2-3b)v\right]\mathrm{e}^{ax+by}=0,$$

为使其不含一阶偏导数，须 $4a+3=4b-3=0$，故 $a=-\dfrac{3}{4},b=\dfrac{3}{4}$.

例10(2015210) 已知函数 $f(x,y)$ 满足 $f''_{xy}(x,y)=2(y+1)\mathrm{e}^x$，$f'_x(x,0)=(x+1)\mathrm{e}^x$，$f(0,y)=y^2+2y$，求 $f(x,y)$ 的极值.

解 将 $f''_{xy}(x,y)=2(y+1)e^x$ 两边对 y 积分，得

$$f'_x(x,y)=2\left(\frac{1}{2}y^2+y\right)e^x+\varphi(x)=(y^2+2y)e^x+\varphi(x),$$

故 $f'_x(x,0)=\varphi(x)=(x+1)e^x$，从而 $f'_x(x,y)=(y^2+2y)e^x+(x+1)e^x$. 将该式两边对 x 积分，得

$$f(x,y)=(y^2+2y)e^x+\int e^x(1+x)\,dx=(y^2+2y+x)e^x+C,$$

故 $f(0,y)=y^2+2y+C=y^2+2y$，得 $C=0$，所以 $f(x,y)=(y^2+2y+x)e^x$.

令 $\begin{cases} f'_x=(y^2+2y+x+1)e^x=0, \\ f'_y=(2y+2)e^x=0, \end{cases}$ 解得 $\begin{cases} x=0, \\ y=-1. \end{cases}$

又因为 $f''_{xx}=(y^2+2y+x+2)e^x$，$f''_{xy}=(2y+2)e^x$，$f''_{yy}=2e^x$，当 $x=0,y=-1$ 时，$A=f''_{xx}=1,B=f''_{xy}=0,C=f''_{yy}=2$，从而 $AC-B^2>0,A>0$，故 $(0,-1)$ 为极小值点，极小值为 $f(0,-1)=-1$.

【方法归纳】 根据偏导数求原函数的一般方法是利用 $f(x,y)=\displaystyle\int_{x_0}^x f'_t(t,y)\,dt+g(y)$ 或 $f(x,y)=\displaystyle\int_{y_0}^y f'_s(x,s)\,ds+g(x)$，注意后面不是加一个常数，而是加关于另一个变量的函数.

四、 习题全解

同步习题 8.1

1. 已知两点 $A(4,0,5)$ 和 $B(7,1,3)$，求与 $\overrightarrow{AB}$ 同方向的单位向量.

解 $\overrightarrow{AB}=\{3,1,-2\}$，与 $\overrightarrow{AB}$ 同方向的单位向量 $e=\dfrac{\overrightarrow{AB}}{|\overrightarrow{AB}|}=\left\{\dfrac{3}{\sqrt{14}},\dfrac{1}{\sqrt{14}},-\dfrac{2}{\sqrt{14}}\right\}$.

2. 在 y 轴上求与点 $A(1,-4,7)$ 和点 $B(5,6,5)$ 等距离的点 M.

解 设点 M 的坐标为 $(0,y,0)$，由于 $|\overrightarrow{MA}|=|\overrightarrow{MB}|$，根据两点间的距离公式有

$$\sqrt{1^2+(-4-y)^2+7^2}=\sqrt{5^2+(6-y)^2+5^2},$$

解得 $y=1$，从而点 M 的坐标为 $(0,1,0)$.

3. 在空间直角坐标系中，设向量 $\boldsymbol{a}=\{3,0,2\},\boldsymbol{b}=\{-1,1,-1\}$，求同时垂直于向量 $\boldsymbol{a}$ 与 $\boldsymbol{b}$ 的单位向量.

解 根据向量积的定义，同时垂直于向量 $\boldsymbol{a}$ 与 $\boldsymbol{b}$ 的向量 $\boldsymbol{c}=\begin{vmatrix} \boldsymbol{i} & \boldsymbol{j} & \boldsymbol{k} \\ 3 & 0 & 2 \\ -1 & 1 & -1 \end{vmatrix}=-2\boldsymbol{i}+$

$j+3k.$ 与 c 平行的单位向量 e 有两个，即 $e=\pm\dfrac{c}{|c|}=\pm\left\{\dfrac{-2}{\sqrt{14}},\dfrac{1}{\sqrt{14}},\dfrac{3}{\sqrt{14}}\right\}.$

4. 一平面通过两点 $M_0(1,1,1)$ 和 $M_1(0,1,-1)$ 且垂直于平面 $x+y+z=0$，求平面方程.

解 根据题意知，该平面垂直于平面 $x+y+z=0$，故法向量 n 与平面 $x+y+z=0$ 的法向量 $n_1=\{1,1,1\}$ 垂直. 又因为该平面通过点 $M_0(1,1,1)$ 和点 $M_1(0,1,-1)$，故法向量 n 与 $\overrightarrow{M_0M_1}=\{-1,0,-2\}$ 也垂直. 因此，取法向量 $n=n_1\times\overrightarrow{M_0M_1}=\begin{vmatrix} i & j & k \\ 1 & 1 & 1 \\ -1 & 0 & -2 \end{vmatrix}=$

$-2i+j+k.$ 根据平面的点法式方程，得所求平面方程为 $-2(x-1)+(y-1)+(z-1)=0$，即 $2x-y-z=0.$

5. 设直线 l 过两点 $A(-1,2,3)$ 和 $B(2,0,-1)$，求直线 l 的方程.

解 直线 l 的方向向量为 $\overrightarrow{AB}=\{3,-2,-4\}$，故直线 l 的方程为
$$\frac{x-2}{3}=\frac{y}{-2}=\frac{z+1}{-4}\text{ 或 }\frac{x+1}{3}=\frac{y-2}{-2}=\frac{z-3}{-4}.$$

6. 确定下列球面的球心和半径.

(1) $x^2+y^2+z^2-2x=0.$ 　　(2) $2x^2+2y^2+2z^2-5y-8=0.$

解 (1) 将已知方程配方得 $(x-1)^2+y^2+z^2=1$，此方程表示以 $(1,0,0)$ 为球心、以 1 为半径的球面.

(2) $2x^2+2y^2+2z^2-5y-8=0$ 等价于 $x^2+y^2+z^2-\dfrac{5}{2}y-4=0$，将其配方得 $x^2+\left(y-\dfrac{5}{4}\right)^2+$

$z^2=\dfrac{89}{16}$，此方程表示以 $\left(0,\dfrac{5}{4},0\right)$ 为球心、以 $\dfrac{\sqrt{89}}{4}$ 为半径的球面.

7. 将 xOy 坐标面上的抛物线 $y^2=4x$ 绕 x 轴旋转，求旋转后所得曲面的方程.

解 以 $\pm\sqrt{y^2+z^2}$ 代替抛物线 $y^2=4x$ 中的 y，得 $\left(\pm\sqrt{y^2+z^2}\right)^2=4x$，即 $y^2+z^2=4x.$

8. 将 xOy 坐标面上的双曲线 $x^2-4y^2=4$ 分别绕 x 轴、y 轴旋转一周，求所形成的旋转曲面的方程.

解 以 $\pm\sqrt{y^2+z^2}$ 代替双曲线 $x^2-4y^2=4$ 中的 y，得该双曲线绕 x 轴旋转一周所形成的旋转曲面的方程为 $x^2-4\left(\pm\sqrt{y^2+z^2}\right)^2=4$，即 $x^2-4(y^2+z^2)=4.$

以 $\pm\sqrt{x^2+z^2}$ 代替双曲线 $x^2-4y^2=4$ 中的 x，得该双曲线绕 y 轴旋转一周所形成的旋转曲面的方程为 $\left(\pm\sqrt{x^2+z^2}\right)^2-4y^2=4$，即 $x^2+z^2-4y^2=4.$

9. 求抛物面 $y^2+z^2=x$ 与平面 $x+2y-z=0$ 的截线在 3 个坐标面上的投影曲线的方程.

解 在 $\begin{cases} y^2+z^2=x, \\ x+2y-z=0 \end{cases}$ 中消去 z，得 $y^2+(x+2y)^2=x$，即 $x^2+5y^2+4xy-x=0$，故

$\begin{cases} x^2+5y^2+4xy-x=0, \\ z=0 \end{cases}$ 表示截线在 xOy 坐标面上的投影曲线的方程；同理可得，截线在

zOx 和 yOz 坐标面上的投影曲线的方程分别为 $\begin{cases} x^2+5z^2-2xz-4x=0, \\ y=0 \end{cases}$ 和 $\begin{cases} y^2+z^2+2y-z=0, \\ x=0. \end{cases}$

1. 在空间直角坐标系中，点 A,B,C 的坐标分别为 $A(4,-1,2),B(1,2,-2),C(2,0,1)$，求 $\triangle ABC$ 的面积.

解 $\overrightarrow{AB}=\{-3,3,-4\}$，$\overrightarrow{AC}=\{-2,1,-1\}$，根据向量积模的几何意义，有 $S_{\triangle ABC}=\dfrac{|\overrightarrow{AB}\times\overrightarrow{AC}|}{2}$，$\overrightarrow{AB}\times\overrightarrow{AC}=\begin{vmatrix} \boldsymbol{i} & \boldsymbol{j} & \boldsymbol{k} \\ -3 & 3 & -4 \\ -2 & 1 & -1 \end{vmatrix}=\boldsymbol{i}+5\boldsymbol{j}+3\boldsymbol{k}$，进而可得 $|\overrightarrow{AB}\times\overrightarrow{AC}|=\sqrt{35}$，故 $S_{\triangle ABC}=\dfrac{|\overrightarrow{AB}\times\overrightarrow{AC}|}{2}=\dfrac{\sqrt{35}}{2}$.

2. 求空间区域 $x^2+y^2+z^2\le R^2$ 与 $x^2+y^2+(z-R)^2\le R^2$ 的公共部分在 xOy 坐标面上的投影区域.

解 由 $\begin{cases} x^2+y^2+z^2=R^2, \\ x^2+y^2+(z-R)^2=R^2 \end{cases}$ 得 $z=\dfrac{R}{2}$，将其代入 $x^2+y^2+z^2\le R^2$，得所求投影区域为 $x^2+y^2\le\dfrac{3}{4}R^2$.

同步习题 8.2

1. 求下列函数的定义域.

$(1)\,z=\sqrt{1-y}-\dfrac{1}{\sqrt{x}}$.

$(2)\,z=\sqrt{x-\sqrt{y}}$.

$(3)\,z=\sqrt{x^2+y^2-1}+\dfrac{1}{\sqrt{4-x^2-y^2}}$.

$(4)\,u=\arccos\dfrac{z}{\sqrt{x^2+y^2}}$.

解 $(1)\begin{cases} 1-y\ge0, \\ x>0, \end{cases}$ 解得 $\begin{cases} y\le1, \\ x>0, \end{cases}$ 故定义域为 $\{(x,y)\mid x>0,y\le1\}$.

$(2)\begin{cases} y\ge0, \\ x-\sqrt{y}\ge0, \end{cases}$ 解得 $\begin{cases} y\ge0, \\ x\ge\sqrt{y}, \end{cases}$ 故定义域为 $\{(x,y)\mid y\ge0,x\ge\sqrt{y}\}$.

$(3)\begin{cases} x^2+y^2-1\ge0, \\ 4-x^2-y^2>0, \end{cases}$ 解得 $\begin{cases} x^2+y^2\ge1, \\ x^2+y^2<4, \end{cases}$ 故定义域为 $\{(x,y)\mid 1\le x^2+y^2<4\}$.

$(4)\begin{cases} \left|\dfrac{z}{\sqrt{x^2+y^2}}\right|\le1, \\ x^2+y^2\ne0, \end{cases}$ 解得 $\begin{cases} z^2\le x^2+y^2, \\ x^2+y^2\ne0, \end{cases}$ 故定义域为 $\{(x,y,z)\mid z^2\le x^2+y^2,x^2+y^2\ne0\}$.

2. 设函数 $f(x,y)=\dfrac{x^2-y^2}{2xy}$, 求: $(1)f(1,1)$; $(2)f\left(\dfrac{1}{x},\dfrac{1}{y}\right)$.

解 $(1)f(1,1)=0$.

$(2)f\left(\dfrac{1}{x},\dfrac{1}{y}\right)=\dfrac{\dfrac{1}{x^2}-\dfrac{1}{y^2}}{2\cdot\dfrac{1}{x}\cdot\dfrac{1}{y}}=\dfrac{y^2-x^2}{2xy}$.

3. 求下列极限.

$(1)\displaystyle\lim_{(x,y)\to(0,0)}\dfrac{\tan xy}{x}$. $(2)\displaystyle\lim_{(x,y)\to(1,2)}\dfrac{3xy-x^2y}{x+y}$.

$(3)\displaystyle\lim_{(x,y)\to(1,0)}\dfrac{\ln(1+xy)}{y}$. $(4)\displaystyle\lim_{(x,y)\to(0,0)}\dfrac{1-\cos(x^2+y^2)}{(x^2+y^2)(1+e^{xy})}$.

解 $(1)\displaystyle\lim_{(x,y)\to(0,0)}\dfrac{\tan xy}{x}=\lim_{(x,y)\to(0,0)}\dfrac{xy}{x}=\lim_{(x,y)\to(0,0)}y=0$.

$(2)\displaystyle\lim_{(x,y)\to(1,2)}\dfrac{3xy-x^2y}{x+y}=\dfrac{4}{3}$.

$(3)\displaystyle\lim_{(x,y)\to(1,0)}\dfrac{\ln(1+xy)}{y}=\lim_{(x,y)\to(1,0)}\dfrac{xy}{y}=\lim_{(x,y)\to(1,0)}x=1$.

$(4)\displaystyle\lim_{(x,y)\to(0,0)}\dfrac{1-\cos(x^2+y^2)}{(x^2+y^2)(1+e^{xy})}=\lim_{(x,y)\to(0,0)}\dfrac{\dfrac{1}{2}(x^2+y^2)^2}{(x^2+y^2)(1+e^{xy})}=\lim_{(x,y)\to(0,0)}\dfrac{x^2+y^2}{2(1+e^{xy})}=0$.

4. 讨论下列函数在点$(0,0)$处的极限是否存在.

$(1)z=\dfrac{xy}{x^2+y^4}$. $(2)z=\dfrac{x+y}{x-y}$.

解 (1)设 $y=kx$, 则 $\displaystyle\lim_{\substack{x\to0\\y=kx}}\dfrac{xy}{x^2+y^4}=\lim_{x\to0}\dfrac{kx^2}{x^2+k^4x^4}=k$, 极限值随 k 的变化而变化, 这表

明沿不同直线 $y=kx$, 当$(x,y)\to(0,0)$时, 极限值不同, 所以 $\displaystyle\lim_{(x,y)\to(0,0)}\dfrac{xy}{x^2+y^4}$不存在.

(2)设 $y=kx(k\neq1)$, 则 $\displaystyle\lim_{\substack{x\to0\\y=kx}}\dfrac{x+y}{x-y}=\lim_{x\to0}\dfrac{x+kx}{x-kx}=\dfrac{1+k}{1-k}$, 极限值随 k 的变化而变化, 这表

明沿不同直线 $y=kx(k\neq1)$, 当$(x,y)\to(0,0)$时, 极限值不同, 所以 $\displaystyle\lim_{(x,y)\to(0,0)}\dfrac{x+y}{x-y}$不存在.

5. 指出下列函数在何处间断.

$(1)z=\dfrac{y^2+2x}{y^2-2x}$. $(2)z=\ln|x-y|$.

解 (1)在$\{(x,y)\,|\,y^2=2x\}$处, 函数 $z=\dfrac{y^2+2x}{y^2-2x}$间断.

(2)在$\{(x,y)\mid y=x\}$处，函数$z=\ln\mid x-y\mid$间断.

6. 某水渠的横断面是一等腰梯形，设$AB=x$，$BC=y$，渠深为z，如图8.1所示，试将水渠的横断面面积A表示成x,y,z的函数.

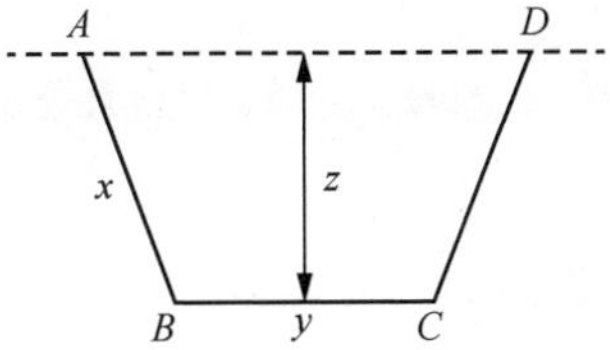

图 8.1

（解）$A=\dfrac{1}{2}(y+y+2\sqrt{x^2-z^2})\cdot z=(y+\sqrt{x^2-z^2})z$，

$x>0,y>0,z>0$.

提高题

1. 设函数$f(x,y)=\dfrac{y}{1+xy}-\dfrac{1-y\sin\dfrac{x}{y}}{\arctan x}$，$x>0,y>0$，求：（1）$g(x)=\lim\limits_{y\to+\infty}f(x,y)$；

（2）$\lim\limits_{x\to0^+}g(x)$.

（解）（1）$g(x)=\lim\limits_{y\to+\infty}\left(\dfrac{y}{1+xy}-\dfrac{1-y\sin\dfrac{x}{y}}{\arctan x}\right)=\dfrac{1}{x}-\dfrac{1-x}{\arctan x}$.

（2）$\lim\limits_{x\to0^+}g(x)=\lim\limits_{x\to0^+}\left(\dfrac{1}{x}-\dfrac{1-x}{\arctan x}\right)=\lim\limits_{x\to0^+}\dfrac{\arctan x-x+x^2}{x\arctan x}$

$\qquad=\lim\limits_{x\to0^+}\dfrac{\arctan x-x+x^2}{x^2}$

$\qquad=\lim\limits_{x\to0^+}\dfrac{\dfrac{1}{1+x^2}-1+2x}{2x}$

$\qquad=\lim\limits_{x\to0^+}\dfrac{-x+2+2x^2}{2(1+x^2)}=1$.

2. 设函数$f(x,y)=\displaystyle\int_x^y\dfrac{1}{t}\mathrm{d}t$，求$f(1,4)$.

（解）$f(1,4)=\displaystyle\int_1^4\dfrac{1}{t}\mathrm{d}t=\ln\mid t\mid\Big|_1^4=2\ln 2$.

3. 设函数$f(x,y)=\begin{cases}\dfrac{xy}{\sqrt{x^2+y^2}}, & x^2+y^2\neq0,\\ 0, & x^2+y^2=0\end{cases}$，试判断$f(x,y)$在点$(0,0)$处的连续性.

（解）$0\leqslant\left|\dfrac{xy}{\sqrt{x^2+y^2}}\right|\leqslant\mid x\mid$，由于$\lim\limits_{(x,y)\to(0,0)}\mid x\mid=0$，所以$\lim\limits_{(x,y)\to(0,0)}\dfrac{xy}{\sqrt{x^2+y^2}}=0=f(0,0)$.

故$f(x,y)$在点$(0,0)$处连续.

同步习题 8.3

1. 求下列函数的偏导数.

(1) $z = \ln(xy)$.　　　　　(2) $z = \sin x^2 + 6e^{xy} + 5y^2$.

(3) $z = xye^{xy}$.　　　　　(4) $u = x^{yz}$.

解 (1) $\dfrac{\partial z}{\partial x} = \dfrac{1}{xy} \cdot y = \dfrac{1}{x}, \dfrac{\partial z}{\partial y} = \dfrac{1}{xy} \cdot x = \dfrac{1}{y}$.

(2) $\dfrac{\partial z}{\partial x} = 2x\cos x^2 + 6ye^{xy}, \dfrac{\partial z}{\partial y} = 0 + 6e^{xy} \cdot x + 10y = 6xe^{xy} + 10y$.

(3) $\dfrac{\partial z}{\partial x} = ye^{xy} + xye^{xy} \cdot y = y(1+xy)e^{xy}, \dfrac{\partial z}{\partial y} = xe^{xy} + xye^{xy} \cdot x = x(1+xy)e^{xy}$.

(4) $\dfrac{\partial u}{\partial x} = yzx^{yz-1}, \quad \dfrac{\partial u}{\partial y} = zx^{yz}\ln x, \dfrac{\partial u}{\partial z} = yx^{yz}\ln x$.

2. 已知 $f(x,y) = (x+2y)e^x$, 求 $f'_x(0,1), f'_y(0,1)$.

解 $f'_x(x,y) = e^x(1+x+2y), f'_y(x,y) = 2e^x$, 所以 $f'_x(0,1) = 3, f'_y(0,1) = 2$.

3. 求下列函数的所有二阶偏导数.

(1) $u = \arcsin(xy)$.　　　　　(2) $z = e^x(\cos y + x\sin y)$.

解 (1) $\dfrac{\partial u}{\partial x} = \dfrac{1}{\sqrt{1-x^2y^2}} \cdot y = \dfrac{y}{\sqrt{1-x^2y^2}}, \dfrac{\partial u}{\partial y} = \dfrac{1}{\sqrt{1-x^2y^2}} \cdot x = \dfrac{x}{\sqrt{1-x^2y^2}},$

$\dfrac{\partial^2 u}{\partial x^2} = \dfrac{xy^3}{(1-x^2y^2)^{\frac{3}{2}}}, \dfrac{\partial^2 u}{\partial x\partial y} = \dfrac{1}{(1-x^2y^2)^{\frac{3}{2}}}, \dfrac{\partial^2 u}{\partial y^2} = \dfrac{x^3y}{(1-x^2y^2)^{\frac{3}{2}}}, \dfrac{\partial^2 u}{\partial y\partial x} = \dfrac{1}{(1-x^2y^2)^{\frac{3}{2}}}.$

(2) $\dfrac{\partial z}{\partial x} = e^x(\cos y + \sin y + x\sin y), \dfrac{\partial z}{\partial y} = e^x(-\sin y + x\cos y),$

$\dfrac{\partial^2 z}{\partial x^2} = e^x(\cos y + \sin y + x\sin y) + e^x\sin y = e^x(\cos y + 2\sin y + x\sin y),$

$\dfrac{\partial^2 z}{\partial x\partial y} = e^x(-\sin y + \cos y + x\cos y), \dfrac{\partial^2 z}{\partial y^2} = -e^x(\cos y + x\sin y),$

$\dfrac{\partial^2 z}{\partial y\partial x} = e^x(-\sin y + x\cos y) + e^x\cos y = e^x(-\sin y + \cos y + x\cos y).$

4. 验证 $z = \ln\sqrt{x^2+y^2}$ 满足 $\dfrac{\partial^2 z}{\partial x^2} + \dfrac{\partial^2 z}{\partial y^2} = 0$.

证明 $z = \ln\sqrt{x^2+y^2} = \dfrac{1}{2}\ln(x^2+y^2), \dfrac{\partial z}{\partial x} = \dfrac{1}{2} \cdot \dfrac{2x}{x^2+y^2} = \dfrac{x}{x^2+y^2},$

$$\frac{\partial z}{\partial y}=\frac{1}{2}\cdot\frac{2y}{x^2+y^2}=\frac{y}{x^2+y^2},\ \frac{\partial^2 z}{\partial x^2}=\frac{1\cdot(x^2+y^2)-x\cdot 2x}{(x^2+y^2)^2}=\frac{y^2-x^2}{(x^2+y^2)^2},$$

$$\frac{\partial^2 z}{\partial y^2}=\frac{1\cdot(x^2+y^2)-y\cdot 2y}{(x^2+y^2)^2}=\frac{x^2-y^2}{(x^2+y^2)^2},\ \ 所以\frac{\partial^2 z}{\partial x^2}+\frac{\partial^2 z}{\partial y^2}=\frac{y^2-x^2}{(x^2+y^2)^2}+\frac{x^2-y^2}{(x^2+y^2)^2}=0.$$

5. 已知边长为 $x=6\mathrm{m}$ 与 $y=8\mathrm{m}$ 的矩形，如果 x 边增加 $5\mathrm{cm}$ 而 y 边减少 $10\mathrm{cm}$，问：这个矩形的对角线的近似变化怎样？

（解） 设矩形对角线的长度为 $L\mathrm{m}$，则 $L=\sqrt{x^2+y^2}\ (x>0,y>0)$，

$$\mathrm{d}L=\frac{x}{\sqrt{x^2+y^2}}\mathrm{d}x+\frac{y}{\sqrt{x^2+y^2}}\mathrm{d}y\approx\Delta L.$$

当 $x=6$，$y=8$，$\Delta x=0.05$，$\Delta y=-0.1$ 时，

$$\mathrm{d}L\big|_{(6,8)}=\frac{6}{\sqrt{6^2+8^2}}\times 0.05-\frac{8}{\sqrt{6^2+8^2}}\times 0.1=-0.05(\mathrm{m}).$$

故矩形的对角线近似减少了 $5\mathrm{cm}$。

6. 求函数 $z=\mathrm{e}^{xy}$ 当 $x=1,y=1,\Delta x=0.15,\Delta y=0.1$ 时的全微分。

（解） $\dfrac{\partial z}{\partial x}=y\mathrm{e}^{xy},\dfrac{\partial z}{\partial y}=x\mathrm{e}^{xy},\mathrm{d}z=y\mathrm{e}^{xy}\mathrm{d}x+x\mathrm{e}^{xy}\mathrm{d}y.$

当 $x=1,y=1,\Delta x=0.15,\Delta y=0.1$ 时，$\mathrm{d}z\big|_{(1,1)}=\mathrm{e}\times 0.15+\mathrm{e}\times 0.1=0.25\mathrm{e}.$

7. 已知两种相关商品 A 和 B 的需求 Q_A,Q_B 与价格 P_A,P_B 之间的关系分别为

$$Q_A=\frac{P_B}{P_A},Q_B=\frac{P_A^2}{P_B},$$

求需求的直接价格偏弹性 $\dfrac{EQ_A}{EP_A}$ 和 $\dfrac{EQ_B}{EP_B}$ 及交叉价格偏弹性 $\dfrac{EQ_A}{EP_B}$ 和 $\dfrac{EQ_B}{EP_A}$，并判断两种商品的关系。

（解） 由题意得

$$\frac{\partial Q_A}{\partial P_A}=-\frac{P_B}{P_A^2},\frac{\partial Q_A}{\partial P_B}=\frac{1}{P_A},\frac{\partial Q_B}{\partial P_A}=\frac{2P_A}{P_B},\frac{\partial Q_B}{\partial P_B}=-\frac{P_A^2}{P_B^2},$$

所以

$$\frac{EQ_A}{EP_A}=\frac{P_A}{Q_A}\frac{\partial Q_A}{\partial P_A}=\frac{P_A^2}{P_B}\cdot\left(-\frac{P_B}{P_A^2}\right)=-1,\frac{EQ_A}{EP_B}=\frac{P_B}{Q_A}\frac{\partial Q_A}{\partial P_B}=P_A\cdot\frac{1}{P_A}=1,$$

$$\frac{EQ_B}{EP_A}=\frac{P_A}{Q_B}\frac{\partial Q_B}{\partial P_A}=\frac{P_B}{P_A}\cdot\frac{2P_A}{P_B}=2,\frac{EQ_B}{EP_B}=\frac{P_B}{Q_B}\frac{\partial Q_B}{\partial P_B}=\frac{P_B^2}{P_A^2}\cdot\left(-\frac{P_A^2}{P_B^2}\right)=-1.$$

由交叉价格偏弹性 $\dfrac{EQ_A}{EP_B}>0$ 和 $\dfrac{EQ_B}{EP_A}>0$ 知，这两种商品是替代品。

1. 求下列函数的全微分.

(1) $z = \arctan \dfrac{y}{x}$.　　　　　　(2) $u = xe^{xy+2z}$.

(3) $z = \sin(xy) + \cos^2(xy)$.　　　　(4) $u = x^{y^z}$.

解　(1) $\dfrac{\partial z}{\partial x} = \dfrac{1}{1+\dfrac{y^2}{x^2}} \cdot \left(-\dfrac{y}{x^2}\right) = -\dfrac{y}{x^2+y^2}$, $\dfrac{\partial z}{\partial y} = \dfrac{1}{1+\dfrac{y^2}{x^2}} \cdot \dfrac{1}{x} = \dfrac{x}{x^2+y^2}$,

所以 $dz = -\dfrac{y}{x^2+y^2}dx + \dfrac{x}{x^2+y^2}dy$.

(2) $\dfrac{\partial u}{\partial x} = e^{xy+2z} + xe^{xy+2z} \cdot y = (1+xy)e^{xy+2z}$, $\dfrac{\partial u}{\partial y} = xe^{xy+2z} \cdot x = x^2 e^{xy+2z}$,

$\dfrac{\partial u}{\partial z} = xe^{xy+2z} \cdot 2 = 2xe^{xy+2z}$, 所以 $du = e^{xy+2z}[(1+xy)dx + x^2 dy + 2x dz]$.

(3) $\dfrac{\partial z}{\partial x} = \cos(xy) \cdot y + 2\cos(xy) \cdot [-\sin(xy)] \cdot y = y\cos(xy) - y\sin(2xy)$,

$\dfrac{\partial z}{\partial y} = \cos(xy) \cdot x + 2\cos(xy) \cdot [-\sin(xy)] \cdot x = x\cos(xy) - x\sin(2xy)$,

所以 $dz = [y\cos(xy) - y\sin(2xy)]dx + [x\cos(xy) - x\sin(2xy)]dy$

$\qquad = [\cos(xy) - \sin(2xy)](ydx + xdy)$.

(4) $\dfrac{\partial u}{\partial x} = y^z x^{y^z-1}$, $\dfrac{\partial u}{\partial y} = x^{y^z}\ln x \cdot zy^{z-1} = x^{y^z} y^{z-1} z\ln x$, $\dfrac{\partial u}{\partial z} = x^{y^z}\ln x \cdot y^z \ln y = x^{y^z} y^z \ln x \ln y$,

所以 $du = y^z x^{y^z-1}dx + x^{y^z} y^{z-1} z\ln x dy + x^{y^z} y^z \ln x \ln y dz = x^{y^z-1} y^{z-1}(ydx + xz\ln x dy + xy\ln x \ln y dz)$.

2. 设 $u = \left(\dfrac{x}{y}\right)^z$, 求 $du \big|_{(1,1,1)}$.

解　$\dfrac{\partial u}{\partial x} = \dfrac{z}{y}\left(\dfrac{x}{y}\right)^{z-1}$, $\dfrac{\partial u}{\partial y} = -\dfrac{xz}{y^2}\left(\dfrac{x}{y}\right)^{z-1}$, $\dfrac{\partial u}{\partial z} = \left(\dfrac{x}{y}\right)^z \ln\dfrac{x}{y}$,

所以 $du = \dfrac{z}{y}\left(\dfrac{x}{y}\right)^{z-1}dx - \dfrac{xz}{y^2}\left(\dfrac{x}{y}\right)^{z-1}dy + \left(\dfrac{x}{y}\right)^z \ln\dfrac{x}{y}dz$, $du \big|_{(1,1,1)} = dx - dy$.

3. 计算 $(1.97)^{1.05}$ 的近似值($\ln 2 \approx 0.693$).

解　设 $z = x^y$, 则 $\dfrac{\partial z}{\partial x} = yx^{y-1}$, $\dfrac{\partial z}{\partial y} = x^y \ln x$.

由 $\Delta z \approx dz = yx^{y-1}dx + x^y \ln x dy = yx^{y-1}\Delta x + x^y \ln x \Delta y$, 得

$$(x+\Delta x)^{y+\Delta y} \approx x^y + yx^{y-1}\Delta x + x^y \ln x \Delta y.$$

当 $x = 2, y = 1, \Delta x = -0.03, \Delta y = 0.05$ 时,

$$(1.97)^{1.05} = (2-0.03)^{1+0.05} \approx 2 - 0.03 + 2\ln 2 \times 0.05 \approx 2.039,$$

所以$(1.97)^{1.05}$的近似值为 2.039.

4. 设一商品的需求量 Q_A 与该商品的价格 P_A、另一相关商品的价格 P_B 及消费者收入 y 有以下关系：$Q_A = CP_A^{-\alpha}P_B^{-\beta}y^{\gamma}$，其中 C,α,β,γ 均为正常数. 求该商品的直接价格偏弹性、交叉价格偏弹性及需求收入偏弹性.

 由题意得

$$\frac{\partial Q_A}{\partial P_A} = -C\alpha P_A^{-\alpha-1}P_B^{-\beta}y^{\gamma}, \frac{\partial Q_A}{\partial P_B} = -C\beta P_A^{-\alpha}P_B^{-\beta-1}y^{\gamma}, \frac{\partial Q_A}{\partial y} = C\gamma P_A^{-\alpha}P_B^{-\beta}y^{\gamma-1},$$

所以直接价格偏弹性为 $\dfrac{EQ_A}{EP_A} = \dfrac{P_A}{Q_A}\dfrac{\partial Q_A}{\partial P_A} = \dfrac{P_A}{CP_A^{-\alpha}P_B^{-\beta}y^{\gamma}} \cdot (-C\alpha P_A^{-\alpha-1}P_B^{-\beta}y^{\gamma}) = -\alpha$，

交叉价格偏弹性为 $\dfrac{EQ_A}{EP_B} = \dfrac{P_B}{Q_A}\dfrac{\partial Q_A}{\partial P_B} = \dfrac{P_B}{CP_A^{-\alpha}P_B^{-\beta}y^{\gamma}} \cdot (-C\beta P_A^{-\alpha}P_B^{-\beta-1}y^{\gamma}) = -\beta$，

需求收入偏弹性为 $\dfrac{EQ_A}{Ey} = \dfrac{y}{Q_A}\dfrac{\partial Q_A}{\partial y} = \dfrac{y}{CP_A^{-\alpha}P_B^{-\beta}y^{\gamma}} \cdot C\gamma P_A^{-\alpha}P_B^{-\beta}y^{\gamma-1} = \gamma$.

同步习题 8.4

基础题

1. 求下列复合函数的偏导数或导数.

(1) 设 $z = u^2v, u = \cos t, v = \sin t$，求 $\dfrac{\mathrm{d}z}{\mathrm{d}t}$.

(2) 设 $z = u+v, u = \ln x, v = 2^x$，求 $\dfrac{\mathrm{d}z}{\mathrm{d}x}$.

(3) 设 $z = e^u\sin v, u = xy, v = x+y$，求 $\dfrac{\partial z}{\partial x}, \dfrac{\partial z}{\partial y}$.

(4) 设 $u = f(x, xy, xyz)$，求 $\dfrac{\partial u}{\partial x}, \dfrac{\partial u}{\partial y}, \dfrac{\partial u}{\partial z}$.

解 (1) $\dfrac{\mathrm{d}z}{\mathrm{d}t} = \dfrac{\partial z}{\partial u}\dfrac{\mathrm{d}u}{\mathrm{d}t} + \dfrac{\partial z}{\partial v}\dfrac{\mathrm{d}v}{\mathrm{d}t} = 2uv(-\sin t) + u^2\cos t = -2\sin^2 t\cos t + \cos^3 t$.

(2) $\dfrac{\mathrm{d}z}{\mathrm{d}x} = \dfrac{\partial z}{\partial u}\dfrac{\mathrm{d}u}{\mathrm{d}x} + \dfrac{\partial z}{\partial v}\dfrac{\mathrm{d}v}{\mathrm{d}x} = \dfrac{1}{x} + 2^x\ln 2$.

(3) $\dfrac{\partial z}{\partial x} = \dfrac{\partial z}{\partial u}\dfrac{\partial u}{\partial x} + \dfrac{\partial z}{\partial v}\dfrac{\partial v}{\partial x} = ye^u\sin v + e^u\cos v = e^{xy}[y\sin(x+y) + \cos(x+y)]$，

$\dfrac{\partial z}{\partial y} = \dfrac{\partial z}{\partial u}\dfrac{\partial u}{\partial y} + \dfrac{\partial z}{\partial v}\dfrac{\partial v}{\partial y} = xe^u\sin v + e^u\cos v = e^{xy}[x\sin(x+y) + \cos(x+y)]$.

（4）$\dfrac{\partial u}{\partial x}=f_1'+yf_2'+yzf_3'$，$\dfrac{\partial u}{\partial y}=xf_2'+xzf_3'$，$\dfrac{\partial u}{\partial z}=xyf_3'$.

2. 设 $z=f(u,v)$ 可微，求 $z=f(x^2-y^2,\mathrm{e}^{xy})$ 对 x 和 y 的偏导数.

解 $\dfrac{\partial z}{\partial x}=2xf_1'(x^2-y^2,\mathrm{e}^{xy})+y\mathrm{e}^{xy}f_2'(x^2-y^2,\mathrm{e}^{xy})$，

$\dfrac{\partial z}{\partial y}=-2yf_1'(x^2-y^2,\mathrm{e}^{xy})+x\mathrm{e}^{xy}f_2'(x^2-y^2,\mathrm{e}^{xy})$.

3. 求下列隐函数的导数.

（1）设 $\cos x+\sin y=\mathrm{e}^{xy}$，求 $\dfrac{\mathrm{d}y}{\mathrm{d}x}$.

（2）设 $\ln\sqrt{x^2+y^2}=\arctan\dfrac{y}{x}$，求 $\dfrac{\mathrm{d}y}{\mathrm{d}x}$.

解 （1）方程两边对 x 求导，得 $-\sin x+\cos y\dfrac{\mathrm{d}y}{\mathrm{d}x}=\mathrm{e}^{xy}\left(y+x\dfrac{\mathrm{d}y}{\mathrm{d}x}\right)$，解得

$\dfrac{\mathrm{d}y}{\mathrm{d}x}=\dfrac{\sin x+y\mathrm{e}^{xy}}{\cos y-x\mathrm{e}^{xy}}$.

（2）方程两边对 x 求导，得 $\dfrac{1}{\sqrt{x^2+y^2}}\cdot\dfrac{2x+2y\dfrac{\mathrm{d}y}{\mathrm{d}x}}{2\sqrt{x^2+y^2}}=\dfrac{1}{1+\left(\dfrac{y}{x}\right)^2}\cdot\dfrac{x\dfrac{\mathrm{d}y}{\mathrm{d}x}-y}{x^2}$，解得

$\dfrac{\mathrm{d}y}{\mathrm{d}x}=\dfrac{x+y}{x-y}$.

4. 设 $x^2+y^2+z^2-4z=0$，求 $\dfrac{\partial^2 z}{\partial x^2}$，$\dfrac{\partial^2 z}{\partial y^2}$.

解 方程两边对 x 求导，得 $2x+2z\dfrac{\partial z}{\partial x}-4\dfrac{\partial z}{\partial x}=0$，解得 $\dfrac{\partial z}{\partial x}=\dfrac{x}{2-z}$.

$$\dfrac{\partial^2 z}{\partial x^2}=\dfrac{2-z+x\dfrac{\partial z}{\partial x}}{(2-z)^2}=\dfrac{(2-z)^2+x^2}{(2-z)^3}.$$

方程两边对 y 求导，得 $2y+2z\dfrac{\partial z}{\partial y}-4\dfrac{\partial z}{\partial y}=0$，解得 $\dfrac{\partial z}{\partial y}=\dfrac{y}{2-z}$.

$$\dfrac{\partial^2 z}{\partial y^2}=\dfrac{2-z+y\dfrac{\partial z}{\partial y}}{(2-z)^2}=\dfrac{(2-z)^2+y^2}{(2-z)^3}.$$

提高题

1. 设 $z=f\left(\ln x+\dfrac{1}{y}\right)$，其中函数 $f(u)$ 可微，则 $x\dfrac{\partial z}{\partial x}+y^2\dfrac{\partial z}{\partial y}=$ _____.

解 $\dfrac{\partial z}{\partial x}=f'\left(\ln x+\dfrac{1}{y}\right)\dfrac{1}{x}$，$\dfrac{\partial z}{\partial y}=f'\left(\ln x+\dfrac{1}{y}\right)\left(-\dfrac{1}{y^2}\right)$，可得 $x\dfrac{\partial z}{\partial x}+y^2\dfrac{\partial z}{\partial y}=0.$

2. 设函数 $f(u,v)$ 满足 $f\left(x+y,\dfrac{y}{x}\right)=x^2-y^2$，则 $\dfrac{\partial f}{\partial u}\Big|_{\substack{u=1\\v=1}}$ 与 $\dfrac{\partial f}{\partial v}\Big|_{\substack{u=1\\v=1}}$ 分别是( ).

A. $\dfrac{1}{2},0$ B. $0,\dfrac{1}{2}$ C. $-\dfrac{1}{2},0$ D. $0,-\dfrac{1}{2}$

解 等式两边分别对 x，y 求导，得 $\begin{cases}\dfrac{\partial f}{\partial u}+\dfrac{\partial f}{\partial v}\left(-\dfrac{y}{x^2}\right)=2x,\\[2mm]\dfrac{\partial f}{\partial u}+\dfrac{\partial f}{\partial v}\dfrac{1}{x}=-2y.\end{cases}$ 由 $\begin{cases}u=x+y=1,\\[2mm]v=\dfrac{y}{x}=1,\end{cases}$ 得 $x=y=$

$\dfrac{1}{2}$. 把 $x=y=\dfrac{1}{2}$ 代入第一个方程组，解得 $\dfrac{\partial f}{\partial u}\Big|_{\substack{u=1\\v=1}}=0$，$\dfrac{\partial f}{\partial v}\Big|_{\substack{u=1\\v=1}}=-\dfrac{1}{2}$，故应选 D.

同步习题 8.5

基础题

1. 求下列函数的极值.

(1) $f(x,y)=x^3-y^3+3y^2+3x^2-9x.$

(2) $f(x,y)=(6x-x^2)(4y-y^2).$

(3) $f(x,y)=(x^2+y)\sqrt{e^y}.$

(4) $f(x,y)=\sin x+\cos y+\cos(x-y).$

解 (1) $f'_x=3x^2+6x-9$，$f'_y=-3y^2+6y$，解方程组 $\begin{cases}3x^2+6x-9=0,\\-3y^2+6y=0,\end{cases}$ 得驻点 $(-3,0)$，

$(1,0),(-3,2),(1,2)$. $f''_{xx}=6x+6$，$f''_{xy}=0$，$f''_{yy}=-6y+6$.

在 $(-3,0)$ 处，$A=-12,B=0,C=6,AC-B^2<0$，故 $(-3,0)$ 不是极值点.

在 $(1,0)$ 处，$A=12,B=0,C=6,AC-B^2>0$ 且 $A>0$，故 $f(1,0)=-5$ 为极小值.

在 $(-3,2)$ 处，$A=-12,B=0,C=-6,AC-B^2>0$ 且 $A<0$，故 $f(-3,2)=31$ 为极大值.

在 $(1,2)$ 处，$A=12,B=0,C=-6,AC-B^2<0$，故 $(1,2)$ 不是极值点.

(2) $f'_x=(6-2x)(4y-y^2)$，$f'_y=(6x-x^2)(4-2y)$，解方程组 $\begin{cases}(6-2x)(4y-y^2)=0,\\(6x-x^2)(4-2y)=0,\end{cases}$ 得

驻点 $(3,2),(0,0),(0,4),(6,0),(6,4)$. $f''_{xx}=-2(4y-y^2)$，$f''_{xy}=(6-2x)(4-2y)$，

$f''_{yy} = -2(6x - x^2)$.

在 $(3,2)$ 处，$A = -8$，$B = 0$，$C = -18$，$AC - B^2 > 0$ 且 $A < 0$，故 $f(3,2) = 36$ 为极大值.

容易验证点 $(0,0),(0,4),(6,0),(6,4)$ 不是极值点.

$(3) f'_x = 2x\sqrt{e^y}$，$f'_y = \sqrt{e^y}\left(1 + \dfrac{x^2 + y}{2}\right)$，解方程组 $\begin{cases} 2x\sqrt{e^y} = 0, \\ \sqrt{e^y}\left(1 + \dfrac{x^2+y}{2}\right) = 0, \end{cases}$ 得驻点 $(0,-2)$.

$f''_{xx} = 2\sqrt{e^y}$，$f''_{xy} = x\sqrt{e^y}$，$f''_{yy} = \dfrac{1}{2}\sqrt{e^y}\left(1 + \dfrac{x^2+y}{2}\right)$. 在 $(0,-2)$ 处，$A = 2e^{-1}$，$B = 0$，$C = 0$，$AC - B^2 = 0$，无法判断有没有极值，但根据函数图形可判断 $f(0,-2) = -\dfrac{2}{e}$ 为极小值.

$(4) f'_x = \cos x - \sin(x - y)$，$f'_y = -\sin y + \sin(x - y)$，解方程组 $\begin{cases} \cos x - \sin(x-y) = 0, \\ -\sin y + \sin(x-y) = 0, \end{cases}$ 得驻点 $\left(\dfrac{\pi}{3}, \dfrac{\pi}{6}\right)$. $f''_{xx} = -\sin x - \cos(x - y)$，$f''_{xy} = \cos(x-y)$，$f''_{yy} = -\cos y - \cos(x-y)$. 在 $\left(\dfrac{\pi}{3}, \dfrac{\pi}{6}\right)$ 处，$A = -\sqrt{3}$，$B = \dfrac{1}{2}\sqrt{3}$，$C = -\sqrt{3}$，$AC - B^2 > 0$ 且 $A < 0$，故 $f\left(\dfrac{\pi}{3}, \dfrac{\pi}{6}\right) = \dfrac{3\sqrt{3}}{2}$ 为极大值.

2. 求由方程 $x^2 + y^2 + z^2 - 2x - 2y - 4z - 10 = 0$ 确定的隐函数 $z = f(x,y)$ 的极值.

解 方程两边对 x 求导，得 $x + zz'_x - 1 - 2z'_x = 0$，解得 $z'_x = \dfrac{1-x}{z-2}$. 方程两边对 y 求导，得 $y + zz'_y - 1 - 2z'_y = 0$，解得 $z'_y = \dfrac{1-y}{z-2}$. 解方程组 $\begin{cases} \dfrac{1-x}{z-2} = 0, \\ \dfrac{1-y}{z-2} = 0, \end{cases}$ 得驻点 $(1,1)$. 把 $(1,1)$ 代入原方程得 $z = 6$ 或 $z = -2$.

$$z''_{xx} = -\dfrac{(z-2)^2 + (1-x)^2}{(z-2)^3}, \quad z''_{xy} = \dfrac{(x-1)(1-y)}{(z-2)^3}, \quad z''_{yy} = -\dfrac{(z-2)^2 + (1-y)^2}{(z-2)^3}.$$

在 $(1,1,6)$ 处，$A = -\dfrac{1}{4}$，$B = 0$，$C = -\dfrac{1}{4}$，$AC - B^2 > 0$ 且 $A < 0$，故 $z(1,1) = 6$ 为极大值.

在 $(1,1,-2)$ 处，$A = \dfrac{1}{4}$，$B = 0$，$C = \dfrac{1}{4}$，$AC - B^2 > 0$ 且 $A > 0$，故 $z(1,1) = -2$ 为极小值.

3. 求函数 $f(x,y) = x^2 + 2y^2 - x^2 y^2$ 在区域 $D = \{(x,y) \mid x^2 + y^2 \leqslant 4,\ y \geqslant 0\}$ 上的最值.

解 令 $\begin{cases} f'_x = 2x(1 - y^2) = 0, \\ f'_y = 2y(2 - x^2) = 0, \end{cases}$ 在区域 $D = \{(x,y) \mid x^2 + y^2 \leqslant 4, y \geqslant 0\}$ 内得两驻点 $(-\sqrt{2}, 1)$ 和 $(\sqrt{2}, 1)$. $f(\pm\sqrt{2}, 1) = 2$.

在边界 $y = 0$ 上，$f(x,0) = x^2$，$-2 \leqslant x \leqslant 2$，函数的最大值为 4，最小值为 0.

在边界 $x^2+y^2=4,y>0$ 上，$f(x,\sqrt{4-x^2})=x^4-5x^2+8,-2\leqslant x\leqslant 2$，函数的最大值为 8，最小值为 $\dfrac{7}{4}$.

综上所述，函数在区域 $D=\{(x,y)\mid x^2+y^2\leqslant 4,y\geqslant 0\}$ 上的最小值为 $f(0,0)=0$，最大值为 $f(0,2)=8$.

4. 求函数 $z=xy$ 在条件 $x+y=1$ 下的极大值.

解 条件 $x+y=1$ 可表示成 $y=1-x$，代入 $z=xy$，则问题转化为求函数 $z=x(1-x)$ 的极大值. 由 $\dfrac{\mathrm{d}z}{\mathrm{d}x}=1-2x=0$ 得 $x=\dfrac{1}{2}$. 又 $\dfrac{\mathrm{d}^2z}{\mathrm{d}x^2}\Big|_{x=\frac{1}{2}}=-2<0$，由一元函数取极值的充分条件知，$x=\dfrac{1}{2}$ 为极大值点，极大值为 $z=\dfrac{1}{2}\left(1-\dfrac{1}{2}\right)=\dfrac{1}{4}$.

5. 求表面积为 a 而体积最大的长方体.

解 设长方体的 3 棱长分别为 x,y,z，则问题就是在条件 $\varphi(x,y,z)=2xy+2yz+2xz-a=0$ 下，求函数 $V=xyz(x,y,z>0)$ 的最大值.

构造拉格朗日函数 $L(x,y,z,\lambda)=xyz+\lambda(2xy+2yz+2xz-a)$，令
$$\begin{cases}L'_x=yz+2\lambda(y+z)=0,\\ L'_y=xz+2\lambda(x+z)=0,\\ L'_z=xy+2\lambda(x+y)=0,\\ L'_\lambda=2xy+2yz+2xz-a=0,\end{cases}$$

因为 x,y,z 都不等于零，所以由上述方程组可得 $\dfrac{x}{y}=\dfrac{x+z}{y+z},\dfrac{y}{z}=\dfrac{x+y}{x+z}$，从而有 $x=y=z=\dfrac{\sqrt{6a}}{6}$，这是唯一可能的极值点. 由问题本身可知最大值一定存在，且最大值就在这个可能的极值点处取得，即表面积为 a 而体积最大的长方体各边长都为 $\dfrac{\sqrt{6a}}{6}$，此时为正方体，最大体积为 $V=\left(\dfrac{\sqrt{6a}}{6}\right)^3=\dfrac{a\sqrt{6a}}{36}$.

6. 设可微函数 $f(x,y)$ 在点 (x_0,y_0) 处取得极小值，则下列结论正确的是(　　).
A. $f(x_0,y)$ 在 $y=y_0$ 处的导数等于零　　B. $f(x_0,y)$ 在 $y=y_0$ 处的导数大于零
C. $f(x_0,y)$ 在 $y=y_0$ 处的导数小于零　　D. $f(x_0,y)$ 在 $y=y_0$ 处的导数不存在

解 由 $f(x,y)$ 可微知，其在点 (x_0,y_0) 处有偏导数. 又 $f(x,y)$ 在点 (x_0,y_0) 处取极小值，根据多元函数取极值的必要条件知，$f(x,y)$ 在点 (x_0,y_0) 的两个偏导数都为零，从而 $\dfrac{\mathrm{d}f(x_0,y)}{\mathrm{d}x}\Big|_{y=y_0}=f'_y(x_0,y_0)=0$，故应选 A.

7. 求函数 $u=xy+2yz$ 在约束条件 $x^2+y^2+z^2=10$ 下的最大值和最小值.

解 构造拉格朗日函数 $L(x,y,z,\lambda)=xy+2yz+\lambda(x^2+y^2+z^2-10)$，并解方程组

$$\begin{cases} L'_x = y + 2\lambda x = 0, \\ L'_y = x + 2z + 2\lambda y = 0, \\ L'_z = 2y + 2\lambda z = 0, \\ L'_\lambda = x^2 + y^2 + z^2 - 10 = 0, \end{cases}$$

求得 $z = 2x$，$y^2 = 5x^2$，代入 $x^2 + y^2 + z^2 - 10 = 0$ 得 4 个驻点：

$$(-1, \sqrt{5}, -2), (-1, -\sqrt{5}, -2), (1, \sqrt{5}, 2), (1, -\sqrt{5}, 2).$$

比较 $u(-1, \sqrt{5}, -2) = -5\sqrt{5}, u(-1, -\sqrt{5}, -2) = 5\sqrt{5}, u(1, \sqrt{5}, 2) = 5\sqrt{5}, u(1, -\sqrt{5}, 2) = -5\sqrt{5}$ 知，最大值为 $u_{max} = 5\sqrt{5}$，最小值为 $u_{min} = -5\sqrt{5}$.

提高题

1. 求函数 $f(x, y) = x e^{-\frac{x^2 + y^2}{2}}$ 的极值.

解 令 $\begin{cases} f'_x = (1 - x^2) e^{-\frac{x^2 + y^2}{2}} = 0, \\ f'_y = -xy e^{-\frac{x^2 + y^2}{2}} = 0, \end{cases}$ 得驻点 $(1, 0), (-1, 0)$. 求二

提高题1

阶偏导数，得

$$f''_{xx} = (1 - x^2 - 2x) e^{-\frac{x^2 + y^2}{2}}, f''_{xy} = (x^2 - 1) y e^{-\frac{x^2 + y^2}{2}}, f''_{yy} = x(y^2 - 1) e^{-\frac{x^2 + y^2}{2}}.$$

在点 $(1, 0)$ 处，有 $A = -2e^{-\frac{1}{2}}, B = 0, C = -e^{-\frac{1}{2}}$，此时 $AC - B^2 = 2e^{-1} > 0, A < 0$，所以函数 $f(x, y)$ 在点 $(1, 0)$ 处取极大值，极大值为 $f(1, 0) = e^{-\frac{1}{2}}$.

在点 $(-1, 0)$ 处，有 $A = 2e^{-\frac{1}{2}}, B = 0, C = e^{-\frac{1}{2}}$，此时 $AC - B^2 = 2e^{-1} > 0, A > 0$，所以函数 $f(x, y)$ 在点 $(-1, 0)$ 处取极小值，极小值为 $f(-1, 0) = -e^{-\frac{1}{2}}$.

故极大值为 $f(1, 0) = e^{-\frac{1}{2}}$，极小值为 $f(-1, 0) = -e^{-\frac{1}{2}}$.

2. 求函数 $u = x^2 + y^2 + z^2$ 在约束条件 $z = x^2 + y^2$ 和 $x + y + z = 4$ 下的最大值和最小值.

解 构造拉格朗日函数 $L = x^2 + y^2 + z^2 + \lambda(x^2 + y^2 - z) + \mu(x + y + z - 4)$，

令 $\begin{cases} L'_x = 2x + 2\lambda x + \mu = 0, \\ L'_y = 2y + 2\lambda y + \mu = 0, \\ L'_z = 2z - \lambda + \mu = 0, \\ L'_\lambda = x^2 + y^2 - z = 0, \\ L'_\mu = x + y + z - 4 = 0, \end{cases}$ 解得 $\begin{cases} x = -2, \\ y = -2, \\ z = 8 \end{cases}$ 或 $\begin{cases} x = 1, \\ y = 1, \\ z = 2, \end{cases}$ 函数 $u = x^2 + y^2 + z^2$ 只可能在 $(-2, -2, 8)$ 和

$(1, 1, 2)$ 这两个点上取到最值.

$$u(-2, -2, 8) = (-2)^2 + (-2)^2 + 8^2 = 72, \quad u(1, 1, 2) = 1^2 + 1^2 + 2^2 = 6,$$

故最大值为 $u(-2, -2, 8) = 72$，最小值为 $u(1, 1, 2) = 6$.

第8章总复习题

1. 选择题：(1)~(5)小题，每小题4分，共20分. 下列每小题给出的4个选项中，只有一个选项是符合题目要求的.

(1)(2021305)设函数 $f(x,y)$ 可微，$f(x+1,e^x)=x(x+1)^2$，$f(x,x^2)=2x^2\ln x$，则 $df(1,1)=($ $)$.

    A. $dx+dy$ B. $dx-dy$ C. dy D. $-dy$

解 $f(x+1,e^x)=x(x+1)^2$ 的两边同时对 x 求导，得
$$f_1'(x+1,e^x)+f_2'(x+1,e^x)e^x=(x+1)^2+2x(x+1),$$
把 $x=0$ 代入得 $f_1'(1,1)+f_2'(1,1)=1$.   ①

$f(x,x^2)=2x^2\ln x$ 的两边同时对 x 求导，得
$$f_1'(x,x^2)+2xf_2'(x,x^2)=4x\ln x+2x,$$
把 $x=1$ 代入得 $f_1'(1,1)+2f_2'(1,1)=2$.   ②

联立①②两式可得 $f_1'(1,1)=0$，$f_2'(1,1)=1$，从而
$$df(1,1)=f_1'(1,1)dx+f_2'(1,1)dy=dy,$$
故应选 C.

(2)(2017304)二元函数 $z=xy(3-x-y)$ 的极值点是(   ).

    A. $(0,0)$ B. $(0,3)$ C. $(3,0)$ D. $(1,1)$

解 由
$$\begin{cases}\dfrac{\partial z}{\partial x}=3y-2xy-y^2=0,\\[2mm]\dfrac{\partial z}{\partial y}=3x-2xy-x^2=0,\end{cases}$$
解得驻点 $(0,0)$，$(0,3)$，$(3,0)$，$(1,1)$.

$A=\dfrac{\partial^2 z}{\partial x^2}=-2y$，$C=\dfrac{\partial^2 z}{\partial y^2}=-2x$，$B=\dfrac{\partial^2 z}{\partial x\partial y}=3-2x-2y$.

在点 $(0,0)$ 处，$A=C=0,B=3,AC-B^2=-9<0$，故 $(0,0)$ 不是极值点. 同理可知 $(0,3)$ 和 $(3,0)$ 不是极值点.

在点 $(1,1)$ 处，$A=C=-2,B=-1,AC-B^2=3>0$，故 $(1,1)$ 是极值点. 故应选 D.

(3)(2016304)已知函数 $f(x,y)=\dfrac{e^x}{x-y}$，则(   ).

    A. $f_x'-f_y'=0$ B. $f_x'+f_y'=0$ C. $f_x'-f_y'=f$ D. $f_x'+f_y'=f$

解 由已知条件易知 $f_x'=\dfrac{(x-y-1)e^x}{(x-y)^2}$，$f_y'=\dfrac{e^x}{(x-y)^2}$，$f_x'+f_y'=f$，故应选 D.

(4)(2008304)设 $f(x,y)=e^{\sqrt{x^2+y^4}}$，则(   ).

    A. $f_x'(0,0),f_y'(0,0)$ 都存在   B. $f_x'(0,0)$ 不存在，$f_y'(0,0)$ 存在

    C. $f_x'(0,0)$ 存在，$f_y'(0,0)$ 不存在   D. $f_x'(0,0),f_y'(0,0)$ 都不存在

解 $f(0,0)=1$，由偏导数的定义及等价无穷小代换得 $\displaystyle\lim_{x\to 0}\dfrac{f(x,0)-f(0,0)}{x}=$

$$\lim_{x \to 0} \frac{e^{\sqrt{x^2+0}}-1}{x} = \lim_{x \to 0} \frac{e^{|x|}-1}{x} = \lim_{x \to 0} \frac{|x|}{x}, \text{ 极限不存在, 故 } f'_x(0,0) \text{ 不存在;}$$

$$\lim_{y \to 0} \frac{f(0,y)-f(0,0)}{y} = \lim_{y \to 0} \frac{e^{\sqrt{0+y^4}}-1}{y} = \lim_{y \to 0} \frac{e^{y^2}-1}{y} = \lim_{y \to 0} \frac{y^2}{y} = 0, \text{ 即 } f'_y(0,0) = 0.$$

故应选 B.

(5)(2006304)设 $f(x,y)$ 与 $\varphi(x,y)$ 均为可微函数, 且 $\varphi'_y(x,y) \neq 0$, 已知 (x_0,y_0) 是 $f(x,y)$ 在约束条件 $\varphi(x,y)=0$ 下的一个极值点, 下列选项中正确的是(　　).

A. 若 $f'_x(x_0,y_0)=0$, 则 $f'_y(x_0,y_0)=0$

B. 若 $f'_x(x_0,y_0)=0$, 则 $f'_y(x_0,y_0)\neq 0$

C. 若 $f'_x(x_0,y_0)\neq 0$, 则 $f'_y(x_0,y_0)=0$

D. 若 $f'_x(x_0,y_0)\neq 0$, 则 $f'_y(x_0,y_0)\neq 0$

解 由题意知, $\varphi(x,y)$ 为可微函数, $\varphi(x_0,y_0)=0$, 且 $\varphi'_y(x,y)\neq 0$, 由隐函数存在定理可知: 在点 (x_0,y_0) 的邻域内, 方程 $\varphi(x,y)=0$ 确定唯一的可导函数 $y=y(x)$, 其满足 $y_0=y(x_0)$, 且 $\dfrac{dy}{dx} = -\dfrac{\varphi'_x(x,y)}{\varphi'_y(x,y)}$.

因为 (x_0,y_0) 是 $f(x,y)$ 在约束条件 $\varphi(x,y)=0$ 下的一个极值点, 即 x_0 是一元可导函数 $z=f[x,y(x)]$ 的极值点, 所以由取极值的必要条件知

$$\frac{dz}{dx}\bigg|_{x=x_0} = f'_x(x_0,y_0) + f'_y(x_0,y_0) \cdot \frac{dy}{dx}\bigg|_{x=x_0} = f'_x(x_0,y_0) + f'_y(x_0,y_0) \cdot \left[-\frac{\varphi'_x(x_0,y_0)}{\varphi'_y(x_0,y_0)}\right] = 0,$$

即 $f'_x(x_0,y_0) = f'_y(x_0,y_0) \cdot \dfrac{\varphi'_x(x_0,y_0)}{\varphi'_y(x_0,y_0)}$.

若 $f'_x(x_0,y_0)\neq 0$, 则 $f'_y(x_0,y_0)\neq 0$, 故应选 D.

2. 填空题: (6)~(10)小题, 每小题4分, 共20分.

(6)(2017304)设函数 $f(x,y)$ 具有一阶连续偏导数, 且 $df(x,y)=ye^y dx + x(1+y)e^y dy$, $f(0,0)=0$, 则 $f(x,y)=$ _____.

解 由已知条件可得 $f'_x = ye^y$, $f'_y = x(1+y)e^y$, 故 $f(x,y) = \displaystyle\int ye^y dx = xye^y + g(y)$. $f'_y = x(1+y)e^y + g'(y) = x(1+y)e^y$, 得 $g(y)=C$, 所以 $f(x,y)=xye^y+C$. 又由 $f(0,0)=0$, 可得 $C=0$, 所以 $f(x,y)=xye^y$. 故应填 xye^y.

(7)(2016304)设函数 $f(u,v)$ 可微, $z=z(x,y)$ 由方程 $(x+1)z-y^2=x^2f(x-z,y)$ 确定, 则 $dz\big|_{(0,1)}=$ _____.

解 将 $x=0, y=1$ 代入已知方程可得 $z=1$. 将已知方程两边分别对 x,y 求偏导, 可得

$$\begin{cases} z+(x+1)z'_x = 2xf(x-z, \ y) + x^2 f'_u(x-z,y)(1-z_x), \\ (x+1)z'_y - 2y = x^2[f'_u(x-z, \ y)(-z'_y) + f'_v(x-z,y)], \end{cases}$$

将 $x=0, y=1, z=1$ 代入可得 $z'_x = -1, z'_y = 2$, 故 $dz\big|_{(0,1)} = -dx + 2dy$.

（8）（2015304）设函数 $z=z(x,y)$ 由方程 $\mathrm{e}^{x+2y+3z}+xyz=1$ 确定，则 $\mathrm{d}z\big|_{(0,0)}=$ _____.

解 当 $x=0$，$y=0$ 时，由所给方程可得 $\mathrm{e}^{3z}=1$，即 $z=0$. 方程 $\mathrm{e}^{x+2y+3z}+xyz=1$ 两边分别对 x，y 求偏导，得

$$\mathrm{e}^{x+2y+3z}(1+3z'_x)+yz+xyz'_x=0 \text{ 和 } \mathrm{e}^{x+2y+3z}(1+3z'_y)+yz+xyz'_y=0,$$

代入 $x=0,y=0,z=0$ 得

$$z'_x(0,0)=-\frac{1}{3},z'_y(0,0)=-\frac{2}{3}.$$

$$\mathrm{d}z\big|_{(0,0)}=z'_x(0,0)\mathrm{d}x+z'_y(0,0)\mathrm{d}y=-\frac{1}{3}\mathrm{d}x-\frac{2}{3}\mathrm{d}y=-\frac{1}{3}(\mathrm{d}x+2\mathrm{d}y).$$

故应填 $-\frac{1}{3}(\mathrm{d}x+2\mathrm{d}y)$.

（9）（2013304）设函数 $z=z(x,y)$ 由方程 $(z+y)^x=xy$ 确定，则 $\dfrac{\partial z}{\partial x}\bigg|_{(1,2)}=$ _____.

解 设 $F(x,y,z)=(z+y)^x-xy$. 当 $x=1,y=2$ 时，$z=0$.

$$F'_x=(z+y)^x\ln(z+y)-y,\quad F'_y=x(z+y)^{x-1}-x,\quad F'_z=x(z+y)^{x-1},$$

$$\frac{\partial z}{\partial x}\bigg|_{(1,2)}=\left(-\frac{F'_x}{F'_z}\right)\bigg|_{(1,2,0)}=\left[-\frac{(z+y)^x\ln(z+y)-y}{x(z+y)^{x-1}}\right]\bigg|_{(1,2,0)}=2-2\ln2.$$

故应填 $2-2\ln2$.

（10）（2012304）设连续函数 $z=f(x,y)$ 满足 $\lim\limits_{\substack{x\to0\\y\to1}}\dfrac{f(x,y)-2x+y-2}{\sqrt{x^2+(y-1)^2}}=0$，则 $\mathrm{d}z\big|_{(0,1)}=$ _____.

解 因为 $\lim\limits_{\substack{x\to0\\y\to1}}\dfrac{f(x,y)-2x+y-2}{\sqrt{x^2+(y-1)^2}}=0$，则 $\lim\limits_{\substack{x\to0\\y\to1}}[f(x,y)-2x+y-2]=0$. 又 $z=f(x,y)$ 为连续函数，从而有 $\lim\limits_{\substack{x\to0\\y\to1}}f(x,y)=1=f(0,1)$.

若记 $\Delta x=x,\Delta y=y-1$，则

$$\lim\limits_{\substack{x\to0\\y\to1}}\frac{f(x,y)-2x+y-2}{\sqrt{x^2+(y-1)^2}}=\lim\limits_{\substack{\Delta x\to0\\\Delta y\to0}}\frac{[f(0+\Delta x,1+\Delta y)-f(0,1)]-(2\Delta x-\Delta y)}{\sqrt{(\Delta x)^2+(\Delta y)^2}}=0,$$

从而

$$f(0+\Delta x,1+\Delta y)-f(0,1)=2\Delta x-\Delta y+o\left[\sqrt{(\Delta x)^2+(\Delta y)^2}\right],$$

由全微分的定义知，$z=f(x,y)$ 在点 $(0,1)$ 处的全微分为

$$\mathrm{d}z\big|_{(0,1)}=2\Delta x-\Delta y \text{ 或 } \mathrm{d}z\big|_{(0,1)}=2\mathrm{d}x-\mathrm{d}y.$$

故应填 $2\mathrm{d}x-\mathrm{d}y$.

3. 解答题： （11）~（16）小题，每小题 10 分，共 60 分. 解答时应写出文字说明、证明过程或演算步骤.

（11）（2021312）求函数 $f(x,y)=2\ln|x|+\dfrac{(x-1)^2+y^2}{2x^2}$ 的极值.

解 函数 $f(x,y)$ 的定义域为 $\{(x,y)\mid x\neq 0\}$.

① 解方程组

$$\begin{cases} f'_x(x,y)=\dfrac{2}{x}+\dfrac{x-1-y^2}{x^3}=0, \\[2mm] f'_y(x,y)=\dfrac{y}{x^2}=0, \end{cases}$$

得驻点为 $(-1,0)$, $\left(\dfrac{1}{2},0\right)$.

② $f''_{xx}(x,y)=\dfrac{(4x+1)x-3(2x^2+x-1-y^2)}{x^4}=\dfrac{-2x^2-2x+3+3y^2}{x^4}$,

$f''_{xy}(x,y)=-\dfrac{2y}{x^3}$, $f''_{yy}(x,y)=\dfrac{1}{x^2}$.

在点 $(-1,0)$ 处, $A=f''_{xx}(-1,0)=3, B=f''_{xy}(-1,0)=0, C=f''_{yy}(-1,0)=1$, 则 $AC-B^2=3>0$, 且 $A>0$, 故 $f(x,y)$ 在 $(-1,0)$ 处有极小值 $f(-1,0)=2$.

同理, 在点 $\left(\dfrac{1}{2},0\right)$ 处, $A=f''_{xx}\left(\dfrac{1}{2},0\right)=24, B=f''_{xy}\left(\dfrac{1}{2},0\right)=0, C=f''_{yy}\left(\dfrac{1}{2},0\right)=4$, 则 $AC-B^2=96>0$, 且 $A>0$, 故 $f(x,y)$ 在 $\left(\dfrac{1}{2},0\right)$ 处有极小值 $f\left(\dfrac{1}{2},0\right)=\dfrac{1}{2}-2\ln 2$.

(12)(2019310) 设函数 $f(u,v)$ 具有二阶连续偏导数, 函数 $g(x,y)=xy-f(x+y,x-y)$, 求 $\dfrac{\partial^2 g}{\partial x^2}+\dfrac{\partial^2 g}{\partial x\partial y}+\dfrac{\partial^2 g}{\partial y^2}$.

总复习题(12)

解 根据复合函数求导法则有

$\dfrac{\partial g}{\partial x}=y-f'_1-f'_2$, $\dfrac{\partial g}{\partial y}=x-f'_1+f'_2$,

$\dfrac{\partial^2 g}{\partial x^2}=-f''_{11}-2f''_{12}-f''_{22}$, $\dfrac{\partial^2 g}{\partial y^2}=-f''_{11}+2f''_{12}-f''_{22}$, $\dfrac{\partial^2 g}{\partial x\partial y}=1-f''_{11}+f''_{22}$,

故 $\dfrac{\partial^2 g}{\partial x^2}+\dfrac{\partial^2 g}{\partial x\partial y}+\dfrac{\partial^2 g}{\partial y^2}=1-3f''_{11}-f''_{22}$.

(13)(2018310) 将长为 2m 的铁丝分成 3 段, 依次围成圆、正方形与正三角形, 3 个图形的面积之和是否存在最小值? 若存在, 求出最小值.

解 设分成的 3 段长度分别为 x,y,z(单位: m), 则有 $x+y+z=2$ 且 $x,y,z>0$. 圆的面积为 $S_1=\dfrac{1}{4\pi}x^2$, 正方形的面积为 $S_2=\dfrac{1}{16}y^2$, 正三角形的面积为 $S_3=\dfrac{\sqrt{3}}{36}z^2$, 总面积为

$$S=\dfrac{1}{4\pi}x^2+\dfrac{1}{16}y^2+\dfrac{\sqrt{3}}{36}z^2,$$

则问题转化为在条件 $x+y+z=2$ 及 $x,y,z>0$ 下, 求函数 $S=\dfrac{1}{4\pi}x^2+\dfrac{1}{16}y^2+\dfrac{\sqrt{3}}{36}z^2$ 的最小

值. 设

$$L = \frac{1}{4\pi}x^2 + \frac{1}{16}y^2 + \frac{\sqrt{3}}{36}z^2 + \lambda(x+y+z-2),$$

令

$$\begin{cases} L'_x = \dfrac{x}{2\pi} + \lambda = 0, \\ L'_y = \dfrac{y}{8} + \lambda = 0, \\ L'_z = \dfrac{\sqrt{3}}{18}z + \lambda = 0, \\ L'_\lambda = x+y+z-2 = 0, \end{cases} \quad \text{解得唯一条件极值点为} \quad \begin{cases} x = \dfrac{2\sqrt{3}\,\pi}{\sqrt{3}\,\pi + 4\sqrt{3} + 9}, \\ y = \dfrac{8\sqrt{3}}{\sqrt{3}\,\pi + 4\sqrt{3} + 9}, \\ z = \dfrac{18}{\sqrt{3}\,\pi + 4\sqrt{3} + 9}, \end{cases}$$

在该点的函数值即为最小值，最小值为 $\dfrac{3\pi + 12 + 9\sqrt{3}}{(\sqrt{3}\,\pi + 4\sqrt{3} + 9)^2} = \dfrac{1}{\pi + 4 + 3\sqrt{3}}$.

故 3 个图形的面积之和存在最小值，最小值为 $\dfrac{1}{\pi + 4 + 3\sqrt{3}}$ m^2.

(14)(2014310)设函数 $f(u)$ 具有连续导数，且 $z = f(e^x \cos y)$ 满足

$$\cos y \frac{\partial z}{\partial x} - \sin y \frac{\partial z}{\partial y} = (4z + e^x \cos y)e^x,$$

若 $f(0) = 0$，求 $f(u)$ 的表达式.

解 记 $u = e^x \cos y$，根据多元复合函数求导法则得

$$\frac{\partial z}{\partial x} = f'(u) \cdot e^x \cos y, \quad \frac{\partial z}{\partial y} = -f'(u) \cdot e^x \sin y,$$

代入 $\cos y \dfrac{\partial z}{\partial x} - \sin y \dfrac{\partial z}{\partial y} = (4z + e^x \cos y)e^x$ 并整理，可得微分方程

$$f'(u) - 4f(u) = u.$$

此为一阶线性微分方程，其通解为

$$f(u) = e^{-\int(-4)du}\left[\int u e^{\int(-4)du}du + C\right] = Ce^{4u} - \frac{u}{4} - \frac{1}{16}.$$

由初值条件 $f(0) = 0$ 可得 $C = \dfrac{1}{16}$. 于是，所求表达式为

$$f(u) = \frac{1}{16}e^{4u} - \frac{u}{4} - \frac{1}{16}.$$

(15)(2012310)某企业为生产甲、乙两种产品投入的固定成本为 10 000 万元. 设该企业生产甲、乙两种产品的产量分别为 x 件和 y 件，且这两种产品的边际成本分别为 $20 + \dfrac{x}{2}$（单位：万元/件）与 $6 + y$（单位：万元/件）.

① 求生产甲、乙两种产品的总成本函数 $C(x,y)$（单位：万元）.

②当总产量为50件时，甲、乙两种产品的产量各为多少可使总成本最小？求最小总成本．

③求总量为50件且总成本最小时甲产品的边际成本，并解释其经济意义．

解 ①由边际成本的概念知

$$\frac{\partial C}{\partial x}=20+\frac{x}{2},\frac{\partial C}{\partial y}=6+y.$$

又 $C(0,0)=10\,000$，从而求得总成本函数 $C(x,y)=10\,000+20x+\frac{x^2}{4}+6y+\frac{y^2}{2}$（万元）．

②当总产量为50件时，即 $x+y=50$，则 $y=50-x(0\leqslant x\leqslant 50)$，代入总成本函数得

$$F(x)=C(x,50-x)=10\,000+20x+\frac{x^2}{4}+6(50-x)+\frac{(50-x)^2}{2},$$

令 $F'(x)=20+\frac{x}{2}-6-(50-x)=0$，得 $x=24$，此时 $y=26$．由实际意义可知最小值一定存在，又驻点唯一，故 $x=24$ 为总成本函数 $F(x)$ 的最小值点，即当 $x=24,y=26$ 时，总成本最小，且最小总成本为 $C(24,26)=11\,118$（万元）．

③甲产品的边际成本函数为 $\frac{\partial C}{\partial x}=20+\frac{x}{2}$，于是，当产量为50件且总成本最小时，甲产品的边际成本为

$$\frac{\partial C}{\partial x}=20+\frac{24}{2}=32（万元/件）$$

其经济意义为：当甲、乙两种产品的产量分别为24件和26件时，若甲产品的产量每增加一件，则总成本增加32万元．

(16)（2011310）已知函数 $f(u,v)$ 具有连续的二阶偏导数，$f(1,1)=2$ 是 $f(u,v)$ 的极值，$z=f[x+y,f(x,y)]$．求 $\left.\dfrac{\partial^2 z}{\partial x\partial y}\right|_{(1,1)}$．

总复习题(16)

解 $\dfrac{\partial z}{\partial x}=f_1'[x+y,f(x,y)]+f_2'[x+y,f(x,y)]\cdot f_1'(x,y),$

$\dfrac{\partial^2 z}{\partial x\partial y}=f_{11}''[x+y,f(x,y)]\cdot 1+f_{12}''[x+y,f(x,y)]\cdot f_2'(x,y)+$
$\{f_{21}''[x+y,f(x,y)]+f_{22}''[x+y,f(x,y)]\cdot f_2'(x,y)\}\cdot f_1'(x,y)+$
$f_2'[x+y,f(x,y)]\cdot f_{12}''(x,y).$

由于 $f(1,1)=2$ 为 $f(u,v)$ 的极值，故 $f_1'(1,1)=f_2'(1,1)=0$，从而可得

$$\left.\frac{\partial^2 z}{\partial x\partial y}\right|_{(1,1)}=f_{11}''(2,2)+f_2''(2,2)\cdot f_{12}''(1,1).$$

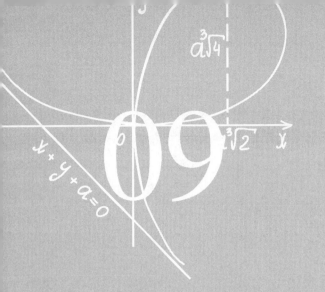

第 9 章

二重积分

一、 知识结构

二重积分
- 二重积分的概念与性质
  - 概念
  - 性质
- 二重积分的计算
  - 直角坐标系
  - 极坐标系
- 二重积分的应用
  - 在经济学上的应用
  - 无界区域上的反常二重积分

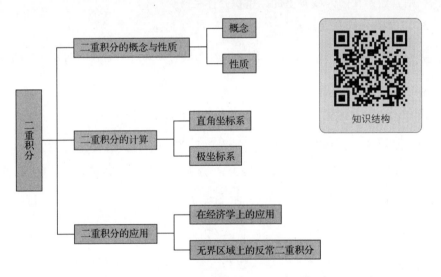

知识结构

二、 重点与考点分析

（一）本章重点内容介绍

1. 二重积分的概念

设 $f(x,y)$ 是有界闭域 D 上的有界函数. 把闭区域 D 任意划分成 n 个小闭区域 $\Delta\sigma_1,\Delta\sigma_2,\cdots,\Delta\sigma_n$，其中 $\Delta\sigma_i$ 既表示第 i 个小闭区域，又表示它的面积. 在每个 $\Delta\sigma_i$ 上任取一点 (ξ_i,η_i)，作乘积 $f(\xi_i,\eta_i)\Delta\sigma_i(i=1,2,\cdots,n)$，并作和 $\sum_{i=1}^{n} f(\xi_i,\eta_i)\Delta\sigma_i$. 用 λ 表示各小闭区域的直径的最大值，如果极限 $\lim_{\lambda\to 0}\sum_{i=1}^{n} f(\xi_i,\eta_i)\Delta\sigma_i$

本章重点内容介绍

存在, 且极限值与 D 的分法及点(ξ_i,η_i)的取法都无关, 则称函数$f(x,y)$在闭区域 D 上可积, 此极限值为函数$f(x,y)$在闭区域 D 上的二重积分, 记为$\iint\limits_{D} f(x,y)\mathrm{d}\sigma$, 即

$$\iint\limits_{D} f(x,y)\mathrm{d}\sigma = \lim_{\lambda\to 0}\sum_{i=1}^{n} f(\xi_i,\eta_i)\Delta\sigma_i.$$

其中, $f(x,y)$叫作被积函数, $f(x,y)\mathrm{d}\sigma$ 叫作被积表达式, $\mathrm{d}\sigma$ 叫作面积元素, x 和 y 叫作积分变量, D 叫作积分区域, $\sum\limits_{i=1}^{n} f(\xi_i,\eta_i)\Delta\sigma_i$ 叫作积分和.

2. 可积的充分条件

(1)如果$f(x,y)$在闭区域 D 上连续, 则函数$f(x,y)$在闭区域 D 上的二重积分存在.

(2)如果$f(x,y)$在有界闭区域 D 上有界且除去有限个点或有限条光滑曲线外都连续, 则$f(x,y)$在闭区域 D 上的二重积分存在.

3. 二重积分的几何意义

当$f(x,y)\geqslant 0$ 时, $\iint\limits_{D} f(x,y)\mathrm{d}\sigma$ 表示以 D 为底、以$f(x,y)$为顶的曲顶柱体的体积.

4. 二重积分的性质

设$f(x,y)$和$g(x,y)$在闭区域 D 上可积, 则有以下性质成立.

(1)$\iint\limits_{D}[\alpha f(x,y)+\beta g(x,y)]\mathrm{d}\sigma = \alpha\iint\limits_{D} f(x,y)\mathrm{d}\sigma+\beta\iint\limits_{D} g(x,y)\mathrm{d}\sigma.$

(2)(积分区域可加性)如果把闭区域 D 分为两个闭区域D_1 和D_2, 且D_1 和D_2 除边界点外无公共点, 则$\iint\limits_{D} f(x,y)\mathrm{d}\sigma = \iint\limits_{D_1} f(x,y)\mathrm{d}\sigma + \iint\limits_{D_2} f(x,y)\mathrm{d}\sigma.$

(3)如果在 D 上恒有$f(x,y)\leqslant g(x,y)$, 则$\iint\limits_{D} f(x,y)\mathrm{d}\sigma \leqslant \iint\limits_{D} g(x,y)\mathrm{d}\sigma.$

(4)若$f(x,y)$在 D 上可积, 则函数$|f(x,y)|$在 D 上也可积, 且

$$\left|\iint\limits_{D} f(x,y)\mathrm{d}\sigma\right| \leqslant \iint\limits_{D} |f(x,y)|\mathrm{d}\sigma.$$

(5)如果在 D 上, $f(x,y)\geqslant 0$, 则$\iint\limits_{D} f(x,y)\mathrm{d}\sigma\geqslant 0.$

(6)(估值定理)设M,m 分别是$f(x,y)$在有界闭区域 D 上的最大值与最小值, σ 是 D 的面积, 则$m\sigma\leqslant\iint\limits_{D} f(x,y)\mathrm{d}\sigma\leqslant M\sigma.$

(7)(二重积分的中值定理)设$f(x,y)$在有界闭区域 D 上连续, σ 是 D 的面积, 则在 D 上至少存在一点(ξ,η), 使

$$\iint\limits_{D} f(x,y)\mathrm{d}\sigma = f(\xi,\eta)\sigma.$$

(8)(对称性质)设闭区域 D 关于 x 轴对称, 则有以下性质成立.

①若$f(x,y)$关于变量y为奇函数，即$f(x,-y)=-f(x,y)$，则$\iint\limits_D f(x,y)\mathrm{d}\sigma=0$.

②若$f(x,y)$关于变量y为偶函数，即$f(x,-y)=f(x,y)$，则

$$\iint\limits_D f(x,y)\mathrm{d}\sigma=2\iint\limits_{D_1} f(x,y)\mathrm{d}\sigma,$$

其中D_1为区域D内$y\geq0$的区域.

(9)设闭区域D关于$y=x$对称，则$\iint\limits_D f(x,y)\mathrm{d}\sigma=\iint\limits_D f(y,x)\mathrm{d}\sigma$.

5. 二重积分的计算

(1)直角坐标系下二重积分的计算.

①若闭区域D可表示为$D=\{(x,y)\mid a\leq x\leq b,\varphi_1(x)\leq y\leq\varphi_2(x)\}$，则

$$\iint\limits_D f(x,y)\mathrm{d}\sigma=\int_a^b\mathrm{d}x\int_{\varphi_1(x)}^{\varphi_2(x)}f(x,y)\mathrm{d}y.$$

②若闭区域D可表示为$D=\{(x,y)\mid\varphi_1(y)\leq x\leq\varphi_2(y),c\leq y\leq d\}$，则

$$\iint\limits_D f(x,y)\mathrm{d}\sigma=\int_c^d\mathrm{d}y\int_{\varphi_1(y)}^{\varphi_2(y)}f(x,y)\mathrm{d}x.$$

(2)极坐标系下二重积分的计算.

特征：①被积函数$f(x,y)$中含x^2+y^2；②积分区域D的边界曲线含x^2+y^2.

变换：令$\begin{cases}x=r\cos\theta,\\y=r\sin\theta,\end{cases}$$D$可表示为$D=\{(r,\theta)\mid\alpha\leq\theta\leq\beta,r_1(\theta)\leq r\leq r_2(\theta)\}$，则

$$\iint\limits_D f(x,y)\mathrm{d}\sigma=\int_\alpha^\beta\mathrm{d}\theta\int_{r_1(\theta)}^{r_2(\theta)}f(r\cos\theta,r\sin\theta)r\mathrm{d}r.$$

6. 无界区域上的反常二重积分

设$f(x,y)$为定义在无界区域D上的二元函数，对于平面上任一包围原点的光滑封闭曲线γ，$f(x,y)$在曲线γ所围成的有界区域E_γ与D的交集$E_\gamma\cap D=D_\gamma$上恒可积. 令

$$d_\gamma=\min\{\sqrt{x^2+y^2}\mid(x,y)\in\gamma\},$$

若极限$\lim\limits_{d_\gamma\to+\infty}\iint\limits_{D_\gamma}f(x,y)\mathrm{d}\sigma$存在有限极限，且与$\gamma$的取法无关，则称$f(x,y)$在$D$上的反常二重积分收敛，并记作

$$\iint\limits_D f(x,y)\mathrm{d}\sigma=\lim\limits_{d_\gamma\to+\infty}\iint\limits_{D_\gamma}f(x,y)\mathrm{d}\sigma;$$

否则，称$f(x,y)$在D上的反常二重积分发散，或简称$\iint\limits_D f(x,y)\mathrm{d}\sigma$发散.

（二）考研大纲要求

(1)理解二重积分的概念，了解二重积分的基本性质，了解二重积分的中值定理.

（2）掌握二重积分的计算方法（直角坐标、极坐标）.

（3）了解无界区域上较简单的反常二重积分并会计算.

（三）本章知识小结

1. 关于二重积分的定义

考研大纲要求

二重积分的定义和定积分的定义类似，都是通过分割、近似、求和、取极限的过程得到的. 此外，大家要注意定义的逆用，给一个积分和的极限，大家要能够利用二重积分的定义，将其转化成二重积分，从而利用二重积分的知识来解决相应的极限问题.

2. 关于二重积分的计算

在计算二重积分时，要先判断积分区域的类型，然后转化成二次积分进行计算. 大家要熟悉直角坐标和极坐标之间的转化方法.

■ 三、 典型例题与方法归纳

例1 求 $\lim\limits_{\substack{m\to\infty\\n\to\infty}}\sum\limits_{i=1}^{m}\sum\limits_{j=1}^{n}\dfrac{n}{(m+i)(n^2+j^2)}$.

解 设 $D=\{(x,y)\mid 0\leqslant x\leqslant 1,0\leqslant y\leqslant 1\}$，则

$$\lim\limits_{\substack{m\to\infty\\n\to\infty}}\sum\limits_{i=1}^{m}\sum\limits_{j=1}^{n}\dfrac{n}{(m+i)(n^2+j^2)}=\lim\limits_{\substack{m\to\infty\\n\to\infty}}\dfrac{1}{mn}\sum\limits_{i=1}^{m}\sum\limits_{j=1}^{n}\dfrac{1}{1+\dfrac{i}{m}}\cdot\dfrac{1}{1+\left(\dfrac{j}{n}\right)^2}$$

$$=\iint\limits_{D}\dfrac{1}{(1+x)(1+y^2)}\mathrm{d}\sigma=\int_0^1\dfrac{\mathrm{d}x}{1+x}\int_0^1\dfrac{\mathrm{d}y}{1+y^2}=\dfrac{\pi}{4}\ln2.$$

【方法归纳】 与一元函数定积分类似，二重积分也是一种特殊和式的极限. 利用二重积分的定义可以很方便地计算一类特殊和式的极限，将所要求的极限问题转化成二重积分，利用对二重积分的计算，进而达到对极限的求解. 此外，大家需要熟练掌握二重积分的相关性质，遇到比较二重积分的大小或判断积分符号的题目时，往往需要利用二重积分的性质进行作答.

例2（2014104） 设 $f(x,y)$ 是连续函数，则 $\int_0^1\mathrm{d}y\int_{-\sqrt{1-y^2}}^{1-y}f(x,y)\mathrm{d}x=$ （ ）.

A. $\int_0^1\mathrm{d}x\int_0^{x-1}f(x,y)\mathrm{d}y+\int_{-1}^0\mathrm{d}x\int_0^{\sqrt{1-x^2}}f(x,y)\mathrm{d}y$

B. $\int_0^1\mathrm{d}x\int_0^{1-x}f(x,y)\mathrm{d}y+\int_{-1}^0\mathrm{d}x\int_{-\sqrt{1-x^2}}^0f(x,y)\mathrm{d}y$

C. $\int_0^{\frac{\pi}{2}}\mathrm{d}\theta\int_0^{\frac{1}{\cos\theta+\sin\theta}}f(r\cos\theta,r\sin\theta)\mathrm{d}r+\int_{\frac{\pi}{2}}^{\pi}\mathrm{d}\theta\int_0^1f(r\cos\theta,r\sin\theta)\mathrm{d}r$

D. $\int_0^{\frac{\pi}{2}}\mathrm{d}\theta\int_0^{\frac{1}{\cos\theta+\sin\theta}}f(r\cos\theta,r\sin\theta)r\mathrm{d}r+\int_{\frac{\pi}{2}}^{\pi}\mathrm{d}\theta\int_0^1f(r\cos\theta,r\sin\theta)r\mathrm{d}r$

解 选择极坐标，得

$$\int_0^1 dy \int_{-\sqrt{1-y^2}}^{1-y} f(x,y) dx = \int_0^{\frac{\pi}{2}} d\theta \int_0^{\frac{1}{\cos\theta+\sin\theta}} f(r\cos\theta, r\sin\theta) r dr + \int_{\frac{\pi}{2}}^{\pi} d\theta \int_0^1 f(r\cos\theta, r\sin\theta) r dr.$$

若为直角坐标，则

$$\int_0^1 dy \int_{-\sqrt{1-y^2}}^{1-y} f(x,y) dx = \int_{-1}^0 dx \int_0^{\sqrt{1-x^2}} f(x,y) dy + \int_0^1 dx \int_0^{1-x} f(x,y) dy.$$

故应选 D.

【方法归纳】 （1）计算二重积分一般要遵循以下步骤．

①画出 D 的图形，并把边界曲线方程标出．

②确定 D 的类型，如果 D 是混合型区域，则需要把 D 分成几部分．

③把 D 按 X 型区域或 Y 型区域表示出来，这一步是整个二重积分计算的关键．

④把二重积分化为二次积分并计算．

（2）二重积分的计算方法主要取决于积分区域的特点，我们需要根据积分区域的特点来选择合适的坐标系进行计算．此外，我们还需要考虑改变积分次序．

例 3（2012210） 计算二重积分 $\iint\limits_D xy d\sigma$，其中区域 D 由曲线 $r = 1+\cos\theta (0 \leqslant \theta \leqslant \pi)$ 与极轴围成.

解 根据题意，令 $x = r\cos\theta, y = r\sin\theta, 0 \leqslant \theta \leqslant \pi$，则

$$\iint\limits_D xy d\sigma = \int_0^{\pi} d\theta \int_0^{1+\cos\theta} r\cos\theta \cdot r\sin\theta \cdot r dr = \int_0^{\pi} \cos\theta\sin\theta d\theta \int_0^{1+\cos\theta} r^3 dr$$

$$= \frac{1}{4} \int_0^{\pi} (1+\cos\theta)^4 \cos\theta\sin\theta d\theta = -\frac{1}{4} \int_0^{\pi} (1+\cos\theta)^4 \cos\theta d\cos\theta$$

$$\xlongequal{u=\cos\theta} -\frac{1}{4} \int_1^{-1} (1+u)^4 u du = \frac{16}{15}.$$

例 4（2012204） 设区域 D 由曲线 $y = \sin x, x = \pm\frac{\pi}{2}, y = 1$ 围成，则 $\iint\limits_D (x^5 y - 1) dx dy$

$= ($ $)$

A. π B. 2 C. -2 D. $-\pi$

解 $\iint\limits_D (x^5 y - 1) dx dy = \int_{-\frac{\pi}{2}}^{\frac{\pi}{2}} dx \int_{\sin x}^1 (x^5 y - 1) dy = \int_{-\frac{\pi}{2}}^{\frac{\pi}{2}} \left(\frac{1}{2} x^5 \cos^2 x - 1 + \sin x \right) dx$

$= -\int_{-\frac{\pi}{2}}^{\frac{\pi}{2}} dx = -\pi$，故应选 D.

例 5（2016210） 设 D 是由直线 $y = 1, y = x, y = -x$ 围成的有界区域，计算二重积分

$\iint\limits_D \dfrac{x^2 - xy - y^2}{x^2 + y^2} dx dy.$

解 因为 D 关于 y 轴对称，而 $\dfrac{x^2}{x^2+y^2}$ 与 $\dfrac{y^2}{x^2+y^2}$ 关于 x 为偶函数，所以有

$$\iint\limits_{D} \frac{x^2 - xy - y^2}{x^2 + y^2} dxdy = \iint\limits_{D} \frac{x^2 - y^2}{x^2 + y^2} dxdy - \iint\limits_{D} \frac{xy}{x^2 + y^2} dxdy$$

$$= 2\iint\limits_{D_1} \frac{x^2 - y^2}{x^2 + y^2} dxdy - 0 = 2\int_{\frac{\pi}{4}}^{\frac{\pi}{2}} d\theta \int_{0}^{\frac{1}{\sin\theta}} \frac{r^2 \cos^2\theta - r^2 \sin^2\theta}{r^2} rdr$$

$$= 2\int_{\frac{\pi}{4}}^{\frac{\pi}{2}} d\theta \int_{0}^{\frac{1}{\sin\theta}} r(\cos^2\theta - \sin^2\theta) dr = 2\int_{\frac{\pi}{4}}^{\frac{\pi}{2}} (\cos^2\theta - \sin^2\theta) \left(\frac{1}{2} r^2 \Big|_{0}^{\frac{1}{\sin\theta}} \right) d\theta$$

$$= \int_{\frac{\pi}{4}}^{\frac{\pi}{2}} (\cos^2\theta - \sin^2\theta) \frac{1}{\sin^2\theta} d\theta = \int_{\frac{\pi}{4}}^{\frac{\pi}{2}} \cot^2\theta d\theta - \frac{\pi}{4}$$

$$= \int_{\frac{\pi}{4}}^{\frac{\pi}{2}} (\csc^2\theta - 1) d\theta - \frac{\pi}{4} = \int_{\frac{\pi}{4}}^{\frac{\pi}{2}} \csc^2\theta d\theta - \frac{\pi}{2} = -\cot \Big|_{\frac{\pi}{4}}^{\frac{\pi}{2}} - \frac{\pi}{2} = 1 - \frac{\pi}{2}.$$

例 6（2016110） 已知 $D = \{(r,\theta) \mid 2 \leqslant r \leqslant 2(1 + \cos\theta),$
$-\frac{\pi}{2} \leqslant \theta \leqslant \frac{\pi}{2}\}$，计算二重积分 $\iint\limits_{D} x dxdy$.

解 $\iint\limits_{D} x dxdy = \int_{-\frac{\pi}{2}}^{\frac{\pi}{2}} d\theta \int_{2}^{2(1+\cos\theta)} r^2 \cos\theta dr$

$$= \int_{-\frac{\pi}{2}}^{\frac{\pi}{2}} \left[\cos\theta \cdot \frac{r^3}{3} \Big|_{2}^{2(1+\cos\theta)} \right] d\theta$$

$$= \frac{8}{3} \int_{-\frac{\pi}{2}}^{\frac{\pi}{2}} (3 \cos^2\theta + 3 \cos^3\theta + \cos^4\theta) d\theta$$

$$= 8\int_{-\frac{\pi}{2}}^{\frac{\pi}{2}} \cos^2\theta d\theta + 8\int_{-\frac{\pi}{2}}^{\frac{\pi}{2}} \cos^3\theta d\theta + \frac{8}{3} \int_{-\frac{\pi}{2}}^{\frac{\pi}{2}} \cos^4\theta d\theta$$

$$= 16\int_{0}^{\frac{\pi}{2}} \cos^2\theta d\theta + 16\int_{0}^{\frac{\pi}{2}} \cos^3\theta d\theta + \frac{16}{3} \int_{0}^{\frac{\pi}{2}} \cos^4\theta d\theta$$

$$= 16 \times \frac{1}{2} \times \frac{\pi}{2} + 16 \times \frac{2}{3} + \frac{16}{3} \times \frac{3}{4} \times \frac{1}{2} \times \frac{\pi}{2}$$

$$= 5\pi + \frac{32}{3}.$$

例 7（2017210） 已知平面区域 $D = \{(x,y) \mid x^2 + y^2 \leqslant 2y\}$，计算二重积分 $\iint\limits_{D} (x + 1)^2 dxdy$.

解 $D = \{(x,y) \mid x^2 + y^2 \leqslant 2y\} = \{(x,y) \mid x^2 + (y-1)^2 \leqslant 1\}$，

令 $D_1 = \{(x,y) \mid x^2 + (y-1)^2 \leqslant 1, x \geqslant 0\}$，则有

$$\iint\limits_{D} (x + 1)^2 dxdy = \iint\limits_{D} (x^2 + 2x + 1) dxdy = \iint\limits_{D} x^2 dxdy + \iint\limits_{D} dxdy$$

$$= \int_0^\pi d\theta \int_0^{2\sin\theta} r^2 \cos^2\theta \cdot r dr + \pi = \int_0^\pi \left(\cos^2\theta \cdot \frac{r^4}{4} \Big|_0^{2\sin\theta} \right) d\theta + \pi$$

$$= \int_0^\pi 4 \sin^4\theta \cos^2\theta d\theta + \pi = \frac{5}{4}\pi.$$

例8 设 $f(x,y) = \begin{cases} x^2 y, & 1 \leqslant x \leqslant 2, 0 \leqslant y \leqslant x, \\ 0, & \text{其他}, \end{cases}$ 计算 $\iint\limits_D f(x,y) d\sigma$, 其中 $D = \{(x,y) \mid x^2 + y^2 \geqslant 2x\}$.

解 令 $D_0 = \{(x,y) \mid 1 \leqslant x \leqslant 2, \sqrt{2x-x^2} \leqslant y \leqslant x\}$, 则

$$\iint\limits_D f(x,y) d\sigma = \iint\limits_{D_0} x^2 y d\sigma = \int_1^2 x^2 dx \int_{\sqrt{2x-x^2}}^x y dy = \int_1^2 x^2 (x^2 - x) dx = \frac{49}{20}.$$

【方法归纳】 二重积分的计算是考研数学比较常见的考题, 一般有以下 3 种类型:

(1) 用直角坐标、极坐标计算的普通二重积分;

(2) 分块函数的二重积分;

(3) 反常二重积分.

■ 四、习题全解

同步习题 9.1

基础题

1. 一带电薄板位于 xOy 坐标面上, 占有区域 D. 薄板上电荷分布的面密度为 $\mu(x,y)$, 且 $\mu(x,y)$ 在 D 上连续, 写出该薄板上全部电荷 Q 的表达式.

解 用一组曲线网将 D 分为 n 个小闭区域 $\Delta\sigma_i$, 其面积也记为 $\Delta\sigma_i$, $i = 1, 2, \cdots, n$. 任取一点 $(\xi_i, \eta_i) \in \Delta\sigma_i$, 则 $\Delta\sigma_i$ 上分布的电荷 $\Delta Q_i \approx \mu(\xi_i, \eta_i) \Delta\sigma_i$. 通过求和、取极限, 可得该薄板上的全部电荷为 $Q = \lim\limits_{\lambda \to 0} \sum\limits_{i=1}^n \mu(\xi_i, \eta_i) \Delta\sigma_i = \iint\limits_D \mu(x,y) d\sigma$, 其中 $\lambda = \max\limits_{1 \leqslant i \leqslant n} \{\Delta\sigma_i \text{ 的直径}\}$.

2. 根据二重积分的性质, 比较积分的大小: $\iint\limits_D (x+y)^2 d\sigma$ 与 $\iint\limits_D (x+y)^3 d\sigma$, 其中积分区域 D 由 x 轴、y 轴与直线 $x + y = 1$ 围成.

解 在积分区域 D 上, 由于 $0 \leqslant x + y \leqslant 1$, 故 $(x+y)^3 \leqslant (x+y)^2$. 根据二重积分的性质可得 $\iint\limits_D (x+y)^2 d\sigma > \iint\limits_D (x+y)^3 d\sigma$.

3. 估算下列积分的值 I.

(1) $I = \iint\limits_{D} (x+y+1) \mathrm{d}\sigma$, 其中 $D = \{(x,y) \mid 0 \leqslant x \leqslant 1, 0 \leqslant y \leqslant 2\}$.

(2) $I = \iint\limits_{D} (x^2+3y^2+2) \mathrm{d}\sigma$, 其中 $D = \{(x,y) \mid x^2+y^2 \leqslant 4\}$.

解 (1) 由于在区域 D 上有 $1 \leqslant x+y+1 \leqslant 4$, 且 D 的面积为 2, 因此, $2 \leqslant \iint\limits_{D}(x+y+1) \mathrm{d}\sigma \leqslant 8$.

(2) 由于在区域 D 上有 $0 \leqslant x^2+y^2 \leqslant 4$, 所以有 $2 \leqslant x^2+3y^2+2 \leqslant 3(x^2+y^2)+2 \leqslant 14$. 又因为 D 的面积为 4π, 所以 $8\pi \leqslant \iint\limits_{D}(x^2+3y^2+2) \mathrm{d}\sigma \leqslant 56\pi$.

4. 利用二重积分的性质及几何意义, 求下列积分的值.

(1) $\iint\limits_{x^2+y^2 \leqslant 1} \sqrt{1-x^2-y^2} \, \mathrm{d}\sigma$.

(2) $\iint\limits_{x^2+y^2 \leqslant 1} (x+x^3 y) \, \mathrm{d}\sigma$.

解 (1) 由二重积分的几何意义可知, 该二重积分表示球 $x^2+y^2+z^2 \leqslant 1$ 的上半球体积, 根据球的体积公式易得该二重积分值为 $\dfrac{2\pi}{3}$.

(2) 积分区域关于 y 轴对称, 且被积函数关于 x 是奇函数, 根据二重积分的性质可得该积分值为 0.

提高题

1. 设 $D = \{(x,y) \mid x^2+y^2 \leqslant t^2\}$, 计算极限 $\lim\limits_{t \to 0} \dfrac{1}{\pi t^2} \iint\limits_{D} \mathrm{e}^{x^2-y^2} \cos(x+y) \mathrm{d}\sigma$.

解 由二重积分的中值定理可得

$\lim\limits_{t \to 0} \dfrac{1}{\pi t^2} \iint\limits_{D} \mathrm{e}^{x^2-y^2} \cos(x+y) \mathrm{d}\sigma = \lim\limits_{t \to 0} \left[\dfrac{\pi t^2}{\pi t^2} \mathrm{e}^{\xi^2-\eta^2} \cos(\xi+\eta) \right] = \lim\limits_{t \to 0} \left[\mathrm{e}^{\xi^2-\eta^2} \cos(\xi+\eta) \right] = 1$, 其中 $(\xi, \eta) \in D$.

2. 设二元函数 $f(x,y), g(x,y)$ 都在有界闭区域 D 上连续, 且 $g(x,y) \geqslant 0$. 证明: 存在 $(\xi, \eta) \in D$, 使 $\iint\limits_{D} f(x,y) g(x,y) \mathrm{d}\sigma = f(\xi, \eta) \iint\limits_{D} g(x,y) \mathrm{d}\sigma$.

证明 因为 $g(x,y) \geqslant 0$, 所以 $\iint\limits_{D} g(x,y) \mathrm{d}\sigma \geqslant 0$.

由于 $f(x,y)$ 在有界闭区域 D 上连续, 从而存在最大值 M 与最小值 m, 即对于 $\forall (x,y) \in D$, 有 $m \leqslant f(x,y) \leqslant M$, 所以

$$mg(x,y) \leqslant f(x,y)g(x,y) \leqslant Mg(x,y),$$

进而有

$$m\iint\limits_{D} g(x,y)\,\mathrm{d}\sigma \leqslant \iint\limits_{D} f(x,y)g(x,y)\,\mathrm{d}\sigma \leqslant M\iint\limits_{D} g(x,y)\,\mathrm{d}\sigma.$$

若 $\iint\limits_{D} g(x,y)\,\mathrm{d}\sigma = 0$，则 $\iint\limits_{D} f(x,y)g(x,y)\,\mathrm{d}\sigma = 0 = \iint\limits_{D} g(x,y)\,\mathrm{d}\sigma$，取 D 中任意点均可.

若 $\iint\limits_{D} g(x,y)\,\mathrm{d}\sigma > 0$，则

$$m \leqslant \frac{\iint\limits_{D} f(x,y)g(x,y)\,\mathrm{d}\sigma}{\iint\limits_{D} g(x,y)\,\mathrm{d}\sigma} \leqslant M.$$

因此，$\dfrac{\iint\limits_{D} f(x,y)g(x,y)\,\mathrm{d}\sigma}{\iint\limits_{D} g(x,y)\,\mathrm{d}\sigma}$ 是介于连续函数 $f(x,y)$ 在 D 上的最大值 M 与最小值 m 之间

的一个数. 由有界闭区域上二元连续函数的介值定理知，至少存在一点 $(\xi,\eta) \in D$，使

$$\frac{\iint\limits_{D} f(x,y)g(x,y)\,\mathrm{d}\sigma}{\iint\limits_{D} g(x,y)\,\mathrm{d}\sigma} = f(\xi,\eta),$$

即

$$\iint\limits_{D} f(x,y)g(x,y)\,\mathrm{d}\sigma = f(\xi,\eta)\iint\limits_{D} g(x,y)\,\mathrm{d}\sigma.$$

同步习题 9.2

 基础题

1. 计算下列二重积分.

(1) $\iint\limits_{D} \dfrac{2x}{y}\mathrm{d}x\mathrm{d}y$，其中 $D = \{(x,y) \mid 1 \leqslant y \leqslant 2, y \leqslant x \leqslant 2\}$.

(2) $\iint\limits_{D} (1 + \sqrt[3]{xy})\,\mathrm{d}\sigma$，其中 $D = \{(x,y) \mid x^2 + y^2 \leqslant 4\}$.

(3) $\iint\limits_{D} \dfrac{\sin y}{y}\mathrm{d}x\mathrm{d}y$，其中 D 是由曲线 $y = \sqrt{x}$ 和直线 $y = x$ 所围成的闭区域.

解 (1) $\iint\limits_{D} \dfrac{2x}{y}\mathrm{d}x\mathrm{d}y = \int_{1}^{2}\mathrm{d}y\int_{y}^{2} \dfrac{2x}{y}\mathrm{d}x = \int_{1}^{2}\left(\dfrac{4}{y} - y\right)\mathrm{d}y = \left(4\ln y - \dfrac{1}{2}y^2\right)\Big|_{1}^{2} = 4\ln 2 - \dfrac{3}{2}$.

(2) $\iint\limits_{D}(1+\sqrt[3]{xy})\,\mathrm{d}\sigma = \int_{0}^{2\pi}\mathrm{d}\theta\int_{0}^{2}(1+\sqrt[3]{r^2\sin\theta\cos\theta})r\mathrm{d}r$

$$= \int_{0}^{2\pi}\left[\frac{1}{2}r^2 + \frac{3}{8}r^{\frac{8}{3}}(\sin\theta\cos\theta)^{\frac{1}{3}}\right]\Big|_{0}^{2}\mathrm{d}\theta$$

$$= \int_{0}^{2\pi}\left[2 + \frac{3}{8}\cdot 2^{\frac{8}{3}}(\sin\theta\cos\theta)^{\frac{1}{3}}\right]\mathrm{d}\theta = 4\pi.$$

(3) $\iint\limits_{D}\frac{\sin y}{y}\mathrm{d}x\mathrm{d}y = \int_{0}^{1}\mathrm{d}y\int_{y^2}^{y}\frac{\sin y}{y}\mathrm{d}x = \int_{0}^{1}\frac{\sin y}{y}(y-y^2)\,\mathrm{d}y$

$$= \int_{0}^{1}(\sin y - y\sin y)\,\mathrm{d}y = 1 - \sin 1.$$

2. 化二重积分 $I = \iint\limits_{D}f(x,y)\,\mathrm{d}\sigma$ 为二次积分.

(1) D 是由 $y=x$，$x=2$，$y=\dfrac{1}{x}$ $(x>0)$ 所围成的闭区域，分别列出直角坐标系下两种不同次序的二次积分.

(2) $D = \{(x,y)\mid 1\leqslant x^2+y^2\leqslant 4\}$，化为直角坐标系下的二次积分.

解 (1) $\int_{1}^{2}\mathrm{d}x\int_{\frac{1}{x}}^{x}f(x,y)\,\mathrm{d}y$，$\int_{\frac{1}{2}}^{1}\mathrm{d}y\int_{\frac{1}{y}}^{2}f(x,y)\,\mathrm{d}x + \int_{1}^{2}\mathrm{d}y\int_{y}^{2}f(x,y)\,\mathrm{d}x$.

(2) $\int_{-2}^{2}\mathrm{d}x\int_{-\sqrt{4-x^2}}^{\sqrt{4-x^2}}f(x,y)\,\mathrm{d}y - \int_{-1}^{1}\mathrm{d}x\int_{-\sqrt{1-x^2}}^{\sqrt{1-x^2}}f(x,y)\,\mathrm{d}y$.

3. 交换下列积分的积分次序.

(1) $\int_{0}^{2}\mathrm{d}y\int_{y^2}^{2y}f(x,y)\,\mathrm{d}x$.　　　　(2) $\int_{0}^{2}\mathrm{d}x\int_{\frac{x}{2}}^{3-x}f(x,y)\,\mathrm{d}y$.

解 (1) $\int_{0}^{4}\mathrm{d}x\int_{\frac{x}{2}}^{\sqrt{x}}f(x,y)\,\mathrm{d}y$. (2) $\int_{0}^{1}\mathrm{d}y\int_{0}^{2y}f(x,y)\,\mathrm{d}x + \int_{1}^{3}\mathrm{d}y\int_{0}^{3-y}f(x,y)\,\mathrm{d}x$.

4. 证明：$\int_{0}^{a}\mathrm{d}x\int_{0}^{x}f(y)\,\mathrm{d}y = \int_{0}^{a}(a-x)f(x)\,\mathrm{d}x$.

证明 $\int_{0}^{a}\mathrm{d}x\int_{0}^{x}f(y)\,\mathrm{d}y = \int_{0}^{a}\mathrm{d}y\int_{y}^{a}f(y)\,\mathrm{d}x = \int_{0}^{a}(a-y)f(y)\,\mathrm{d}y = \int_{0}^{a}(a-x)f(x)\,\mathrm{d}x.$

提高题

1. 计算 $\iint\limits_{D}|y-x^2|\,\mathrm{d}x\mathrm{d}y$，其中 $D = \{(x,y)\mid -1\leqslant x\leqslant 1, 0\leqslant y\leqslant 1\}$.

解 $\iint\limits_{D}|y-x^2|\,\mathrm{d}x\mathrm{d}y = \int_{-1}^{0}\mathrm{d}x\int_{0}^{x^2}(x^2-y)\,\mathrm{d}y + \int_{-1}^{1}\mathrm{d}x\int_{x^2}^{1}(y-x^2)\,\mathrm{d}y + \int_{0}^{1}\mathrm{d}x\int_{0}^{x^2}(x^2-y)\,\mathrm{d}y$

$$= \int_{-1}^{0}\frac{x^4}{2}\mathrm{d}x + \int_{-1}^{1}\left(\frac{1}{2} - x^2 + \frac{x^4}{2}\right)\mathrm{d}x + \int_{0}^{1}\frac{x^4}{2}\mathrm{d}x$$

$$= \frac{2}{5} + 1 - \frac{2}{3} = \frac{11}{15}.$$

2. 改变积分 $\int_0^1 \mathrm{d}x \int_0^{\sqrt{2x-x^2}} f(x,y)\mathrm{d}y + \int_1^2 \mathrm{d}x \int_0^{2-x} f(x,y)\mathrm{d}y$ 的积分次序.

解 由题意可知，积分区域是由 $y=\sqrt{2x-x^2}$，$y=2-x$ 及 x 轴所围成的区域，故改变积分次序后为 $\int_0^1 \mathrm{d}y \int_{1-\sqrt{1-y^2}}^{2-y} f(x,y)\mathrm{d}x$.

3. 改变积分 $\int_0^{2a} \mathrm{d}x \int_{\sqrt{2ax-x^2}}^{\sqrt{2ax}} f(x,y)\mathrm{d}y (a>0)$ 的积分次序.

解 由题意可知，积分区域为 $y=\sqrt{2ax}$，$y=\sqrt{2ax-x^2}$，$x=2a$ 所围成的区域，故改变积分次序后为

$$\int_0^a \mathrm{d}y \int_{\frac{y^2}{2a}}^{a-\sqrt{a^2-y^2}} f(x,y)\mathrm{d}x + \int_0^a \mathrm{d}y \int_{a+\sqrt{a^2-y^2}}^{2a} f(x,y)\mathrm{d}x + \int_a^{2a} \mathrm{d}y \int_{\frac{y^2}{2a}}^{2a} f(x,y)\mathrm{d}x.$$

4. 设函数 $f(x)$ 在 $[0,1]$ 上连续，并设 $\int_0^1 f(x)\mathrm{d}x = A$，求 $\int_0^1 \mathrm{d}x \int_x^1 f(x)f(y)\mathrm{d}y$.

解 设 $f(x)$ 的一个原函数为 $F(x)$，则 $\int_0^1 f(x)\mathrm{d}x = F(x)\Big|_0^1 = F(1)-F(0) = A$，故

$$\int_0^1 \mathrm{d}x \int_x^1 f(x)f(y)\mathrm{d}y = \int_0^1 f(x)\mathrm{d}x \int_x^1 f(y)\mathrm{d}y = \int_0^1 f(x)[F(1)-F(x)]\mathrm{d}x$$

$$= F(1)\int_0^1 f(x)\mathrm{d}x - \int_0^1 f(x)F(x)\mathrm{d}x$$

$$= F(1)F(x)\Big|_0^1 - \int_0^1 F(x)\mathrm{d}F(x)$$

$$= F(1)[F(1)-F(0)] - \frac{F^2(x)}{2}\Big|_0^1$$

$$= \frac{1}{2}[F(1)-F(0)]^2 = \frac{A^2}{2}.$$

5. 计算下列二次积分.

$(1) \int_0^{\frac{\pi}{6}} \mathrm{d}y \int_y^{\frac{\pi}{6}} \frac{\cos x}{x}\mathrm{d}x.$ $\qquad (2) \int_0^1 \mathrm{d}x \int_x^1 x^2 \mathrm{e}^{y^2}\mathrm{d}y.$

解 (1)因为 $\int \frac{\cos x}{x}\mathrm{d}x$ 不能用初等函数表示，所以需要先改变积分次序. 将积分区域 D 按 X 型区域表示为 $D=\left\{(x,y) \Big| 0 \le x \le \frac{\pi}{6}, 0 \le y \le x\right\}$，则

$$\int_0^{\frac{\pi}{6}} \mathrm{d}y \int_y^{\frac{\pi}{6}} \frac{\cos x}{x}\mathrm{d}x = \int_0^{\frac{\pi}{6}} \mathrm{d}x \int_0^x \frac{\cos x}{x}\mathrm{d}y = \int_0^{\frac{\pi}{6}} \frac{\cos x}{x} \cdot x\mathrm{d}x$$

$$= \int_0^{\frac{\pi}{6}} \cos x\mathrm{d}x = \sin x\Big|_0^{\frac{\pi}{6}} = \frac{1}{2}.$$

(2)因为 $\int x^2 \mathrm{e}^{y^2}\mathrm{d}y$ 不能用初等函数表示，所以需要先改变积分次序.

$$\int_0^1 \mathrm{d}x \int_x^1 x^2 \mathrm{e}^{y^2} \mathrm{d}y = \int_0^1 \mathrm{d}y \int_0^y x^2 \mathrm{e}^{y^2} \mathrm{d}x = \frac{1}{3}\int_0^1 y^3 \mathrm{e}^{y^2} \mathrm{d}y$$

$$= \frac{1}{6}\int_0^1 y^2 \mathrm{e}^{y^2} \mathrm{d}y^2 \xrightarrow{\underline{t=y^2}} \frac{1}{6}\int_0^1 t\mathrm{e}^t \mathrm{d}t = \frac{1}{6}\int_0^1 t\,\mathrm{d}\mathrm{e}^t$$

$$= \frac{1}{6}\left[(t\mathrm{e}^t)\,\Big|_0^1 - \int_0^1 \mathrm{e}^t \mathrm{d}t \right]$$

$$= \frac{1}{6}\left[\mathrm{e}-(\mathrm{e}-1) \right] = \frac{1}{6}.$$

6. 设函数 $f(x,y)$ 在区域 D 上连续，且 $f(x,y)=xy+\iint\limits_D f(x,y)\mathrm{d}x\mathrm{d}y$，其中 D 是由 $y=0,y=x^2,x=1$ 围成的闭区域，求 $f(x,y)$.

解 由题意得，区域 D 的面积为 $\sigma = \int_0^1 x^2\mathrm{d}x = \frac{1}{3}$. 设 $\iint\limits_D f(x,y)\mathrm{d}x\mathrm{d}y = A$，则 $f(x,y)=xy+A$，对等式两边在区域 D 上积分得

$$\iint\limits_D f(x,y)\mathrm{d}x\mathrm{d}y = \iint\limits_D xy\mathrm{d}x\mathrm{d}y + \iint\limits_D A\mathrm{d}x\mathrm{d}y,$$

根据二重积分的性质得

$$A(1-\sigma) = \iint\limits_D xy\mathrm{d}x\mathrm{d}y = \int_0^1 \mathrm{d}x\int_0^{x^2} xy\mathrm{d}y = \int_0^1 \left(\frac{xy^2}{2}\Big|_0^{x^2}\right)\mathrm{d}x = \int_0^1 \frac{x^5}{2}\mathrm{d}x = \frac{1}{12},$$

解得 $A = \frac{1}{8}$，从而 $f(x,y)=xy+\frac{1}{8}$.

同步习题 9.3

1. 化二重积分 $I = \iint\limits_D f(x,y)\mathrm{d}\sigma$ 为极坐标系下的二次积分.

(1) $D = \{(x,y)\mid 1\le x^2+y^2\le 4\}$.

(2) D 是由圆周 $x^2+(y-1)^2=1$ 及 y 轴所围成的在第一象限内的闭区域.

(3) $D = \{(x,y)\mid x^2+y^2\ge 2x, x^2+y^2\le 4x\}$.

(4) $D = \{(x,y)\mid 0\le y\le 1-x, 0\le x\le 1\}$.

解 (1) $I = \iint\limits_D f(x,y)\mathrm{d}x\mathrm{d}y = \int_0^{2\pi}\mathrm{d}\theta\int_1^2 rf(r\cos\theta, r\sin\theta)\mathrm{d}r.$

(2) $I = \iint\limits_D f(x,y)\mathrm{d}x\mathrm{d}y = \int_0^{\frac{\pi}{2}}\mathrm{d}\theta\int_0^{2\sin\theta} rf(r\cos\theta, r\sin\theta)\mathrm{d}r.$

$(3) I = \iint\limits_{D} f(x,y)\mathrm{d}x\mathrm{d}y = \int_{-\frac{\pi}{2}}^{\frac{\pi}{2}}\mathrm{d}\theta\int_{2\cos\theta}^{4\cos\theta} rf(r\cos\theta, r\sin\theta)\mathrm{d}r.$

$(4) I = \iint\limits_{D} f(x,y)\mathrm{d}x\mathrm{d}y = \int_{0}^{\frac{\pi}{2}}\mathrm{d}\theta\int_{0}^{\frac{1}{\sin\theta+\cos\theta}} rf(r\cos\theta, r\sin\theta)\mathrm{d}r.$

2. 化下列二次积分为极坐标系下的二次积分.

$(1)\int_{0}^{2}\mathrm{d}x\int_{x}^{\sqrt{3}x} f(\sqrt{x^2+y^2})\mathrm{d}y.$ $\qquad$ $(2)\int_{0}^{1}\mathrm{d}x\int_{0}^{1} f(x,y)\mathrm{d}y.$

$(3)\int_{0}^{1}\mathrm{d}x\int_{0}^{x^2} f(x,y)\mathrm{d}y.$ $\qquad$ $(4)\int_{-1}^{1}\mathrm{d}x\int_{0}^{\sqrt{1-x^2}} \mathrm{e}^{-x^2-y^2}\mathrm{d}y.$

解 $(1)\int_{0}^{2}\mathrm{d}x\int_{x}^{\sqrt{3}x} f(\sqrt{x^2+y^2})\mathrm{d}y = \int_{\frac{\pi}{4}}^{\frac{\pi}{3}}\mathrm{d}\theta\int_{0}^{2\sec\theta} rf(r)\mathrm{d}r.$

$(2)\int_{0}^{1}\mathrm{d}x\int_{0}^{1} f(x,y)\mathrm{d}y = \int_{0}^{\frac{\pi}{4}}\mathrm{d}\theta\int_{0}^{\sec\theta} rf(r\cos\theta, r\sin\theta)\mathrm{d}r + \int_{\frac{\pi}{4}}^{\frac{\pi}{2}}\mathrm{d}\theta\int_{0}^{\csc\theta} rf(r\cos\theta, r\sin\theta)\mathrm{d}r.$

$(3)\int_{0}^{1}\mathrm{d}x\int_{0}^{x^2} f(x,y)\mathrm{d}y = \int_{0}^{\frac{\pi}{4}}\mathrm{d}\theta\int_{\tan\theta\sec\theta}^{\sec\theta} rf(r\cos\theta, r\sin\theta)\mathrm{d}r.$

$(4)\int_{-1}^{1}\mathrm{d}x\int_{0}^{\sqrt{1-x^2}} \mathrm{e}^{-x^2-y^2}\mathrm{d}y = \int_{0}^{\pi}\mathrm{d}\theta\int_{0}^{1} r\mathrm{e}^{-r^2}\mathrm{d}r.$

3. 把下列积分化为极坐标形式, 并计算积分值.

$(1)\int_{0}^{2a}\mathrm{d}x\int_{0}^{\sqrt{2ax-x^2}} (x^2+y^2)\mathrm{d}y.$ $\qquad$ $(2)\int_{0}^{a}\mathrm{d}x\int_{0}^{x} \sqrt{x^2+y^2}\mathrm{d}y.$

解 (1) 利用极坐标变换 $\begin{cases} x=r\cos\theta, \\ y=r\sin\theta, \end{cases}$ 有 $\begin{cases} 0\leqslant\theta\leqslant\dfrac{\pi}{2}, \\ 0\leqslant r\leqslant 2a\cos\theta, \end{cases}$ 所以

$\int_{0}^{2a}\mathrm{d}x\int_{0}^{\sqrt{2ax-x^2}} (x^2+y^2)\mathrm{d}y = \int_{0}^{\frac{\pi}{2}}\mathrm{d}\theta\int_{0}^{2a\cos\theta} r\cdot r^2\mathrm{d}r = 4a^4\int_{0}^{\frac{\pi}{2}} \cos^4\theta\mathrm{d}\theta = \frac{3}{4}\pi a^4.$

(2) 利用极坐标变换 $\begin{cases} x=r\cos\theta, \\ y=r\sin\theta, \end{cases}$ 有 $\begin{cases} 0\leqslant\theta\leqslant\dfrac{\pi}{4}, \\ 0\leqslant r\leqslant\dfrac{a}{\cos\theta}, \end{cases}$ 所以

$\int_{0}^{a}\mathrm{d}x\int_{0}^{x} \sqrt{x^2+y^2}\mathrm{d}y = \int_{0}^{\frac{\pi}{4}}\mathrm{d}\theta\int_{0}^{\frac{a}{\cos\theta}} r\cdot r\mathrm{d}r = \frac{a^3}{3}\int_{0}^{\frac{\pi}{4}} \sec^3\theta\mathrm{d}\theta = \frac{a^3}{6}[\sqrt{2}+\ln(1+\sqrt{2})].$

4. 利用极坐标计算下列各题.

$(1)\iint\limits_{D}\ln(1+x^2+y^2)\mathrm{d}\sigma$, 其中 D 是由圆周 $x^2+y^2=1$ 及坐标轴围成的在第一象限内的闭区域.

$(2)\iint\limits_{D}\sqrt{x^2+y^2}\mathrm{d}\sigma$, 其中 D 是圆环形闭区域: $a^2\leqslant x^2+y^2\leqslant b^2$.

(3) $\iint\limits_{D} x(y+1)\mathrm{d}x\mathrm{d}y$, 其中 $D=\{(x,y)\mid 1\leqslant x^2+y^2\leqslant 2x\}$.

(4) $\iint\limits_{D} x\mathrm{d}x\mathrm{d}y$, 其中 D 由 $y=x, y=\sqrt{2x-x^2}$ 围成.

解 (1) 利用极坐标变换 $\begin{cases} x=r\cos\theta, \\ y=r\sin\theta, \end{cases}$ 有 $\begin{cases} 0\leqslant\theta\leqslant\dfrac{\pi}{2}, \\ 0\leqslant r\leqslant 1, \end{cases}$ 所以

$$\iint\limits_{D}\ln(1+x^2+y^2)\mathrm{d}\sigma = \int_0^{\frac{\pi}{2}}\mathrm{d}\theta\int_0^1 r\ln(1+r^2)\mathrm{d}r = \frac{\pi}{4}(2\ln2-1).$$

(2) 利用极坐标变换 $\begin{cases} x=r\cos\theta, \\ y=r\sin\theta, \end{cases}$ 有 $\begin{cases} 0\leqslant\theta\leqslant 2\pi, \\ a\leqslant r\leqslant b, \end{cases}$ 所以

$$\iint\limits_{D}\sqrt{x^2+y^2}\mathrm{d}\sigma = \int_0^{2\pi}\mathrm{d}\theta\int_a^b r\cdot r\mathrm{d}r = \frac{2}{3}\pi(b^3-a^3).$$

(3) 利用极坐标变换 $\begin{cases} x=r\cos\theta, \\ y=r\sin\theta, \end{cases}$ 有 $\begin{cases} -\dfrac{\pi}{3}\leqslant\theta\leqslant\dfrac{\pi}{3}, \\ 1\leqslant r\leqslant 2\cos\theta, \end{cases}$ 所以

$$\iint\limits_{D} x(y+1)\mathrm{d}x\mathrm{d}y = \int_{-\frac{\pi}{3}}^{\frac{\pi}{3}}\mathrm{d}\theta\int_1^{2\cos\theta} r\cdot r\cos\theta\cdot(r\sin\theta+1)\mathrm{d}r$$

$$= \int_{-\frac{\pi}{3}}^{\frac{\pi}{3}}\left(4\sin\theta\cos^5\theta-\frac{1}{4}\sin\theta\cos\theta+\frac{8}{3}\cos^4\theta-\frac{1}{3}\cos\theta\right)\mathrm{d}\theta$$

$$= 2\int_0^{\frac{\pi}{3}}\left(\frac{8}{3}\cos^4\theta-\frac{1}{3}\cos\theta\right)\mathrm{d}\theta = \frac{2}{3}\pi+\frac{7\sqrt{3}}{12}-\frac{\sqrt{3}}{3} = \frac{2}{3}\pi+\frac{\sqrt{3}}{4}.$$

(4) 利用极坐标变换 $\begin{cases} x=r\cos\theta, \\ y=r\sin\theta, \end{cases}$ 有 $\begin{cases} \dfrac{\pi}{4}\leqslant\theta\leqslant\dfrac{\pi}{2}, \\ 0\leqslant r\leqslant 2\cos\theta, \end{cases}$ 所以

$$\iint\limits_{D} x\mathrm{d}x\mathrm{d}y = \int_{\frac{\pi}{4}}^{\frac{\pi}{2}}\mathrm{d}\theta\int_0^{2\cos\theta} r\cdot r\cos\theta\mathrm{d}r = \frac{\pi}{4}-\frac{2}{3}.$$

5. 计算积分 $I = \int_0^{\frac{R}{\sqrt{2}}}\mathrm{e}^{-y^2}\mathrm{d}y\int_0^y\mathrm{e}^{-x^2}\mathrm{d}x + \int_{\frac{R}{\sqrt{2}}}^R\mathrm{e}^{-y^2}\mathrm{d}y\int_0^{\sqrt{R^2-y^2}}\mathrm{e}^{-x^2}\mathrm{d}x.$

解 先交换积分次序, 然后利用极坐标变换, 有

$$I = \int_0^{\frac{R}{\sqrt{2}}}\mathrm{e}^{-y^2}\mathrm{d}y\int_0^y\mathrm{e}^{-x^2}\mathrm{d}x + \int_{\frac{R}{\sqrt{2}}}^R\mathrm{e}^{-y^2}\mathrm{d}y\int_0^{\sqrt{R^2-y^2}}\mathrm{e}^{-x^2}\mathrm{d}x$$

$$= \int_0^{\frac{R}{\sqrt{2}}}\mathrm{d}x\int_x^{\sqrt{R^2-x^2}}\mathrm{e}^{-(x^2+y^2)}\mathrm{d}y = \int_{\frac{\pi}{4}}^{\frac{\pi}{2}}\mathrm{d}\theta\int_0^R r\mathrm{e}^{-r^2}\mathrm{d}r$$

$$= \frac{\pi}{4}\int_0^R r\mathrm{e}^{-r^2}\mathrm{d}r = \frac{\pi}{8}(1-\mathrm{e}^{-R^2}).$$

1. 计算二重积分 $\iint\limits_D \dfrac{\sin(\pi\sqrt{x^2+y^2})}{\sqrt{x^2+y^2}}\mathrm{d}x\mathrm{d}y$，其中 $D=\{(x,y)\mid 1\leqslant x^2+y^2\leqslant 4\}$.

解 利用极坐标变换 $\begin{cases}x=r\cos\theta,\\ y=r\sin\theta,\end{cases}$ 有 $\begin{cases}0\leqslant\theta\leqslant 2\pi,\\ 1\leqslant r\leqslant 2,\end{cases}$ 所以

$$I=\iint\limits_D\dfrac{\sin(\pi\sqrt{x^2+y^2})}{\sqrt{x^2+y^2}}\mathrm{d}x\mathrm{d}y=\int_0^{2\pi}\mathrm{d}\theta\int_1^2\dfrac{\sin(\pi r)}{r}\cdot r\mathrm{d}r=2\pi\int_1^2\sin(\pi r)\mathrm{d}r=-4.$$

2. 计算 $\iint\limits_D(x^2+y^2)\mathrm{d}x\mathrm{d}y$，$D$ 是由圆 $x^2+y^2=2y$ 和 $x^2+y^2=4y$ 及直线 $x-\sqrt{3}y=0$ 和 $y-\sqrt{3}x=0$ 所围成的平面闭区域.

解 利用极坐标变换 $\begin{cases}x=r\cos\theta,\\ y=r\sin\theta,\end{cases}$ 有 $\begin{cases}\dfrac{\pi}{6}\leqslant\theta\leqslant\dfrac{\pi}{3},\\ 2\sin\theta\leqslant r\leqslant 4\sin\theta,\end{cases}$ 所以

$$\iint\limits_D(x^2+y^2)\mathrm{d}x\mathrm{d}y=\int_{\frac{\pi}{6}}^{\frac{\pi}{3}}\mathrm{d}\theta\int_{2\sin\theta}^{4\sin\theta}r^2\cdot r\mathrm{d}r=60\int_{\frac{\pi}{6}}^{\frac{\pi}{3}}\sin^4\theta\mathrm{d}\theta=\dfrac{15}{8}(2\pi-\sqrt{3}).$$

3. 计算 $\iint\limits_D r^2\sin\theta\sqrt{1-r^2\cos 2\theta}\,\mathrm{d}r\mathrm{d}\theta$，其中 $D=\left\{(r,\theta)\;\middle|\;0\leqslant r\leqslant\sec\theta,0\leqslant\theta\leqslant\dfrac{\pi}{4}\right\}$.

解 将积分区域改为直角坐标形式，$D=\{(x,y)\mid 0\leqslant x\leqslant 1,0\leqslant y\leqslant x\}$，则

$$\iint\limits_D r^2\sin\theta\sqrt{1-r^2\cos 2\theta}\,\mathrm{d}r\mathrm{d}\theta=\iint\limits_D r^2\sin\theta\sqrt{1-r^2\cos^2\theta+r^2\sin^2\theta}\,\mathrm{d}r\mathrm{d}\theta$$

$$=\iint\limits_D y\sqrt{1-x^2+y^2}\,\mathrm{d}\sigma$$

$$=\int_0^1\mathrm{d}x\int_0^x y\sqrt{1-x^2+y^2}\,\mathrm{d}y$$

$$=\dfrac{1}{2}\int_0^1\mathrm{d}x\int_0^x(1-x^2+y^2)^{\frac{1}{2}}\mathrm{d}(1-x^2+y^2)$$

$$=\dfrac{1}{3}\int_0^1\left[1-(1-x^2)^{\frac{3}{2}}\right]\mathrm{d}x$$

$$\xlongequal{x=\sin t}\dfrac{1}{3}-\dfrac{1}{3}\int_0^{\frac{\pi}{2}}\cos^4 t\mathrm{d}t$$

$$=\dfrac{1}{3}-\dfrac{\pi}{16}.$$

提高题 3

同步习题9.4

计算 $\iint\limits_{D}e^{-(x+2y)}d\sigma$，其中 $D=\{(x,y)\,|\,0\leqslant x\leqslant y\}$.

解 $\iint\limits_{D}e^{-(x+2y)}d\sigma=\int_0^{+\infty}dy\int_0^y e^{-(x+2y)}dx=\int_0^{+\infty}e^{-2y}dy\int_0^y e^{-x}dx$

$$=\int_0^{+\infty}e^{-2y}\cdot\left[\,(-e^{-x})\,\big|_0^y\,\right]dy=\int_0^{+\infty}(e^{-2y}-e^{-3y})dy$$

$$=\left(-\frac{e^{-2y}}{2}+\frac{e^{-3y}}{3}\right)\bigg|_0^{+\infty}=\frac{1}{6}.$$

提高题

1. 计算反常二重积分 $\iint\limits_{D}xye^x d\sigma$，其中 D 是以曲线 $y=\sqrt{x}$ 和 $y=\dfrac{1}{\sqrt{x}}$ 及 y 轴为边界的无界区域.

解 由题意知，区域 $D=\left\{(x,y)\,\Big|\,0<x\leqslant 1,\sqrt{x}<y<\dfrac{1}{\sqrt{x}}\right\}$.

$$\iint\limits_{D}xye^x dxdy=\int_0^1 dx\int_{\sqrt{x}}^{\frac{1}{\sqrt{x}}}xye^x dy=\int_0^1 xe^x\left[\left(\frac{1}{2}y^2\right)\bigg|_{\sqrt{x}}^{\frac{1}{\sqrt{x}}}\right]dx$$

$$=\frac{1}{2}\left(\int_0^1 e^x dx-\int_0^1 x^2 e^x dx\right)$$

$$=\frac{1}{2}\left[e-1-(x^2 e^x)\big|_0^1+2\int_0^1 xe^x dx\right]$$

$$=-\frac{1}{2}+\int_0^1 x\,de^x$$

$$=-\frac{1}{2}+(e^x x)\big|_0^1-\int_0^1 e^x dx$$

$$=-\frac{1}{2}+e-(e-1)=\frac{1}{2}.$$

2. 设某公司生产两种产品 A 与 B，其成本为 $C(x,y)=2x^2-2xy+y^2-7x+10y+11$（单位：千元），其中 x 为产品 A 的产量（单位：件），y 为产品 B 的产量（单位：件）. 如果 $1\leqslant x\leqslant 10,2\leqslant y\leqslant 10$，试求两种产品的平均成本.

解 设 $D=\{(x,y)\,|\,1\leqslant x\leqslant 10,2\leqslant y\leqslant 10\}$，由题意知

$$\overline{C} = \frac{\iint\limits_{D}(2x^2 - 2xy + y^2 - 7x + 10y + 11)\mathrm{d}x\mathrm{d}y}{(10-1)\cdot(10-2)}$$

$$= \frac{\int_1^{10}\mathrm{d}x\int_2^{10}(2x^2 - 2xy + y^2 - 7x + 10y + 11)\mathrm{d}y}{72}$$

$$= \frac{\int_1^{10}\left(2x^2y - xy^2 + \frac{1}{3}y^3 - 7xy + 5y^2 + 11y\right)\bigg|_2^{10}\mathrm{d}x}{72}$$

$$= \frac{1}{72}\int_1^{10}\left(16x^2 - 152x + \frac{2\,696}{3}\right)\mathrm{d}x$$

$$= \frac{1}{72}\left(\frac{16}{3}x^3 - 76x^2 + \frac{2\,696}{3}x\right)\bigg|_1^{10}$$

$$= \frac{491}{6} \approx 81.833(千元／件).$$

第 9 章总复习题

1. 选择题:(1)~(5)小题,每小题 4 分,共 20 分. 下列每小题给出的 4 个选项中,只有一个选项是符合题目要求的.

(1)(2016304)设 $J_i = \iint\limits_{D_i}\sqrt[3]{x-y}\,\mathrm{d}x\mathrm{d}y(i=1,2,3)$,$D_1 = \{(x,y)\mid 0\leqslant x\leqslant 1, 0\leqslant y\leqslant 1\}$,$D_2 = \{(x,y)\mid 0\leqslant x\leqslant 1, 0\leqslant y\leqslant\sqrt{x}\}$,$D_3 = \{(x,y)\mid 0\leqslant x\leqslant 1, x^2\leqslant y\leqslant 1\}$,则( ).

A. $J_1<J_2<J_3$ B. $J_3<J_1<J_2$ C. $J_2<J_3<J_1$ D. $J_2<J_1<J_3$

解 在区域 D_1-D_2 中,被积函数 $\sqrt[3]{x-y}<0$,则

$$J_1 - J_2 = \iint\limits_{D_1}\sqrt[3]{x-y}\,\mathrm{d}x\mathrm{d}y - \iint\limits_{D_2}\sqrt[3]{x-y}\,\mathrm{d}x\mathrm{d}y = \iint\limits_{D_1-D_2}\sqrt[3]{x-y}\,\mathrm{d}x\mathrm{d}y < 0,$$

从而 $J_1<J_2$.

同理,在区域 D_1-D_3 中,被积函数 $\sqrt[3]{x-y}>0$,则 $J_3<J_1$. 故应选 B.

(2)(2015304)设 $D = \{(x,y)\mid x^2+y^2\leqslant 2x, x^2+y^2\leqslant 2y\}$,函数 $f(x,y)$ 在 D 上连续,则 $\iint\limits_{D}f(x,y)\mathrm{d}x\mathrm{d}y = ($).

A. $\int_0^{\frac{\pi}{4}}\mathrm{d}\theta\int_0^{2\cos\theta}f(r\cos\theta,r\sin\theta)r\mathrm{d}r + \int_{\frac{\pi}{4}}^{\frac{\pi}{2}}\mathrm{d}\theta\int_0^{2\sin\theta}f(r\cos\theta,r\sin\theta)r\mathrm{d}r$

B. $\int_0^{\frac{\pi}{4}}\mathrm{d}\theta\int_0^{2\sin\theta}f(r\cos\theta,r\sin\theta)r\mathrm{d}r + \int_{\frac{\pi}{4}}^{\frac{\pi}{2}}\mathrm{d}\theta\int_0^{2\cos\theta}f(r\cos\theta,r\sin\theta)r\mathrm{d}r$

C. $2\int_0^1 dx\int_{1-\sqrt{1-x^2}}^x f(x,y)\,dy$

D. $2\int_0^1 dx\int_x^{\sqrt{2x-x^2}} f(x,y)\,dy$

解 此题考查将二重积分转化为极坐标系下的累次积分，如图 9.1 所示，可知应选 B.

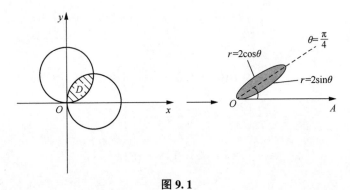

图 9.1

(3)(2013304) 设 D_k 是圆域 $D=\{(x,y)\mid x^2+y^2\leqslant1\}$ 位于第 k 象限的部分，记 $I_k=\iint\limits_{D_k}(y-x)\,dxdy(k=1,2,3,4)$，则(   ).

A. $I_1>0$ 　　　　　 B. $I_2>0$ 　　　　　 C. $I_3>0$ 　　　　　 D. $I_4>0$

解 在 4 个象限的积分区域中，只有在第二象限中 $y>0$，$x<0$，$y-x>0$ 始终成立，由此可知 $I_2>0$，故应选 B.

(4)(2012304) 设函数 $f(t)$ 连续，则二次积分 $\int_0^{\frac{\pi}{2}}d\theta\int_{2\cos\theta}^2 f(r^2)r\,dr=$ (   ).

A. $\int_0^2 dx\int_{\sqrt{2x-x^2}}^{\sqrt{4-x^2}}\sqrt{x^2+y^2}f(x^2+y^2)\,dy$ 　　　 B. $\int_0^2 dx\int_{\sqrt{2x-x^2}}^{\sqrt{4-x^2}}f(x^2+y^2)\,dy$

C. $\int_0^2 dy\int_{1+\sqrt{1-y^2}}^{\sqrt{4-y^2}}\sqrt{x^2+y^2}f(x^2+y^2)\,dx$ 　　　 D. $\int_0^2 dy\int_{1+\sqrt{1-y^2}}^{\sqrt{4-y^2}}f(x^2+y^2)\,dx$

解 积分区域 D 用极坐标可表示为

$$D=\left\{(r,\theta)\mid 0\leqslant\theta\leqslant\frac{\pi}{2},2\cos\theta\leqslant r\leqslant2\right\},$$

用直角坐标可表示为

$$D=\{(x,y)\mid 0\leqslant x\leqslant2,\sqrt{2x-x^2}\leqslant y\leqslant\sqrt{4-x^2}\},$$

利用二重积分极坐标与直角坐标的换元公式，将二重积分化为直角坐标系下的二次积分，可得

$$\int_0^{\frac{\pi}{2}}d\theta\int_{2\cos\theta}^2 f(r^2)r\,dr=\iint\limits_D f(x^2+y^2)\,dxdy=\int_0^2 dx\int_{\sqrt{2x-x^2}}^{\sqrt{4-x^2}}f(x^2+y^2)\,dy,$$

故应选 B.

(5)(2007304)设函数 $f(x,y)$ 连续，则二次积分 $\int_{\frac{\pi}{2}}^{\pi}dx\int_{\sin x}^{1}f(x,y)dy = ($).

A. $\int_{0}^{1}dy\int_{\pi+\arcsin y}^{\pi}f(x,y)dx$ B. $\int_{0}^{1}dy\int_{\pi-\arcsin y}^{\pi}f(x,y)dx$

C. $\int_{0}^{1}dy\int_{\frac{\pi}{2}}^{\pi+\arcsin y}f(x,y)dx$ D. $\int_{0}^{1}dy\int_{\frac{\pi}{2}}^{\pi-\arcsin y}f(x,y)dx$

解 由题意，积分区域 D 可表示为

$$D=\left\{(x,y)\;\middle|\;\frac{\pi}{2}\leqslant x\leqslant\pi,\sin x\leqslant y\leqslant 1\right\},$$

此为 X 型区域. 注意到 $0\leqslant y\leqslant 1$，$0\leqslant\arcsin y\leqslant\frac{\pi}{2}$，将 D 转化为 Y 型区域，为

$$D=\{(x,y)\mid 0\leqslant y\leqslant 1,\pi-\arcsin y\leqslant x\leqslant\pi\},$$

从而 $\int_{\frac{\pi}{2}}^{\pi}dx\int_{\sin x}^{1}f(x,y)dy=\int_{0}^{1}dy\int_{\pi-\arcsin y}^{\pi}f(x,y)dx$，故应选 B.

2. 填空题：(6)~(10)小题，每小题 4 分，共 20 分.

(6)(2016304)设 $D=\{(x,y)\mid |x|\leqslant y\leqslant 1,-1\leqslant x\leqslant 1\}$，则 $\iint\limits_{D}x^2 e^{-y^2}dxdy =$

_____.

解 积分区域 D 关于 y 轴对称，设第一象限内的积分区域为 D_1，被积函数 $x^2 e^{-y^2}$ 关于变量 x 为偶函数，由二重积分的对称性知

$$\iint\limits_{D}x^2 e^{-y^2}dxdy=2\iint\limits_{D_1}x^2 e^{-y^2}dxdy=2\int_{0}^{1}dy\int_{0}^{y}x^2 dx$$

$$=\frac{2}{3}\int_{0}^{1}y^3 e^{-y^2}dy\xlongequal{t=y^2}\frac{1}{3}\int_{0}^{1}te^{-t}dt$$

$$=-\frac{1}{3}\int_{0}^{1}tde^{-t}=\frac{1}{3}-\frac{2}{3e}.$$

故应填 $\frac{1}{3}-\frac{2}{3e}$.

(7)(2014304)二次积分 $\int_{0}^{1}dy\int_{y}^{1}\left(\frac{e^{x^2}}{x}-e^{y^2}\right)dx =$ _____.

解 $\int_{0}^{1}dy\int_{y}^{1}\left(\frac{e^{x^2}}{x}-e^{y^2}\right)dx=\int_{0}^{1}dy\int_{y}^{1}\frac{e^{x^2}}{x}dx-\int_{0}^{1}dy\int_{y}^{1}e^{y^2}dx.$

$$\int_{0}^{1}dy\int_{y}^{1}\frac{e^{x^2}}{x}dx=\int_{0}^{1}\frac{e^{x^2}}{x}dx\int_{0}^{x}dy=\int_{0}^{1}\frac{e^{x^2}}{x}\cdot xdx=\int_{0}^{1}e^{x^2}dx,$$

$$\int_{0}^{1}dy\int_{y}^{1}e^{y^2}dx=\int_{0}^{1}e^{y^2}(1-y)dy=\int_{0}^{1}e^{y^2}dy-\int_{0}^{1}ye^{y^2}dy$$

$$=\int_{0}^{1}e^{y^2}dy-\frac{1}{2}e^{y^2}\bigg|_{0}^{1}=\int_{0}^{1}e^{y^2}dy-\frac{1}{2}(e-1),$$

由于定积分与积分变量无关, 所以 $\int_0^1 e^{x^2} dx = \int_0^1 e^{y^2} dy$, 进而可得

$$\int_0^1 dy \int_y^1 \left(\frac{e^{x^2}}{x} - e^{y^2} \right) dx = \frac{e-1}{2}.$$

故应填 $\frac{e-1}{2}$.

(8) (2008304) 设 $D = \{ (x,y) \mid x^2 + y^2 \leqslant 1 \}$, 则 $\iint\limits_D (x^2 - y) dx dy = $ _____.

解 积分区域 D 关于 x 轴对称, 被积函数 y 关于变量 y 为奇函数, 从而 $\iint\limits_D y dx dy = 0$.

又 D 关于直线 $y = x$ 对称, 二重积分具有轮换对称性, 则 $\iint\limits_D x^2 dx dy = \iint\limits_D y^2 dx dy$, 所以

$$\iint\limits_D (x^2 - y) dx dy = \iint\limits_D x^2 dx dy - \iint\limits_D y dx dy = \frac{1}{2} \iint\limits_D (x^2 + y^2) dx dy$$

$$= \frac{1}{2} \int_0^{2\pi} d\theta \int_0^1 r^3 dr = \frac{1}{2} \cdot 2\pi \cdot \frac{1}{4} = \frac{\pi}{4}.$$

故应填 $\frac{\pi}{4}$.

(9) (2003304) 设 $a > 0, f(x) = g(x) = \begin{cases} a, & 0 \leqslant x \leqslant 1, \\ 0, & \text{其他}, \end{cases}$ D 表示全平面, 则

$$\iint\limits_D f(x) g(y-x) dx dy = $$ _____.

故应填 a^2.

解 $\iint\limits_D f(x) g(y-x) dx dy = \iint\limits_{0 \leqslant x \leqslant 1, \, 0 \leqslant y-x \leqslant 1} a^2 dx dy = a^2 \int_0^1 dx \int_x^{x+1} dy = a^2 \int_0^1 dx = a^2.$

(10) (2002303) 交换积分次序: $\int_0^{\frac{1}{4}} dy \int_y^{\sqrt{y}} f(x,y) dx + \int_{\frac{1}{4}}^{\frac{1}{2}} dy \int_y^{\frac{1}{2}} f(x,y) dx = $ _____.

解 二重积分的积分区域 $D = D_1 + D_2$, 其中

$$D_1 = \left\{ (x,y) \,\middle|\, 0 \leqslant y \leqslant \frac{1}{4}, y \leqslant x \leqslant \sqrt{y} \right\}, D_2 = \left\{ (x,y) \,\middle|\, \frac{1}{4} \leqslant y \leqslant \frac{1}{2}, y \leqslant x \leqslant \frac{1}{2} \right\},$$

二者都是 Y 型区域. 将 D 转化为 X 型区域, 可表示为

$$D = \left\{ (x,y) \,\middle|\, 0 \leqslant x \leqslant \frac{1}{2}, x^2 \leqslant y \leqslant x \right\},$$

从而交换积分次序得

$$\int_0^{\frac{1}{4}} dy \int_y^{\sqrt{y}} f(x,y) dx + \int_{\frac{1}{4}}^{\frac{1}{2}} dy \int_y^{\frac{1}{2}} f(x,y) dx = \int_0^{\frac{1}{2}} dx \int_{x^2}^x f(x,y) dy.$$

故应填 $\int_0^{\frac{1}{2}} dx \int_{x^2}^x f(x,y) dx.$

3. 解答题：(11) ~ (16) 小题，每小题 10 分，共 60 分. 解答时应写出文字说明、证明过程或演算步骤.

(11) (2021312) 设有界闭区域 D 是由圆 $x^2 + y^2 = 1$ 和直线 $y = x$ 及 x 轴在第一象限围成的部分，计算二重积分 $\iint\limits_{D} e^{(x+y)^2}(x^2 - y^2)\mathrm{d}x\mathrm{d}y$.

解 积分区域 D 用极坐标表示为

$$D = \left\{ (r, \theta) \,\middle|\, 0 \leqslant \theta \leqslant \frac{\pi}{4}, 0 \leqslant r \leqslant 1 \right\},$$

由二重积分在极坐标系下的计算方法知

$$\iint\limits_{D} e^{(x+y)^2}(x^2 - y^2)\mathrm{d}x\mathrm{d}y = \int_0^{\frac{\pi}{4}} \mathrm{d}\theta \int_0^1 e^{r^2(\sin\theta + \cos\theta)^2} r^2 \cos2\theta \cdot r\mathrm{d}r = \int_0^{\frac{\pi}{4}} \mathrm{d}\theta \int_0^1 e^{r^2(1 + \sin2\theta)} r^3 \cos2\theta \mathrm{d}r$$

$$= \frac{1}{2} \int_0^{\frac{\pi}{4}} \frac{\cos2\theta}{(1 + \sin2\theta)^2} \mathrm{d}\theta \int_0^1 e^{r^2(1 + \sin2\theta)} r^2 (1 + \sin2\theta) \mathrm{d}\left[r^2(1 + \sin2\theta) \right]$$

$$= \frac{1}{2} \int_0^{\frac{\pi}{4}} \frac{\cos2\theta}{(1 + \sin2\theta)^2} \left\{ e^{r^2(1 + \sin2\theta)} \left[r^2(1 + \sin2\theta) - 1 \right] \right\} \Big|_0^1 \mathrm{d}\theta$$

$$= \frac{1}{2} \int_0^{\frac{\pi}{4}} \frac{\cos2\theta(e^{1 + \sin2\theta}\sin2\theta + 1)}{(1 + \sin2\theta)^2} \mathrm{d}\theta$$

$$= \frac{1}{4} \int_0^{\frac{\pi}{4}} \frac{e^{1 + \sin2\theta}\sin2\theta + 1}{(1 + \sin2\theta)^2} \mathrm{d}(\sin2\theta)$$

$$\xrightarrow{t = \sin2\theta} \frac{1}{4} \int_0^1 \frac{e^{1 + t} \cdot t + 1}{(1 + t)^2} \mathrm{d}t$$

$$= \frac{e}{4} \int_0^1 \frac{e^t \cdot t}{(1 + t)^2} \mathrm{d}t + \frac{1}{4} \int_0^1 \frac{1}{(1 + t)^2} \mathrm{d}t$$

$$= \frac{e}{4} \int_0^1 \frac{e^t \cdot (t + 1 - 1)}{(1 + t)^2} \mathrm{d}t + \frac{1}{4} \int_0^1 \frac{1}{(1 + t)^2} \mathrm{d}t$$

$$= \frac{e}{4} \int_0^1 \left[\frac{e^t}{(1 + t)} - \frac{e^t}{(1 + t)^2} \right] \mathrm{d}t + \frac{1}{4} \int_0^1 \frac{1}{(1 + t)^2} \mathrm{d}t$$

$$= \frac{e}{4} \cdot \frac{e^t}{1 + t} \Big|_0^1 + \frac{1}{4} \left(-\frac{1}{1 + t} \right) \Big|_0^1$$

$$= \frac{e}{4} \left(\frac{e}{2} - 1 \right) + \frac{1}{4} \left(-\frac{1}{2} + 1 \right)$$

$$= \frac{(e - 1)^2}{8}.$$

(12) (2020310) 设 $D = \{ (x, y) \mid x^2 + y^2 \leqslant 1, y \geqslant 0 \}$，连续函数 $f(x, y)$ 满足 $f(x, y) = y\sqrt{1 - x^2} + x \iint\limits_{D} f(x, y)\mathrm{d}\sigma$，求 $\iint\limits_{D} xf(x, y)\mathrm{d}\sigma$.

解 记 $\iint\limits_{D} f(x,y)\mathrm{d}\sigma = A$，对 $f(x,y) = y\sqrt{1-x^2} + x\iint\limits_{D} f(x,y)\mathrm{d}x\mathrm{d}y$ 两边积分得

$A = \iint\limits_{D} y\sqrt{1-x^2}\mathrm{d}x\mathrm{d}y + A\iint\limits_{D} x\mathrm{d}x\mathrm{d}y$，因为积分区域 D 关于 y 轴对称，所以 $\iint\limits_{D} x\mathrm{d}x\mathrm{d}y = 0$，从而

$A = \iint\limits_{D} y\sqrt{1-x^2}\mathrm{d}x\mathrm{d}y + 0 = 2\int_0^1 \mathrm{d}x \int_0^{\sqrt{1-x^2}} y\sqrt{1-x^2}\mathrm{d}y = \int_0^1 (1-x^2)^{\frac{3}{2}}\mathrm{d}x \xLeftrightarrow{x=\sin\theta} \int_0^{\frac{\pi}{2}} \cos^4\theta\mathrm{d}\theta =$

$\dfrac{3}{4} \cdot \dfrac{1}{2} \cdot \dfrac{\pi}{2} = \dfrac{3}{16}\pi.$

因此，$f(x,y) = y\sqrt{1-x^2} + \dfrac{3}{16}\pi x.$

$$\iint\limits_{D} xf(x,y)\mathrm{d}\sigma = \iint\limits_{D} xy\sqrt{1-x^2}\mathrm{d}x\mathrm{d}y + \dfrac{3}{16}\pi\iint\limits_{D} x^2\mathrm{d}x\mathrm{d}y,$$

因为积分区域 D 关于 y 轴对称，$\iint\limits_{D} xy\sqrt{1-x^2}\mathrm{d}x\mathrm{d}y = 0$，所以

$$\iint\limits_{D} xf(x,y)\mathrm{d}\sigma = 0 + \dfrac{3}{16}\pi\iint\limits_{D} x^2\mathrm{d}x\mathrm{d}y = \dfrac{3}{16}\pi\int_0^{\pi}\mathrm{d}\theta\int_0^1 r^2\cos^2\theta \cdot r\mathrm{d}r$$

$$= \dfrac{3}{64}\pi\int_0^{\pi}\cos^2\theta\mathrm{d}\theta$$

$$= \dfrac{3}{64}\pi\int_0^{\pi}\dfrac{1+\cos2\theta}{2}\mathrm{d}\theta$$

$$= \dfrac{3}{64}\pi\left(\dfrac{\theta}{2} - \dfrac{\sin2\theta}{4}\right)\Big|_0^{\pi}$$

$$= \dfrac{3}{128}\pi^2.$$

(13) (2018310) 设平面区域 D 由曲线 $y = \sqrt{3(1-x^2)}$ 与直线 $y = \sqrt{3}x$ 及 y 轴围成，计算二重积分 $\iint\limits_{D} x^2\mathrm{d}x\mathrm{d}y.$

解 $I = \iint\limits_{D} x^2\mathrm{d}x\mathrm{d}y = \int_0^{\frac{\sqrt{2}}{2}}\mathrm{d}x\int_{\sqrt{3}x}^{\sqrt{3(1-x^2)}} x^2\mathrm{d}y = \int_0^{\frac{\sqrt{2}}{2}}\left[x^2 y \,\big|_{\sqrt{3}x}^{\sqrt{3(1-x^2)}}\right]\mathrm{d}x$

$= \int_0^{\frac{\sqrt{2}}{2}} x^2\left[\sqrt{3(1-x^2)} - \sqrt{3}x\right]\mathrm{d}x$

$= \int_0^{\frac{\sqrt{2}}{2}} x^2\sqrt{3(1-x^2)}\,\mathrm{d}x - \int_0^{\frac{\sqrt{2}}{2}}\sqrt{3}x^3\mathrm{d}x = I_1 - I_2,$

其中 $I_1 = \int_0^{\frac{\sqrt{2}}{2}} x^2\sqrt{3(1-x^2)}\,\mathrm{d}x \xLeftrightarrow{x=\sin t} \sqrt{3}\int_0^{\frac{\pi}{4}}\sin^2 t\cos^2 t\mathrm{d}t = \dfrac{\sqrt{3}}{4}\int_0^{\frac{\pi}{4}}\dfrac{1-\cos4t}{2}\mathrm{d}t = \dfrac{\sqrt{3}}{32}\pi,$

$I_2 = \int_0^{\frac{\sqrt{2}}{2}} \sqrt{3}\, x^3 dx = \frac{\sqrt{3}}{16}$，故 $I = \iint\limits_D x^2 dxdy = \frac{\sqrt{3}}{32}(\pi - 2)$.

(14)(2017310) 计算二重积分 $\iint\limits_D \dfrac{y^3}{(1 + x^2 + y^4)^2} dxdy$，其中 D 是第一象限中以曲

线 $y = \sqrt{x}$ 与 x 轴为边界的无界区域.

（解） 由题意得 $\displaystyle\iint\limits_D \frac{y^3}{(1+x^2+y^4)^2} dxdy = \int_0^{+\infty} dx \int_0^{\sqrt{x}} \frac{y^3}{(1+x^2+y^4)^2} dy$

$$= \frac{1}{4} \int_0^{+\infty} \left(\frac{-1}{1+x^2+y^4} \bigg|_0^{\sqrt{x}} \right) dx$$

$$= \frac{1}{4} \int_0^{+\infty} \left(\frac{1}{1+x^2} - \frac{1}{1+2x^2} \right) dx$$

$$= \frac{1}{4} \left(\arctan x - \frac{\sqrt{2}}{2} \arctan \sqrt{2}\, x \right) \bigg|_0^{+\infty}$$

$$= \frac{2 - \sqrt{2}}{16} \pi.$$

(15)(2015310) 计算二重积分 $\iint\limits_D x(x+y) dxdy$，其中 $D = \{(x,y) \mid x^2 + y^2 \leq 2, y \geq x^2\}$.

（解） $\displaystyle\iint\limits_D x(x+y) dxdy = \iint\limits_D x^2 dxdy + \iint\limits_D xy dxdy = 2 \int_0^1 dx \int_{x^2}^{\sqrt{2-x^2}} x^2 dy$

$$= 2 \int_0^1 x^2 (\sqrt{2-x^2} - x^2) dx$$

$$= 2 \int_0^1 x^2 \sqrt{2-x^2}\, dx - \frac{2}{5}$$

$$\xrightarrow{x = \sqrt{2}\sin t} 8 \int_0^{\frac{\pi}{4}} \sin^2 t \cos^2 t\, dt - \frac{2}{5}$$

$$= 2 \int_0^{\frac{\pi}{4}} \sin^2 2t\, dt - \frac{2}{5}$$

$$\xrightarrow{u = 2t} \int_0^{\frac{\pi}{2}} \sin^2 u\, du - \frac{2}{5}$$

$$= \frac{\pi}{4} - \frac{2}{5}.$$

(16)(2014310) 设平面区域 $D = \{(x,y) \mid 1 \leq x^2 + y^2 \leq 4, x \geq 0,$

$y \geq 0\}$，计算二重积分 $\iint\limits_D \dfrac{x \sin(\pi \sqrt{x^2 + y^2})}{x + y} dxdy$.

总复习题(16)

（解） 积分区域 D 关于 $y = x$ 对称，利用轮换对称性，得

$$\iint\limits_{D} \frac{x\sin(\pi\sqrt{x^2+y^2})}{x+y}\mathrm{d}x\mathrm{d}y = \iint\limits_{D} \frac{y\sin(\pi\sqrt{x^2+y^2})}{x+y}\mathrm{d}x\mathrm{d}y$$

$$= \frac{1}{2}\iint\limits_{D}\left[\frac{x\sin(\pi\sqrt{x^2+y^2})}{x+y}+\frac{y\sin(\pi\sqrt{x^2+y^2})}{x+y}\right]\mathrm{d}x\mathrm{d}y$$

$$= \frac{1}{2}\iint\limits_{D}\sin(\pi\sqrt{x^2+y^2})\,\mathrm{d}x\mathrm{d}y = \frac{1}{2}\int_{0}^{\frac{\pi}{2}}\mathrm{d}\theta\int_{1}^{2}\sin(\pi r)r\mathrm{d}r$$

$$= -\frac{1}{4}\int_{1}^{2}r\mathrm{d}\cos(\pi r) = -\frac{1}{4}\big[r\cos(\pi r)\big]\bigg|_{1}^{2}+\frac{1}{4}\int_{1}^{2}\cos(\pi r)\,\mathrm{d}r$$

$$= -\frac{1}{2}-\frac{1}{4} = -\frac{3}{4}.$$